ACCESO GRATIS *a la Lectura en la Nube*

Para visualizar el libro electrónico en la nube de lectura envíe junto a su nombre y apellidos una fotografía del código de barras situado en la contraportada del libro y otra del ticket de compra a la dirección:

ebooktirant@tirant.com

En un máximo de 72 horas laborables le enviaremos el código de acceso con sus instrucciones.

LAS GARANTÍAS PROCESALES DEL MENOR EXTRANJERO NO ACOMPAÑADO PRESUNTO AUTOR DE DELITO

LAS GARANTÍAS PROCESALES DEL MENOR EXTRANJERO NO ACOMPAÑADO PRESUNTO AUTOR DE DELITO

PAULA MARTÍNEZ MOLARES

tirant lo blanch
Valencia, 2026

En caso de erratas y actualizaciones, la Editorial Tirant lo Blanch publicará la pertinente corrección en la página web www.tirant.com.

La aceptación de la presente obra ha tenido en consideración la evaluación y calificación otorgada por los expertos componentes del tribunal calificador de la tesis doctoral en la que se basa, cumpliendo con el criterio correspondiente de los revisores externos y ofreciendo la calidad debida a la presente edición.

© TIRANT LO BLANCH
EDITA: TIRANT LO BLANCH
C/ Artes Gráficas, 14 - 46010 - Valencia
TELFS.: 96/361 00 48 - 50
FAX: 96/369 41 51
Email: tlb@tirant.com
www.tirant.com
Librería virtual: www.tirant.es
DEPÓSITO LEGAL: V-4959-2025
ISBN: 978-84-1130-625-6

Si tiene alguna queja o sugerencia, envíenos un mail a: *atencioncliente@tirant.com*. En caso de no ser atendida su sugerencia, por favor, lea en *www.tirant.net/index.php/empresa/politicas-de-empresa* nuestro procedimiento de quejas.

Responsabilidad Social Corporativa: http://www.tirant.net/Docs/RSCTirant.pdf

A Lois, por contagiarme su alegría y su inocencia.

Ojalá crezcas en un mundo donde todos los niños y niñas,
sin importar su origen,

sean acogidos y tratados con humanidad.

A todos los niños y niñas cuyas voces aún no son escuchadas
y cuyo derecho a soñar aún espera ser reconocido.

Índice

Prólogo

ESTHER PILLADO GONZÁLEZ.
Catedrática de Derecho Procesal. Universidad de Vigo

Durante los últimos años, la llegada a España y a los Estados de la frontera sur de la Unión Europea de menores extranjeros no acompañados ha ido adquiriendo relevancia desde la perspectiva de su protección jurídica, la dicotomía entre su condición de menores y extranjeros en el marco de una política migratoria cada vez más restrictiva, los desafíos que supone para los sistemas de protección y las posibilidades reales de integración en los Estados receptores o la articulación de un procedimiento de reubicación en otros territorios. Estos menores se enfrentan no solamente a la vulnerabilidad derivada de su edad, sino también a la que dimana de la situación migratoria, su propio contexto de origen, su trayecto migratorio y su falta de referentes familiares, además de las circunstancias de su acogida en el Estado receptor y cómo se ha organizado su acceso al sistema de protección a la infancia.

Ante un escenario de por sí complicado, cuando estos menores entran en conflicto con la ley penal, se encuentran con un modelo de justicia juvenil que se aparta de sus principios que le son propios (educación, reinserción y protección del menor), replicando, en gran medida, el esquema del proceso penal de adultos. Así, estos niños, niñas y adolescentes encuentran barreras como el desconocimiento del idioma, la falta de información sobre el proceso, la ausencia de familiares o adultos de referencia y, a menudo, situaciones de exclusión social o administrativa. Además, aunque las normas de nuestro sistema de justicia juvenil parecen neutras, su aplicación práctica revela desequilibrios. Muchos preceptos condicionan la aplicación de medidas beneficiosas a la existencia de un entorno familiar y educativo estable, lo que excluye de facto a los menores extranjeros no acompañados. Se constata una sobrerrepresentación de estos menores en medidas privativas de libertad, especialmente en internamientos en régimen cerrado, debido a su situación de desarraigo y a una aplicación más reducida de medidas alternativas. También se observa una limitación en la aplicación del principio de flexibilidad y del desistimiento de la incoación del expediente por corrección en el ámbito educativo y familiar para estos menores, debido a la inexistencia de figuras familiares o sociales que puedan asumir el rol reeducador que contempla nuestro ordenamiento jurídico.

Así, aunque nuestro sistema de justicia juvenil ha avanzado en garantizar derechos, todavía presenta importantes retos en la atención específica a los menores extranjeros no acompañados, puesto que, en muchas ocasiones parece subordinarse a su estatus migratorio, en lugar de articularse un enfoque centrado en el interés superior del menor, conforme a la Convención sobre los Derechos del Niño y a las Reglas de Brasilia.

Pese a la realidad expuesta, hasta este momento, la doctrina procesalista no había realizado un estudio detenido de los derechos y garantías de los menores extranjeros no acompañados en el sistema de justicia juvenil al objeto de asegurarles una protección integral. Afortunadamente, con esta magnífica monografía de la doctora Paula Martínez Molares, se viene a llenar ese vacío en nuestra literatura procesal penal.

La obra que tengo el honor de prologar es el resultado de la reelaboración de la tesis doctoral, brillantemente defendida en la Universidad de Vigo, que llevó a la autora a colacionar el grado de doctor con la máxima calificación ante un tribunal integrado por los doctores Colomer Hernández, Catedrático de Derecho Procesal de la Universidad Pablo de Olavide de Sevilla y Ruggieri, Professore Ordinario di Diritto Processuale Penale presso l'Università di Messina y la doctora Ágata Sanz Hermida, Catedrática de Derecho Procesal de la Universidad de Castilla-La

Mancha. La realización de la tesis fue posible gracias a la ayuda económica de la Fundación Manuel Serra Domínguez, a la que siempre estaré agradecida por su apoyo.

A lo largo de sus distintos capítulos, la Dra. Martínez Molares pone de relieve que las garantías procesales de este grupo vulnerable en el ámbito jurídico y social, es esencial para cumplir con los estándares internacionales de derechos humanos, en especial los establecidos en la Convención sobre los Derechos del Niño. Así, un marco legal sólido evita que sean tratados únicamente como migrantes irregulares y asegura que se les reconozca primero como niños y niñas con derechos; y más en concreto, la previsión de un catálogo de garantías procesales diseñadas especialmente para estos menores evitará decisiones arbitrarias o injustas que agraven su situación de exclusión social, al imponerles medidas más gravosas que no atienden a las finalidades educativas del sistema de justicia juvenil.

Con muy buen criterio, que el lector agradecerá cuando acometa la lectura de esta obra, la igualdad y no discriminación se configura como un principio transversal a todo el análisis de la posición del menor extranjero no acompañado en el proceso penal juvenil, indisociablemente unido a su condición de persona en situación de vulnerabilidad. La autora, combinando una clara sensibilidad social con un gran rigor académico, resalta la necesidad de un tratamiento jurídico diferenciado para los menores extranjeros no acompañados dentro del proceso penal, con un enfoque especializado, garantista y diferenciado del sistema de adultos. Dentro de este marco general, y ante la doble vulnerabilidad que enfrentan estos menores, derivada de su condición de personas menores de edad y de su situación migratoria, se aboga por un modelo que sea capaz de identificar la situación de vulnerabilidad, de una forma ágil, en la fase más temprana del proceso, en aras de determinar su grado y concretar las necesidades específicas; con ello, se pretende evitar el desequilibrio que se puede producir en el proceso, ante las barreras que afectan a su capacidad procesal y merman sus derechos procesales.

Con una acertada metodología, se estructura esta obra en seis capítulos a lo largo de los cuales se van analizando las garantías procesales que deben ser reforzadas en el proceso incoado ante la presunta comisión de un delito por un menor extranjero no acompañado. Como necesaria introducción a su estudio, se define y contextualiza el concepto de menor extranjero no acompañado por un adulto de referencia, analizándose los elementos determinantes de este concepto: la edad, la condición de extranjero, la circunstancia de estar no acompañado o estar separado, y su reconocimiento dentro del ordenamiento jurídico español.

Además, como puntualización inicial importante, la Dra. Martínez Molares examina la evolución del término MENA, sus connotaciones y su inclusión en la normativa de extranjería, destacando sus disfunciones con respecto a la protección de la infancia, ya que muchas veces se impone la lógica del control migratorio sobre el interés superior del menor. Con muy buen criterio, denuncia la autora la inadecuación del uso del acrónimo MENA, por su carácter deshumanizante y estigmatizador, aunque opta por el empleo a lo largo de la obra del término "menor extranjero no acompañado", por ser el utilizado en la legislación vigente y al objeto de evitar cualquier duda sobre a qué niños, niñas y adolescentes se hace referencia.

Una vez expuestas las líneas generales y los principios rectores del sistema de justicia juvenil, orientado a la reinserción y educación del menor infractor, la autora pone el foco en la situación de especial vulnerabilidad en que se encuentran los menores extranjeros no acompañados que presuntamente han cometido un delito, pues, a la complejidad inherente a cualquier procedimiento judicial, se suman factores como la falta de referentes familiares, la barrera idiomática y la posible irregularidad administrativa de su estancia en España; esto es, la edad, la condición migratoria y la ausencia de protección familiar agravan la situación de estos menores que se enfrentan a graves dificultades dentro del sistema de justicia penal.

Asentadas estas cuestiones generales, se realiza un estudio pormenorizado de las garantías procesales que deber ser implementadas cuando el proceso se sigue contra un menor extranjero no acompañado, proponiendo los ajustes y mecanismos requeridos para adaptar el proceso, a sus específicas necesidades. Este exhaustivo análisis lleva a la autora a proponer al legislador cambios normativos que permitirán salvar los obstáculos a que se enfrentan no sólo estos menores, sino que facilitarán también el acceso al proceso penal en condiciones de igualdad a otros niños y niñas en situación de desprotección, como pueden ser los pertenecientes a minorías o los que tienen alguna discapacidad.

El derecho de defensa, como garantía fundamental en cualquier proceso penal, puede verse gravemente afectado en el caso de los menores extranjeros no acompañados, ya que factores como la falta de información accesible, las barrera lingüísticas o la ausencia de un apoyo familiar o institucional sólido pueden dificultar la comprensión del proceso y, con ello, el ejercicio de sus derechos; por ese motivo, la autora pone especial énfasis en la necesidad de reforzar el derecho a estar informado, desde el primer contacto con el sistema, mediante materiales adaptados en lenguaje sencillo, traducidos a su idioma, y con los ajustes necesarios para una comprensión real. Es de especial relevancia que la Dra. Martínez Molares, a la hora de referirse a este derecho, utiliza el verbo "estar" y no "ser", poniendo el foco no tanto en el acto de recibir la información, sino en lo que es más relevante, en el hecho de tener la información. Esto es, la auténtica garantía es que el menor tenga la información sobre el proceso, lo que le permitirá el ejercicio de otros, en especial, el derecho a ser oído y escuchado en todas las fases del proceso.

La superación de las barreras idiomáticas requiere que el derecho a la traducción e interpretación se extienda no solo a los interrogatorios, sino también a los procedimientos de mediación y que se traduzcan todos los documentos clave que se dictan a lo largo del proceso. Para ello, será necesaria una cualificación profesional para ejercer estas funciones de traducción e interpretación y una fiscalización de la labor desempeñada por traductores e intérpretes.

La vulnerabilidad en que se encuentran los menores extranjeros no acompañados requiere que la asistencia letrada sea inmediata, obligatoria y especializada; en este punto, la autora propone, con acierto, la creación de turnos de oficio especializados en menores, incluso de menores extranjeros no acompañados en aquellos lugares del territorio nacional donde se producen grandes entradas de estos niños, niñas y adolescentes extranjeros. Además, es preciso que se mejore su retribución y con un control de su actuación desde el primer contacto del menor con el sistema de justicia.

A las expuestas, se añaden otras garantías adicionales que deben ser adoptadas durante el proceso penal, de todas ellas, destaca la propuesta realizada por la autora de incluir en nuestro sistema de justicia juvenil de una evaluación individual, a realizar por el Equipo Técnico, que contemple no solo la situación actual del menor, sino su trayecto migratorio, contexto de origen, posibles secuelas psicológicas, nivel educativo, capacidades cognitivas y lingüísticas, entre otros factores. Para ello, se requiere formación especializada del personal judicial, de las fuerzas y cuerpos de seguridad y de todos los operadores jurídicos que intervienen en el proceso penal.

Otra propuesta innovadora incluida en esta obra es la intervención en el proceso penal de un facilitador procesal, figura prevista en la legislación procesal civil para dar apoyo a las personas con discapacidad. Para la Dra. Martínez Molares este profesional, ajeno al sistema judicial, puede servir de puente entre el menor y los distintos actores del proceso penal, ayudándole a la comprensión del procedimiento, garantizando sus derechos, y facilitando la comunicación con abogados y jueces. Su intervención sería especialmente útil en casos de trauma, analfabetismo, discapacidad, o barreras emocionales derivadas del trayecto migratorio.

Recomiendo de forma sincera la lectura de esta obra en la que se refleja no solo la solvencia académica de la Dr. Martínez Molares, sino también su profunda sensibilidad social y su compromiso con la protección de las personas vulnerables en nuestro sistema de justicia. Su dedicación y rigor se evidencian en cada capítulo de esta exhaustiva investigación, en la que ha abordado con precisión las dificultades que enfrentan los menores extranjeros no acompañados y ha propuesto mecanismos innovadores para garantizar que puedan ejercer sus derechos con todas las garantías, respetando su condición de personas vulnerables y priorizando siempre su interés superior.

Es imprescindible subrayar la valentía intelectual de la autora al proponer soluciones innovadoras en la protección de los menores extranjeros no acompañados. En un momento histórico especialmente complejo en el que ciertos discursos tienen a asociar de forma injusta la infancia con fenómenos de inseguridad o conflicto, la autora no solo identifica carencias en el sistema actual de garantías, sino que reivindica con firmeza el imperativo jurídico y ético de priorizar su condición de niño frente a la de inmigrante. Así, su trabajo no rehúye los desafíos, sino que los enfrenta con propuestas concretas, fundamentadas y orientadas a fortalecer un sistema de garantías que reconozca y proteja, ante todo, la dignidad y los derechos de la niñez, más allá de su estatus migratorio.

El compromiso de la autora con la justicia, los derechos humanos y la protección de los más vulnerables ha sido el motor que ha impulsado esta investigación ante el convencimiento de que solo así se podrá garantizar un acceso real a la justicia en condiciones de igualdad y equidad para quienes más lo necesitan. Todo ello, además, en el convencimiento de que un estudio jurídico-procesal puede contribuir al diseño de políticas públicas que mejoren la atención, acogida y reintegración de estos niños, niñas y adolescentes, promoviendo medidas como la tutela efectiva, la educación y el acceso a servicios básicos.

Estoy convencida de que el futuro de la Dra. Martínez Molares estará marcado por aportaciones valiosas en el ámbito del derecho procesal, siempre guiada por esa pasión y dedicación que ha puesto en esta monografía.

En Vigo, a 21 de mayo de 2024

Abreviaturas

ACNUR	Alto Comisionado de las Naciones Unidas para los Refugiados
AN	Audiencia Nacional
AP	Audiencia Provincial
art./arts.	Artículo/Artículos
ATC	Auto del Tribunal Constitucional
ATS	Auto del Tribunal Supremo
BOE	Boletín Oficial del Estado
c.	Contra (sentencias TEDH y TJUE)
CA/CCAA	Comunidad Autónoma / Comunidades Autónomas
CDPD	Comité de la ONU sobre el Derecho de las Personas con Discapacidad
CE	Constitución Española
CEAR	Comisión Española de Ayuda al Refugiado
CEDAW	Comité para la Eliminación de la Discriminación contra la Mujer
CEDH	Convenio Europeo de Derechos Humanos
CESE	Comité Económico y Social Europeo
CGPJ	Consejo General del Poder Judicial
CICR	Comité Internacional de la Cruz Roja
CIDH	Carta Internacional de Derechos Humanos
CIE	Centro de Internamiento de Extranjeros
Coord./Coords.	Coordinador/a/Coordinadores
CPI	Corte Penal Internacional
CRC	Comité de los Derechos del Niño
Dir.	Director/a
Ed. Lit.	Edita la obra de otro autor
EOMF	Estatuto Orgánico del Ministerio Fiscal
Europol	Agencia de la Unión Europea para la Cooperación Policial
FCSE	Fuerzas y Cuerpos de Seguridad del Estado

FD	Fundamento de Derecho
FDE	Fiscal Delegado de Extranjería
FGE	Fiscalía General del Estado
FJ	Fundamento Jurídico
FRONTEX	Agencia Europea de la Guardia de Fronteras y Costas
Ibid.	En el mismo lugar
LAJ	Letrado de la Administración de Justicia
LEC	Ley de Enjuiciamiento Civil
LECrim	Ley de Enjuiciamiento Criminal
LO	Ley Orgánica
LOEX	Ley Orgánica sobre derechos y libertades de los extranjeros en España y su integración social (Ley de Extranjería)
LOPJ	Ley Orgánica del Poder Judicial
LOPJM	Ley Orgánica de Protección Jurídica del Menor
LORPM	Ley Orgánica reguladora de la responsabilidad penal de los menores
LTT	Ley de Tribunales Tutelares
MENA	Menor Extranjero No Acompañado
MERCOSUR	Mercado Común del Sur
MF	Ministerio Fiscal
NNAMNA	Niños, niñas y adolescentes migrantes no acompañados
núm.	Número
OACI	Organización de Aviación Civil Internacional
OIM	Organización Internacional para las Migraciones
OIT	Organización Internacional del Trabajo
OMS	Organización Mundial de la Salud
ONG	Organización no gubernamental
ONU	Organización de las Naciones Unidas
op. cit.	Obra citada
PIDCP	Pacto Internacional de Derechos Civiles y Políticos
PIDESC	Pacto Internacional de Derechos Económicos y Culturales
p./pp.	Página/Páginas
RD	Real Decreto

REMENAE	Registro de Menores Extranjeros No Acompañados
RLOEX	Reglamento de la Ley de Extranjería
RLORPM	Reglamento de la Ley Orgánica reguladora de la responsabilidad penal de los menores
SAP/SSAP	Sentencia de la Audiencia Provincial/Sentencias de la/s Audiencia/s Provincial/es
SCTI	Sección Civil del Tribunal de Instancia
SFICTI	Sección Familia, Infancia y Capacidad del Tribunal de Instancia
SICA	Sistema Europeo Común de Asilo
SITI	Sección de Instrucción del Tribunal de Instancia
SMTI	Sección de Menores del Tribunal de Instancia
ss.	Siguientes
STC/SSTC	Sentencia del Tribunal Constitucional/Sentencias del Tribunal Constitucional
STEDH/SSTEDH	Sentencia del Tribunal Europeo de Derechos Humanos/Sentencias del Tribunal Europeo de Derechos Humanos
STJUE/SSTJUE	Sentencia del Tribunal de Justicia de la Unión Europea/Sentencias del Tribunal de Justicia de la Unión Europea
STS/SSTS	Sentencia del Tribunal Supremo/Sentencias del Tribunal Supremo
TC	Tribunal Constitucional
TEDH	Tribunal Europeo de Derechos Humanos
TJUE	Tribunal de Justicia de la Unión Europea
TS	Tribunal Supremo
TSJ	Tribunal Superior de Justicia
TUE	Tratado de la Unión Europea
UE	Unión Europea
UNESCO	Organización de las Naciones Unidas para la Educación, la Ciencia y la Cultura
UNICEF	Fondo Internacional de Emergencia de las Naciones Unidas para la Infancia
Vol.	Volumen

Capítulo I: El concepto de menor extranjero no acompañado

1.- INTRODUCCIÓN

El concepto de menor extranjero no acompañado es el resultado de una construcción jurídica y social que engloba todo un conjunto de realidades individuales diferenciadas, que comparten la movilidad internacional como característica común. Se trata de un fenómeno migratorio autónomo, cuya presencia en Europa data del inicio de la década de los 90 y en España se sitúa en el año 1993[1]; a partir de esta fecha, la evolución de las llegadas de menores extranjeros no acompañados se fue incrementando progresivamente[2].

La migración de menores no acompañados no responde a un solo factor, sino a un conjunto muy heterogéneo de elementos relativos tanto a las situaciones de origen, como a las motivaciones de su proceso migratorio, lo que se traduce en enormes dificultades a la hora de conceptualizar este fenómeno y darle un tratamiento jurídico[3].

---

1 *Ni legales, ni invisibles. Realidad jurídica y social de los Menores Extranjeros en España,* UNICEF, 2009, (p. 38).

2 El fenómeno de la migración de menores no acompañados y la situación de estos menores en España será tratado, desde un punto de vista estadístico, en el apartado 4 del presente capítulo.

3 DURÁN RUIZ, F.J., "25 años del fenómeno de la migración de menores extranjeros no acompañados en España: datos inciertos y evolución legislativa", en DURÁN RUIZ, F.J. (Coord.), *Menores, migrantes en tiempos de pandemia,* Comares, Granada, 2021, (p. 284).

Estas realidades diferentes no son analizadas individualmente en nuestra legislación, ni tampoco a nivel comunitario, sino que se incluye dentro del mismo concepto a menores inmersos en diferentes situaciones y vulnerabilidades que les han llevado a migrar a un país en el que no son nacionales ni residentes: migrantes económicos, desplazados por catástrofes naturales, por desestructuración familiar, por conflictos armados o niños soldado, aquellos que llegan a un tercer Estado a través de la acción de las mafias de tráfico de personas, o, incluso, quienes viven situaciones de esclavitud, abusos y explotación sexual y laboral, entre otros. El Parlamento Europeo identificó como múltiples las razones de la llegada a la UE de menores no acompañados: guerras, violencia, violaciones de sus derechos fundamentales, deseo de reunirse con miembros de su familia, catástrofes naturales, pobreza, tráfico, explotación, etc.[4]. También incide en la situación de vulnerabilidad en que se encuentran los menores no acompañados y los potenciales peligros a los que se ven sometidos, lo que hace primar su condición de menor por encima de su situación administrativa irregular, tal y como se defenderá a lo largo de la presente obra[5].

La Convención sobre los Derechos del Niño (en adelante, CDN)[6], no establece una definición de menor extranjero no acompañado; y ello pese a ser el texto internacional por excelencia de la infancia, cuyo valor radica en la consolidación del cambio de paradigma con relación a los niños y a las niñas, al dotarlos de legitimación propia, considerándolos como sujetos titulares de dere-

---

[4] Considerando C de la Resolución del Parlamento Europeo, de 12 de septiembre de 2013, *sobre la situación de los menores no acompañados en la UE.*

[5] Recomendación General núm. 1 de la Resolución del Parlamento Europeo, de 12 de septiembre de 2013, *sobre la situación de los menores no acompañados en la UE.*

[6] Adoptada por la Asamblea General de las Naciones Unidad el 20 de noviembre de 1989 y ratificada por España el 30 de noviembre de 1990, instrumento de ratificación publicado en el BOE núm. 313 de 31 de diciembre de 1990.

chos y no solo objeto de protección[7]. Será el Comité de Derechos del Niño (en adelante, CRC), a través de la Observación General núm. 6 (2005) *Trato de los menores no acompañados y separados de su familia fuera de su país de origen* (en adelante, Observación General núm. 6)[8], la que aporte una definición de menor extranjero no acompañado, en base a su objetivo de proporcionar una orientación sobre su protección, atención y trato adecuado a la luz de todo el contexto jurídico de la CDN, poniendo de manifiesto la situación particularmente vulnerable de estos menores[9].

Si bien, debemos tomar como referencia un instrumento anterior, las *Directrices sobre políticas y procedimientos relativos al tratamiento de niños no acompañados solicitantes de asilo,* de ACNUR, de febrero de 1997, ya que aporta, por primera vez, una definición de niño no acompañado como *aquella persona menor de 18 años, a menos que en*

---

7 Nuestra legislación de protección de menores, se hará eco de este cambio de paradigma, al afirmar la Exposición de Motivos de la LO 1/1996, de 15 de enero, *de Protección Jurídica del Menor, de modificación parcial del Código Civil y de la Ley de Enjuiciamiento Civil* (LOPJM): *las transformaciones sociales y culturales operadas en nuestra sociedad han provocado un cambio en el status social del niño y como consecuencia de ello se ha dado un nuevo enfoque a la construcción del edificio de los derechos humanos de la infancia. Este enfoque reformula la estructura del derecho a la protección de la infancia vigente en España y en la mayoría de los países desarrollados desde finales del siglo XX, y consiste fundamentalmente en el reconocimiento pleno de la titularidad de derechos en los menores de edad y de una capacidad progresiva para ejercerlos.*

8 Aprobada por el CRC en su 39° periodo de sesiones (del 17 de mayo al 3 de junio de 2005), CRC/GC/2005/6, 1 de septiembre de 2005.

9 El CRC hace hincapié en la situación agravada de las niñas, especialmente vulnerables a la violación de sus derechos durante el proceso de migración: *Las niñas no acompañadas están sometidas a un riesgo particular, pues son con frecuencia el principal objetivo de explotación sexual, abusos y violencia; subraya que, en el seno de la UE, las autoridades tratan con frecuencia a los menores no acompañados como infractores de la ley de inmigración, y no como personas que tienen derechos a causa de su edad y de sus circunstancias particulares,* (Párrafo 1, Apartado I de la Observación General núm. 6).

virtud del derecho aplicable al niño, éste alcance la mayoría de edad antes; que está separado de su padre y de su madre y del que no se ocupa ningún adulto que en virtud de la ley o de la costumbre, deba desempeñar dicha función[10].

A continuación, se procederá a analizar cada elemento que configura el término de menor extranjero no acompañado conforme a las aportaciones conceptuales dadas por el derecho internacional, comunitario y español, que han consolidado y singularizado este fenómeno migratorio caracterizado por ser protagonizado por persona menores de edad, que emigran a otro país sin estar acompañados de sus padres o personas que legalmente ejerzan su tutela.

2.- ANÁLISIS DEL CONCEPTO MENOR EXTRANJERO NO ACOMPAÑADO

2.1.–Concepto de menor: la edad como criterio determinante

No existe un concepto universal y único de menor o de niño o niña[11], existiendo diferentes posturas desde el punto de vista del ordenamiento jurídico de cada Estado con respecto a la niñez y al propio derecho a la vida[12]. Esta falta de armonización,

---

[10] Apartado 3.1, *Definiciones*, de las Directrices sobre políticas y procedimientos relativos al tratamiento de niños no acompañados solicitantes de asilo, de febrero de 1997, ACNUR.

[11] En la presente obra, se utilizarán como sinónimos los conceptos de menor y niño y niña, entendiendo como tal, aquellos que se encuentren entre los 0 a 12 años. También se incluye en el concepto de menor a los adolescentes, para los que están dentro de la franja de los 13 a los 18 años. En lo que respecta al proceso penal de menores, el concepto menor hace referencia a los mayores de 14 y menores de 18 años, por ser el ámbito de aplicación (art. 1.1) de la LO 5/2000, de 12 de enero, *reguladora de la responsabilidad penal de los menores* (en adelante, LORPM).

[12] Concretamente, con relación al derecho a la vida, se produce el debate doctrinal referente a si se adquiere la condición de niño desde el momento del nacimiento, de la concepción, o bien, en algún momento

hace necesario un análisis previo acerca de la definición de menor en los instrumentos jurídicos internacionales, tomando como referencia la edad como criterio jurídicamente relevante.

Desde el punto de vista internacional, debemos partir del concepto de menor instaurado en la CDN, que en su art. 1, define niño como *todo ser humano menor de dieciocho años de edad, salvo que en virtud de la ley que le sea aplicable, haya alcanzado antes la mayoría de edad*[13]. La anterior definición contempla un límite final para la consideración de una persona como niño o niña, esto es, cuando alcance la mayoría de edad, quedando fijada ésta en los 18 años. No obstante, elude el momento inicial para considerar a un menor como tal. Dicha omisión tiene su justificación en las discrepancias existentes durante el proceso de elaboración de la CDN entre los Estados con legislaciones diferentes respecto de esta cuestión[14]. En el Preámbulo de la misma sí se hace una referencia expresa a la protección del menor desde antes del

---

determinado de la gestación. Tanto en el terreno doctrinal como en el legislativo, se puede decir que la teoría de que el nacimiento determina el comienzo de la personalidad es la predominante en los tiempos actuales tanto a efectos civiles como penales. Conforme a esta teoría, los derechos que se le atribuyen al concebido no suponen un reconocimiento de su existencia como persona, ni implican fricción alguna pues son un caso de protección de intereses expectantes y futuros que solo por el nacimiento pueden convertirse en derechos definitivos.

13 Se sustituye, de esta forma, el concepto de menor que se establecía en el Convenio de 5 de octubre de 1961 *sobre Competencia de Autoridades y Ley Aplicable en Materia de Protección de Menores*, que definía en su art. 12 al menor como toda persona que tenga la calidad de tal, tanto según la ley interna del Estado del que es nacional como según la ley interna del Estado de su residencia habitual.

14 Tampoco los instrumentos anteriores específicos de la protección de los derechos del niño como la Declaración Universal de los Derechos del Niño de 20 de noviembre de 1959 y la Declaración de Ginebra de 1924 sobre los Derechos del Niño, aclaran cual es el momento específico en el que surge la niñez.

nacimiento[15], pero en el resto del articulado no se menciona la atención prenatal. Si bien, el art. 24.2.d) CDN plasma el compromiso que asumen los Estados Parte de asegurar la atención sanitaria prenatal y postnatal apropiada a las madres[16]. Por su parte, el art. 6 CDN, que reconoce el derecho intrínseco a la vida, tampoco establece expresamente el momento inicial en el que se considera que surge este derecho.

La necesidad de una protección especial que debe brindarse al menor por el mero hecho de serlo ya fue enunciada en la Declaración de Ginebra de 1924 sobre los Derechos del Niño y en la Declaración de los Derechos del Niño de las Naciones Unidas de 1959, que afirma en su Preámbulo que el niño *por su falta de madurez física y mental, necesita de protección y cuidado especiales incluso la debida protección legal, tanto antes como después del nacimiento*[17]; esta supresión supone el reconocimiento de una protección específica al no nacido, que se complementa con lo dispuesto en el Principio Cuarto que reconoce que el niño *tendrá derecho a crecer y desarrollarse en buena salud. Con este fin, deberán proporcionarse, tanto a él como a su madre, cuidados especiales, incluso atención prenatal y post natal.*

En el ámbito regional, El Convenio Europeo de Derechos humanos protege al nacido vivo, quien será el titular absoluto de todos los derechos reconocidos en el Convenio y en especial, del derecho a la vida consagrado en el art. 2.1. A su vez, el *nas-*

---

15 Párrafo 10 Preámbulo CDN: *Teniendo presente que, como se indica en la Declaración de los Derechos del Niño, "el niño, por su falta de madurez física y mental, necesita protección y cuidado especiales, incluso la debida protección legal, tanto antes como después del nacimiento".*

16 Art. 24.2 CDN: *Los Estados Partes asegurarán la plena aplicación de este derecho y, en particular, adoptarán las medidas apropiadas para: (...) d) Asegurar atención sanitaria prenatal y postnatal apropiada a las madres.*

17 Párrafo 3º Preámbulo de la Declaración de los Derechos del Niño de las Naciones Unidas de 1959.

citurus, si bien no puede considerarse niño a todos los efectos, tiene atribuidos ciertos derechos, o más bien, ciertas expectativas de derechos que deben ser protegidas[18].

A los efectos de la presente obra, partiremos de la consideración del nacimiento como el acto que determina la concepción de niño, como sujeto de derechos, sin perjuicio de que el *nasciturus* pueda ser objeto de protección en determinados casos[19]. A partir del nacimiento, la edad es el criterio determinante en la condición de niño o niña[20]. De esta forma, existen determinados derechos que solo van a poder ser plenamente efectivos cuando se ejercen durante la infancia, como pueden ser el derecho a un

18 Hecho en Roma el 4 de noviembre de 1950, y enmendado por los Protocolos adicionales números 3 y 5, de 6 de mayo de 1963 y 20 de enero de 1966, respectivamente y ratificado por España el 10 de octubre de 1979.

19 Sobre ello se pronunció el TC en su STC 53/1985, de 11 de abril, en la que con referencia al derecho a la vida, contenido en el art. 15 CE, considera que *la vida humana es un proceso que comienza con la gestación que genera un tertium existencialmente distinto que la madre y en consecuencia la vida del nasciturus constituye un bien jurídico cuya protección cae en el marco del art. 15, pero considerando que el sentido objetivo del debate de la elaboración de este artículo no permite afirmar que sea titular de este derecho fundamental.* Asimismo, el TC realiza una interpretación sobre el citado art. 15 CE a la luz de los Tratados y acuerdos internacionales en materia de derechos humanos ratificados por España y no considera que se pueda entender que al *nasciturus* le corresponde también la titularidad del derecho a la vida, pero es un bien jurídico constitucionalmente protegido en nuestra CE.

20 Otros criterios que permiten identificar a un niño o una niña podrían ser su situación de vulnerabilidad, desprotección o dependencia por el mero hecho de su edad. Sin embargo, ésta tampoco es una condición inherente única y exclusivamente a ellos o ellas, por lo que no puede ser el elemento decisivo en la configuración del concepto. *Vid.* TRINIDAD NÚÑEZ, P., "¿Qué es un niño? Una visión desde el Derecho Internacional Público", *Revista española de educación comparada,* núm. 9, 2003 (p. 16).

nombre, el derecho a la inscripción del nacimiento, el derecho a una nacionalidad[21] o el derecho al ocio y al juego[22].

Con respecto a la determinación de la mayoría de edad en los 18 años, la CDN se remite a la ley que sea aplicable al niño, es decir, al derecho interno de los Estados Partes. A pesar de que la ley personal de prácticamente todos los Estados que ratificaron la CDN sitúan igualmente la mayoría de edad en los 18, existen excepciones[23].

Nuestra CE proclama la mayoría de edad en los 18 años en su art. 12. Igualmente, el CC dispone en su art. 240 que *la mayor edad empieza a los dieciocho años cumplidos. Para el cómputo de los años de la mayoría de edad se incluirá completo el día del nacimiento.* No obstante, nuestro CC contempla figuras jurídicas que flexibilizan el sistema objetivo basado en la edad como la del menor emancipado, situado en una esfera intermedia entre menor y mayor de edad[24].

Desde el punto de vista civil, la edad se determina por la ley personal, conforme lo dispuesto en el art. 9.1 CC, lo que supone que la

---

21 Art. 7.1 CDN: *El niño será inscrito inmediatamente después de su nacimiento y tendrá derecho desde que nace a un nombre, a adquirir una nacionalidad y, en la medida de lo posible, a conocer a sus padres y a ser cuidado por ellos.*

22 Reconocido en el art. 31.1 CDN como el derecho del niño al descanso y el esparcimiento, al juego y a las actividades recreativas propias de su edad y a participar libremente en la vida cultural y en las artes.

23 Estados como Irán, Yemen o Indonesia sitúan la mayoría de edad en los 15 años. Otros, como Cuba, Birmania o Reino Unido la fijan en los 16 años; Corea del Norte o Timor Oriental consideran que es mayor de edad la persona mayor de 17 años. En cuanto a mayorías de edad por encima de los 18 años, se pueden nombrar a Argelia, Canadá o Corea del Sur (19 años); Taiwan y Tailandia (20 años) y Camerún, Costa de Marfil, Egipto, Honduras, Níger, Singapur o Emiratos Árabes Unidos, entre otros (21 años).

24 RUIZ DE HUIDOBRO DE CARLOS, J. M., "El concepto de menor", en MARTÍNEZ GARCÍA, C. (Coord.), *Tratado del menor. La protección jurídica a la infancia y adolescencia,* Thomson Reuters Aranzadi, Cizur Menor (Navarra), 2016, (p. 73).

mayoría de edad del ciudadano extranjero también se determinará por su ley nacional y con ello, su capacidad de obrar a efectos civiles.

Si bien, en el ámbito del derecho de extranjería, esta sujeción a la ley nacional no se produce, pues de conformidad con el art. 165 del Reglamento de la LO 4/2000, de 11 de enero, *sobre derechos y libertades de los extranjeros en España y su integración social* (en adelante, LOEX) (en adelante, RLOEX)[25], se considera menor extranjero no acompañado al menor de 18 años, con independencia de la edad a la que adquiera la mayoría de edad conforme a su ley nacional.

Por su parte, el art. 1 LOPJM dispone que dicha ley y sus disposiciones de desarrollo son de aplicación a los menores de 18 años que se encuentren en territorio español, salvo que en virtud de la ley que les sea aplicable hayan alcanzado anteriormente la mayoría de edad.

En vista de la normativa vigente, existen, por tanto, dos vías para fijar la mayoría de edad. Una primera que consiste en acudir a la ley personal conforme al art. 9.1 CC, siempre que pueda acreditarse su nacionalidad, sino habrá que aplicar la legislación española de mayoría de edad en los 18 años. La segunda, se decanta por una interpretación coordinada de la normativa de extranjería y de protección del menor y consistiría en considerar que la mayoría de edad viene determinada por la ley personal con el límite máximo de los dieciocho años. Esto podría llevar a considerar mayor de edad a una edad anterior a los 18 años, si dicha ley así lo establece.

Los efectos civiles de la mayoría de edad se identifican con la total capacidad de obrar, al extinguirse la patria potestad ejercida por los padres o tutores legales, tal como dispone el art. 322 CC. Capacidad de obrar que, hasta entonces se encontraba limitada.

---

25 Las últimas reformas del RLOEX son las introducidas por el RD 629/2022, de 26 de julio y, más recientemente, por el RD 1155/2024, de 19 de noviembre, por el que se aprueba el nuevo RLOEX, cuya entrada en vigor se produjo el 20 de mayo de 2025.

No obstante, es preciso advertir que el art. 2.2º LOPJM establece que las limitaciones a la capacidad de obrar de los menores se interpretarán de forma restrictiva y, en todo caso, siempre en el interés superior del menor. Por tanto, al menor se le tendrá por capaz, salvo que una norma establezca lo contrario y dichas limitaciones a la capacidad de obrar estarán siempre vinculadas a su protección[26].

Durante la minoría de edad, se permite al menor actuar de una manera limitada en diferentes ámbitos, pudiendo hacerlo por sí mismo para el ejercicio de determinados derechos o requiriendo su consentimiento. Igualmente, su opinión va a tener relevancia a partir de una determinada edad, teniendo en cuenta su madurez[27].

En definitiva, la minoría de edad se configura como una situación especial de protección de la persona derivada de su inmadurez, con limitada pero progresiva capacidad de obrar. La

---

26 PARRA LUCÁN, M. A., "El menor de edad y su capacidad en el Derecho español", en BLANCO-RODRÍGUEZ, L. (Coord.), *Estudios de derecho privado*, Tirant lo Blanch, Valencia, 2021, (p. 554).

27 Sin ánimo de exhaustividad, señalaremos, por ejemplo, que el CC establece que, a partir de los 12 años, su consentimiento será necesario para la adopción (art. 177.1 CC) y para el acogimiento (art. 173.2 CC), si tuviera suficiente madurez. En cuanto a su opinión, el art. 92.2 CC establece que, en los procesos de separación, nulidad y divorcio, para adoptar las medidas relativas a la guarda y custodia del menor, el juez velará por el cumplimiento de su derecho a ser oído a partir de los 12 años. A partir de los 14 años, el menor puede testar y puede obtener dispensa para contraer matrimonio (arts. 663.1º y 48 CC); Asimismo, los art. 317 CC y ss., establecen la posibilidad de a partir de los 16 años de solicitar la declaración de emancipación y la concesión del beneficio de la mayoría de edad. El derecho a acceder al mercado laboral se fija en los 16 años (art. 3.1 del Estatuto de los Trabajadores). También a partir de los 16 años, el menor tiene derecho al otorgamiento del consentimiento informado en los términos previstos en el art. 9 de la Ley 41/2002, de 14 de noviembre, *básica reguladora de la autonomía del paciente y de derechos y obligaciones en materia de información y documentación clínica.*

protección se ejercerá a través de las instituciones de la tutela y la patria potestad, a las cuales queda sujeto el menor[28].

Por otro lado, el menor de edad como consecuencia de esa limitada capacidad de obrar, también tendrá una limitación de la responsabilidad jurídica. Desde el punto de vista penal, la minoría o mayoría de edad también será determinante para la exigencia de responsabilidad penal por la comisión de hechos tipificados como delitos o faltas en el CP o las leyes penales especiales, aplicándose a las personas mayores de 14 años y menores de 18, la LORPM.

2.2.- Noción de extranjero y migrante

El término extranjero hace referencia al natural de otro país o de otra nación, con respecto a los procedentes de la que se toma como referencia, conforme a las acepciones del DRAE. Por tanto, se trata de un concepto asociado a la condición jurídica de nacionalidad y de los derechos y obligaciones inherentes a la misma y a la posibilidad de ejercerlos, que serán diferentes a los de aquellas personas que no la ostenten, pero se encuentren en el mismo territorio. Ahora bien, el reconocimiento internacional de la condición de extranjero y la progresiva incorporación de derechos en su estatuto jurídico permiten afirmar que este concepto va más allá de la nacionalidad y constituye una categoría jurídica protegida y reconocida a nivel internacional[29].

En nuestro ordenamiento jurídico, se distingue entre extranjeros y españoles en la CE (Capítulo I del Título I denominado *De los españoles y los extranjeros*), cuyo art. 11 establece que *la nacionalidad española se adquiere, se conserva y se pierde de acuerdo*

[28] RUIZ DE HUIDOBRO DE CARLOS, J. M., "El concepto de menor", *op. cit.*, (p. 81).

[29] RECIO JUÁREZ, M., *La expulsión de extranjeros en el proceso penal*, Dykinson, Madrid, 2016, (pp. 29-30).

con lo establecido por la ley; además, el art. 13 configura el estatuto jurídico del extranjero en España, determinando el alcance de los derechos y libertades de los que goza.

De acuerdo con el art. 1 de la LO 4/2000, de 11 de enero, *sobre derechos y libertades de los extranjeros en España y su integración social* (en adelante, LOEX) se considerará extranjero a aquella persona que no ostenta la nacionalidad española; por su parte, el art. 17 CC establece quienes son españoles de origen[30], pero no recoge una definición de extranjero. Además, el art. 27 CC consagra la igualdad en cuanto a derechos civiles se refiere de nacionales y extranjeros, salvo lo dispuesto en las leyes especiales y en los tratados.

Nuestra legislación de extranjería utiliza el criterio de nacionalidad y no incluye expresamente el término apátrida, entendiendo como tal, aquella persona que no sea considerada como nacional suyo por ningún Estado, conforme a su legislación. Igualmente, se opta por la acepción *extranjero,* sin distinguir entre procedente de un Estado miembro de la UE o de un tercer país, incluyendo en su ámbito de aplicación subjetivo, a los menores procedentes de

---

30 Art. 17 CC: 1. Son españoles de origen: a) Los nacidos de padre o madre españoles. b) Los nacidos en España de padres extranjeros si, al menos, uno de ellos, hubiera nacido también en España. Se exceptúan los hijos de funcionario diplomático o consular acreditado en España. c) Los nacidos en España de padres extranjeros, si ambos carecieren de nacionalidad o si la legislación de ninguno de ellos atribuye al hijo una nacionalidad. d) Los nacidos en España cuya filiación no resulte determinada. A estos efectos, se presumen nacidos en territorio español los menores de edad cuyo primer lugar conocido de estancia sea territorio español. 2. La filiación o el nacimiento en España, cuya determinación se produzca después de los dieciocho años de edad, no son por sí solos causa de adquisición de la nacionalidad española. El interesado tiene entonces derecho a optar por la nacionalidad española de origen en el plazo de dos años a contar desde aquella determinación. Los art. siguientes, hasta el art. 28 CC, contemplan todos los aspectos relativos a la adquisición y pérdida de la nacionalidad española.

otros Estados de la UE, siempre que no les sea aplicable una legislación más favorable en el derecho comunitario (art. 34 LOEX).

No obstante, es preciso tener en cuenta que el hecho de que estemos hablando de menores procedentes de terceros países, no nacionales o apátridas, significa poner el foco de atención también en el trayecto migratorio, al desplazamiento que han realizado y a la forma en la que han accedido al territorio en el que se encuentran y en el que van a ser calificados como tales, haciéndose necesario analizar otros conceptos como el de migrante, migrante irregular, emigrante o inmigrante.

En el ámbito del derecho internacional, no existe una definición única y universalmente aceptada de migrante. Para la OIM, se trata de un término genérico que, por uso común, designa a toda persona que se traslada fuera de su lugar de residencia habitual, ya sea dentro de un país o a través de una frontera internacional, de manera temporal o permanente y por diversas razones. Este término comprende una serie de categorías jurídicas bien definidas de personas, como los trabajadores migrantes, las personas cuya forma particular de traslado está jurídicamente definida, entre los que se encontrarían los migrantes víctimas de trata o aquellas personas cuya situación o medio de traslado no estén expresamente regulados en el derecho internacional, como los estudiantes internacionales[31].

Por lo general, la definición del término migrante se basa en dos enfoques, el inclusivista, aplicado por la OIM, que engloba todas las formas de movimiento desde un punto de vista genérico; y el residualista, que excluye del término migrante a aquellas personas que huyen de las guerras o de la persecución, a los que se les denominaría refugiados[32]. Una persona migrante

---

31 *Vid. Glossary on Migration* (Glosario sobre migración), OIM, 2019. Disponible en: iml_34_glossary.pdf (iom.int).

32 Sobre los conceptos migrante y refugiado, *vid.* CRAWLEY, H. y SKLEPARIS, D., "Refugees, migrants, neither, both: categorical fetishism and the politics of bounding in Europe's *migration crisis*" (Refugia-

se podrá clasificar bajo una o varias categorías al mismo tiempo. Incluso durante el transcurso del proceso migratorio podrá ir adquiriendo diferentes status o solicitar su reclasificación de una categoría a otra, como en el caso del migrante económico que presenta una solicitud de asilo con la esperanza de adquirir los derechos asociados a la condición de refugiado[33].

A este respecto, cabe señalar que el sustantivo emigrante pone el foco en la persona que abandona su país de origen, mientras que el de inmigrante hace referencia a esa misma persona, pero desde la perspectiva de quien ya ha llegado a su nuevo destino para radicarse en él o de quien lo recibe.

De modo más amplio, el DRAE define inmigrante como aquel que inmigra. Para inmigrar, en lo que se refiere a personas, se establecen dos acepciones: *llegar a un país extranjero para radicarse en él* o *instalarse en un lugar distinto de donde vivía dentro del propio país, en busca de mejores medios de vida.* Dicho de una persona, emigrar se define como, *abandonar su propio país para establecerse en otro extranjero o abandonar la residencia habitual en busca de mejores medios de vida dentro de su propio país*[34].

---

dos, migrantes, ninguno, ambos: fetichismo categórico y la política de delimitación en la crisis migratoria de Europa), *Journal of Ethnic and Migration Studies,* Vol. 44, 2018, (pp. 48-64). La OIM se basa en el enfoque inclusivista y la ACNUR en el residualista.

33 *Migration in an interconnected world: New directions for action* (Las Migraciones en un Mundo Interdependiente: Nuevas Orientaciones para Actuar), Informe de la Comisión Mundial sobre las Migraciones Internacionales, octubre 2005, (párrafo 15).

34 A los efectos de la presente obra, se utilizarán los términos: *Estado* o *país de origen* para hacer referencia al país de nacionalidad o de anterior residencia habitual del menor que ha migrado al extranjero, independientemente de si lo hace de forma regular o irregular (definición establecida por la OIM en Términos fundamentales sobre la migración); *Estado receptor*: el país de destino o acogida del menor extranjero no acompañado, en el que el menor será declarado como

Migrar, por tanto, alude a un concepto demográfico y no se refiere a otras consideraciones políticas, económicas o jurídicas. Sin embargo, extranjero es un término jurídico, que identifica a quienes carecen de nacionalidad española.

Así, por menor migrante entenderemos cualquier persona menor de 18 años que se encuentra en un lugar de destino distinto a su país de origen, con vocación de permanecer y/o con un carácter no meramente incidental (viaje, vacaciones, etc.). Frente a la generalidad del término, la delimitación del mismo vendrá condicionada en función del adjetivo calificativo al que se acompañe el substantivo migrante, según el motivo de la migración (migrante económico, migrante medioambiental o por motivos climáticos, por ejemplo); según el desplazamiento (migración interna, migración intraeuropea o migración internacional); y, en función de la forma de acceso al país de destino, es decir si lo ha hecho de forma regular o irregular. Esta última es aquella que se produce al margen de las leyes, las normas o los acuerdos internacionales que rigen la entrada o la salida del país de origen, de tránsito o de destino; esto es, sin contar con

---

tal. Salvo que se indique expresamente lo contrario, en la presente investigación se referirá a España; y, *Estado o país de tránsito*, al país por el que pasa el menor extranjero no acompañado, en cualquier viaje hacia el país receptor, o bien desde el país receptor hacia el país de origen o de residencia habitual, conforme la definición establecida en la el art. 6.c) de la Convención Internacional *sobre la Protección de los Derechos de Todos los Trabajadores Migratorios y de Sus Familiares* (aprobada el 18 de diciembre de 1990 y en vigor desde el 1° de julio de 2003). El concepto de tránsito entraña una noción de temporalidad. Sin embargo, para muchos menores migrantes, en particular los que migran de manera irregular, el viaje hacia el destino previsto puede durar meses o incluso años. Ello pone en entredicho la noción misma de tránsito y plantea la cuestión de cuánto debe durar la estancia para que el país de tránsito se considere país de destino (esta cuestión se analiza en el Informe *Situación de los migrantes en tránsito*, Oficina del Alto Comisionado de las Naciones Unidas para los Derechos Humanos, 2015).

un visado o autorización que le permita residir en el territorio de dicho Estado. Si bien, tampoco existe una definición universalmente aceptada de migración irregular, ya que dependerá de la legislación de extranjería de cada país receptor o de tránsito.

En el caso de España, la LOEX determina que se encontrarán en situación irregular en territorio español, aquellas personas que carecen de autorización de residencia, quienes tienen caducada por un periodo superior a tres meses la mencionada autorización y siempre que el interesado no hubiere solicitado la renovación de la misma en el plazo previsto reglamentariamente, así como aquellas personas que no hubieran obtenido la prórroga de estancia[35].

---

[35] Art. 53 a) LOEX, que considera como infracción grave de la normativa de extranjería, que entraña una responsabilidad administrativa, la situación de encontrarse irregularmente en territorio español. Dicho precepto debe interpretarse también con lo dispuesto en el art. 4 RLOEX, que establece que *la entrada de un extranjero en territorio español estará condicionada al cumplimiento de los siguientes requisitos: a) Titularidad del pasaporte o documentos de viaje a los que se refiere el artículo siguiente. b) Titularidad del correspondiente visado en los términos establecidos en el artículo 7. c) Justificación del objeto y las condiciones de la entrada y estancia en los términos establecidos en el artículo 8. d) Acreditación, en su caso, de los medios económicos suficientes para su sostenimiento durante el periodo de permanencia en España, o de estar en condiciones de obtenerlos, así como para el traslado a otro país o el retorno al de procedencia, en los términos establecidos en el artículo 9. e) Presentación, en su caso, de los certificados sanitarios a los que se refiere el artículo 10. f) No estar sujeto a una prohibición de entrada, en los términos del artículo 11. g) No suponer un peligro para la salud pública, el orden público, la seguridad nacional o las relaciones internacionales de España o de otros Estados con los que España tenga un convenio en tal sentido.* En el apartado 2, se contempla la posibilidad de que Comisaría General de Extranjería y Fronteras autorice la entrada en España de los extranjeros que no reúnan los requisitos establecidos en el apartado anterior *cuando existan razones excepcionales de índole humanitaria, interés público o cumplimiento de compromisos adquiridos por España.*

En cuanto al acceso o entrada irregular en el país, deben entenderse incluidos aquellos extranjeros que pretendan entrar irregularmente y sean interceptados en la frontera o en sus inmediaciones, tal y como dispone el art. 23.1.b) RLOEX.

Una de las notas definitorias de los menores extranjeros no acompañados es, precisamente, el hecho de haber accedido al territorio del Estado receptor de forma irregular, dado que no tienen otra alternativa que recurrir a esta vía[36]. En tal senti-

---

[36] La OIM señala que la falta de opciones legales para migrar y las dificultades en la obtención de visados son causas fundamentales que llevan a las personas a arriesgar sus vidas en travesías marítimas peligrosas, exponiéndose a riesgos significativos, como ahogamientos y desapariciones. Los países de destino crean cada vez más oportunidades de migración para los ciudadanos de los países con índices de desarrollo humano altos, en comparación con las que tienen los nacionales de los países en desarrollo, para los que rigen más restricciones. A largo plazo, el resultado podría ser una desigualdad sistémica entre los países y una profundización aún mayor de las disparidades relativas a la movilidad entre los países y regiones, junto con una elevación de las presiones migratorias que podría aumentar considerablemente la trata de personas y el tráfico de migrantes. La aplicación estricta de las leyes y reglamentos puede disuadir a algunos migrantes de escoger un destino en lugar de otro, al tiempo que los países con regímenes reglamentarios más débiles crean sin querer un entorno que favorece la migración irregular, debido a la falta de una regulación efectiva y de los recursos adecuados. Es importante establecer un entorno seguro para la migración regular, a fin de reducir los riesgos para los migrantes que, de lo contrario, no tendrán más remedio que recurrir a la migración irregular. MCAULIFFE, M. y OUCHO, L.A. (Eds.), *Informe sobre las Migraciones en el Mundo,* Ginebra, 2024, (p. 138). Disponible en: https://www.iom.int/es/news/el-informe-sobre-las-migraciones-en-el-mundo-2024-revela-las-ultimas-tendencias-y-desafios-mundiales-del-ambito-de-la-movilidad-humana. En resumen, la combinación de políticas migratorias restrictivas, la escasez de vías legales para migrar y las dificultades en la obtención de visados son factores clave que obligan a muchas personas migrantes, entre ellos los menores, a optar por rutas irregulares y peligrosas, para llegar a España.

do, quedarían excluidos del concepto de menor extranjero no acompañado aquellos menores que, aun habiendo entrado en el país solos, cuentan con la correspondiente autorización para residir, estudiar, visado de turista, etc.

Esta circunstancia de entrada irregular al territorio del Estado receptor inherente a la condición de menor extranjero no acompañado, supone, por tanto, que los menores comunitarios queden excluidos de este concepto. El principal motivo es que, precisamente esa condición de extranjero (nacional de un tercer país o apátrida) del menor no acompañado que ha accedido y se encuentra de forma irregular en territorio español, es la circunstancia que va a determinar la aplicación de la normativa de extranjería; es aquí donde surge la dicotomía entre esta legislación y la de protección de menores que, al identificar a todos aquellos menores que se encuentren en territorio español, sin referirse a la nacionalidad, la LOPJM extiende el ámbito de aplicación a los extranjeros y en este sentido, también a los no acompañados[37].

Igualmente, es también la condición de extranjero y en situación irregular la que determinará su especial vulnerabilidad y que comportará una posición de desequilibrio en el proceso penal de menores al que se vean sujetos en el caso de haber cometido un delito en España.

2.3.- Circunstancia de encontrarse no acompañado o separado

La Observación General núm. 6 CRC, remitiéndose al concepto de menor contenida en el art. 1 CDN, distingue entre niños no acompañados como aquellos que están *separados de ambos padres*

[37] En conexión con estos preceptos ha de tenerse en cuenta que el art. 20.1 CDN establece que los niños temporal o permanentemente privados de su medio familiar, o cuyo interés exija que no permanezcan en ese medio, tendrán derecho a la protección y asistencia especiales del Estado.

y otros parientes y no están al cuidado de un adulto al que, por ley o costumbre, incumbe esa responsabilidad; y niños separados, quienes se encuentran *separados de ambos padres o de sus tutores legales o habituales, pero no necesariamente de otros parientes. Por tanto, puede tratarse de menores acompañados por otros miembros adultos de la familia*[38].

En el ámbito comunitario, la Resolución *sobre menores no acompañados nacionales de terceros países* del Consejo de la UE, de 26 de junio de 1997, recoge la definición más extendida de menor no acompañado, pero no realiza la distinción entre separados y no acompañados, haciendo referencia a aquellos menores que *no están acompañados de un adulto responsable de los mismos, ya sea legalmente o con arreglo a los usos y costumbres, en tanto en cuanto no estén efectivamente bajo el cuidado de un adulto responsable de ellos y también a los menores nacionales de países terceros que, después de haber entrado en el territorio de los Estados miembros, sean dejados solos*[39].

Posteriormente, la Directiva 2001/55/CE de 20 de julio de 2001, *relativa a las normas mínimas para la concesión de protección temporal en caso de afluencia masiva de personas desplazadas y a medidas de fomento de un esfuerzo equitativo entre los Estados miembros para acoger a dichas personas y asumir las consecuencias de su acogida*, reproduce la misma definición, pero añadiendo el término apátrida. Además, en el caso de aquellos menores que sean dejados solos después de su llegada a los Estados miembros, reconoce expresamente que se convierten de forma sobrevenida en menores no acompañados[40]. De las anteriores definiciones,

---

38 Párrafos 7 y 8, Apartado III (Definiciones) de la Observación General núm. 6 CRC.

39 Art. 1 de la Resolución sobre menores no acompañados nacionales de terceros países del Consejo de la UE, de 26 de junio de 1997.

40 Art. 2 f) Directiva 2001/55/CE de 20 de julio de 2001: A efectos de la presente Directiva, se entenderá por: Menores no acompañados: los nacionales de terceros países o apátridas menores de dieciocho años que lleguen al territorio de los Estados miembros sin ir acompañados de

se desprende que en el ámbito del derecho de la UE no se hace distinción expresa entre no acompañado y separado, quedando este último subsumido en la categoría de no acompañado[41].

2.3.1.- Menor no acompañado

A la hora de distinguir entre los conceptos, de menor no acompañado y separado, debemos partir del término *no acompañado,* que se reduce a aquellos supuestos en los que el menor es localizado en el Estado receptor o de tránsito, completamente solo, bien porque ha realizado el trayecto migratorio de forma autónoma, o bien, porque durante el mismo o en el cruce de frontera le han dejado solo. No está ni con sus padres, ni con personas de su familia o tutores, ya sea legales o por costumbre. Este primer supuesto no plantea ninguna duda, más allá de matizar qué se entiende por adulto, que, conforme a la ley o costumbre, tiene asignado el cuidado del menor.

Para ello, debemos partir de la premisa de que la responsabilidad del cuidado y la crianza para el desarrollo del niño corresponden, en principio, a sus padres biológicos; pero puede ocurrir que, por motivos culturales, sociales o de otra índole, el menor se encuentre al cuidado de otros adultos, sean parientes

---

un adulto responsable de los mismos, ya sea legalmente o con arreglo a los usos y costumbres, en la medida en que no estén efectivamente bajo el cuidado de un adulto responsable de ellos, o los menores que queden sin compañía después de su llegada al territorio de los Estados miembros.

41 Ello supone que, en la práctica, no sea posible obtener datos estadísticos concretos sobre los menores separados, lo cual dificulta analizar la situación en la que se encuentran y las vulnerabilidades específicas a las que se enfrentan. *Vid. Current migration situation in EU: separated children* (Situación actual de la migración en la Unión Europea: niños separados), Informe de la Agencia de los Derechos Fundamentales de la UE 2016, (p.3). Disponible en: https://fra.europa.eu/sites/default/files/fra_uploads/fra-december-2016-monthly-migration-report-separated-childr.pdf.

o no, que hayan asumido esas responsabilidades, a través de instituciones como la adopción o la acogida, aún incluso sin haberlo formalizado legalmente, incluso por costumbre[42].

---

[42] El término adopción es utilizado en ciertas culturas de manera informal, por costumbre y sin atender al término jurídico. Igualmente, La adopción no existe en la legislación islámica. Hay, sin embargo, otras medidas de protección de menores desamparados, como la *kafala* y la tutela dativa. La *kafala* es la guarda de un menor abandonado, entendida como la obligación de encargarse de la protección, la educación y el sustento de un menor abandonado del mismo modo que se haría con un hijo propio. Si bien, no da derecho a la filiación ni a la sucesión. Conforme al art. 1 de la Ley núm. 15 marroquí, pueden ser dados en *kafala* los menores de 18 años que se encuentren abandonados, considerando como tal: a) al nacido de padres desconocidos o de madre conocida que abandone al menor de manera voluntaria. b) al menor huérfano o de padres incapaces de atender las necesidades del menor o que no dispongan de medios de subsistencia. c) a los hijos de padres que, teniendo mala conducta, no asuman su responsabilidad de protección y de orientación. La *kafala* es similar a un acogimiento permanente de un niño con sentencia judicial de declaración de abandono, que es constituida y ejecutada por orden judicial y se acompaña de autorización judicial para que la persona que ha acogido al niño pueda establecerse con él en el extranjero de forma permanente. La tutela dativa (equiparable a nuestra institución de tutela) se constituye judicialmente y da la representación legal de un menor a la persona que nombra el juez. Sobre las instituciones de la *kafala* y la tutela dativa, *vid.* JUÁREZ PÉREZ, P., "La kafala islámica como institución de protección interpretación y prácticas españolas", en CEBRIÁN SALVAT, M. A. y LORENTE MARTÍNEZ, I. (Dir.), *Protección de menores y derecho internacional privado,* Editorial Comares, Granada, 2019, (pp. 143-169); DONADO VARA, A., "Adopción internacional y kafala islámica en España", en MATOS CALABRÚS, M.A. y BASTANTE GRANELL, V. (Coord.), *En torno a la filiación y a las relaciones paterno filiales,* Comares, Granada, 2018, (pp. 103-118); OUHIDA, J., "La kafala des enfants abandonnés et sa réception dans l´ordre juridique européen" (La kafala de los niños abandonados y su recepción en el ordenamiento jurídico europeo), en LARA AGUADO, A. (Dir.), *Protección de menores en situaciones transfronterizas análisis*

El hecho de que se aluda a la costumbre, supone el reconocimiento de las diferentes situaciones sociales o culturales de los países de origen de estos menores en las que pueden encontrarse bajo la guarda y custodia de adultos diferentes a sus progenitores, tal y como reconoce el art. 5 CDN[43] y con ello, se abre la vía a considerar figuras propias de nuestro derecho civil como el guardador de hecho[44].

---

multidisciplinar desde las perspectivas de género, de los derechos humanos y de la infancia, Tirant lo Blanch, Valencia, 2023, (pp. 413-441). Más concretamente, en el ámbito de los menores extranjeros no acompañados: DE PALMA DEL TESO, A., "La condición legal de menor no acompañado en nuestro derecho de extranjería definición común de la Unión Europea. La Kafala del Derecho islámico", *Revista Vasca de Administración Pública* (RVAP). Administrazio Publikoaren Euskal Aldizkaria, núm. 90, 2011, (pp. 101-138). Sobre la *kafala* islámica también se ha pronunciado el TJUE en su Sentencia de 26 de marzo de 2019 (asunto C-129/18), que aceptó que un menor bajo la tutela de un ciudadano de la UE en régimen *kafala* tenía derecho a residir en la UE para mantener la unidad familiar.

43 Art. 5 CDN: *Los Estados Partes respetarán las responsabilidades, los derechos y los deberes de los padres o, en su caso, de los miembros de la familia ampliada o de la comunidad, según establezca la costumbre local, de los tutores u otras personas encargadas legalmente del niño de impartirle, en consonancia con la evolución de sus facultades, dirección y orientación apropiadas para que el niño ejerza los derechos reconocidos en la presente Convención.*

44 Sin embargo, hay Estados miembros de la UE, como Italia, que amplían el abanico de supuestos en los que el menor se considerará no acompañado, ya que no contemplan la posibilidad de que el menor esté acompañado por la persona que asuma la responsabilidad de su cuidado conforme la costumbre y solo admite al tutor legal. *Vid.* Art. 2, Legge 7 aprile 2017, núm. 47, *Disposizioni in materia di misure di protezione dei minori stranieri non accompagnati* (Ley de 7 de abril de 2017, núm. 47, Disposiciones en materia de medidas de protección de menores extranjeros no acompañados), (17G00062) (GU n.93 del 21-4-2017): https://www.normattiva.it/uri-res/N2Ls?urn:nir:stato:legge:2017;47.

En este punto, resulta preciso recordar que nuestro CC no establece una definición de guardador de hecho[45]. Igualmente, el art. 12.2 LOPJM reconoce esta figura, pero sin definirla[46]; con carácter general, en el ámbito de los menores, se trata de una situación en la que las funciones de la guarda y custodia no se realizan por el titular de la patria potestad, sino por un tercero que satisface las necesidades de protección y lo hace sin nombramiento alguno, ni judicial ni administrativo que establezca ese deber de protección[47].

La FGE, en su Circular 3/2001, reconoce esta figura, al afirmar que es totalmente asimilable la condición de un menor acompañado por sus representantes legales a la de un menor acompañado por un mero guardador de hecho, que generalmente será un familiar próximo, ya que esta figura está plenamente admitida en nuestro derecho como una posible forma de facultad-deber de guarda de los menores, situación que puede resultar relativamente frecuente en el ámbito de determinadas culturas de los países de origen de estos menores[48].

---

45 El CC tampoco contiene una definición de guardador de hecho al regular en sus art. 250 a 263 CC, esta figura como una medida de apoyo a las personas con discapacidad para el ejercicio de su capacidad jurídica.

46 Tampoco la Ley 8/2021, de 2 de junio, *por la que se reforma la legislación civil y procesal para el apoyo a las personas con discapacidad en el ejercicio de su capacidad jurídica,* introdujo una definición de guardador de hecho, a pesar de que se refuerza esta figura, que deja de tener un carácter provisional para constituir una verdadera institución de apoyo (para personas con discapacidad) o de protección (en el caso de los menores).

47 RUIZ-RICO RUIZ MORÓN, J. "La guarda de hecho tras la Ley 8/2021 de 2 de junio", en LARA AGUADO, A. (Dir.), *Protección de menores en situaciones transfronterizas análisis multidisciplinar desde las perspectivas de género, de los derechos humanos y de la infancia,* Tirant lo Blanch, Valencia, 2023 (pp. 388-390).

48 Apartado IV.3, párrafo 3°, Circular 3/2001 de la FGE, de 21 de diciembre, *sobre actuación del Ministerio Fiscal en materia de extranjería.*

Posteriormente, en la Circular FGE 8/2011, se considera que la guarda de hecho tiene una naturaleza neutra, pudiendo abarcar situaciones de *encomiable altruismo, asentadas firmemente en el superior interés del menor (piénsese en el supuesto prototípico de abuelos que con enorme esfuerzo asumen la crianza del nieto, ante el abandono de los progenitores), como situaciones que bordean o entran directamente en el ámbito penal (personas que con el fin de satisfacer sus deseos se hacen cargo de menores con los que no tienen vínculos, mediando o no retribución, haciendo tabula rasa de los procedimientos legalmente establecidos).* Si bien, la FGE entiende que se trata de una situación provisional, tolerada por el ordenamiento, pero preordenada a su extinción, que debe desembocar en otra institución más estable. Así, no se concibe como una institución tutelar, sino más bien como una situación fáctica no prohibida, pues la ley, en tanto faculta al Juez para controlar su desarrollo, revela una actitud favorable a la misma, dentro su provisionalidad. En tal caso, el modo ordinario y común de reaccionar frente a guardas de hecho derivadas del abandono del menor por sus progenitores, será el de promover la declaración de desamparo, la asunción de la tutela automática y, en su caso, acordar el acogimiento familiar nombrando a tales efectos a los guardadores[49].

La figura del menor acompañado de un guardador de hecho también se reconoce en el Protocolo Marco *sobre determinadas actuaciones en relación con los Menores Extranjeros No Acompañados*[50], que exigirá una valoración de las circunstancias concurrentes para determinar si se le presta la debida asistencia moral o material[51]. Esta valoración se realiza por el MF, a través de la in-

---

49 Apartado IV, Circular FGE 8/2011, de 16 de noviembre, sobre criterios para la unidad de actuación especializada del Ministerio Fiscal en materia de protección de menores, (pp. 6-7).

50 Aprobado el 13 de octubre de 2014 (BOE núm. 251 de 16 de octubre de 2014).

51 Apartado Octavo, Capítulo IV del Protocolo Marco *sobre determinadas actuaciones en relación con los Menores Extranjeros No Acompañados.*

coación de diligencias preprocesales por riesgo en protección de menores, a fin de determinar si la guarda de hecho es idónea o si procede una declaración de riesgo o desamparo, conforme el art. 237 CC, debiendo adoptar la Entidad Pública de Protección las medidas adecuadas[52].

En el caso de que se determine por la Fiscalía la idoneidad o suficiencia de la guarda de hecho como medida de apoyo informal del menor, no será necesario adoptar una medida administrativa de protección, sin perjuicio de instar judicialmente la adopción de medidas de control y vigilancia sobre su actuación para con el menor y su patrimonio, para dotar de mayor seguridad jurídica a la figura de la guarda de hecho, promoviendo el oportuno expediente de jurisdicción voluntaria (art. 52 Ley 15/2015, de 2 de julio, de la Jurisdicción Voluntaria).

2.3.2.- Menor separado

Frente al concepto de menor *no acompañado,* cuando se alude al menor *separado,* se está haciendo referencia a la circunstancia de que el menor entre en el país receptor en compañía de un adulto, que no es su progenitor ni su tutor legal o habitual (conforme a la costumbre), aunque pueda ser alguien de su familia.

La Observación General núm. 6 CRC distingue ambos conceptos (no acompañado y separado), porque considera que existen diferentes situaciones de vulnerabilidad en uno u otro caso. El

---

52 Puede ocurrir que se declare en desamparo a dicho menor, de conformidad con el art. 237.2 CC, pero se valore como adecuado por la Entidad Pública de Protección el acogimiento temporal en la persona que hasta el momento ejercía como guardador de hecho, (art. 237.2º in fine CC). A pesar del carácter transitorio de esta medida (art. 20 bis LOPJM y 173 bis CC) mediante la misma, quedaría formalizada la guarda de hecho, bajo el control y vigilancia de la Entidad Pública y del MF, en el oportuno expediente.

menor no acompañado llega completamente solo y necesita un tutor designado por el Estado de llegada, que lo va a amparar dentro de su esfera de protección de menores. En cambio, los menores separados vienen acompañados por adultos, sobre los que se tiene que hacer un análisis previo sobre la relación que les une y si la tutela del menor corresponde al adulto acompañante o al Estado. Sin embargo, ambos (no acompañados y separados) se encuentran dentro del ámbito de aplicación de la Observación General núm. 6 CRC, que reconoce los mismos derechos y las mismas medidas y directrices para los dos grupos[53].

En el caso de un menor separado de sus progenitores, pero que se encuentra acompañado de un familiar, normalmente se nombrará tutor a ese familiar adulto que lo acompañe y le dispensa cuidados sin ser progenitor ni tutor legal, salvo que haya indicios de que esta decisión no va a beneficiar al menor, por ejemplo, cuando éste haya sido maltratado por el adulto acompañante. En aquellos casos en los que el menor esté acompañado por un adulto sin ser pariente, deberá analizarse con más detenimiento la idoneidad de éste para actuar como tutor. Si el tutor puede atender al menor cotidianamente y está dispuesto a hacerlo, pero no puede representar debidamente el superior interés del menor en todos los campos y ámbitos de su vida, deberán adoptarse medidas complementarias (por ejemplo, el nombramiento de un asesor o representante legal)[54].

En definitiva, aunque se hable de menor separado, la consecuencia directa de esta evaluación de la idoneidad del adulto que le acompaña es la propia consideración de menor acompañado o no. Si ese adulto es idóneo, ejercerá como tutor del menor (o guardador de hecho) y, por tanto, para el Estado ya no será

[53] Párrafo 10 Observación General núm. 6 CRC: *Salvo indicación en contrario, los principios que se recogen a continuación se aplican por igual a los menores no acompañados y a los separados de sus familias.*

[54] Párrafo 34 Observación General núm. 6 CRC.

considerado como menor no acompañado. Si se reputa que ese adulto no ha acreditado la filiación, capacidad o idoneidad para el cuidado de ese menor, el Estado habrá de asumir su tutela y lo considerará a todos los efectos como menor no acompañado.

2.3.3- Criterios para la determinación de un menor no acompañado o separado

Con respecto a esta evaluación previa para determinar la esfera de protección del menor extranjero, merecen especial atención las Directrices de ACNUR de 1997, que, si bien no mencionan expresamente a los menores *separados*, proponen unas pautas u orientaciones, a las que denomina *guías prácticas*, que deberán ser tenidas en cuenta para determinar si efectivamente el menor que viene con un adulto, en el momento de su interceptación en el Estado receptor, puede ser considerado como no acompañado. Además, contempla diferentes situaciones como el venir acompañado de un adulto, perteneciente a la familia, siendo de especial incidencia el acompañamiento de un hermano adulto. En todo caso, aboga por la necesidad de evaluar cuidadosamente la naturaleza y las implicaciones de la relación entre el adulto y el niño o la niña.

Conforme a las citadas Directrices de ACNUR de 1997, en todo caso, el niño o la niña será considerado *prima facie* como no acompañado cuando no se encuentra con sus progenitores en el primer país de asilo. Igualmente, si existen dudas para la autoridad competente en cuanto a la relación entre el adulto encargado del cuidado del niño o niña y éste, se resolverán en favor de su identificación como menor no acompañado (apartado 2 del Anexo II).

A los efectos de determinar si el menor está acompañado o no cuando llega al país receptor junto a un adulto que no es su progenitor y que tampoco ostenta la condición de tutor legal, se exige una evaluación sobre la durabilidad y la calidad de la relación entre ambos. Además, será necesario comprobar extremos tales como la efectiva encomienda de los padres biológicos a ese adulto del cuidado de su hijo o hija, o las aptitudes específicas del mismo. En las Directrices de ACNUR de 1997 se mencionan términos como la *pericia, madurez y compromiso* adecuados para asumir esta responsabilidad, que debe ser en todo caso duradera y no transitoria. Además, no debería estar relacionada con la partida del país de origen, es decir, el encargo a otro adulto del cuidado del menor no puede realizarse a los solos efectos de iniciar el proceso migratorio. Finalmente, será preciso también detectar posibles situaciones de explotación o trata en la persona del adulto que acompaña al menor[55].

De lo expuesto se deriva que deberá considerarse que el menor es no acompañado cuando llega solo al Estado receptor, sin estar bajo la custodia de sus progenitores o de un pariente o adulto responsable de su cuidado o cuando dicho adulto no reúne las aptitudes ni requisitos exigibles para considerar esa relación real y efectiva entre el adulto y el niño o la niña. Corresponde, por tanto, analizar al Estado receptor estas circunstancias y resolver sobre la consideración de menor extranjero no acompañado.

La práctica habitual de los Estados receptores es acreditar, en primer lugar, la filiación entre adulto y menor, a través de una prueba de ADN que es el único medio de prueba que permite establecer la conexión paterno o materno filial, pero que no va a determinar otras conexiones familiares. Con respecto a España, en cuanto se recibe la comunicación de la llegada de un menor acompañado de un adulto que no acredita vínculos de filiación o parentesco, se procede a iniciar un expediente de riesgo, en el que se recabarán informes sobre la identificación del menor (reseña e inscripción registral), para después reali-

---

55 Párrafos 7, 8 y 9 Anexo II Directrices sobre políticas y procedimientos relativos al tratamiento de niños no acompañados solicitantes de asilo, de febrero de 1997, ACNUR.

zar el ofrecimiento a la prueba de ADN y valorar indicadores de riesgo y apego con el adulto acompañante[56].

La prueba de ADN, se encuentra regulada en el Protocolo Marco *sobre determinadas actuaciones en relación con los Menores Extranjeros No Acompañados*; en concreto, en su Capítulo IV, Apartado Primero, como medida de prevención de trata de seres humanos y contra la utilización de menores. En el caso en el que el adulto afirme tener un vínculo biológico paterno-materno filial con el menor, se procederá por el CNP a solicitar de dicho adulto que voluntariamente preste su consentimiento, debidamente informado, para la obtención del dato identificativo que se obtenga a partir del ADN de sus células epiteliales bucales y las del menor. La negativa a someterse a una prueba de ADN se presumirá como una no vinculación paterno o materno filial con el menor, de tal manera que será considerado como no acompañado y la Entidad Pública de Protección asumirá su tutela urgente si de las circunstancias se aprecia que el menor se encuentra privado de asistencia moral o material[57].

Además, conforme al apartado Segundo del mismo Capítulo IV del citado Protocolo Marco, se procederá a realizar una entrevista reservada con el adulto, en los casos en los que el menor no tenga juicio suficiente para ser oído, con objeto de clarificar su situación, el proyecto migratorio subyacente, el vínculo y las relaciones con el menor extranjero que le acompaña, en particular destino en España, personas a las que va a visitar o con las que permanecerá en nuestro país[58].

---

56 Conclusión 6ª de las Conclusiones de las Jornadas de Fiscales Delegados provinciales de Menores de 2023, FGE, (p. 8).

57 Apartado Séptimo del Protocolo Marco *sobre determinadas actuaciones en relación con los Menores Extranjeros No Acompañados.*

58 En el caso de Dinamarca, por ejemplo, se realizan varias entrevistas al menor (mayor de 12 años) y al adulto, por parte de la Cruz Roja y se documenta el resultado en un informe psicosocial temporal y se

Igualmente, se dará traslado a la Entidad Pública de Protección que, bajo la supervisión del Fiscal, deberá intervenir en la valoración y seguimiento de los indicadores de riesgo, conforme a los principios de colaboración y coordinación interadministrativa.

A pesar de que el Protocolo Marco *sobre determinadas actuaciones en relación con los Menores Extranjeros No Acompañados,* establece un carácter preferente y prioritario de la realización de la prueba de ADN, cuyos resultados deberán obtenerse lo más rápido posible, salvo causa justificada, la realidad es que estas pruebas han sido objeto de numerosas críticas tanto por la demora en la obtención de resultados, como por la separación cautelar que se realiza de forma automática entre adulto y menor mientras dure el proceso, aunque el citado Protocolo Marco solo prevea la separación y la acogida provisional cuando exista un riesgo inminente para el menor y sea necesario realizar más diligencias de investigación[59].

---

continúa evaluando la relación a lo largo del tiempo. *Current migration situation in EU: separated children, op. cit.,* (p. 5).

59 Con respecto a las pruebas de ADN realizadas en España, la FGE en su Memoria Anual de 2020 manifiesta que el mayor problema del que dan cuenta las Fiscalías territoriales es la separación del niño del adulto mientras se realizan las pruebas de ADN hasta que se conoce que el resultado es positivo (Punto 1 del Epígrafe 4.7). Igualmente, el Defensor del Pueblo hizo constar una serie de quejas que se produjeron con motivo de la separación de las mujeres adultas (que resultaron ser las madres) que acompañaban a varios menores llegados a las costas de Canarias, en el año 2020, en tanto se realizaban pruebas de ADN para acreditar el vínculo materno filial, al no contar con documentación acreditativa de ello, situación que se viene investigando desde el año 2013. *Vid. Estudio sobre la migración en Canarias,* Defensor del Pueblo, 2021, (p. 53), disponible en https://www.defensordelpueblo.es/wp-content/uploads/2021/03/INFORME_Canarias.pdf. Igualmente se hicieron eco varios medios de situaciones concretas en las que se produjo la separación del menor y del adulto que le acompañaba hasta el resultado de la prueba de ADN, que, en muchas ocasiones se demoró hasta 6 meses y obligó a la Fiscalía de Canarias a revisar el protocolo https://www.eldiario.es/canariasahora/migraciones/

La separación, por tanto, debe responder a una situación de riesgo real e inminente para el menor, atendiendo a las circunstancias concretas e individualizadas de cada caso[60].

Cuando se determine que no existe un vínculo paterno o materno-filial con el menor, ni éste se encuentre en una situación de riesgo inminente, ni se aprecien indicios de trata, habrá de verificarse la existencia de una tutela legal, por medio de prueba documental o cualquier otra válida en derecho, a fin de adoptar la medida de protección más adecuada y la conveniencia o no de permanecer con el adulto que le acompaña, en función de los indicadores de riesgo, el apego acreditado y la propuesta que realicen los profesionales que intervengan.

No obstante, la realidad demuestra que, en muchas ocasiones no se siguen las anteriores pautas y la única prueba que se practica es la de ADN, que no permite establecer vínculos familiares más allá del materno o paterno-filial y la verificación de la documentación relativa a la tutela legal que porte el adulto acompañante

---

medio-ano-prueba-adn-certifique-relacion-madres-e-hijos-migrantes-canarias_1_7975972.html, https://www.eldiario.es/canariasahora/365-dias-de-migraciones/salimata-diez-ninos-migrantes-separados-madres-canarias-espera-pruebas-adn_132_6306776.html, https://www.elconfidencial.com/espana/2020-10-21/madres-hijos-separados-migracion-pateras-canarias-fiscalia-reevaluara-protocolo_2799604/

60 Esta también es la posición mantenida por la FGE desde su Dictamen 2/2012 sobre menores extranjeros acompañados sin filiación acreditada y en su Dictamen 5/2014 sobre menores extranjeros en situación irregular que acceden irregularmente al territorio en compañía de personas sin parentesco demostrado y/o en riesgo de victimización, que señalan la conveniencia de apartar al niño del adulto que no es su padre o madre, aunque no dicen claramente que esta medida sea preferible a otras menos perjudiciales. De hecho, el Dictamen 5/2014 aclara que la separación del niño del adulto no es una medida obligatoria, ya que la separación del niño es en principio una medida extrema y excepcional; solo debe adoptarse cuando las circunstancias del caso indiquen un riesgo inminente.

del menor, por lo que el resultado suele ser el considerar directamente que, cuando la prueba de ADN es negativa o no hay documentación que acredite la tutela legal, se determine que ese adulto no ostenta la capacidad suficiente para ejercer el cuidado del menor. En consecuencia, se opta por identificarlo como no acompañado, descartando en muchas ocasiones vínculos con otros parientes y ello, es debido, principalmente, a la aplicación restrictiva del concepto de familia de los marcos nacionales de los Estados de destino y a no tener en cuenta otras pautas como las indicadas para evaluar la relación entre el menor y el adulto[61]. Si bien sería necesario tener cuenta un concepto más amplio de familia, de conformidad con el art. 5 CDN, para no separar de forma automática y permanente al adulto del menor, valorando primordialmente su interés superior[62].

---

61 *La protección en Europa de los menores separados de su acompañante adulto en los movimientos migratorios*, Fundación Abogacía Española, 2018. El informe se basa en los resultados del proyecto *Ödos*, del que son colaboradores la Fundación Abogacía Española y el Colegio de Abogados de Córdoba para fortalecer la atención jurídica a mujeres migrantes llegadas a las costas andaluzas con sus hijos, que identificó varias situaciones de estas características: menores acompañados por personas que no tenían filiación con el menor pero que podrían ser el mejor responsable legal de su cuidado y que, sin embargo, sufrieron separaciones innecesarias y no basadas en el interés superior del menor.

62 De hecho, el TEDH ha resuelto en favor de un concepto más amplio de familia, con un carácter singular en cada caso y mutable por razones sociales y culturales, así como del reconocimiento del derecho a la vida privada y familiar, que ampara relaciones como aquellas establecidas con tíos, abuelos, hermanos, con los que exista un fuerte vínculo personal. Desde la STEDH de 13 de junio de 1979 (Asunto *Marckx c. Bélgica*) en la que el TEDH concluyó que el concepto de familia, en el contexto del art. 8 CEDH, es un concepto dinámico, que no depende exclusivamente de las relaciones legales tradicionales, como el matrimonio. Es posible que una relación de convivencia o filiación no matrimonial sea también reconocida como una familia. El derecho a la vida privada y familiar incluye la protección de las relaciones personales dentro

La separación debería ser el último recurso, salvo que haya indicios de trata o que el acompañamiento de ese adulto constituya un verdadero perjuicio para el menor, que se constate falta de apego, desatención del adulto y, especialmente, en aquellos casos en los que dicho adulto se aproveche del menor para entrar en el país con la idea de lograr ciertos beneficios en el país de destino, tales como conseguir un arraigo, o incluso para evitar una expulsión[63].

A tal efecto, cualquier medida de protección que se vaya a adoptar con respecto a un menor extranjero acompañado de un adulto que no sea su progenitor, y, especialmente, la separación automática, debe estar presidida por los principios de interés superior del menor, respeto a la vida privada y familiar y proporcionalidad.

Para ello, coincidimos con el Defensor del Pueblo y con la Fiscalía de Menores en la propuesta de una serie de medidas tendentes a contar con un protocolo adecuado en la llegada, en la que se proceda a verificar la filiación en los casos en que sea necesario (ante ausencia de documentación o existan indicios que permitan desconfiar de la relación), mediante la prueba de ADN, cuyos resultados deben obtenerse de una forma rápida; se informe a la persona adulta de las obligaciones que contrae respecto al menor, hasta recibir su resultado: residencia en un centro concreto, obligación de cooperar con los servicios sociales, etc.[64]; que se dé preferencia a la convivencia provisional con

---

de una familia, independientemente de que existan vínculos legales formales; o la STEDH de 3 de noviembre de 2011 (Asunto *S.H. and Others c. Austria*) en la que se considera que una familia en el sentido del art. 8 CEDH depende de factores contextuales, como la evolución de las leyes nacionales y el reconocimiento social de esas relaciones.

63 *La protección en Europa de los menores separados de su acompañante adulto en los movimientos migratorios, op. cit.*, (p. 3).

64 En este punto, constituye un ejemplo de buenas prácticas el protocolo seguido por la Fiscalía de Córdoba, cuya actuación ordinaria ya no es proceder a la separación automática entre el menor y el adulto que lo acompaña. Igualmente, no se adopta la resolución inmediata de des-

el adulto cuando, atendiendo al superior interés del menor y al apego acreditado, se valore conveniente mantener la convivencia de ambos. Para ello, habrán de designarse recursos residenciales específicos en los que, en coordinación con los servicios sociales municipales, se eviten separaciones innecesarias y se realice un seguimiento estrecho del vínculo de la persona adulta con el menor, hasta que se reciba el resultado de las pruebas de ADN[65].

Una vez recibidos estos resultados, si la prueba de filiación fuera negativa, pero, tras las oportunas comprobaciones, se valorase que el vínculo existente fuera correcto para considerar que el adulto puede ejercer la tutela o guarda de hecho, habría que elaborar el informe de alternativa más favorable para el menor, manteniendo la relación entre ambos en el centro hasta encontrar la solución que mejor se adapte a su interés. En el caso de que la prueba fuera positiva, se debería asegurar que el menor no abandone el centro sin una primera revisión pediátrica y sin

---

amparo del menor ni se decide su ingreso en el sistema de protección hasta que se clarifica la situación, sino que la existencia de un centro específico para mujeres con menores ha llevado a mantener al menor con el adulto si existe un vínculo afectivo entre ellos, proporcionando al menor los cuidados adecuados (Punto 1, Apartado 4.7. Memoria Anual FGE de 2020). En este sentido, debemos destacar el Auto núm. 86/2023, de 27 de junio, por el Juzgado de Primera Instancia e Instrucción núm. 2 de Montilla, que reconoce la guarda de hecho de un menor, en favor de su hermana adulta, con la que llegó a España, a comienzos del año 2022; el expediente de Jurisdicción Voluntaria, se resolvió a favor del reconocimiento de la guarda de hecho, tras acreditarse el vínculo familiar entre los hermanos, y afectivo, fruto de un análisis exhaustivo de las circunstancias concurrentes que acreditaron los cuidados que le venía prestando la hermana y por ser ésta la única persona que había antepuesto su interés personal al interés de su hermano, lo que dio lugar también a que se le atribuyan funciones tutelares derivadas de la guarda de hecho que venía ejerciendo.

65 Conclusión 10ª de Conclusiones de las Jornadas de Fiscales Delegados provinciales de Menores de 2023, FGE, (p. 9).

que se comunique al ayuntamiento de destino su nuevo lugar de residencia y, en su caso, se proceda a su escolarización[66].

2.4.- Concepto de menor extranjero no acompañado en el ordenamiento jurídico español

En nuestro ordenamiento jurídico, la definición europea de menor extranjero no acompañado se ha trasladado a la legislación de extranjería, aunque con algunas diferencias, como la de utilizar el término extranjero, en lugar de nacional de un tercer país o apátrida y la de añadir un condicionante adicional, el estar en riesgo de desprotección (art. 165 RLOEX)[67], que, sustituye al empleado anteriormente de *menores extranjeros en situación de desamparo*[68].

No se entiende que se incluya la expresión de encontrarse *en riesgo de desprotección*, a mayores del término *no acompañado* cuando lo cierto es que, por el mero hecho de estar separados de sus padres o de adultos responsables, el menor extranjero no acompañado se encuentra en una situación de desamparo y des-

---

66 *Estudio sobre la migración en Canarias, op. cit.,* (p. 54).

67 Art. 165 RLOEX: *Lo previsto en el presente capítulo será de aplicación al extranjero menor de 18 años que llegue a territorio español sin venir acompañado de un adulto responsable de él, ya sea legalmente o con arreglo a la costumbre, apreciándose riesgo de desprotección del menor, mientras tal adulto responsable no se haya hecho cargo efectivamente del menor, así como a cualquier menor extranjero que una vez en España se encuentre en esta situación.*

68 Utilizado desde la desde la aprobación del RD 1119/1986, de 26 de mayo, *por el que se aprueba el Reglamento de ejecución de la Ley Orgánica 7/1985, de 1 de julio, sobre derechos y libertades de los extranjeros en España* hasta la aprobación del RD 2393/2004, de 30 de diciembre, *por el que se aprueba el Reglamento de la Ley Orgánica 4/2000, de 11 de enero, sobre derechos y libertades de los extranjeros en España y su integración social,* que introdujo en su art. 9.1, la expresión menor extranjero no acompañado para adaptarse a la legislación comunitaria.

protección, siendo especialmente vulnerable[69]. No sería necesario entonces, examinar si el menor está en riesgo de desprotección puesto que esa circunstancia de encontrarse en territorio español sin presencia de adultos responsables, conlleva el reconocimiento de la situación de desamparo, lo que obliga a la Entidad Pública de Protección a la asunción *ex lege* e inmediata de su tutela.

En coherencia con lo expuesto, la referida Circular 3/2001 FGE equipara la situación de *no acompañamiento* a una situación de desamparo de hecho; es decir, sin que haya sido decretado legalmente el abandono. De forma tal que las medidas de protección establecidas por la legislación española son de aplicación al menor que se encuentra en España desasistido de la protección de un adulto o de una institución pública o privada[70].

Jiménez Álvarez considera que los menores extranjeros no acompañados amplían epistemológicamente el término desamparo, por cuanto deben ser protegidos de todo un sistema de fracasos y violencia (familiares, escolares, comunitarios y sociales) que generan esa migración precoz y que, además, ponen en crisis una visión de la infancia y la adolescencia normativizada, dando paso a otras formas de ser niño, niña adolescente o joven menor de 18 años, con sus necesidades, circunstancias y objetivos distinguibles[71].

---

69 La especial vulnerabilidad inherente a la condición de menor extranjero no acompañado será analizada a lo largo del presente trabajo, especialmente en lo que respecta a su posición en el proceso penal, en el Capítulo III.

70 La LOPJM contempla expresamente como medida de protección la asunción de la tutela *ex lege* en los casos de desamparo (art. 12.1), siendo aplicable a todos los menores que se encuentren en territorio español, independientemente de su nacionalidad (art. 1); asimismo, el párrafo tercero del art. 9.6 CC establece claramente que es aplicable la ley española *para tomar las medidas de carácter protector y educativo respecto de los menores abandonados que se hallen en territorio español.*

71 JIMÉNEZ ÁLVAREZ, M.G., "Desapariciones de menores extranjeros no acompañados en el Estado español. Una primera aproximación a

Con respecto a los Estados de nuestro entorno, hay variaciones significativas en el término utilizado para designar a estos menores. En países como Reino Unido o Alemania, la terminología utilizada refleja el tratamiento preferente desde el derecho de asilo de los menores (*Menores no acompañados solicitantes de asilo* o *menores refugiados no acompañados*)[72], mientras que en Francia se utiliza el término *menores extranjeros aislados*, que refleja la falta de referentes familiares de estos menores. Sin embargo, otros países de la UE como Portugal, Italia o Bélgica, al igual que España han consolidado en sus legislaciones el término predominante *menor extranjero no acompañado*[73].

---

sus significados", *Anuario CIDOB de la inmigración*, núm. 1, 2019, (p. 177).

72 En Reino Unido se utiliza la terminología *Unaccompanied Asylum-Seeking Children* (UASC): niños no acompañados solicitantes de asilo. También se les denomina *Unaccompanied Minors* (menores no acompañados) en ciertos contextos legales. La legislación relevante en esta materia la constituyen: *Children Act 1989* (Ley de los Niños de 1989); *Children and Families Act 2014* (Ley de Protección Infantil); *Immigration Act 2016* (Ley de Inmigración de 2016) y *Nationality and Borders Act 2022* (Ley de Nacionalidad y Fronteras de 2022). El término alemán es *Unbegleitete Minderjährige Flüchtlinge* (UMF), que se traduce como menores no acompañados refugiados, cuya regulación principal se encuentra en el *Sozialgesetzbuch VIII* (Libro VIII del Código Social), que regula la protección infantil.

73 En Italia se usa el término *Minori Stranieri Non Accompagnati* (MSNA), regulado en la Legge 7 aprile 2017, núm. 47, *Disposizioni in materia di misure di protezione dei minori stranieri non accompagnati* y en Bélgica: *Mineurs Étrangers Non Accompagnés* (MENA, en francés) o *Niet-Begeleide Minderjarige Vreemdelingen* (NBMV, en neerlandés), la legislación principal es la Ley *sobre la acogida de solicitantes de asilo y otras categorías de extranjeros* (2007). En Portugal, se utilizan los términos *Menores Estrangeiros Não Acompanhados* (MENA) o *crianças desacompanhadas e separadas da familia*. En cuanto a las leyes nacionales de relevancia destacan la Lei n.º 23/2007, de 04 de Julho, *de entrada, permanência, saída e afastamento de estrangeiros do território nacional* y la Lei n.º 147/99, de 01 de Setembro, *de protecção de crianças e jovens em perigo*, que establece

2.5.- Posicionamiento sobre el concepto de menor extranjero no acompañado

A los efectos de la presente obra, se entenderá por menor extranjero no acompañado, aquel menor nacional de un Estado no miembro de la UE o el menor apátrida que, al entrar en el territorio de un Estado miembro de la UE, en este caso en el territorio español, no va acompañado de un adulto responsable de su cuidado.

También será menor extranjero no acompañado cualquier menor al que se deje solo tras su entrada en el territorio de un Estado miembro de la UE, en este caso en el territorio español. En estos supuestos, debemos entender que la responsabilidad de cuidar al menor que recae sobre el adulto puede ser de derecho o, de hecho, esto es, haber sido asumida por ley o con arreglo a costumbre y que el adulto decline su responsabilidad una vez que el menor ha entrado en el territorio español, de forma que lo deja solo; o, incluso, el menor es abandonado antes de entrar en territorio español. También se incluirá dentro del concepto a aquel menor separado del adulto que le acompaña, cuando tras la oportuna verificación en el Estado receptor, en cuanto a la filiación, la acreditación de la tutela legal o la idoneidad para ejercer la guarda de hecho o tutela habitual, se determine que dicho adulto no puede asumir la responsabilidad de cuidado del menor.

Sobre este concreto aspecto, sería necesario abordar una actuación coordinada, uniforme e integral para evaluar la relación entre el adulto y el menor, sobre la base del análisis del interés superior del menor y una concepción más amplia de familia y del derecho a la vida privada y familiar, y, a través de medidas concretas, más allá de realización de pruebas de ADN y análisis documental. Para ello, debería partirse de una identificación y registro específicos de los menores separados, para después reali-

el marco legal que protege a todos los menores en situación de vulnerabilidad en Portugal, incluidos los extranjeros no acompañados.

zar un análisis de la relación, a través de entrevistas y un control de seguimiento, a fin de determinar la institución de tutela en favor de dicho adulto o de la Entidad Pública de Protección.

La identificación y declaración del menor extranjero no acompañado y el reconocimiento de las condiciones inherentes al mismo que le otorgarán dicho estatus, así como su situación de especial vulnerabilidad se atribuyen al Estado receptor o de tránsito, a quien corresponderá desplegar las medidas tendentes a su protección como menor.

A los efectos de esta investigación, se tendrá en cuenta la condición de menor extranjero no acompañado desde el primer momento en el que el menor entra en conflicto con la justicia penal, por haber cometido, presuntamente, hechos tipificados como delitos y, por tanto, serle de aplicación lo dispuesto en la LORPM, ya que es en el marco del proceso penal de menores donde se van a poner de manifiesto los desequilibrios y vulnerabilidades de estos niños y niñas y la falta de una respuesta procesal adecuada. Esto puede dar lugar a múltiples situaciones diferentes, por ejemplo, puede ocurrir que, en el momento de incoarse el proceso penal, el menor estuviera bajo la tutela de la Entidad Pública de Protección de menores y en acogimiento residencial o incluso familiar, por lo que cabría pensar que el menor ya no es un menor no acompañado. Sin embargo, primará la previa declaración de menor extranjero no acompañado que ha motivado esa decisión de tutela y si se mantienen las circunstancias o condicionantes que le hacen ser una persona especialmente vulnerable (como pueden ser la barrera del idioma o no tener referentes familiares por estar en acogimiento residencial en el que no se alcanzan los objetivos ideales del mismo, sin perjuicio de otros factores que serán analizados a lo largo de la presente obra).

Todo ello sin perjuicio de que esta circunstancia, la de ser un menor extranjero no acompañado, haya condicionado o influido en la comisión del delito, y que, conforme a las bases de responsabilidad de los menores y teniendo en cuenta que la minoría de edad se ha de entender siempre referida al momento de la comisión de los hechos, sin que el haberse rebasado las mismas antes del comienzo del procedimiento o durante la tramitación del mismo tenga incidencia alguna sobre la competencia atribuida a los Jueces y Fiscales de Menores. Lo mismo ocurrirá con respecto a quien en el momento de la comisión del delito fuese un menor extranjero no acompañado, pero cuando se somete al proceso penal, ha alcanzado la mayoría de edad si esas circunstancias de ser extranjero y no acompañado se mantienen y, por tanto, también su vulnerabilidad que comportará un tratamiento diferenciado desde el punto de vista procesal.

Asimismo, tal y como se defenderá a lo largo de la presente obra, cada menor extranjero no acompañado tendrá una situación particular de vulnerabilidad, que habrá de ser evaluada caso por caso. Igualmente, muchas de los desequilibrios procesales que se van a analizar son extensibles a otros menores, no solo a los extranjeros no acompañados (menores con discapacidad, de minorías étnicas, procedentes de familias desestructuradas o que se encuentren bajo el sistema de protección de menores autonómico, sin querer establecer un *numerus clausus*).

3.- TRATAMIENTO Y EVOLUCIÓN DEL ACRÓNIMO MENA. PROPUESTAS DE SUSTITUCIÓN DEL TÉRMINO

En nuestra legislación, el concepto de menor extranjero no acompañado es utilizado por primera vez por la LOEX, en su art. 35, en la redacción dada por la LO 2/2009, de 11 de diciembre. A partir de la introducción de este concepto en la legislación de extranjería, empezó a conformarse el acrónimo MENA para identificar a estos menores en el ámbito jurídico y técnico de extranjería, quedando indisociablemente unido a esta normativa, lo cual supuso poner el foco de atención sobre la condición de inmigrante irregular frente a la de menor. Además, al utilizar las siglas, se olvidan los aspectos definitorios de esta tipología de migrantes: son menores de edad y no están acompañados de sus progenitores o tutores.

Aunque se han utilizado variantes terminológicas, tales como NNAMNA que son las siglas de niños, niñas y adolescentes migrantes no acompañados, con la idea de enfatizar la noción de niñez que requiere una protección reforzada y evitar la de extranjería[74], es el acrónimo MENA el de uso más extendido en los ámbitos doctrinales e institucionales y el que también se ha ido generalizando en la esfera pública. Si bien en un principio, el término era aceptado como de uso común, lo cierto es que en los últimos años ha evolucionado hasta convertirse en un neologismo, cuya utilización ha olvidado los conceptos que hay detrás de las siglas y ha sido relacionado con connotaciones negativas basadas en la criminalización de estos menores a nivel social, mediático y político, llegando incluso a ser utilizado de forma despectiva y electoralista por parte de algunos partidos políticos[75], que en sus campañas electorales, reiteradamente, identifican a estos menores como delincuentes que deberían volver a su país y los presentan como una amenaza social e incluso un problema de orden público, sin estar avaladas estas descalificaciones con datos reales[76].

---

74 Esta es la denominación utilizada por la FGE. *Vid.* Memoria Anual de 2023.

75 Sobre la incorporación del discurso contra los menores extranjeros no acompañados en el partido VOX, *vid.* CHEDDADI EL HADDAD, Z., "Discurso político de Vox sobre los Menores Extranjeros No Acompañados", *Inguruak* (Revista Vasca de Sociología y Ciencia Política), núm. 69, 2020, (pp. 57-77).

76 El concepto MENA adquirió una atención mediática significativa en el desarrollo de la campaña de las elecciones madrileñas del 4 de mayo de 2021, por parte del partido político VOX, que a través del eslogan: *Un MENA: 4.700 euros al mes. Tu abuela: 426 euros de pensión/ mes*, realizaba una comparación entre el gasto que supone un MENA para las arcas públicas (basado en datos falsos) y la retribución que cobra un pensionista, texto que iba acompañado de la imagen de un joven encapuchado y con el rostro parcialmente tapado, vestido de oscuro, que observa de refilón a una anciana que mira resignada

Lo cierto es que entre 2017 y 2019, se aprecia un incremento progresivo del número de informaciones en la prensa española sobre menores extranjeros no acompañados, siendo la más conservadora la que utiliza con más frecuencia el término MENA. Por el contrario, aquellas informaciones que no mencionan la palabra MENA, se caracterizan por una mayor contextualización geográfica, por una mirada más humana, personal y, en ocasiones, humanitarista y asistencialista, con respecto a aquellas informaciones que incluyen la sigla[77]. Por otro lado, se constata como, desde la irrupción del partido político VOX en la esfera política[78], que ha

---

al suelo. Esta campaña motivó la apertura de una investigación por parte de la FGE por posible delito de odio, aunque finalmente la AP de Madrid archivó la causa, enmarcando la polémica en la lucha legítima electoral de los partidos. https://www.eldiario.es/madrid/vox-coloca-publicidad-electoral-estacion-sol_1_7840154.html; https://www.elconfidencial.com/espana/madrid/2023-05-23/vox-vuelca-su-campana-contra-la-inmigracion-a-estaciones-de-metro-del-sur-de-madrid_3635110/; https://www.elmundo.es/elecciones/elecciones-madrid/2021/04/20/607ee46121efa06b558b458c.html

77 GÓMEZ QUINTERO, J.D., AGUERRI, J. y GIMENO-MONTERDE, X., "Representaciones mediáticas de los menores que migran solos. Los MENA en la prensa española", *Comunicar. Revista Científica de Comunicación y Educación*, núm. 66, 2021, (p.103).

78 El partido se fundó en 2013, pero fue en las elecciones autonómicas de Andalucía celebradas en diciembre de 2018 cuando consiguió por primera vez representación institucional en el Parlamento Autonómico. En abril de 2019, Vox entró por primera vez en el Congreso de los Diputados con 2,6 millones de votos (un 10,26% de los votos útiles) y 24 escaños. No obstante, fue en la repetición electoral de noviembre de 2019 cuando alcanzó su máximo histórico, añadiendo un millón de votos a su resultado anterior. En total, el 15,08% de los votos y 52 diputados. En las últimas elecciones generales, celebradas en julio de 2023, ha mantenido un suelo electoral importante al obtener el 12,39% de los votos (más de tres millones) y 33 escaños. *Vid.* VICENTE IGLESIAS, G.; RODRÍGUEZ MARTÍNEZ, G. y GONZÁLEZ GÓMEZ, A., "Auge electoral de la extrema derecha española. Análisis de la irrupción y evolución del voto de Vox (2018-2019)", *MARCO,*

integrado en la agenda política y en el debate público la cuestión de la inmigración como problema de orden nacional, las noticias en los medios de comunicación relativas a menores extranjeros no acompañados en los que se les presenta como delincuentes y una amenaza para la prosperidad y seguridad nacionales, también han ido en aumento[79]. El tratamiento generalizado de los medios de comunicación suele ser obviar, desatender o invisibilizar su condición de niños y niñas desprovistos de la protección de un adulto y con un tratamiento informativo, en términos generales, peyorativo, excluyente y reduccionista[80]. Se les suele presentar identificándolos desde un punto de vista adulto, masculino (son

---

Revista de Márketing y Comunicación Política, Universidad de Santiago de Compostela, núm. 7, 2021.

79 GIL RAMÍREZ, M. y GÓMEZ DE TRAVESEDO ROJAS, R., "Estrategia discursiva sobre los MENA en YouTube. Construcción de un discurso de odio", *Revista Latina de Comunicación Social,* núm. 81, 2022, (p. 260).

80 GIL RAMÍREZ, M. y GÓMEZ DE TRAVESEDO ROJAS, R., "Estrategia discursiva sobre los MENA en YouTube. Construcción de un discurso de odio", *op. cit.,* (p. 262). Las autoras realizan una clasificación sobre la representación de la inmigración ilegal que se transmite en los medios convencionales (prensa, radio y televisión) que ha sido, por un lado, mayoritariamente reduccionista, excluyente y focalizada hacia los aspectos negativos que conllevan los flujos migratorios, frente a un discurso minoritario que enfatiza la condición de víctima del migrante desde posturas empáticas, humanitarias y/o asistencialistas. En lo que respecta a medios menos convencionales como la plataforma de vídeos online YouTube (objeto de la investigación), destacan que el discurso que actualmente se transmite sobre los MENA en España a través de la misma, aunque no está politizado, dado que prevalecen los contenidos que al respecto difunden usuarios comunes, se ve fuertemente condicionado por el argumentario ideológico que Vox expone y defiende en relación a los MENA, que está presente en la mitad de los vídeos seleccionados para la investigación, coincidiendo el mayor volumen de vídeos publicados con la aparición, en la campaña de las elecciones madrileñas de 2021, del polémico cartel sobre el gasto que suponen los MENA para las arcas públicas (pp. 273-274).

constantes las referencias a que llegan MENA que son hombres y en edad militar) y solitario, pues no se suele hacer referencia a sus familias de origen o a las redes de acogida.

Por otro lado, el auge de las redes sociales y plataformas de vídeos online como YouTube, también ha sido utilizado como difusor de un discurso de odio hacia los MENA, con el uso de un lenguaje que considera al migrante como una amenaza, promoviendo mensajes que incitan al rechazo, al menosprecio y la estigmatización de estos niños y niñas, normalmente, a través de una narrativa basada en opiniones subjetivas de ciudadanos particulares y/o anónimos, que no recurren a fuentes autorizadas para validar sus argumentos. Paralelamente, destaca la práctica ausencia de mensajes que enfrenten este discurso y se basen en un enfoque humanista o basado en la experiencia de quienes están en contacto con estos menores[81].

Frente al uso extendido del acrónimo MENA, organismos como UNICEF o ACNUR han venido denunciando sistemáticamente esta estigmatización y criminalización de los menores extranjeros no acompañados, proponiendo alternativas semánticas que tienden a la sustitución de MENA por otras expresiones que visibilicen su condición de niños frente a la de extranjeros[82]. SAVE THE

---

81 GIL RAMÍREZ, M. y GÓMEZ DE TRAVESEDO ROJAS, R., "Estrategia discursiva sobre los MENA en YouTube. Construcción de un discurso de odio", *op. cit.* (p. 274).

82 *Vid.* la campaña de UNICEF: *Frente a la estigmatización y la criminalización de los niños y niñas migrantes no acompañados en España*, https://www.unicef.es/noticia/unicef-espana-frente-la-estigmatizacion-y-la-criminalizacion-de-los-ninos-y-ninas-migrantes, en la que se insta a los partidos políticos a asumir un compromiso expreso de no recurrir a discursos públicos criminalizadores y estigmatizadores contra los niños y niñas migrantes no acompañados, y apoyar la adopción de una Estrategia Nacional para la atención, protección e integración plena en la sociedad de estos niños y niñas en España. Además, realiza una petición expresa a la Fiscalía a investigar la posible existencia de

CHILDREN, por su parte, propone el término *adolescentes migrantes sin referentes familiares en España* y evitar el estigma que conlleva el término MENA[83]. Igualmente, CEAR propone la referencia a *niños y niñas sin un referente familiar* y la Fundación Raíces apuesta por el término *infancia que llega a España sin referentes familiares*[84].

Desde la doctrina, también se han propuesto otras voces como la de *niños desamparados en situación de irregularidad migratoria*[85] o *niñez y adolescencia migrante no acompañada*[86].

---

hechos que podrían ser constitutivos de delitos, y garantizar en todo momento el respeto de los derechos de estos niños y niñas. Finalmente, se dirige a los medios de comunicación a fin de que adopten un Código de Conducta que evite la estigmatización y criminalización de estos niños y niñas, y respeten sus derechos sin ningún tipo de discriminación respecto a los niños nacionales y al conjunto de la sociedad española para que puedan obtener información veraz sobre estos niños y niñas y trabajar proactivamente para fomentar la convivencia con ellos en los barrios y colegios.

83 *MENAS es un estigma. Son niños y niñas solos,* SAVE THE CHILDREN, 2019. Disponible en: https://www.savethechildren.es/actualidad/menas-es-un-estigma-son-ninos-y-ninas-solos.

84 CEAR: https://www.cear.es/publicaciones-elaboradas-por-cear/publicaciones-destacadas/. FUNDACIÓN RAÍCES: https://fundacionraices.org/que-decimos/informes-publicaciones/

85 SÁNCHEZ TOMÁS, J.M., "Alejad a esos niños de mí: la política pú blica española sobre los niños desamparados en situación de irregularidad migratoria", en CUARTERO RUBIO, M. V. (Dir.), VELASCO RETAMOSA, J.M. (Coord.), *Inmigración: Retos para el derecho en el siglo XXI,* Thomson Reuters Aranzadi, Cizur Menor, 2019, (pp. 212-213).

86 SERRANO SÁNCHEZ, L., "Competencia y cooperación internacional de autoridades. El interés superior de la y el menor extranjero no acompañado como eje en la identificación y reubicación", en LARA AGUADO, A. (Dir.), *Protección de menores en situaciones transfronterizas análisis multidisciplinar desde las perspectivas de género, de los derechos humanos y de la infancia,* Tirant lo Blanch, Valencia, 2023, (p. 694).

Igualmente, las instituciones también han ido planteando un cambio en la narrativa migratoria de menores a través de la sustitución del término MENA por la de *infancia y adolescencia migrante no acompañada*. De hecho, éste ha sido el término utilizado en la Proposición de Ley *de modificación de la Ley Orgánica 4/2000, de 11 de enero, sobre derechos y libertades de los extranjeros en España y su integración social*, presentada por los Grupos Parlamentarios Socialista y Plurinacional SUMAR y que, ha sido finalmente rechazada el pasado 23 de julio de 2024[87].

Los argumentos del cambio semántico se basan, en primer lugar, en que el término niño*, niña o niñez* se ajustan más a los empleados por los instrumentos internacionales que no recurren al concepto de menor. En segundo término, se plantea introducir adjetivos como *desamparado*, en vez de *no acompañado*, por ser más expresivo de la legislación civil de protección aplicable a estos menores, dada la situación de abandono en la que se encuentran por la falta de personas que ejerzan su guarda y custodia y que, además, se corresponde con la denominación históricamente utilizada en materia de extranjería.

---

87 La proposición de ley se puede consultar en: https://www.congreso.es/public_oficiales/L15/CONG/BOCG/B/BOCG-15-B-137-1.PDF, con respecto a la denominación utilizada, en la entrevista concedida para el medio El Salto, de fecha 18 de julio de 2024, por parte de la Ministra de Infancia y Juventud (ministerio creado el 20 de noviembre de 2023), Sira Rego (SUMAR), afirmaba lo siguiente: *A mí me parece que el lenguaje es muy importante, porque al final nos encontramos de manera recurrente ante batallas culturales donde la extrema derecha se mueve muy bien. La palabra "MENA" lo que encierra en primer lugar, es la deshumanización del otro. Hay que ser absolutamente firmes con esto: nos negamos rotundamente a deshumanizar a las infancias, a la infancia migrante, a los niños y niñas migrantes. Y esto pasa sí o sí por rechazar firmemente la utilización de determinadas palabras que encierran un relato en el que se cancela al otro, a la otra, se cancela su historia, se cancela su trayectoria, se cancela su humanidad y ahí nosotras no vamos a estar.* Disponible en: https://www.elsaltodiario.com/infancia/entrevista-sira-rego-juventud-infancia.

En tercer y último lugar, se propone la eliminación de la condición *extranjero* del término debido a su connotación discriminatoria con respecto a lo establecido por el art. 2.1 CDN; en su lugar, la expresión *irregularidad migratoria* se considera más adecuada a la realidad en la que se encuentran estos menores, poniendo el foco en su trayecto migratorio y en su forma de acceder irregularmente al Estado, además, sirve para excluir a aquellos menores procedentes de Estados de la UE.

A lo largo de esta obra no se utilizará el acrónimo MENA ni tampoco el de NNAMNA, por estar de acuerdo con las posiciones que consideran que el término invisibiliza y deshumaniza a estos menores, además de contribuir a reforzar prejuicios y actitudes racistas y xenófobas sobre ellos.

Consideramos que el uso de términos como *infancia y adolescencia migrante no acompañada* o *desamparada* reflejan de manera más precisa la identidad de estos niños y niñas, poniendo en evidencia tanto su condición de menores como su situación de vulnerabilidad al migrar sin referentes familiares, y parten de un enfoque más humanizado, promoviendo una mirada más integral y empática hacia su protección; no obstante, en la presente obra se ha optado por utilizar el término *menor extranjero no acompañado* debido a su reconocimiento en la legislación vigente en materia de extranjería y protección a la infancia. Esta denominación, aunque menos descriptiva de su situación de vulnerabilidad, es la utilizada en los textos legislativos más recientes, tanto en el ámbito de extranjería como de protección del menor y, por lo tanto, facilita la referencia a normas y procedimientos específicos aplicables a estos menores, garantizando que el análisis y las propuestas planteadas en este estudio se alineen con el marco legal existente[88].

---

88 El reciente Proyecto de Ley *por la que se modifica la Ley 1/2000, de 7 de enero, de Enjuiciamiento Civil, para regular el procedimiento de determinación de la edad* obvia en su articulado el término menor extranjero

4.- APROXIMACIÓN ESTADÍSTICA SOBRE LA SITUACIÓN DE LOS MENORES EXTRANJEROS NO ACOMPAÑADOS EN ESPAÑA

Se estima que hay 281 millones de migrantes en el mundo (el 3,6% de la población mundial), de los cuales 28 millones son niños y niñas (el 1,4% de la población mundial infantil)[89]. Como se apuntó en el primer apartado de este capítulo, las razones por las que los niños y niñas migran solos son múltiples, complejas y a menudo están interrelacionadas. Entre las principales causas, se pueden señalar la falta de medios de vida sostenibles, la pobreza y las dificultades económicas; las limitaciones en el acceso a los servicios básicos; las aspiraciones y oportunidades educativas y laborales; la reunificación familiar; la violencia doméstica y los abusos; las vulneraciones de derechos humanos; las prácticas culturales nocivas; los conflictos armados; la persecución; los desastres y los efectos del cambio climático y la degradación ambiental. Las decisiones relativas a la migración suelen tomarse en un contexto de opciones vitales limitadas, en el que los niños, las niñas y sus familias se ven atrapados entre las aspiraciones que se proyectan sobre ellos, el sentido de la responsabilidad hacia los miembros de su familia y sus comunidades, y las presiones para abandonar sus hogares[90].

La migración de menores extranjeros no acompañados debe enmarcarse dentro de la lógica general de las migraciones y no como un fenómeno aislado o circunstancial; y se caracteriza por un incremento de los flujos migratorios que está directamente relacionado con el continuo deterioro de la situación social, eco-

no acompañado y se refiere a estos menores como personas menores de edad en situación de desamparo.

89 *Informe sobre las migraciones en el mundo,* OIM, 2024 (p. 4), recoge los últimos datos mundiales disponibles (referentes a 2020).

90 *Los niños son ante todo niños: la protección de los derechos de la infancia en contextos migratorios,* (A/79/213) Informe del Relator Especial de la ONU sobre los derechos humanos de los migrantes, 2024.

nómica y política que sufren muchos países, especialmente de las regiones del norte y oeste de África[91]. En el caso de la UE, como se ha apuntado, la llegada de menores extranjeros no acompañados se enmarca en el inicio de la década de los 90 del siglo pasado y experimenta un aumento constante desde 2010 y, aunque la tendencia general va a la baja tras alcanzar el punto álgido en 2015, coincidente con la denominada *crisis de los refugiados*[92], siempre se sitúa por debajo de los índices de migración adulta[93].

Se trata de un fenómeno difícil de cuantificar en términos estadísticos, debido a una serie de limitaciones como, por ejemplo, que los datos oficiales con los que contamos son estimaciones de los menores que son detectados y acogidos por los sistemas de protección, pero hay muchos que no son localizados y en muchas ocasiones, se realiza la estimación con carácter previo a los procesos de determinación de la edad y, en otras, muchos de estos

---

91 *La protección jurídica y social de los menores extranjeros no acompañados en Andalucía,* SAVE THE CHILDREN, (p. 5).

92 Se denomina así al mayor desplazamiento de migrantes y refugiados a la UE desde la Segunda Guerra Mundial, debido principalmente a la guerra de Siria y los conflictos en Afganistán e Iraq. La ruta desde Turquía hacia Grecia ha sido la más usada en 2015. El término ha sido criticado por el uso dado por la Comisión Europea que ofrece una definición de crisis amplia, entendida como una situación excepcional de afluencia masiva de personas procedentes de terceros países, de tal naturaleza y magnitud, en proporción a la población y al PIB del Estado miembro afectado, que puedan poner en peligro o dificultar gravemente el funcionamiento de los sistemas de acogida, asilo y retorno de los Estados miembros; o el riesgo inminente de que tal situación se produzca. Si bien, el Parlamento Europeo propone concretar esta definición utilizando indicadores objetivos que permitirían, por ejemplo, considerar una situación de crisis las llegadas continuadas a Canarias o Lampedusa de un alto número de personas desembarcadas tras operaciones de búsqueda y rescate en el mar Mediterráneo.

93 *Ni legales, ni invisibles. Realidad jurídica y social de los Menores Extranjeros en España,* op. cit., (p. 38).

menores optan por mantenerse invisibles y fuera de estos circuitos por temor a que su proyecto migratorio se vea obstaculizado[94].

España constituye, por su ubicación geográfica, junto con Italia y Grecia, uno de los principales Estados receptores de la UE de migración irregular[95]; así, por vía marítima llegaron a las costas españolas en 2024, un total de 63.970 personas y 56.852 lo hicieron por vía terrestre[96]. La falta de vías seguras y regulares hace que los niños y niñas se enfrenten a grandes peligros en el tránsito y en las fronteras; como muestra de ello, solo en el año

---

94 En el caso de la UE, hay una insuficiencia de datos relativos a aquellos menores que acceden por vía marítima. La falta de datos en la UE se achaca a tres factores principales: la anómala ubicación social de los menores extranjeros no acompañados en el ámbito de la inmigración internacional; la normativa de la UE sobre la gobernanza de los datos relativos a menores y, por último, los procedimientos de determinación de la edad imprecisos y heterogéneos (especialmente en Italia, Grecia y España) que dan lugar a errores de estimación y dificultan la determinación del número de menores. *Vid.* VIVES L. y WILLIAMS, K., "Cerrando la brecha: estadísticas sobre menores extranjeros no acompañados en el Mediterráneo", en CUARTERO RUBIO, M. V. (Dir.), VELASCO RETAMOSA, J.M. (Coord.), *Inmigración: (…)*, *op. cit.* (pp. 173-174).

95 En esta obra, solo nos centraremos en analizar la entrada de migrantes por vías marítimas o terrestres irregulares, ya que son las formas de acceso de los menores extranjeros no acompañados debido a su imposibilidad de acceder por otras vías legales y seguras ante la falta de concesión de visados como motivo principal. Si bien, es preciso tener en cuenta que, en el caso de España, los migrantes procedentes de Sudamérica, América Central y el Caribe (mayoritariamente de habla hispana) representan un 50 % del flujo total de entradas y la vía de acceso al territorio suele ser la aérea. Fuente: Eurostat.

96 Fuente: *Inmigración irregular 2024. Datos acumulados del 1 de enero al 31 de diciembre*, Informe quincenal, Ministerio del Interior, 31 de diciembre de 2024. Disponible en: https://www.interior.gob.es/opencms/export/sites/default/.galleries/galeria-de-prensa/documentos-y-multimedia/balances-e-informes/2024/24_informe_quincenal_acumulado_01-01_al_31-12-2024.pdf

2024, se ha registrado que 10.457 personas perdieron la vida en las rutas migratorias de acceso a España, de los cuales 1.538 eran niños y niñas[97], aunque es preciso señalar que se trata de datos estimados, probablemente a la baja, sobre el total de víctimas de las migraciones y el sistema de fronteras.

En el año 2023 se aprecia un notable incremento de los menores extranjeros no acompañados llegados a España por vía marítima en pateras u otras embarcaciones frágiles, habiendo sido localizados 4.865 menores, lo que representa un incremento del 104,8% en comparación con los 2.375 menores llegados en 2022. El mayor incremento en la llegada y acogida se produjo en Canarias, debido al repunte que ha tenido esta ruta marítima[98], motivado especialmente por la creciente inestabilidad en de los países del Sahel, que desde 2020, viene sufriendo golpes de Estado militares que se extienden también a los países del

---

97 Fuente: *Monitoreo del Derecho a la vida, datos de 2024*, Caminando Fronteras, 2024. Disponible en: MONITOREO DEL DERECHO A LA VIDA–AÑO 2024–Caminando Fronteras

98 Los migrantes parten principalmente de Marruecos, el Sáhara Occidental, Mauritania, Senegal y Gambia y emprenden peligrosos viajes a lo largo de la costa de África Occidental para llegar a las Islas Canarias. La distancia recorrida abarca desde menos de 100 kilómetros desde el punto más próximo de la costa africana, hasta los más de 1.600 kilómetros desde Gambia. En 2006 llegaron a Canarias más de 31.000 migrantes irregulares. Se bautizó como la *crisis de los cayucos*, por el nombre de las embarcaciones de pescadores típicas de Senegal y Mauritania. En los años siguientes, el número de llegadas irregulares se redujo a menos de 1.500 al año. Tras un aumento significativo en 2020 y 2021, la cifra de llegadas irregulares volvió a disminuir en 2022, pero en los años 2023 y 2024 ha sufrido un aumento considerable. La CA de Canarias ya venía soportando un importante flujo de llegadas de inmigrantes a través de embarcaciones precarias desde el año 2020, pero ha sido en el año 2023, en especial a partir del mes de agosto, cuando las islas de Tenerife y El Hierro han soportado una más que considerable llegada de cayucos, con una media de 100 personas diarias. Fuente: Apartado 4.7. Memoria Anual FGE 2024.

África Occidental y África Central[99]; por otro lado, debido a la crisis política en Senegal, que ha hecho reaparecer los cayucos en la ruta canaria y un tercer motivo, es el aumento del control de fronteras en otras rutas como la del Mediterráneo central.

En el año 2024, según los últimos datos que ha ofrecido el Ministerio de Interior, desde el 1 de enero hasta el 31 de octubre, llegaron a España a través de Canarias 4.421 niños y niñas. Solo un mes más tarde, la CA de Canarias había registrado la llegada de 5.852 menores de edad no acompañados a pie de muelle, produciéndose, por tanto, un aumento de más de mil niños y niñas llegados a Canarias en solo 30 días. Ello ha supuesto un reto para el sistema de protección de menores canario, que, a finales de 2023 tenía bajo su guarda o tutela a 4.700 niños y niñas no acompañados en una red de 66 dispositivos de acogida inmediata, que no reunían las condiciones e infraestructuras adecuadas y que ya venía soportando una gran presión[100].

La mayoría de los menores no acompañados que llegan a España tienen edades comprendidas entre los 14 y 17 años, y aproximadamente el 91,2% son varones (4.627), dado que sólo se han detectado 238 niñas[101], siguiendo la tendencia de años anteriores. Esta anua-

---

99 La ola de inestabilidad política y social que arrasa el continente africano ha desembocado en 10 golpes de Estado en 7 países en los últimos 3 años. El último de ellos, en Gabón el pasado 30 de agosto de 2023.

100 Últimos datos facilitados por la Consejería de Bienestar Social, Igualdad, Juventud, Infancia y Familias del Gobierno de Canarias y recogidos en el Informe Anual del Defensor del Pueblo de 2023, (p. 30).

101 Las niñas suelen hacer más desplazamientos internos, mientras que los niños tienen más probabilidades de cruzar fronteras, migrar distancias más largas y no ir acompañados. Si bien, es posible que muchas niñas que llegan a los Estados receptores no figuren en los datos de personas interceptadas en la frontera, debido a que muchas de ellas desaparecen del sistema porque son reclutadas por las mafias dedicadas a la trata.

lidad el mayor número procede de Senegal (1.780), seguido por naturales de Marruecos (1.075), Gambia (657) y Argelia (472)[102].

Con respecto al número total de menores extranjeros no acompañados inscritos en el REMENAE, donde se deben inscribir todos los datos relativos al número asignado, circunstancias e identificación de los menores extranjeros bajo guarda o tutela institucional que se encuentran en España, a 31 de diciembre de 2023, 12.878 menores constaban inscritos, de ellos 2.308 eran niñas[103]. Las CCAA que registran mayor número de menores extranjeros no acompañados en 2023 son: Andalucía con 2.507 menores, Canarias con 1.849 (unos 300 menores más se encontraban pendientes de registrar) y Cataluña con 1.168; a ellas le siguen Melilla con 798, Ceuta con 496, la Comunidad Valenciana con 473, el País Vasco con 471 y Madrid con 356.

Los datos más recientes muestran que la infancia migrante no acompañada en el sistema de protección tiene dificultades de acceso a los acogimientos familiares, estando la gran mayoría en recursos residenciales; así, según los datos contenidos en el en el año 2023 (último año del que se dispone de información), el 95,55% de las medidas sobre niñas, niños y adolescentes extranjeros en acogimiento lo fueron en la modalidad residencial. Asimismo, sobre el cómputo total de 18.097 niñas, niños y adolescentes en acogimiento familiar, solo el 1,44% eran menores extranjeros[104].

---

102 Fuente: Memoria de la FGE de 2024 (Apartado 4.7 del Capítulo III).

103 El mayor número de menores extranjeros no acompañados data del año 2018, con 13.796 menores inscritos en el REMENAE. En los años 2019 y 2020 se produce una bajada en cuanto al número de inscritos, pero, sin duda, el año donde se aprecia la mayor bajada en el número de inscritos es en el 2021 con 3.048 menores. En el año 2022 se aprecia un repunte considerable, llegando a los 11. 417 menores. Fuente: *Separata temática Infancia y adolescencia*, en el Informe Anual del Defensor del Pueblo de 2023, (p. 49).

104 Fuente: *Boletín núm. 26 de datos estadísticos de medidas de protección a la infancia y la adolescencia*, Ministerio de Juventud e Infancia, 2023,

Finalmente, resultan de interés los datos relativos a aquellos menores extranjeros no acompañados que, una vez que entran en el sistema de protección de menores se les regulariza su situación administrativa, conforme a lo dispuesto en el RLOEX, tras la reforma operada por el RD 903/2021, de 19 de octubre, que tal y como se analiza en el capítulo siguiente, ha reducido el plazo de documentación de los menores no acompañados de nueve a tres meses, con el objetivo de disminuir el número de menores tutelados que alcanzan la mayoría de edad sin haber obtenido la autorización de residencia adecuada ni la Tarjeta de Identidad de Extranjero. En concreto, desde la entrada en vigor de la citada reforma, se aprecia un incremento de los menores extranjeros no acompañados y de los ex tutelados (aquellos que cumplen 18 años y quedan fuera del sistema de protección), de entre 16 y 23 años con autorización de residencia, siendo un 68% de ellos, de origen marroquí[105].

que recoge la evolución de las medidas de protección a la infancia y la adolescencia que han sido ejecutadas en cada una de las CCAA y Ciudades Autónomas de Ceuta y Melilla desde 2019 hasta 2023, (ambos incluidos). En el apartado 3.2 del Capítulo siguiente, se detallan las estadísticas relativas a los menores extranjeros no acompañados en el sistema de protección.

105 A fecha 31 de diciembre de 2021, el Registro Central de Extranjeros contaba con un total de 11.280 personas de entre 16 y 23 años que tenían autorización de residencia como menores no acompañados o jóvenes ex tutelados. Dos años después, a fecha 31 de diciembre de 2023, este número ha ascendido a 15.045 personas, lo que implica un crecimiento absoluto de 3.765 personas. Fuente: *Menores no acompañados y jóvenes extutelados con autorización de residencia Stock mensual desde el 30 de junio de 2021 al 31 de diciembre de 2023 (personas de 16 a 23 años)*, Informe del Observatorio Permanente de la Inmigración, Ministerio de Inclusión, Seguridad Social y Migraciones, 2023.

Capítulo II: El estatuto jurídico del menor extranjero no acompañado

1.- REGULACIÓN INTERNACIONAL

1.1.- Introducción: extranjería vs. protección al menor

Una correcta contextualización de la normativa de aplicación a los menores extranjeros no acompañados debe partir del reconocimiento del conflicto existente entre dos intereses jurídicos necesitados de protección: el interés del Estado en la protección de sus fronteras ante los flujos migratorios, por una parte, y el interés superior del menor proclamado como principio rector en la protección de los menores, en general, y en particular, de los menores extranjeros no acompañados, por otra.

Debemos, en este sentido, iniciar el análisis desde la premisa según la cual el menor extranjero no acompañado es, ante todo, un niño o una niña que, por el mero hecho de serlo debe ser objeto de una especial protección, independientemente de su situación migratoria y de su nacionalidad, tal y como dispone la CDN[106]. Sin embargo, esta doble condición de menor y extranjero provoca un choque jurídico, pues como niños y niñas desamparados son merecedores de protección, pero, por otra

---

106 SÁNCHEZ TOMÁS, J.M., "Alejad a esos niños de mí (…)", *op. cit.*, (pp. 212-215) y DURÁN RUIZ, F., *Los menores extranjeros no acompañados desde una perspectiva jurídica, social y de futuro*, Thomson Reuters Aranzadi, Cizur Menor (Navarra), 2021, (p. 33).

parte, son extranjeros que han accedido de forma irregular al territorio español, siendo de aplicación la normativa de extranjería, más restrictiva e incluso incompatible con la de protección de menores, como se expondrá seguidamente[107].

Nuestro TS se ha pronunciado sobre la disyuntiva de menor y migrante, declarando, en alusión a la Resolución del Parlamento Europeo de 12 de septiembre de 2013, *sobre la situación de los menores no acompañados en la Unión Europea,* que se trata de un niño *expuesto a un peligro potencial* y que su protección y, no las políticas migratorias, debe ser el principio rector de los Estados miembros y la UE en este ámbito, respetándose el interés superior del niño[108].

Sin embargo, frente a estos pronunciamientos, la realidad fáctica es que, a lo largo de todo el proceso de localización, identificación, acogida en el Estado receptor o reunificación con la familia del menor, todavía no se ha conseguido que la normativa de protección de menores se aplique sin discriminación alguna por razón de la nacionalidad, origen o situación administrativa y que prevalezca sobre la de extranjería y control de fronteras. A menudo, son las políticas de inmigración las que pasan por encima de las exigencias de protección de la infancia y las obligaciones conexas en materia de derechos humanos[109].

---

107 DURÁN RUIZ, F.J., "25 años del fenómeno de la migración de menores extranjeros no acompañados en España: datos inciertos y evolución legislativa", *op. cit.* (p. 299).

108 FD 2°, apartado 5° de la STS 452/2014, de 24 de septiembre, Sala Primera, (ROJ: STS 3817/2014).

109 Informe Anual de 2010 *sobre los problemas y las mejores prácticas en relación con la aplicación del marco internacional para la protección de los derechos del niño en el contexto de la migración,* Oficina del Alto Comisionado de las Naciones Unidas para los Derechos Humanos (Párrafo 8 de la Introducción, p. 5). Disponible en: https://www.acnur.org/fileadmin/Documentos/BDL/2010/8114.pdf

En ese choque entre las políticas migratorias y las normas de protección de menores, el desafío central se encuentra en dar contenido, integralidad, coherencia, eficacia y, en definitiva, legitimidad, a la respuesta a la migración de niños y niñas desde un enfoque de protección[110].

1.2.- Los menores extranjeros no acompañados en el derecho internacional de los derechos humanos

Existen dos razones principales por las que los menores extranjeros no acompañados son objeto de especial atención desde el punto de vista de los derechos humanos. Por un lado, por su especial vulnerabilidad, en razón de su edad, unido a los peligros a los que se enfrentan durante su proceso migratorio, infundidos principalmente por quienes controlan las rutas migratorias y la trata de seres humanos que esconden las migraciones irregulares. Por otro lado, por la especial vulnerabilidad frente a las administraciones públicas de los países por los que transitan, o a los que llegan, en la medida en que éstas responden a dos lógicas contradictorias que hacen difícil otorgarles adecuadamente la protección que les corresponde como niños: la lógica del control de fronteras y la lógica de la protección de la infancia[111].

En el contexto mundial, no existe, desde el punto de vista del derecho internacional de los derechos humanos, una regulación específica sobre la situación de los menores de edad que llegan a un Estado del que no son nacionales, ni tienen su residencia

---

110 CERIANI CERNADAS, P., *Los derechos de los niños y niñas migrantes no acompañados en la frontera sur española*, UNICEF Comité Español, Madrid, 2019, (p. 5). Disponible en: https://www.unicef.es/sites/unicef.es/files/recursos/resumen-ejecutivo-ninos-menores-no-acompanados.pdf

111 GÓMEZ FERNÁNDEZ, I., "Determinación de la edad de los niños y niñas que llegan solos a España", *Crítica penal y poder, Observatorio del Sistema Penal y los Derechos Humanos*, núm. 18, 2019, (p. 268).

habitual y se encuentran separados de sus progenitores o de otras personas que tienen responsabilidad sobre ellos, ya sea legal o, de hecho. El fenómeno migratorio de estos niños y niñas tampoco se ha plasmado a nivel legislativo en el ámbito internacional, así como tampoco se han reconocido de forma expresa sus derechos, tal y como vienen exigiendo los organismos internacionales, cuya preocupación se ha centrado en dotar a los Estados receptores de una serie de obligaciones o pautas de aplicación, al detectar la situación de vulnerabilidad en la que se encuentran[112].

Teniendo en cuenta la carencia legislativa existente en la materia, el estudio sobre la legislación supranacional aplicable a los menores extranjeros no acompañados debe surgir del análisis de la normativa de protección de los menores en el ámbito internacional y desde la perspectiva del derecho internacional de los derechos humanos, cuyo punto de partida es el respeto del principio de universalidad y, por tanto, con un ámbito de aplicación dirigido a todas las personas sin distinción en función del lugar donde se encuentren y sin discriminación por razones de origen o nacionalidad, que resultará clave para la protección de los derechos de los menores migrantes.

El derecho internacional, a través de diferentes textos, determina que, todos sin discriminación, deben tener acceso a los derechos regulados en la Carta Internacional de los Derechos Humanos (en adelante, CIDH). Esto se traduce para los Estados en una limitación de sus facultades en cuanto a la toma de decisiones relativas a la entrada, permanencia o salida de extranjeros de sus

---

112 SIMÓN CASTELLANO, P., "Los menores extranjeros no acompañados como titulares de derechos frente a la reiterada vulneración de las obligaciones convencionales", en ABADÍAS SELMA, A.; CÁMARA ARROYO, S.; SIMÓN CASTELLANO, P. (Coord.), *Tratado sobre delincuencia juvenil y responsabilidad penal del menor. A los 20 años de la Ley Orgánica 5/2000, de 12 de enero, reguladora de la responsabilidad penal de los menores,* Wolters Kluwer, Madrid, 2021, (p. 670).

territorios, ya que, en virtud del anterior principio, se les impone una serie de obligaciones con respecto al trato que deben brindar a estos últimos; máxime cuando se trata de menores, que en caso de ser diferenciado con respecto a los nacionales, deberá basarse en el respeto de las obligaciones internacionales y atender a un objetivo legítimo y a la adopción de medidas proporcionadas[113].

El referido compendio normativo, integrado por la DUDH[114], el PIDCP y el PIDESC[115], supone el reconocimiento de los derechos humanos a todas las personas bajo su ámbito de aplicación, sin discriminación alguna ya sea por desplegar sus efectos jurídicos como derecho internacional consuetudinario (como es el caso de la DUDH) o por haberlo ratificado los diferentes Estados (los Pactos mencionados)[116].

---

113 VELASCO RETAMOSA, J.M., "Inmigración irregular en la Unión Europea, la protección de derechos", en CUARTERO RUBIO, M. V. (Dir.), VELASCO RETAMOSA, J.M. (Coord.), *Inmigración: Retos para el derecho en el siglo XXI*, Thomson Reuters Aranzadi, Cizur Menor, 2019, (p. 98).

114 Adoptada por la Asamblea General de las Naciones Unidas, en su Resolución 217A (III), el 10 de diciembre de 1948, en París.

115 Adoptados y abiertos a la firma, ratificación y adhesión por la Asamblea General en su resolución 2200 A (XXI), de 16 de diciembre de 1966. Ambos tienen la consideración de tratados internacionales y, por tanto, con eficacia jurídica. Elevan los derechos enunciados en la DUDH al rango de normas de obligado cumplimiento para los países firmantes.

116 El Preámbulo de la DUDH, en su apartado 1°, reconoce *que la libertad, la justicia y la paz en el mundo tienen por base el reconocimiento de la dignidad intrinseca y de los derechos iguales e inalienables de todos los miembros de la familia humana*. Por su parte, su art. 2 establece: *Toda persona tiene todos los derechos y libertades proclamados en esta Declaración, sin distinción alguna de raza, color, sexo, idioma, religión, opinión política o de cualquier otra índole, origen nacional o social, posición económica, nacimiento o cualquier otra condición. Además, no se hará distinción alguna fundada en la condición política, jurídica o internacional del país o territorio de cuya jurisdicción dependa una persona, tanto si se trata de un país independiente, como de un territorio bajo administración fiduciaria, no autónomo o sometido a cualquier otra limitación de soberanía. Se reconocen, por tanto, los derechos*

Este reconocimiento universal de los derechos humanos y, por ende, a los menores de edad, se inicia con la DUDH, que allanará el camino y servirá de inspiración y base para la promulgación de los textos específicos de protección de la niñez. Se trata de un documento de carácter declarativo, dividido en treinta artículos donde se plasman los principios de libertad, igualdad, justicia y paz, en paralelo a la obligación del respeto de los derechos y libertades, inspirado en la vocación de los Estados fundadores de la ONU de la necesidad de proteger los derechos humanos fundamentales que deben ser reconocidos a todos los miembros de la *familia humana*[117].

El ámbito de aplicación de la DUDH incluye a los menores, a los que se refiere expresamente en su art. 25.2, donde se dispone que *la maternidad y la infancia tienen derecho a cuidados y asistencia especiales. Todos los niños, nacidos de matrimonio o fuera de matrimonio, tienen derecho a igual protección social.*

Con respecto a la esfera específica de protección internacional de la niñez, es preciso tener en cuenta que, no será hasta el siglo XX cuando, debido a las consecuencias que sobre millones de niños causaron las dos guerras mundiales, se entra en una nueva etapa jurídico-política que va a conducir, progresivamente, a la protección y promoción de los derechos de la infancia por parte de diversos organismos internacionales[118].

---

intrínsecos a la condición de ser humano, no a la de nacional o extranjero e independientemente de la localización geográfica de la persona.

117 Carta de las Naciones Unidas, firmada el 26 de junio de 1945, en San Francisco, al terminar la Conferencia de las Naciones Unidas sobre Organización Internacional, cuya entrada en vigor data el 24 de octubre del mismo año.

118 En el caso de España, debido al largo régimen dictatorial, las concepciones de tipo asistencial-paternalista propias de periodos anteriores, se mantuvieron hasta bien entrada la década de los 70 y la transformación se fue realizando de forma paulatina, consolidándose con la aprobación de la CE de 1978.

Los efectos de esta nueva fase van a desembocar en el primer texto que reconoce los derechos de los menores y su especial protección, la Declaración sobre los Derechos del Niño o Declaración de Ginebra, de 1924[119]. Se trata del instrumento histórico que reconoce y afirma, por primera vez, aunque sin efectos jurídicos vinculantes[120], la existencia de derechos específicos de los

---

119 Su redacción original corresponde a Eglantyne Jebb, fundadora junto a su hermana de la organización Save the Children Fund, en 1919, para ayudar y proteger a los niños afectados por la guerra, que posteriormente pasaría a organizarse en Union Internationale de Secours aux Enfants (UISE), con el apoyo del Comité Internacional de la Cruz Roja (CICR), con sede en Ginebra. La propia autora plasmaba la vocación de la Declaración, en una carta remitida a una amiga suya, un año antes de publicar la Declaración de esta forma: (...) *Si ciertamente, queremos continuar preocupándonos por la infancia -cuyas necesidades son tan grandes que piden la continuidad de la ayuda- me parece que la única manera es lanzar un llamado a fin de que todos los países trabajen conjuntamente para la atención de su infancia, y ya no programas de beneficencia. Creo que tenemos que reivindicar determinados derechos para los niños y esforzarnos para que éstos sean reconocidos universalmente, de forma que todos aquellos (no simplemente las minorías que operan con los fondos de ayuda) que están en contacto con la infancia, es decir, la inmensa mayoría de la humanidad, puedan estar en disposición de favorecer el movimiento.* La Declaración fue inicialmente aprobada el 23 de febrero de 1923, por la Alianza Internacional Save the Children en su IV Congreso General, que luego fue ratificada por el V Congreso General el 28 de febrero de 1924. En 1923, Save the Children formuló la declaración, y la envió a la Sociedad de Naciones que finalmente la aprobó en diciembre de 1924 en su V Asamblea y sería ratificada 10 años más tarde, en 1934. Para más información sobre la historia de Eglantyne Jebb y del proceso de elaboración de la Declaración, *vid.* BOFFILL, A. y COTS, J., *La Declaración de Ginebra, pequeña historia de la primera carta de los derechos de la infancia*, Save the Children, 1999.

120 Cuando, el 28 de febrero de 1924, el texto de la Declaración, en su original francés, fue solemnemente depositado en los archivos de la República y Cantón de Ginebra, con la siguiente mención: *Sin duda, esta declaración no es un instrumento diplomático; no compromete a los gobiernos ni a los estados.*

niños y las niñas; pero, sobre todo, refuerza las obligaciones y responsabilidades de los adultos hacia ellos, aunque sin atribuir responsabilidad específica sobre quien debería llevar a cabo las políticas o acciones pertinentes.

La Declaración de Ginebra se estructura en cinco principios, redactados con lenguaje sencillo, pues su vocación era meramente propagandística, ya que pretendía ser una carta que pudiera ser entendida y aceptada por todos los países, que fuera fácilmente traducida a todos los idiomas y que llamase la atención de toda la comunidad internacional de cara a una futura reforma de la legislación de la infancia.

La aprobación de esta declaración supone la puesta de manifiesto de una toma de conciencia mundial con respecto a la consideración jurídica del menor, aunque todavía es concebido como objeto de asistencia por parte de los adultos y no como sujeto independiente de derechos.

La Declaración de Ginebra fue consagrada por la Sociedad de Naciones como la *carta mundial de la infancia* y constituye el referente directo de los textos posteriores. Concretamente, de la Declaración de los Derechos del Niño de 20 de noviembre de 1959[121], cuya finalidad era completar la Declaración de Ginebra, mediante el reconocimiento en diez principios de un amplio abanico de derechos que han de disfrutar los niños sin discriminación alguna: nombre, nacionalidad, alimentación, vivienda, educación, servicios médicos, etc.

Aunque no se refiera expresamente a los menores extranjeros no acompañados, la gran aportación de la Declaración de los Derechos del Niño es el reconocimiento, por primera vez, del

---

Es un acto de fe. Expresa una esperanza. Quiere unir en un mismo pensamiento, en una sola confianza, a los hombres y mujeres de todas las naciones.

121 Adoptada por la Asamblea General de las Naciones Unidas el 20 de noviembre de 1959, mediante la Resolución 1386 (XIV).

principio de interés superior del menor como fundamento de su protección y de alcance universal. Tal y como se afirma en su principio 2º *El niño gozará de una protección especial y dispondrá de oportunidades y servicios, dispensado todo ello por la ley y por otros medios, para que pueda desarrollarse física, mental, moral, espiritual y socialmente en forma saludable y normal, así como en condiciones de libertad y dignidad. Al promulgar leyes con este fin, la consideración fundamental a que se atenderá será el interés superior del niño.*

1.3.- Principales Instrumentos Internacionales

1.3.1.- La Convención de los Derechos del Niño de las Naciones Unidas de 1989 (CDN)

La Declaración de Ginebra y la Declaración de los Derechos del Niño, a pesar de no ser vinculantes, sentaron la base de un proceso de positivación de los derechos del niño, que tendrá su culminación con la adopción de la CDN en 1989, consolidándose como la norma internacional por excelencia de reconocimiento y amparo, en la esfera universal, de todos los derechos de los menores de 18 años, que vincula a los poderes públicos de cada uno de los Estados adheridos a la misma[122]. Marca el inicio de una nueva filosofía en relación con el menor, basada en un mayor reconocimiento del papel que éste desempeña en la sociedad y en la exigencia de un mayor protagonismo. El menor pasará a

---

[122] El 6 de marzo de 2020, fecha de clausura del 84º período extraordinario de sesiones del CRC, había 196 Estados parte en la CDN, a falta de solo uno, los Estados Unidos de América, para alcanzar la ratificación universal, constituyendo el tratado internacional sobre cualquier materia más ratificado del mundo. En el sitio web http://treaties.un.org figura una lista actualizada de los Estados que han firmado o ratificado la Convención, o que se han adherido a ella.

tener autonomía propia, con capacidad de ser titular de derechos y cuyo interés y opinión deberán ser tenidos en cuenta[123].

Su importancia radica en haber compilado las normas adoptadas con anterioridad e integrarlas en un sistema coherente, así como dibujar el marco para la adopción de nuevos instrumentos jurídicos, además de desarrollar el principio de interés superior del menor que ya había sido enunciado en la Declaración de los Derechos del Niño, como antes se apuntó.

El Preámbulo de la CDN hace referencia a la especial vulnerabilidad de los menores, que conlleva una especial protección, tal y como también habían anticipado la Declaración de los Derechos del Niño y la DUDH[124].

Partiendo de una clara vocación de promover y exigir a los Estados acciones concretas que garanticen la eficacia de la CDN, el art. 4 les insta a adoptar todas aquellas medidas administrativas, legislativas y de otra índole que sean necesarias[125]. Asimismo, para

---

[123] En este sentido, es preciso tener en cuenta que los menores, al igual que las personas con discapacidad, habían sido consideradas tradicionalmente como personas necesitadas de protección, sin reconocerles la titularidad de derechos.

[124] Considerando 3º de la Declaración de Derechos del Niño de 1959: *el niño, por su falta de madurez física y mental, necesita protección y cuidado especiales, incluso la debida protección legal, tanto antes como después del nacimiento*; y art. 25.4 DUDH: *La maternidad y la infancia tienen derecho a cuidados y asistencia especiales. Todos los niños, nacidos de matrimonio o fuera de matrimonio, tienen derecho a igual protección social.*

[125] En desarrollo de esta disposición, el CRC aprobó la Observación General núm. 5 (2003) *sobre Medidas generales de aplicación de la Convención sobre los Derechos del Niño*, dedicada en exclusiva a este tipo medidas. El contenido específico de algunas de esas medidas generales de aplicación ha sido desarrollado también por el CRC en su Observación General núm. 2 (2002) *sobre el papel de las Instituciones Nacionales de Derechos Humanos en la promoción y protección de los derechos del niño*; en la Observación General núm. 16 (2013), *sobre las obligaciones de los Estados*

todos los Estados firmantes, tras su ratificación, la CDN debe convertirse en el marco normativo vinculante de referencia, lo que supone adaptar sus ordenamientos jurídicos[126]. En este sentido, los Estados Parte velarán porque las disposiciones y los principios del tratado queden plenamente reflejados y surtan pleno efecto jurídico en la legislación nacional pertinente[127]. Todo ello sin olvidar el principio general de derecho internacional público que establece que las disposiciones contenidas en los instrumentos internacionales no serán de aplicación en un Estado si el mismo ofrece una regulación más beneficiosa al sujeto afectado, ya sea

---

en relación con el impacto del sector empresarial en los derechos del niño y en la Observación General núm. 19 (2016), *sobre la elaboración de presupuestos públicos para hacer efectivos los derechos del niño.* Se pueden consultar en: https://www.ohchr.org/es/treaty-bodies/crc/general-comments

126 En el caso de España, la CDN es fuente directa y plenamente eficaz en el derecho español desde su publicación oficial, siendo sus disposiciones susceptibles de crear por sí mismos derechos y obligaciones directamente exigibles por los particulares y de ser invocadas ante los órganos judiciales y administrativos siempre y cuando se trate de disposiciones directamente aplicables, de conformidad con lo dispuesto en el art. 96.1.1° CE: *Los Tratados internacionales válidamente celebrados, una vez publicados oficialmente en España, formarán parte del ordenamiento interno* y en el art. 1.5 CC: *Las normas jurídicas en los Tratados internacionales no serán de aplicación directa en España en tanto no hayan pasado a formar parte del Ordenamiento interno mediante su publicación íntegra en el Boletín Oficial del Estado.* No obstante, es preciso señalar que algunas disposiciones de la CDN y de sus Protocolos, no son directamente aplicables, precisando de un desarrollo legislativo a nivel nacional o autonómico si la materia a la que se refiere el tratado es objeto de reserva legal o exige modificación de leyes anteriores; o de un desarrollo reglamentario, que corresponderá al Gobierno de la Nación o al ejecutivo autonómico.

127 En caso de conflicto entre la legislación nacional y la CDN, debe prevalecer esta última, de acuerdo con el art. 27 de la Convención de Viena *sobre el Derecho de los Tratados*, de 23 de mayo de 1969.

porque esté vinculado por otro instrumento internacional sobre la misma materia o porque así lo disponga su ordenamiento interno[128].

Aunque expresamente no se refiera a los menores extranjeros no acompañados[129], el ámbito subjetivo de aplicación de la CDN se extiende a todos aquellos menores que se encuentren dentro de sus territorios, así como a los que estén por otro concepto sujetos a su jurisdicción (art. 1 CDN)[130], sin distinción alguna por motivos de raza, color, sexo, idioma, religión, opinión política o de otra índole, origen nacional, étnico o social, posición económica,

---

128 La propia CDN se hace eco de este principio, en su art. 41, que prevé lo siguiente: *nada de lo dispuesto en la presente Convención afectará a las disposiciones que sean más conducentes a la realización de los derechos del niño y puedan estar recogidas en: a) El derecho de un Estado Parte; o b) el Derecho internacional vigente con respecto a dicho Estado.*

129 No obstante, se incluyen en su articulado ciertas referencias a los menores separados de uno o ambos padres, como por ejemplo el art. 9.3 CDN, que reconoce su derecho a mantener relaciones personales y contacto directo con ambos padres, de modo regular, salvo si es contrario a su superior interés. Igualmente, se habla en el art. 20 CDN de aquellos niños temporal o permanentemente privados de su medio familiar, reconociéndose su derecho a la protección y asistencia especiales por parte del Estado, debiendo prestar particular atención a la conveniencia de que haya continuidad en la educación del niño y a su origen étnico, religioso, cultural y lingüístico. Por otro lado, el art. 22 CDN establece una previsión específica para los niños refugiados, tanto si están solos como acompañados de sus padres.

130 Incluida la jurisdicción derivada donde el Estado ejerza un control efectivo fuera de sus fronteras. Esas obligaciones no podrán ser recortadas arbitraria y unilateralmente, sea mediante la exclusión de zonas o áreas del territorio del Estado, sea estableciendo zonas o áreas específicas que queden total o parcialmente fuera de la jurisdicción del Estado, lo que incluye aguas internacionales u otras zonas de tránsito en las que los Estados establezcan mecanismos de control de la migración. Las obligaciones se aplican dentro de las fronteras del Estado, también con respecto a los niños que queden sometidos a su jurisdicción al tratar de penetrar en su territorio.

impedimentos físicos, nacimiento o cualquier otra condición del niño, de sus padres o de sus representantes legales (art. 2 CDN). Por tanto, la protección contra la discriminación no puede condicionarse al hecho de que un menor se encuentre en situación regular, o sea nacional de un determinado país y debe abarcar a aquellos que está en situación irregular o son solicitantes de asilo, refugiados, apátridas, víctimas de trata, o bien, se encuentran en situaciones de devolución o expulsión a su país de origen.

Asimismo, los Estados Parte adoptarán todas las medidas apropiadas para garantizar que el niño se vea protegido contra toda forma de discriminación o castigo por causa de la condición, las actividades, las opiniones expresadas o las creencias de sus padres, sus tutores o de sus familiares.

El ámbito objetivo de aplicación de la citada norma propugna velar y promover los derechos fundamentales de los menores de edad desde una perspectiva integral, reconociéndoles como sujetos de derechos y configurando un estatuto jurídico específico.

Los dos principios rectores de la CDN y que marcan el cambio en la concepción del menor como sujeto activo de derechos son el reconocimiento del interés superior del menor como uno de sus principios rectores (art. 3 CDN), que deberá ser la consideración primordial de las instituciones públicas o privadas de bienestar social, los tribunales, las autoridades administrativas o los órganos legislativos en todas las medidas concernientes a los niños, y, por otro lado, el principio por el que se impone la obligación de escuchar al niño en todas las decisiones que le afecten, en función de su edad y madurez (art. 12.1 CDN). Sobre la base de estos dos principios, se reconocen todos los derechos iguales e inalienables del menor[131].

---

[131] Los derechos de la CDN suelen clasificarse en cuatro categorías: protección contra abusos y explotación (arts. 11, 19, 32 y 34-36, entre otros); prevención de daños (por ejemplo, arts. 6, 7, 8 y 25); satisfacción de necesidades básicas (arts. 24, 26, 27); y participación (por ejemplo, arts. 12-15 y 17).

Este reconocimiento de derechos se basa en la consideración del niño como sujeto en constante evolución, por lo que, el disfrute de los mismos quedará supeditado a la adquisición de capacidad y madurez.

El conjunto de derechos que integra la CDN comienza, por orden lógico, con el respeto del principio del derecho intrínseco a la vida, debiendo garantizarse por cada Estado Parte su supervivencia y desarrollo (art. 6 CDN), para establecer seguidamente su derecho a ser inscrito después de su nacimiento y a tener derecho a un nombre, a obtener una nacionalidad y a conocer, en la medida de lo posible a sus padres y ser cuidado por ellos (art. 7 y 8 CDN). Estos derechos configuran el estatuto básico de desarrollo de la personalidad y dignidad del menor como ser humano, especialmente importante en el ámbito de protección de los menores extranjeros no acompañados, pues indudablemente incluye otros derechos inherentes como el derecho a obtener su documentación, que se reconoce en paralelo al compromiso de los Estados Parte por respetar el derecho del niño a preservar su identidad, incluidos la nacionalidad, el nombre y las relaciones familiares de conformidad con la ley, sin injerencias ilícitas.

Ello supone que, cuando un niño sea privado ilegalmente de algunos de los elementos de su identidad o de todos ellos, los Estados Partes deberán prestar la asistencia y protección apropiadas con miras a restablecer rápidamente su identidad (art. 8 CDN).

Los derechos contenidos en los preceptos siguientes se corresponden con la categoría de derechos de participación vinculados a la concepción del menor como sujeto activo de sus derechos fundamentales, con capacidad de expresar su opinión libremente y que ésta sea tenida en cuenta en todos los asuntos que le afecten, en función de su edad y madurez[132]. Junto a este

---

[132] Concretamente, el art. 12 CDN establece: 1. *Los Estados Partes garantizarán al niño, que esté en condiciones de formarse un juicio propio, el*

bloque, se incluyen todos aquellos derechos que hacen referencia a los recursos, capacidades y contribuciones necesarias para la supervivencia y pleno desarrollo del niño[133].

Los siguientes grupos de derechos contenidos en la CDN aluden a las obligaciones del Estado a fin de garantizar la protección de los menores ante situaciones en las que su vulnerabilidad aumenta por su condición de niños y sus derechos pueden verse especialmente vulnerados. Es el caso, por ejemplo, de situaciones de violencia, explotación, malos tratos, etc.[134]. En este punto, destaca la previsión contenida en el art. 39 CDN, en el que se reconoce la situación de especial vulnerabilidad de aquellos niños víctimas de la tortura, de conflictos armados, de abandono, de malos tratos o de explotación, abogando por la obligación de los Estados de adoptar medidas apropiadas para

---

derecho de expresar su opinión libremente en todos los asuntos que afectan al niño, teniéndose debidamente en cuenta las opiniones del niño, en función de la edad y madurez del niño.2. Con tal fin, se dará en particular al niño oportunidad de ser escuchado en todo procedimiento judicial o administrativo que afecte al niño, ya sea directamente o por medio de un representante o de un órgano apropiado, en consonancia con las normas de procedimiento de la ley nacional. Igualmente, se reconoce también su derecho a la libertad de expresión, que incluirá la libertad de buscar, recibir y difundir informaciones e ideas de todo tipo (art. 13 CDN) y el acceso a una información adecuada (art. 17 CDN); a la libertad de pensamiento, conciencia y religión (art. 14 CDN) y el derecho de reunión y asociación (art. 15 CDN). A continuación, y relacionado con el respeto a la dignidad, se consagra el derecho que tiene el niño a salvaguardar su vida privada, su familia, su domicilio o su correspondencia, sin injerencias ilegales ni ataques a su honra o reputación (art. 16 CDN).

133 Entre los que están incluidos los derechos a una alimentación y alojamiento adecuados, al agua potable, a atención sanitaria básica (art. 24 CDN), a una formación académica (arts. 28 y 29 CDN), al esparcimiento, al recreo y a actividades culturales (art. 31 CDN).

134 La protección contra los abusos y malos tratos se regula en el art. 19 CDN, contra toda forma de explotación en los arts. 32 a 36 y 39 CDN; y, contra la tortura y otros tratos inhumanos y degradantes, en el art. 37 CDN.

promover su recuperación física y psicológica y su reintegración social. Sin embargo, se echa en falta en este precepto una referencia expresa a los menores extranjeros no acompañados.

Igualmente, a estos menores en los que confluyen circunstancias que les colocan en situaciones de múltiple vulnerabilidad, se dedican preceptos específicos en los que se establecen obligaciones para el Estado a fin de reducir las mayores barreras para el ejercicio de sus derechos, entre los que, nuevamente, se aprecia la ausencia de la referencia expresa a los menores extranjeros no acompañados[135].

El catálogo de derechos reconocidos en la CDN supone la consolidación definitiva del cambio de paradigma comentado anteriormente, pues el menor dejará de ser considerado objeto de protección para convertirse en un sujeto titular de derechos, activos y pasivos, que podrá ir ejercitando de manera progresiva en función de su desarrollo.

La plasmación de los derechos de la infancia en el plano universal, mediante la CDN, no se ha traducido en el establecimiento de los mecanismos concretos de protección real de la misma. A mayor abundamiento, a pesar del carácter vinculante de la CDN, la práctica ha puesto de manifiesto que la aplicación directa de sus disposiciones resulta limitada en algunos Estados. Además, algunos Estados han introducido declaraciones o reservas de aplicación de los derechos reconocidos en la CDN con respecto a los menores extranjeros no acompañados, vulnerando claramente el principio de no discriminación. Entre ellos, a modo de ejemplo, puede señalarse a Alemania, que ha declarado reservarse la posibi-

---

135 Niños privados de su ambiente familiar (art. 20 CDN); niños refugiados (art. 22 CDN); niños con discapacidad (art. 23 CDN); niños al cuidado de instituciones públicas (art. 25 CDN); niños de minorías o grupos indígenas (art.30 CDN); niños que se encuentran en conflictos armados (art. 38 CDN), niños víctima de abandono, abusos o explotación (art. 39); o niños en conflicto con la ley (art. 40).

lidad de aplicar su legislación de extranjería y asilo a los menores no acompañados que ya hayan cumplido16 años o Reino Unido que estableció una reserva de no aplicación de la CDN a los menores extranjeros que se encontrasen en su territorio de forma irregular. Otros Estados, como Bélgica, proceden a la detención de menores que entran irregularmente en su territorio, a pesar de que la CDN prohíbe la privación de libertad de menores, salvo que no exista otra alternativa posible[136].

España, junto con Francia e Italia, son de los pocos Estados adheridos a la CDN que han establecido un sistema de acogida y protección de los menores no acompañados en virtud de su condición de menores separados de sus familias, según establece la CDN, pues en la mayor parte de los Estados europeos, la protección se condiciona a la solicitud de asilo por parte de estos menores, de ahí que se les denomine menores no acompañados solicitantes de asilo[137]. Por tanto, se excluye de la aplicación de los principios rectores de la CDN a todos aquellos menores que se encuentran en situación irregular en estos países, llegando a referirse a ellos como indocumentados o irregulares[138].

Sin embargo, a pesar de que en España y Francia se contempla este sistema de acogida y protección siguiendo la línea de lo establecido en la CDN, la protección real que se dispensa en la práctica resulta limitada, debido, principalmente a la existencia de unos procedimientos de identificación y determinación de

---

136 Art. 37.2 CDN: *Los Estados velarán porque: b) ningún niño sea privado de su libertad ilegal o arbitrariamente. La detención, el encarcelamiento o la prisión de un niño se llevará a cabo de conformidad con la ley y se utilizará tan sólo como medida de último recurso y durante el período más breve que proceda.*

137 La terminología utilizada por diferentes Estados de la UE ha sido analizada en el apartado 2.4 del Capítulo I.

138 SENOVILLA HERNÁNDEZ, D., "Normas y migraciones, entre gestión de la vulnerabilidad y control de la credibilidad", *Anduli: Revista andaluza de Ciencias Sociales*, núm. 16, (Ejemplar dedicado a: Movimientos migratorios en contextos de riesgo), 2017, (p. 8).

la edad, así como un sistema de acogida deficitario, que entran en constante contradicción con la consideración de la condición de menor por encima de su estatus de migrante irregular.

La aplicación restringida de la CDN por los Estados Parte se debe a la falta de fuerza coercitiva del texto, que no prevé ningún sistema sancionador frente a los incumplimientos, sin que tampoco resulte suficiente el mecanismo de control de su cumplimiento. Además, la falta de concreción jurídica de algunas de sus disposiciones, ha desembocado, en muchas ocasiones, en interpretaciones instrumentalizadas de la CDN[139].

Finalmente, no existe una regulación específica para los menores extranjeros no acompañados, pues tal y como se expuso al inicio de este apartado, la CDN no menciona de manera expresa la condición de menor extranjero no acompañado, ni le atribuye concretos derechos susceptibles de protección. La razón de ello podría deberse al ámbito universal de aplicación que resulta extensible a todos los menores, sin exclusión de los solicitantes de asilo, los refugiados y los niños migrantes, con independencia de su nacionalidad o apatridia y situación administrativa en términos de migración.

Ni la CDN, ni el CRC en su calidad de órgano supervisor del cumplimiento de la CDN por parte de los Estados firmantes[140],

---

139 VELASCO RETAMOSA, J.M., "La protección de menores extranjeros en la Unión Europea: situación actual y desafíos de futuro", en VELASCO RETAMOSA, J.M. (Dir.), *Menores extranjeros: problemas actuales y retos jurídicos*, Tirant lo Blanch, Valencia, 2018, (pp. 85-110).

140 Creado por el art. 43 CDN con la finalidad de examinar los progresos realizados por los Estados parte en cuanto al cumplimiento de las obligaciones contraídas al ratificar la CDN. Está formado por 18 expertos elegidos entre los Estados firmantes. El CRC puede proponer que se realicen estudios sobre cuestiones concretas relativas a los derechos del niño y puede transmitir sus recomendaciones a los Estados Parte interesados, así como a la Asamblea General de las ONU. Asimismo, con objeto de fomentar la aplicación efectiva de la Convención y de estimular la cooperación internacional, los organismos especializados

han conseguido colmar las numerosas lagunas que existen en el ordenamiento jurídico internacional en la protección de los menores extranjeros no acompañados[141].

La CDN ha sido completada por tres Protocolos facultativos, que desarrollan sus disposiciones a fin de reforzar las obligaciones contenidas en la misma en los ámbitos relativos a la participación de niños en conflictos armados[142]; a la venta de niños, la prostitución infantil y la utilización de niños en la pornografía[143]

---

de la ONU, tales como la OIT, la OMS, la UNESCO y el UNICEF tendrán derecho a asistir a las reuniones del Comité. Dichos organismos, así como cualquier otro considerado competente, incluidas las ONG reconocidas con carácter consultivo ante la ONU y sus organismos, tales como ACNUR, podrán presentar al Comité informes pertinentes y ser invitados a proporcionar asesoramiento, con el fin de asegurar la mejor aplicación posible de la Convención. El Comité podrá formular sugerencias y recomendaciones generales basadas en la información recibida en virtud de los art. 44 y 45 de la CDN. Dichas sugerencias y recomendaciones generales deberán transmitirse a los Estados Partes interesados y notificarse a la Asamblea General, junto con los comentarios, si los hubiere, de los Estados Partes.

141 TRINIDAD NÚÑEZ, P., "La protección jurídico internacional de los menores refugiados separados o no acompañados. Especial consideración del derecho europeo", *Revista de Derecho Migratorio y Extranjería*, núm.43 (2016), (p.85).

142 Protocolo facultativo de la CDN, *sobre la participación de niños en conflictos armados*, Asamblea General de la ONU, Resolución A/RES/54/263 de 25 de mayo de 2000. Entrada en vigor: 12 de febrero de 2002. Disponible en: https://www.ohchr.org/es/instruments-mechanisms/instruments/optional-protocol-convention-rights-child-involvement-children

143 Protocolo facultativo de la CDN *sobre la venta de niños, la prostitución infantil y la utilización de los niños en la pornografía*. Asamblea General de la ONU, Resolución A/RES/54/263 de 25 de mayo de 2000. Entrada en vigor: 18 de enero de 2002. Disponible en: https://www.ohchr.org/es/instruments-mechanisms/instruments/optional-protocol-convention-rights-child-sale-children-child

y, finalmente, se aprobó el tercer Protocolo que regula un procedimiento de comunicaciones[144].

En definitiva, el valor de la CDN radica en su carácter universal a la hora de fijar el marco de protección integral de la infancia con eficacia vinculante para todos los Estados que la han suscrito, además de su carácter innovador en la concepción jurídica del niño y la niña, al incorporar plenamente los dos principios vertebradores de la consideración del menor como sujeto de derechos: el interés superior del menor y el derecho a que sus opiniones se tengan en cuenta[145].

1.3.2.- La Observación General núm. 6 del Comité de Derechos del Niño: Trato de los menores no acompañados y separados de su familia fuera de su país de origen

Los mandatos contenidos en la CDN con respecto a todos los menores y por extensión, a los no acompañados, se concretan de forma específica para estos últimos en la Observación General núm.6 CRC, cuyo ámbito de aplicación se circunscribe a aquellos niños no acompañados o separados que se encuentren en el extranjero, es decir, que no se encuentren en su país de origen y que hayan cruzado una frontera internacional, quedando, por tanto excluidos, los desplazados internos[146]. En paralelo, el

---

144 Protocolo de la CDN *relativo a un procedimiento de comunicaciones.* Asamblea General de la ONU, Resolución A/RES/66/138 de 19 de diciembre de 2011. Entrada en vigor: 14 de abril de 2014. Disponible en: https://www.ohchr.org/es/instruments-mechanisms/instruments/optional-protocol-convention-rights-child-communications

145 CARDONA LLORÉNS, J., "La Convención sobre los Derechos del Niño: significado, alcance y nuevos retos", *Educatio siglo XXI, Revista de la Facultad de Educación,* Vol. 30, núm. 2, 2012, (p. 49).

146 Apartado II Observación General núm.6 CRC, *Estructura y alcance de la Observación General,* párrafo 5 (p.6).

alcance de las obligaciones del Estado receptor se corresponde con todos los menores que se encuentren dentro de su territorio y sometidos a su jurisdicción, como es el caso de los menores que se están dentro de las fronteras de ese Estado, tratando de penetrar en el territorio nacional. Ello supone la imposibilidad de dicho Estado de limitar zonas geográficas dentro de su territorio para eludir su ámbito de actuación[147].

El referido texto legal viene a poner de manifiesto la situación particularmente vulnerable de los menores extranjeros no acompañados y separados de sus familias, así como la incapacidad y los problemas que experimentan los Estados y otros actores para conseguir que esos menores tengan acceso a sus derechos y puedan disfrutar de los mismos[148]. Nace de la preocupación constante y reiterada del CRC sobre el tratamiento que pudieran recibir en los Estados receptores los menores no acompañados, que ha dado lugar a constantes observaciones y advertencias puntuales a los Estados Parte sobre el grado de cumplimiento de las obligaciones contraídas en virtud de la CDN.

Una de las grandes aportaciones de la Observación General núm. 6 CRC es la definición de niños o menores no acompañados, tal y como se expuso anteriormente; además de realizar

---

147 Apartado IV, *Principios aplicables, punto a: Obligaciones jurídicas de los Estados Partes con referencia a todos los menores no acompañados o separados de su familia que se encuentren dentro de su territorio y medidas para el cumplimiento de las mismas*, párrafo 12 (p. 7).

148 La Observación General núm. 6 CRC, va más allá, al identificar, en su párrafo 3, lo que denomina como *lagunas en la protección de estos menores*, entre las que cita una mayor exposición a la explotación y a la trata, reclutamiento en las fuerzas armadas, trabajo infantil o discriminación en cuanto al acceso de derechos básicos. Igualmente se identifican los impedimentos de los Estados receptores para acoger a estos menores y que abarcan desde la denegación de entrada, la detención o la prohibición de acceder a los procedimientos de asilo hasta la protección limitada hasta los 18 años sin garantías reales de retorno o acogida.

una distinción entre no acompañados y separados, limitada al ámbito conceptual, pues se establecen las mismas obligaciones a los Estados miembros tanto si se trata de menores no acompañados como de menores separados. Las definiciones se completan con la identificación, en su párrafo 2, de las múltiples razones por las que un menor puede encontrarse en un Estado extranjero no acompañado y que desembocan en una situación de especial vulnerabilidad, destacando entre ellas las situaciones de persecución del menor o de sus padres, conflictos armados internacionales o civiles, la trata o razones económicas de búsqueda de oportunidades fuera del país de origen.

Partiendo de la constatación de la situación de especial vulnerabilidad de estos menores, la Observación General núm. 6 CRC tiene como objetivo final ofrecer una *solución duradera* para el menor extranjero no acompañado, la cual comienza por el estudio de las posibilidades de reagrupación familiar, aunque contempla otras medidas de carácter duradero, como la integración en el país de acogida o en un tercer país[149].

A los efectos de la consecución del objetivo pretendido, la mencionada Observación General núm.6 CRC incorpora los principios aplicables a la actuación de los Estados Parte, reforzando las obligaciones que impone la CDN, de forma transversal, a todas las esferas del Estado y a los poderes legislativo, ejecutivo y judicial. En este sentido, establece mandatos que abarcan desde la promulgación de legislación que incorpore las disposiciones de la CDN con plenos efectos jurídicos[150], hasta la creación de

---

149 Párrafos 79 y 80 del Apartado VII Observación General núm.6 CRC, *Reunión familiar, retorno y otras soluciones duraderas*, (p.20).

150 Con el objetivo de crear un entorno jurídico propicio para la protección de los menores no acompañados y, de conformidad con lo dispuesto en el apartado b) del art. 41 de la CDN, se exhorta también a los Estados Partes a que ratifiquen otros instrumentos internacionales que regulan aspectos relativos a los menores no acompañados y separados

estructuras administrativas adecuadas, pasando por la articulación de actividades de investigación y formación, tendentes a construir un sistema estatal que obligue al Estado a abstenerse de medidas que infrinjan los derechos del menor, a la vez que se garantice su acceso y disfrute sin discriminación.

Consecuentemente, el Estado deberá adoptar las disposiciones necesarias y desplegar las medidas adecuadas para identificar, lo antes posible y, de forma particular en la frontera, a un menor que se encuentre en situación de no acompañamiento o de separación de su familia e incluso para prevenir que se produzca la situación de separación. Además, siempre que ello sea factible y redunde en el interés superior del menor, deberá activar los mecanismos necesarios para la reunificación con su familia[151].

Las obligaciones que rigen la actuación de los Estados miembros con respecto a los menores no acompañados o separados se asientan, siguiendo la línea de la CDN, sobre dos principios: la no discriminación y el interés superior del niño como consideraciones primordiales que deben regir e inspirar la actuación de todos los poderes públicos. La apreciación individual de la situación del menor, respetando el principio de proporcionalidad y tomando como referencia la aplicación de la medida menos intrusiva, completan el marco que debe regir la actuación estatal.

---

de su familia y, en especial, los Protocolos Facultativos de la CDN. Los Estados Parte deberán tener en cuenta también las Directrices de ACNUR *sobre Protección y Cuidado* (1994) y los principios rectores inter organizaciones en materia de menores no acompañados y separados.

151 En este punto, es preciso destacar la vocación de prevención de la Observación General núm. 6 CRC, que insta a los Estados *a anticiparse a las situaciones de no acompañamiento y separación o en su caso, a identificar, de forma inmediata, dichas situaciones en la frontera.* Apartado IV, Principios aplicables, punto a: *Obligaciones jurídicas de los Estados Partes con referencia a todos los menores no acompañados o separados de su familia que se encuentren dentro de su territorio y medidas para el cumplimiento de las mismas,* párrafo 13 (p. 7).

El interés superior del menor vuelve a colocarse en el centro, erigiéndose como el pilar fundamental de la actuación de los Estados receptores, que comporta la exigencia de una evaluación clara y a fondo de la identidad del niño y, en particular, de su nacionalidad, crianza, antecedentes étnicos, culturales y lingüísticos, así como las vulnerabilidades y necesidades especiales de protección. Así pues, permitir el acceso del menor al territorio es condición previa de este proceso de evaluación inicial, el cual debe efectuarse en un ambiente de seguridad y a cargo de profesionales competentes formados en técnicas de entrevistas que tengan en cuenta la edad y el género. En el mismo sentido, el interés superior del menor también será la piedra angular que determinará todas las decisiones posteriores que afectarán a dicho menor, tales como el nombramiento de un tutor[152] o el internamiento con fines de atención, protección o tratamiento de la salud física o mental.

Otro de los principios que sustentarán la actuación de los Estados será el respeto por la dignidad humana y el libre desarrollo de la personalidad, estrechamente relacionado con el derecho a la vida y a la supervivencia promulgados por la CDN, incluyendo la protección frente a las diferentes formas de violencia, explotación y trata, con el objetivo de dar respuesta a las situaciones de riesgo de los menores que se ven agravadas por su doble condición de extranjero y no acompañado.

La importancia de la Observación General núm. 6 CRC como instrumento de interpretación y aplicación de los derechos de la CDN, radica en la incorporación de un auténtico catálogo de derechos básicos que se reconocen a todo menor extranjero

[152] El menor no podrá entablar los procedimientos de obtención del asilo u otros procedimientos sin que se le nombre previamente un tutor. Si el menor separado o no acompañado solicita el asilo o entabla otros procesos o actuaciones administrativas o judiciales, además del tutor, se le nombrará un representante legal (art. 3: *El interés superior del niño como consideración primordial en la búsqueda de soluciones a corto y a largo plazo*).

no acompañado, quien, en virtud de su concreta situación de estar privado temporal o permanentemente de su medio familiar, obliga al Estado receptor a suplir la protección y asistencia que recibiría bajo la guarda y tutela de sus padres o tutores[153].

Esta obligación comporta la garantía de derechos relativos al alojamiento, al acceso a los recursos educativos y de salud, así como a obtener un nivel de vida adecuado, acorde con su desarrollo físico, mental, espiritual y moral.

Por otro lado, teniendo en cuenta la naturaleza proactiva de la Observación General núm. 6 CRC, la actuación de los Estados no solo deberá centrarse en crear un marco jurídico y social óptimo para estos menores, sino también en desplegar una política de prevención en cuanto al reclutamiento militar de niños y frente a la privación de libertad, que no podrá justificarse por la única condición de encontrarse dicho menor solo y de su situación administrativa irregular en el país receptor.

Finalmente, cabe destacar la mención expresa en la Observación General núm. 6 CRC al principio de no devolución del menor, instando a los Estados a cumplir con las obligaciones de no devolución resultantes de los instrumentos internacionales de derechos humanos, del derecho humanitario y, en particular, de la Convención de 1951 sobre el Estatuto de los Refugiados[154]; concretamente su art. 33, que consagra el principio de prohibición

---

153 SIMÓN CASTELLANO, P., "Los menores extranjeros no acompañados como titulares de derechos (...)", *op. cit.* (p. 673).

154 Convención de 1951 *sobre el Estatuto de los Refugiados,* adoptada en Ginebra, Suiza, el 28 de julio de 1951 por la Conferencia de Plenipotenciarios sobre el Estatuto de los Refugiados y de los Apátridas (ONU), convocada por la Asamblea General en su resolución 429 (V), del 14 de diciembre de 1950. Entrada en vigor: 22 de abril de 1954, de conformidad con el art. 43 Serie Tratados de Naciones Unidas, núm. 2545, Vol. 18 (p. 137).

de expulsión y devolución (*refoulement*)[155]. En virtud de la asunción de este compromiso, los Estados no trasladarán al menor a un país en el que haya motivos racionales para pensar que existe un peligro real de daño irreparable. La evaluación del riesgo de dichas violaciones graves deberá efectuarse teniendo en cuenta la edad y el género y tomando asimismo en consideración, por ejemplo, las consecuencias particularmente graves para los menores que presenta la insuficiencia de servicios alimentarios o sanitarios.

A continuación, con el objetivo de regularizar la situación de los menores extranjeros no acompañados, la Observación General núm. 6 CRC contempla diversas situaciones que podrán tener lugar a su llegada a uno de los Estados Parte de la CDN, poniendo a su disposición una serie de herramientas que regirán la toma de decisiones y la actuación que desplegarán los poderes estatales.

Estas diversas situaciones se referirán al estatus administrativo del menor, a su posible condición de refugiado o solicitante de asilo, pero también a cómo deberá realizarse la reunificación con su familia (en caso de ser posible), la posibilidad de adopción internacional o incluso su retorno al país de origen o el traslado a un tercer país.

De esta manera, se regula el acceso al procedimiento para obtener el asilo, recordando los principios esenciales y derechos reconocidos en la materia, y, además, las concretas salvaguardas a tener en

---

[155] Art. 33. de la Convención de 1951 *sobre el Estatuto de los Refugiados*: *Prohibición de expulsión y de devolución (refoulement): 1. Ningún Estado Contratante podrá, por expulsión o devolución, poner en modo alguno a un refugiado en las fronteras de los territorios donde su vida o su libertad peligre por causa de su raza, religión, nacionalidad, pertenencia a determinado grupo social, o de sus opiniones políticas. 2. Sin embargo, no podrá invocar los beneficios de la presente disposición el refugiado que sea considerado, por razones fundadas, como un peligro para la seguridad del país donde se encuentra, o que, habiendo sido objeto de una condena definitiva por un delito particularmente grave, constituya una amenaza para la comunidad de tal país.*

cuenta cuando se trata de menores y su especial protección frente a persecuciones específicas por el mero hecho de ser niños y niñas.

1.3.3.- Otros instrumentos de desarrollo de la Convención de Derechos del Niño

Junto con la Observación General núm.6 CRC, otros instrumentos de desarrollo de las medidas legislativas y de políticas que deben adoptar los Estados Parte para garantizar el pleno cumplimiento de las obligaciones contraídas en virtud de la CDN, a fin de proteger plenamente los derechos de los niños en el contexto de la migración internacional[156], son la Observación General Conjunta núm. 3 (2017) del Comité de Protección de los Derechos de Todos los Trabajadores Migratorios y de sus Familiares y la Observación General conjunta núm. 22 (2017) del CRC *sobre los principios generales relativos a los derechos humanos de los niños en el contexto de la migración internacional*; ambos se aprobaron al mismo tiempo que la Observación General Conjunta núm. 4 (2017) del Comité de Protección de los Derechos de Todos los Trabajadores Migratorios y de sus Familiares y núm. 23 (2017) del CRC, *sobre las obligaciones de los Estados relativas a los derechos humanos de los niños en el contexto de la migración internacional en los países de origen, tránsito, destino y retorno.* Si bien se trata documentos

---

156 Se incluye dentro de este concepto a todos aquellos niños que se encuentren en el contexto de la migración internacional, ya sea porque hayan migrado con sus padres o cuidadores habituales, no vayan acompañados o estén separados, hayan regresado a su país de origen, hayan nacido de padres migrantes en los países de tránsito o de destino, o permanezcan en su país de origen mientras que uno o ambos progenitores han migrado a otro país, y con independencia de su situación o la de sus padres en materia de migración o residencia.

independientes por derecho propio, ambos se complementan y deben interpretarse y aplicarse de manera conjunta[157].

El fin común perseguido por ambos comités, a la hora de adoptar las observaciones generales conjuntas, es el reforzamiento de la protección de todos los niños en el contexto de la migración internacional, debiendo aplicarse, por igual, las orientaciones en ella contenidas, a los Estados partes en la CDN o en la Convención Internacional sobre la Protección de los Derechos de Todos los Trabajadores Migratorios y de sus Familiares. Se parte de la premisa básica de que el niño tiene que ser tratado ante todo como niño, y debe primar esta condición frente al contexto de migración internacional.

La preocupación por reforzar el sistema de derechos reconocidos a los menores migrantes tiene su origen en la Observación General núm. 6 CRC, ya analizada, pero también en la puesta de manifiesto de un aumento considerable de las recomendaciones formuladas por ambos comités a los Estados Parte sobre cuestiones de derechos humanos que afectan a los derechos de los niños en el contexto de la migración internacional[158].

Destaca el desarrollo del principio de no discriminación que queda situado como el eje vertebrador de todas las políticas y procedimientos de migración, incluyendo expresamente las medidas de control de fronteras, de tal forma que cualquier diferencia de trato hacia el menor migrante debe ser ajustada al interés del niño y a los estándares internacionales de dere-

---

157 En adelante, se utilizará la expresión Observaciones Generales Conjuntas para referirse a los dos instrumentos legislativos.

158 Punto 5 del Apartado A (*Antecedentes*) de la Observación General Conjunta núm. 3 (2017) del Comité de Protección de los Derechos de Todos los Trabajadores Migratorios y de sus Familiares y la Observación General conjunta núm. 22 (2017) del CRC *sobre los principios generales relativos a los derechos humanos de los niños en el contexto de la migración internacional* (p.2).

chos humanos, así como aplicada de forma proporcional, pues *si solo se lucha contra la discriminación de iure, no se garantizará necesariamente la igualdad de facto.* Se aboga, además, por registrar sistemáticamente los casos de discriminación contra niños o sus familias en el contexto de la migración internacional, e investigar y sancionar esas conductas *de manera adecuada y eficaz*[159].

2.- REGULACIÓN EN EL ÁMBITO EUROPEO

2.1.- Regulación del Consejo de Europa

El Consejo de Europa ha desarrollado todo un conjunto de tratados internacionales y mecanismos orientados a la supervisión y asistencia para el respeto de los derechos humanos, la democracia y el Estado de derecho, que son sus tres áreas de actuación[160]. En lo que respecta a los menores, no existe una normativa integral de protección en el ámbito de los derechos humanos, por lo que el Estatuto del menor se ha ido configu-

---

159 Párrafo 26 de la Observación General Conjunta núm. 3 (2017) del Comité de Protección de los Derechos de Todos los Trabajadores Migratorios y de sus Familiares y la Observación General conjunta núm. 22 (2017) del CRC *sobre los principios generales relativos a los derechos humanos de los niños en el contexto de la migración internacional* (p.7).

160 El Estatuto del Consejo de Europa, aprobado por el Tratado de Londres de 1949, establece en su art. 1.a): *La finalidad del Consejo de Europa consiste en realizar una unión más estrecha entre sus miembros para salvaguardar y promover los ideales y los principios que constituyen su patrimonio común y favorecer su progreso económico y social. Estos ideales y principios se estructuran en los pilares de derechos humanos, democracia y Estado de derecho, que son el eje principal del trabajo de la organización. b) Los medios contemplados en el Estatuto de Londres para lograr estos fines son: el examen de los asuntos de interés común, la conclusión de acuerdos y la adopción de una acción conjunta en los campos económico, social, cultural, científico, jurídico y administrativo, así como la salvaguarda y la mayor efectividad de los derechos humanos y las libertades fundamentales.*

rando a través de una serie de tratados sectoriales que regulan aspectos concretos de los derechos de los niños y las niñas[161] y, especialmente, a través de la jurisprudencia del TEDH.

El principal instrumento del Consejo de Europa al que se debe hacer referencia, en materia de derechos humanos, es el Convenio Europeo para la Protección de los Derechos Humanos y de las Libertades Fundamentales o (en adelante, CEDH),

---

161 Entre otros, se destacan los siguientes: Convenio *sobre el estatuto jurídico de los niños nacidos fuera del matrimonio*, de 15 de octubre de 1975; Convenio Europeo *sobre adopción de menores* (aprobado el 27 de noviembre de 2008, en vigor desde el 1 de septiembre de 2011. Ratificado por España el 5 de agosto de 2010); Convenio *sobre las relaciones personales del niño* y Convenio *para la protección de los niños contra la explotación y el abuso sexual* (Convenio de Lanzarote), aprobado el 25 de octubre de 2007, en vigor desde el 1 de julio de 2010 y ratificado por España el 4 de noviembre de 2010. Por otra parte, el Consejo de Europa también ha prestado una especial atención a la posición del menor en el proceso, desde diferentes enfoques. Dentro de los procedimientos civiles de familia, destaca el Convenio Europeo *sobre el ejercicio de los derechos de los Niños* (aprobado el 25 de enero de 1996, en vigor desde el 1 de julio del 2000). Incorpora las bases de la CDN en cuanto al derecho a ser informado y expresar su opinión (art. 3) o el derecho a solicitar representante especial cuando los padres o tutores no tengan la facultad para representar al menor como consecuencia de un conflicto de intereses (art. 9.1). Fue ratificado por España en 2015, mediante el instrumento ratificación del Convenio Europeo sobre el Ejercicio de los Derechos de los Niños, publicado en el BOE núm. 45, de 21 de febrero de 2015 y ha tenido influencia directa en la Ley 26/2015, de 28 de julio, *de modificación del sistema de protección a la infancia y a la adolescencia* (Apartado I del Preámbulo de la citada ley). Igualmente, destaca el Convenio europeo *relativo al reconocimiento y ejecución de decisiones en materia de custodia de menores*, así como al restablecimiento de dicha custodia (aprobado el 20 de mayo de 1980, en vigor desde el 1 de septiembre de 1984. Ratificado por España el 9 de mayo de 1984). En lo que respecta al menor en el marco del proceso penal, el Consejo de Europa se ha dedicado principalmente a su condición de imputado en el proceso penal o a su papel de víctima y testigo del mismo.

de 4 de noviembre de 1950, ratificado por todos sus Estados miembros. No incluye disposiciones específicas de protección de los menores, sólo algunas referencias expresas, pero, dado que su ámbito de aplicación se extiende a todas las personas, se entiende que los menores gozarán también de la protección que dispensa el CEDH en los mismos términos que los adultos[162].

Otro de los principales instrumentos del Consejo de Europa es la Carta Social Europea, aprobada en Turín el 18 de octubre de 1961[163], que complementa el CEDH e incorpora derechos sociales y económicos, también con respecto a los menores, a quienes se les reconoce, junto a los jóvenes, una especial protección[164]. En su articulado, se regulan específicamente determinados derechos a su favor, como los contenidos en su art. 7, referidos al

---

162 Las principales referencias a la protección de los menores son las siguientes: el art. 5, apartado 1, letra d), que prevé la privación de libertad de un niño en virtud de una orden legalmente acordada con el fin de vigilar su educación; el art. 6, apartado 1, que restringe el derecho a un juicio justo y público cuando el interés del niño así lo exija; el art. 2 del Protocolo nº 1, que establece el derecho a la educación y obliga a los Estados a respetar las convicciones religiosas y filosóficas de los padres en la educación de sus hijos. Por otra parte, algunas disposiciones generales del CEDH han resultado especialmente relevantes para los niños. En particular, el art. 8, que garantiza el derecho al respeto de la vida privada y familiar y el art. 3, que prohíbe la tortura y las penas o tratos inhumanos o degradantes.

163 La Carta Social Europea de 1961 fue revisada en 1996. España la ratificó el 6 de mayo de 1980 y entró en vigor para nuestro país el 5 de junio de ese mismo año, aunque su contenido ya figuraba entre los elementos inspiradores de nuestra CE y del primer Estatuto de los Trabajadores. El contenido actualizado de La Carta Social Europea (revisada) de 1996, fue firmado por España en el año 2000, pero la necesidad de adaptar algunos aspectos de la legislación española llevó a posponer su ratificación hasta 2021 (BOEnúm. 139, de 11 de junio de 2021).

164 Preámbulo de la Carta Social Europea, Parte I, punto 7: *Los niños y los jóvenes tienen derecho a una protección especial contra los peligros físicos y morales a los que estén expuestos.*

ámbito laboral[165] o en su art. 17 relativo a la protección social, jurídica y económica[166]. Más allá de estas dos disposiciones ex-

165 Art. 7 de la Carta Social Europea, titulado *Derecho de los niños y jóvenes a protección: Para garantizar el ejercicio efectivo del derecho a protección de los niños y jóvenes, las Partes se comprometen: 1. A fijar en 15 años la edad mínima de admisión al trabajo, sin perjuicio de excepciones para los niños empleados en determinados trabajos ligeros que no pongan en peligro su salud, moralidad o educación; 2. A fijar en 18 años la edad mínima para la admisión al trabajo en ciertas ocupaciones consideradas peligrosas o insalubres; 3. A prohibir que los niños en edad escolar obligatoria sean empleados en trabajos que les priven del pleno beneficio de su educación; 4. A limitar la jornada laboral de los trabajadores menores de 18 años para adecuarla a las exigencias de su desarrollo y, en particular, a las necesidades de su formación profesional; 5. A reconocer el derecho de los trabajadores jóvenes y de los aprendices a un salario equitativo o, en su caso, otra retribución adecuada; 6. A disponer que las horas que los menores dediquen a su formación profesional durante la jornada normal de trabajo con el consentimiento del empleador se consideren parte de dicha jornada; 7. A fijar una duración mínima de cuatro semanas para las vacaciones anuales pagadas de los trabajadores menores de 18 años; 8. A prohibir el trabajo nocturno a los trabajadores menores de 18 años, excepto en ciertos empleos determinados por las leyes o reglamentos nacionales; 9. A disponer que los trabajadores menores de 18 años ocupados en ciertos empleos determinados por las leyes o reglamentos nacionales sean sometidos a un control médico regular; 10. A proporcionar una protección especial contra los peligros físicos y morales a los que estén expuestos los niños y los jóvenes, especialmente contra aquellos que, directa o indirectamente, deriven de su trabajo.*

166 Art. 17 de la Carta Social Europea, titulado *Derecho de los niños y jóvenes a protección social, jurídica y económica: Para garantizar el ejercicio efectivo del derecho de los niños y los jóvenes a crecer en un medio que favorezca el pleno desarrollo de su personalidad y de sus aptitudes físicas y mentales, las Partes se comprometen a adoptar, bien directamente o bien en cooperación con las organizaciones públicas o privadas, todas las medidas necesarias y adecuadas encaminadas: 1.a) a garantizar a los niños y jóvenes, teniendo en cuenta los derechos y deberes de sus progenitores, los cuidados, la asistencia, la educación y la formación que necesiten, en particular disponiendo la creación o el mantenimiento de instituciones o servicios adecuados y suficientes a tal fin; b) a proteger a los niños y jóvenes contra la negligencia, la violencia o la explotación; c) a garantizar una protección y una ayuda especial por parte del Estado a*

presas referidas a los menores, la protección de la infancia en la Carta Social Europea se reconoce a través de la familia, a la que se le dedica un papel destacado[167].

Con respecto a los menores extranjeros, la Carta Social Europea contiene una referencia indirecta, en su art. 19, dedicado a los trabajadores migrantes y sus familias, en el que se insta a adoptar medidas que favorezcan la reagrupación familiar[168].

Sin embargo, salvo estas referencias en los instrumentos de derechos, no ha sido adoptado, en el seno del Consejo de Europa un instrumento jurídicamente vinculante que reconozca y proteja expresamente los derechos de los menores migrantes y su especial vulnerabilidad.

Esta vulnerabilidad sí ha sido reconocida por la jurisprudencia del TEDH, destacando la STEDH de 12 de octubre de 2006, (Asunto *Mubilanzila Mayekay Kanini Mitunga c. Bélgica)*, como referente en la protección de los menores extranjeros no acompañados; en esta sentencia, partiendo del reconocimiento de la situación de especial vulnerabilidad por razón de su edad, se determina que la detención y expulsión de una menor de origen congoleño, de 5 años de edad, por parte del Estado belga, se realizó vulnerando lo dispuesto en el art. 3 CEDH que dispone que *nadie podrá ser sometido a tortura ni a penas o tratos inhumanos*

los niños y jóvenes que se vean privados temporal o definitivamente del apoyo de su familia; 2.a garantizar a los niños y jóvenes una educación primaria y secundaria gratuita, así como a fomentar la asistencia regular a la escuela.

167 Art. 16 de la Carta Social Europea: *Derecho de la familia a protección social, jurídica y económica Con miras a lograr las condiciones de vida indispensables para un pleno desarrollo de la familia, célula fundamental de la sociedad, las Partes se comprometen a fomentar la protección económica, jurídica y social de la familia, especialmente mediante prestaciones sociales y familiares, disposiciones fiscales, apoyo a la construcción de viviendas adaptadas a las necesidades de las familias, ayuda a los recién casados o por medio de cualesquiera otras medidas adecuadas.*

168

o degradantes y cuyos efectos extiende a la madre de la menor a quien equipara como víctima de dichos tratos inhumanos. Asimismo, el TEDH dispone que existió una contravención del art. 8 CEDH relativo al respeto de su vida privada y familiar, en cuanto a las condiciones de la detención y los fines perseguidos por ésta, y del art. 5 CEDH en lo que respecta a la privación de libertad de la menor y el internamiento en un centro de adultos.

La importancia de esta STEDH radica en el hecho de que la menor se convirtió, de forma sobrevenida, en menor no acompañada y el ordenamiento jurídico belga no contemplaba una protección específica para estos menores, llegando a considerar el TEDH que la legislación nacional belga no era lo suficientemente detallada y precisa y no superaba los estándares de calidad. Todo ello motivó una reforma legislativa en dicho país[169].

El TEDH también se ha pronunciado en otras ocasiones sobre la obligación de los Estados de adoptar medidas especiales para proteger a los menores extranjeros en situaciones de vulnerabilidad. Si bien, casi todos los pronunciamientos se centran en detenciones de menores en centros de migrantes para adultos[170].

---

169 Dicha sentencia se analiza con detalle en SENOVILLA HERNÁNDEZ, D., "Comentario sobre la Sentencia del Tribunal Europeo de Derechos Humanos de Estrasburgo de 12 de octubre de 2006, caso Mubilanzila Mayekay Kanini Mitunga contra Bélgica", *Revista de Derecho Migratorio y Extranjería*, núm.13, 2006, (pp. 187-199); y en SANJURJO RIVO, V., "La protección del desamparo de una menor inmigrante no acompañada y su familia por el Tribunal Europeo de Derechos Humanos: el caso Mubilanzila Mayeka y Kaniki Mitunga contra Bélgica", *Estudios Penales y Criminológicos*, Vol. XXIX 2009, (pp. 491-507).

170 A este respecto, destacaremos la STEDH de 25 de junio de 2020 (Asunto *Moustahi c. Francia*), que resuelve sobre un supuesto en el que dos menores extranjeros no acompañados, de 3 y 5 años de edad, detenidos junto a su tío en un centro de detención de inmigrantes para su posterior deportación. El TEDH concluyó que Francia había violado, entre otros, los art. 3 CEDH (prohibición de tratos inhuma-

La evolución de la jurisprudencia del TEDH relativa a los menores extranjeros no acompañados ha sido lenta y ocasional. Sin embargo, aunque se trate de una protección a posteriori para corregir y prevenir las vulneraciones de los Estados, la perspectiva es optimista de cara a brindar una protección judicial a estos menores[171].

Más allá de la labor del TEDH, la protección de los menores extranjeros no acompañados en el seno del Consejo de Europa, se plasma en sendas resoluciones y recomendaciones aprobadas por su Asamblea Parlamentaria y su Comité de Ministros, que carecen de carácter vinculante, en las que se aborda esta

---

nos y degradantes) y 5.1 CEDH (derecho a la libertad y seguridad), dado que la detención de menores no acompañados en condiciones inadecuadas constituye un trato degradante; la STEDH de 5 de abril de 2011 (Asunto *Rahimi c. Grecia*), sobre las condiciones en las que un menor afgano solicitante de asilo, que había entrado ilegalmente en Grecia, fue retenido en el centro de detención y posteriormente liberado con vistas a su expulsión. El Tribunal declaró que se había producido una vulneración del art. CEDH al considerar que, incluso teniendo en cuenta que la detención había durado sólo dos días, las condiciones de detención del demandante en lo que respecta al alojamiento, la higiene y la infraestructura, habían sido tan malas que atentaban contra el sentido propio de la dignidad humana y, por tanto, habían supuesto en sí mismas un trato degradante. Además, debido a su edad y a sus circunstancias personales, el demandante se encontraba en una posición extremadamente vulnerable y las autoridades no habían tenido en cuenta sus circunstancias individuales a la hora de internarlo. En el mismo sentido, también citaremos las SSTEDH de 11 de diciembre de 2014 (Asunto *Mohamad c. Grecia*); de 22 de noviembre de 2016 (Asunto *Abdullahi Elmi y Aweys Abubakar c. Malta*); de 28 de febrero de 2019 (Asunto *H.A. y otros c. Grecia*) y la de 13 de junio de 2019 (Asunto *Sh. D. y otros c. Grecia, Austria, Croacia, Hungría, Macedonia del Norte, Serbia y Eslovenia*).

171 TRINIDAD NÚÑEZ, P., "La protección jurídico internacional de los menores refugiados separados o no acompañados. Especial consideración del derecho europeo", *Revista de derecho migratorio y extranjería* núm. 43, 2016, (p.99).

cuestión desde la perspectiva de los derechos del niño frente a cualquier otra consideración. En ellas, se suele afirmar expresamente que un niño es en primer lugar y, sobre todo, un niño. Sólo después, puede ser visto como un migrante. Esta consideración, junto con la necesidad de tener en cuenta el interés superior del menor y la prohibición de discriminación entre los niños, es, según el Consejo de Europa, lo que debería constituir el punto de partida de cualquier discusión relativa a los menores extranjeros no acompañados y, subsidiariamente, tener en cuenta su estatus migratorio.

Entre las resoluciones y recomendaciones destacan la Resolución 1810 (2011), de 15 de abril de 2011, de la Asamblea Parlamentaria del Consejo de Europa, *Menores migrantes indocumentados en situación irregular: un motivo real de preocupación,* que establece los principios comunes que deben regir el trato de los Estados a los menores extranjeros no acompañados; todos ellos basados en el interés superior, no discriminación, derecho del niño a ser escuchado y especial protección. En la misma línea, la Recomendación1969 (2011), de 15 de abril de 2011, *Menores no acompañados en Europa: Problemas relativos a la llegada, estancia y retorno.*

Más recientemente, se ha publicado la Recomendación 11 (2019) del Comité de Ministros del Consejo de Europa, *un régimen de tutela eficaz para los menores no acompañados y separados en el contexto de la migración,* que pretende establecer un marco común para los Estados que regule un régimen de tutela eficaz para estos menores, que sea designado a la mayor brevedad posible y que integre como funciones principales del tutor la representación de los menores, la protección de sus derechos y el apoyo, información y asistencia necesarios en todos los procedimientos que les conciernen, haciendo de enlace entre éstos y las autoridades, administraciones y organismos encargados de su cuidado[172].

---

[172] Principios 3 y 4 del Apartado III, referente a *Principios directores para un régimen de tutela eficaz* (pp. 13 y 14) de la Recomendación 11 (2019)

2.2.- Regulación de la UE

2.2.1. – Introducción a la política y legislación comunitaria en materia de migración y asilo

El Tratado de la UE o Tratado de Lisboa (en adelante, TUE) introduce modificaciones institucionales, procedimentales y constitucionales en la UE, que también abarcarán la organización y unificación de competencias en materia de migración y asilo[173]. Concretamente, estas competencias son atribuidas a la UE a través de los art. 79 y 80 TFUE[174] y están compartidas con las competencias que mantienen los Estados miembros; esto que supone la existencia de legislaciones nacionales diferentes e incluso, en ocasiones, contradictorias y a un cumplimiento desigual de la normativa

---

del Comité de Ministros del Consejo de Europa, *un régimen de tutela eficaz para los menores no acompañados y separados en el contexto de la migración.* Disponible (en francés e inglés) en: 16809ccfe3 (coe.int).

173 Tratado de la Unión Europea en su versión actual firmada en el Consejo Europeo de Lisboa el 13 de diciembre de 2007, que entró en vigor el 1 de diciembre de 2009, por el que se modifica el Tratado de la Unión Europea y el Tratado constitutivo de la Comunidad Europea, DO 2007 C 306. También denominado Tratado de Lisboa.

174 El TFUE se firmó por los 27 países de la UE (Croacia no se adhirió a la UE hasta 2013) el 13 de diciembre de 2007 y entró en vigor el 1 de diciembre de 2009. El art. 79 TFUE dispone: *La Unión desarrollará una política común de inmigración destinada a garantizar, en todo momento, una gestión eficaz de los flujos migratorios, un trato equitativo de los nacionales de terceros países que residan legalmente en los Estados miembros, así como una prevención de la inmigración ilegal y de la trata de seres humanos y una lucha reforzada contra ambas.* Por su parte, el art. 80 TFUE hace referencia al principio de solidaridad, al establecer que *dichas políticas se regirán por el principio de solidaridad y de reparto equitativo de la responsabilidad entre los Estados miembros, también en el aspecto financiero. Cada vez que sea necesario, los actos de la Unión adoptados en virtud del presente capítulo contendrán medidas apropiadas para la aplicación de este principio.*

comunitaria[175]. De los referidos preceptos, se desprende que el ámbito de la migración en la UE, se enfoca desde dos perspectivas principales, la gestión de la migración legal y la lucha contra la migración irregular, a través de la gestión de los flujos migratorios y una cooperación más estrecha con terceros Estados.

En este sentido, se puede afirmar que, en el marco de la UE, coexisten dos sistemas jurídicos en materia de migración. Uno que se puede considerar *privilegiado,* que se aplica a los nacionales de los Estados pertenecientes a la UE y Espacio Económico Europeo[176], frente al denominado sistema *general* que identificaría a los nacionales de terceros países. Dentro de este último, estarían excluidos los menores extranjeros solicitantes de asilo o de refugio, así como aquellos que disfruten de la condición de apátridas, pero, inevitablemente, incluye a los menores extranjeros no acompañados que no reúnan estas condiciones[177].

La política migratoria de la UE ha ido evolucionando hacia una posición de reforzamiento del Espacio común de libertad,

---

175 En este sentido, de acuerdo con el art. 5 TUE la delimitación de las competencias de la Unión se rige por el principio de atribución y por los principios de subsidiariedad y proporcionalidad. *2. En virtud del principio de atribución, la Unión actúa dentro de los límites de las competencias que le atribuyen los Estados miembros en los Tratados para lograr los objetivos que éstos determinan. Toda competencia no atribuida a la Unión en los Tratados corresponde a los Estados miembros.* Por otro lado, el art. 2.6 TFUE establece: *el alcance y las condiciones de ejercicio de las competencias de la Unión se determinarán en las disposiciones de los Tratados relativas a cada ámbito.* Las competencias comunitarias pueden ser exclusivas, compartidas o de apoyo, coordinación o complemento (arts. 3-6 TFUE).

176 Noruega, Islandia y Liechtenstein, al que se podría añadir Suiza.

177 SÁNCHEZ PÉREZ, J., "Derechos humanos y Estatuto jurídico del menor extranjero no acompañado", en GORELLI HERNÁNDEZ, J. (Coord.), *Libre circulación de trabajadores en la Unión Europea. Treinta años en la Unión: XXXV Jornadas Universitarias Andaluzas de Derecho del Trabajo y Relaciones Laborales,* Consejo Andaluz de Relaciones Laborales, 2017, (p. 368).

seguridad y justicia y de establecimiento de medidas migratorias restrictivas y de control de fronteras, que también ha tenido su reflejo en la normativa[178]. La seguridad ha ido prevaleciendo sobre otros aspectos de la migración, aun a pesar de colisionar, en muchas ocasiones, con el respeto de los derechos de los nacionales de terceros países, lo que ha tenido repercusión directa en la legislación en la materia, que se ha ido orientando hacia el retorno y la penalización de quienes propician la migración irregular frente a la regularización[179].

La máxima expresión de esta política será la Directiva 2008/115/CE del Parlamento y del Consejo, de 16 de diciembre de 2008, *relativa a normas y procedimientos comunes en los Estados Miembros para el retorno de los nacionales de terceros países en situación irregular* (también conocida como Directiva de retorno), que será analizada con detalle seguidamente.

2.2.2.- Protección de la infancia migrante en la UE

Como se ha expuesto en el apartado anterior, en materia de migración, la competencia es compartida entre la UE y los Estados

---

178 Sobre la historia y evolución de la política y legislación comunitaria en materia de migración y asilo, *vid.* GOIG MARTÍNEZ, J. M., *Multiculturalidad, integración y derechos de los inmigrantes en España*, Dykinson, Madrid, 2015. Y, del mismo autor, también destaca un análisis sobre las medidas adoptadas por los Estados miembros en este ámbito, GOIG MARTÍNEZ, J. M., "La fallida política común de inmigración en la Unión Europea", *Vergentis. Revista de investigación de la Cátedra internacional conjunta Inocencio III*, núm. 8, 2019, (pp. 125-158) y GOIG MARTÍNEZ, J.M., "La política común de inmigración en la Unión Europea en el sesenta aniversario de los Tratados de Roma (o la historia de un fracaso)", *Revista de derecho de la UE*, núm. 32, 2017, (pp.71-111).

179 VELASCO RETAMOSA, J. M., "Inmigración irregular en la Unión Europea: la protección de derechos", en CUARTERO RUBIO, M. V. (Dir.), *Inmigración: (...)*, *op. cit.* (pp. 95-123).

miembros, si bien, en lo que respecta a la protección del menor, la competencia permanece en el ámbito estatal interno de los Estados, lo que afecta al estatuto jurídico del menor migrante e incrementa los riesgos de desprotección, ya que, pueden darse situaciones en las que la regulación europea en materia de migración contradiga o sobrepase la protección brindada al menor en el ámbito nacional[180]. Igualmente, el principio de interés superior del menor, que debe regir la regulación relativa a la protección de los menores extranjeros no acompañados, no es un concepto unívoco en Europa, pues se le da diferente contenido de acuerdo con el tiempo y las circunstancias políticas, sociales y jurídicas de cada Estado; además la legislación comunitaria tampoco ha desarrollado el concepto en el contexto de las migraciones internacionales contemporáneas, con lo que se favorece su desprotección[181].

El análisis de la legislación de la UE referente a los menores extranjeros no acompañados, debe partir necesariamente de un estudio inicial sobre la protección de los derechos del niño en el ámbito comunitario[182], siendo el eje central la CDN, que

---

180 ALONSO SANZ, L., *El estatuto constitucional del menor migrante*, Tesis doctoral, Universidad Complutense de Madrid, 2015, (p. 196).

181 DÍEZ MORRÁS, F.J., "La indefinición del interés superior del menor extranjero no acompañado en perjuicio de su protección", *Revista Electrónica del Departamento de Derecho de la Universidad de La Rioja* (REDUR), núm. 10, 2012, (p. 103) y ORTIZ VIDAL, M.D., "Los menores extranjeros no acompañados en la Unión Europea. Soluciones previstas y principio del interés superior del menor", en GARCÍA GARNICA, M.C. y MARCHAL ESCALONA, N. (Dir.), *Aproximación interdisciplinar a los retos actuales de protección de la infancia dentro y fuera de la familia*, Thomson Reuters Aranzadi, Cizur Menor (Navarra), 2019, (p. 404).

182 En este punto, resulta relevante señalar que, desde el punto de vista del derecho de la UE, no existe una definición formal única de niño. Así, por ejemplo, la Directiva 2004/38/CE del Parlamento Europeo y del Consejo, de 29 de abril de 2004, *relativa al derecho de los ciudadanos de la Unión y de los miembros de sus familias a circular y residir libremente en el territorio de los Estados miembros*, se refiere a los menores (aunque no

al haber sido ratificada por todos los Estados miembros, se convierte en el marco de referencia en la evolución de la legislación europea sobre los derechos del niño, que preceptivamente deberá atenerse a sus disposiciones y principios. Además, debe tenerse en cuenta la jurisprudencia del TJUE ha ratificado que las obligaciones emanadas de la pertenencia a la UE no deben entrar en conflicto con las obligaciones de los Estados miembros, en virtud de sus constituciones nacionales y sus compromisos internacionales en materia de derechos humanos[183].

La protección del menor se mantuvo al margen del legislador europeo, debido, precisamente a carecer de competencias en este ámbito, así como por no tratarse de uno de los objetivos prioritarios de la UE, centrados originariamente en la creación de un mercado común[184]. La promulgación del TUE supon-

---

los defina expresamente) como los descendientes directos menores de 21 años o a cargo. Por su parte, la Directiva 94/33/CE, *relativa a la protección de los jóvenes en el trabajo, que regula el acceso de los niños al trabajo y las condiciones de empleo formal en los Estados miembros de la UE,* distingue entre el término jóvenes, para designar a todos los menores de 18 años, adolescentes para aquello con edades comprendidas entre 15 y 18 años, que ya no están sujetos a escolaridad obligatoria a tiempo completo y niños, definidos como los menores de 15 años, a los que se prohíbe, en general, el empleo formal. En otros ámbitos como la seguridad, la educación o la migración, el concepto de menor quedará determinado por la legislación nacional, que normalmente adopta el concepto de menor de la CDN.

183 STJUE de 14 de mayo de 1974 (Asunto *J. Nold, Kohlen- und Baustoffgroßhandlung c. Comisión de las Comunidades Europeas*) (C-4/73).

184 Una expresión de esta prioridad económica se puede apreciar en la tendencia a legislar sobre la protección de menores trabajadores del mercado común, como por ejemplo la Directiva 94/33/CE del Consejo, de 22 de junio de 1994, *relativa a la protección de los jóvenes en el trabajo*; llegando incluso el CESE a alertar sobre esta perspectiva en su Dictamen *sobre la Comunicación de la Comisión – Hacia una Estrategia de la Unión Europea sobre los Derechos de la Infancia,* (COM 2006 367 final), en la que se afirma que la importancia de los niños no

drá el incremento de la capacidad de la UE para promover los derechos del niño, mediante la inclusión expresa de la protección de sus derechos en su art. 3.3 señala expresamente que *La Unión combatirá la exclusión social y la discriminación y fomentará la justicia y la protección sociales, la igualdad entre mujeres y hombres, la solidaridad entre las generaciones y la protección de los derechos del niño.* Dicha protección se extiende también al ámbito de relaciones exteriores de la UE, mediante el art. 3.5 TUE[185]. De esta forma, la protección del menor pasará a ser uno de los objetivos de la UE; sin embargo, su tratamiento legislativo no ha tenido un enfoque prioritario e integral[186].

El TFUE incluye además referencias más explícitas a los niños y permite a la UE adoptar medidas legislativas contra la explotación sexual y la trata de personas (art. 79, apartado 2, letra d), y art. 83, apartado 1), lo que ha dado lugar a la adopción de las Directivas de lucha contra los abusos sexuales y la explotación sexual de los niños y la pornografía infantil, y de lucha contra la trata de seres humanos, que contienen, asimismo, disposiciones

---

sólo debe estribar en el hecho de que serán adultos y constituirán mano de obra, sino también en que la infancia es un periodo de vida fundamental y valioso por sí mismo (párrafo 3.2.). Disponible en: c_32520061230es00650070.pdf (europa.eu).

185 Art. 3.5 TUE: *En sus relaciones con el resto del mundo, la Unión afirmará y promoverá sus valores e intereses y contribuirá a la protección de sus ciudadanos. Contribuirá a la paz, la seguridad, el desarrollo sostenible del planeta, la solidaridad y el respeto mutuo entre los pueblos, el comercio libre y justo, la erradicación de la pobreza y la protección de los derechos humanos, especialmente los derechos del niño, así como al estricto respeto y al desarrollo del Derecho internacional, en particular el respeto de los principios de la Carta de las Naciones Unidas.*

186 Destaca en este sentido la preocupación mostrada por el Parlamento Europeo, en su Resolución *sobre medidas de protección de menores en la Unión Europea*, de 12 de diciembre de 1996, por el hecho de que la UE no aplique ningún tipo de política orientada directamente a los derechos del niño y, en consecuencia, a la mejora de las condiciones de vida del niño (Punto H).

relativas a las necesidades específicas de las víctimas infantiles[187]. Además, muchas de las disposiciones de la última Directiva por la que se establecen normas mínimas sobre los derechos, el apoyo y la protección de las víctimas de delitos, contiene previsiones específicas dedicadas a los niños[188].

La entrada en vigor del TUE es, junto con la promulgación de la Carta de Derechos Fundamentales de la UE, adoptada por el Parlamento Europeo, el Consejo y la Comisión Europea, el 7 de diciembre de 2000, en Niza (en adelante, CDFUE), uno de los hitos que marcarán la adopción de una perspectiva coordinada de protección del menor dentro de la UE, que hasta el momento se había abordado de una forma fragmentada y asimétrica[189].

---

187 Directiva 2011/93/UE, del Parlamento Europeo y del Consejo, de 13 de diciembre de 2011 *relativa a la lucha contra los abusos sexuales y la explotación sexual de los menores y la pornografía infantil* y Directiva 2011/36/UE del Parlamento Europeo y del Consejo, de 5 abril de 2011, *relativa a la prevención y lucha contra la trata de seres humanos y a la protección de las víctimas.*

188 Directiva 2012/29/UE, del Parlamento Europeo y del Consejo, de 25 de octubre de 2012, *por la que se establecen normas mínimas sobre los derechos, el apoyo y la protección de las víctimas de delitos.*

189 Otros dos acontecimientos que fomentaron la consolidación de la perspectiva integral del menor en el seno de la UE serían la adopción de la Comunicación de la Comisión Europea, de 5 de febrero de 2008, *Un lugar especial para el niño en la acción exterior de la UE* (Disponible en https://eur-lex.europa.eu/legal-content/ES/TXT/?uri=CELEX%3A52008DC0055), dirigido a incluir al niño en todas las actividades de la UE con terceros países no miembros y la Agenda de la UE en pro de los Derechos del Niño: Comunicación de 15 de febrero de 2011, de la Comisión al Parlamento Europeo, el Consejo, el Comité Económico y Social Europeo y el Comité de las Regiones, (Disponible en: https://eur-lex.europa.eu/legal-content/ES/TXT/PDF/?uri=CELEX:52011DC0060&from=IT), que establece las prioridades básicas para el desarrollo de la legislación y la política sobre los derechos del niño en el conjunto de los Estados miembros de la UE. La Agenda también incluía como objetivos los procedi-

El precedente de la CDFUE, en lo que respecta a la protección a la infancia, lo constituye la Carta Europea de Derechos del Niño, aprobada por del Parlamento Europeo, el 8 de julio de 1992, por tratarse de una primera síntesis de los derechos fundamentales de los menores, en la que se sientan las bases de un proyecto de Carta comunitaria de los derechos del niño que contenga los principios mínimos de la CDN, aunque sin carácter vinculante. Una de las principales peculiaridades que introduce es la propuesta de la figura del defensor de los derechos del niño, tanto a nivel nacional como comunitario, que esté habilitado para salvaguardar los derechos e intereses de éste, para recibir las solicitudes y quejas y para velar por la aplicación de las leyes que los protegen (puntos 6 y 7 Carta Europea de los Derechos del Niño). Asimismo, propone la implantación de acciones de política familiar, junto con un amplio catálogo de derechos de los niños, entre los que destacan el derecho a la vida (punto 9), a ser registrado desde el nacimiento y a tener un nombre y una nacionalidad (punto 10) o la protección de la identidad (punto 11), entre otros.

La CDFUE, cuyo objeto es consagrar la protección y el desarrollo de los derechos fundamentales en el ordenamiento jurídico de la UE, establece las primeras referencias pormenorizadas a los derechos del niño en el nivel constitucional, inspiradas en las disposiciones de la CDN. Por un lado, el art. 24, otorga una protección especial, acorde con los estándares internacionales y sentando como premisa el principio de interés superior del menor en todos los actos relativos al mismo llevados a cabo tanto por instituciones públicas como privadas[190]. Por otro lado, a través

---

mientos legislativos pertinentes para la protección del niño, como la adopción de una Directiva sobre los derechos de las víctimas.

190 Art. 24 CDFUE, *Derechos del menor: 1. Los menores tienen derecho a la protección y a los cuidados necesarios para su bienestar. Podrán expresar su opinión libremente. Ésta ser tenida en cuenta en relación con los asuntos que les afecten, en función de su edad y de su madurez. 2. En todos los actos relativos a los menores llevados a cabo por autoridades públicas o instituciones privadas, el interés*

del reconocimiento de otros derechos, como el derecho a recibir educación obligatoria gratuita (art. 14, apartado 2 CDFUE), la prohibición de la discriminación por motivos, entre otros, de edad (art. 21 CDFUE) o la prohibición del trabajo infantil y de la explotación laboral de los jóvenes (art. 32 CDFUE). A pesar de que el TUE atribuye a la CDFUE el mismo valor que los tratados, teniendo, por tanto, naturaleza de derecho originario de la UE, al carecer de competencias en materia de promoción de los derechos fundamentales y protección de menores, se encuentra limitada.

Desde un punto de vista más estratégico o político que legislativo, deben destacarse algunas iniciativas tanto en el contexto de la agenda de cooperación exterior de la UE como dentro de su ámbito interno. En concreto, la *nueva Estrategia de la UE sobre los Derechos del Niño* (2021-2024), y la *Garantía Infantil Europea,* iniciativas de la Comisión Europea cuyos objetivos son proteger mejor a todos los niños, contribuir a que se respeten sus derechos y situarlos en el centro de la elaboración de las políticas de la UE. Estas iniciativas son el fruto de amplias consultas con la ciudadanía, las partes interesadas y, lo que es más importante, más de 10.000 niños y niñas.

2.2.3.- Directivas de referencia en el ámbito migratorio con incidencia en la migración de menores no acompañados

El legislador europeo ha optado por incluir disposiciones específicas en favor de los menores extranjeros no acompañados en las normas referentes a la migración y asilo, en lugar de contemplar una legislación integral *ad hoc*.

Así, en el primer texto en materia de asilo, el Convenio de Dublín de 15 de junio de 1990, se obvió cualquier referencia

---

superior del menor constituir una consideración primordial. 3. Todo menor tiene derecho a mantener de forma periódica relaciones personales y contactos directos con su padre y con su madre, salvo si son contrarios a sus intereses.

a estos niños y niñas, que serán reconocidos, por primera vez, en el Reglamento (CE) núm. 343/2003, de 18 de febrero, *por el que se establecen los criterios y mecanismos de determinación del Estado miembro responsable del examen de una solicitud de asilo presentada en uno de los Estados miembros por un nacional de un tercer país* (Dublín II), que incluye una definición de menor extranjero no acompañado y establece ciertas reglas relativas a su solicitud de asilo[191].

A tal efecto, este apartado se dedicará a analizar los principales instrumentos de derecho derivado que tienen efecto en los menores extranjeros no acompañados.

A.- *Directiva 2001/55/CE*

La primera Directiva que recoge la definición de menor extranjero no acompañado es la Directiva 2001/55/CE del Consejo, de 20 de julio de 2001, *relativa a las normas mínimas para la concesión de protección t¡emporal en caso de afluencia masiva de personas desplazadas y a medidas de fomento de un esfuerzo equitativo entre los Estados miembros para acoger a dichas personas y asumir las consecuencias de su acogida.* El origen de esta Directiva se encuentra en los desplazamientos masivos desde Bosnia-Herzegovina y Kosovo, como consecuen-

---

191 Dublín II fue sustituido por el Reglamento (UE) núm. 604/2013, de 26 de junio, *por el que se establecen los criterios y mecanismos de determinación del Estado miembro responsable del examen de una solicitud de protección internacional presentada en uno de los Estados miembros por un nacional de un tercer país o un apátrida* (Dublín III), en el que se introduce en su art. 2.j) una variación del concepto de menor extranjero no acompañado al suprimir la referencia al estado civil y, por tanto, incluir a los menores casados. Dublín II definía en su art. 2.h) al menor no acompañado como *la persona menor de 18 años que no está casada y que llega al territorio de los Estados miembros sin ir acompañada de un adulto responsable de ella, ya sea legalmente o con arreglo a los usos y costumbres, y mientras no esté efectivamente al cuidado de tal adulto; este concepto incluye a los menores que quedan sin compañía después de su llegada al territorio de los Estados miembros.*

cia de los conflictos armados de los Balcanes Occidentales entre 1991 y 2001 y, recientemente, se ha activado a raíz de la Guerra de Ucrania con el objeto de dar protección al elevado número de personas desplazadas a los Estados miembros[192].

La Directiva 2001/55/CE establece un mecanismo de emergencia para proporcionar una protección inmediata y colectiva a un gran volumen de personas desplazadas al mismo tiempo que no estén en condiciones de regresar a su país de origen y evitar el colapso de los sistemas de asilo de los Estados miembros (art. 1). Las personas beneficiarias de esta protección serán titulares de una serie de derechos y prestaciones por parte del Estado de acogida, reconociéndose a los menores de edad una protección especial que se manifiesta en derechos tales como el acceso a la educación en los mismos términos que los menores nacionales

---

192 La Decisión de Ejecución (UE) 2022/382, del Consejo, de 4 de marzo de 2022, constata la existencia de una afluencia masiva de personas desplazadas procedentes de Ucrania en el sentido del art. 5 de la Directiva 2001/55/CE y con el efecto de que se inicie la protección temporal. La activación de este mecanismo en este caso y no como consecuencia del desplazamiento masivo de personas en 2015 procedentes de la guerra de Siria ha sido muy criticado. Los motivos esgrimidos para no aplicarla en el conflicto de Siria se centraron en que, según la directiva, los beneficiarios deben proceder de un determinado país o zona geográfica, lo que excluye su aplicación en el caso de flujos con origen en distintas zonas geográficas. Sobre ello, *Vid.* GEORGIOS MILIOS, "La activación de la Directiva sobre protección temporal para las personas desplazadas de Ucrania como consecuencia de la guerra", *Revista Electrónica de Estudios Internacionales* (REEI), núm. 44, 2022, (pp. 1-15) y CARRERA, S., INELI-CIGER, M., VOSYLIUTE, L. y BRUMAT, L., "The EU grants temporary protection for people fleeing war in Ukraine. Time to rethink unequal solidarity in EU asylum policy" (La UE concede protección temporal a las personas que huyen de la guerra de Ucrania. Tiempo para repensar sobre la desigual solidaridad en la política de asilo de la UE), *CEPS Policy Insights*, 2022, (pp. 1-40).

(art. 4)[193] o asistencia médica o de otro tipo para los no acompañados (art. 13.4); estos menores se definen en el art. 2.f) como *los nacionales de terceros países o apátridas menores de dieciocho años que lleguen al territorio de los Estados miembros sin ir acompañados de un adulto responsable de los mismos, ya sea legalmente o con arreglo a los usos y costumbres, en la medida en que no estén efectivamente bajo el cuidado de un adulto responsable de ellos, o los menores que queden sin compañía después de su llegada al territorio de los Estados Miembros*.

Además de las previsiones contenidas en la Directiva 2001/55/CE en materia de educación y asistencia médica de las que serán beneficiarios los menores extranjeros no acompañados, el art. 16 se dedica particularmente a estos menores, regulando dos aspectos; de un lado, la necesidad de los Estados miembros de adoptar medidas que garanticen su representación legal (ya sea a través de la figura del tutor o de la propia entidad de protección); y, de otro, las condiciones de alojamiento, estableciendo un orden de prioridades sobre el mismo y teniendo en cuenta la opinión del menor[194].

---

193 Aunque puede limitarse este acceso a la educación, al sistema de enseñanza pública.

194 Art. 16 Directiva 2001/55/CE: *1. Los Estados miembros adoptarán lo antes posible medidas para garantizar que los menores no acompañados beneficiarios de la protección temporal dispongan de la necesaria representación a través de un tutor legal, o, en caso necesario, de una organización encargada del cuidado y del bienestar de los menores de edad, o de otro tipo adecuado de representación. 2. Durante el período de protección temporal, los Estados miembros dispondrán que los menores no acompañados se alojen: a) con miembros adultos de su familia; b) en una familia de acogida; c) en centros de acogida con instalaciones especiales para menores o en otro alojamiento con instalaciones adecuadas para menores; d) con la persona que se ocupaba del menor en el momento de la huida. Los Estados miembros adoptarán las medidas necesarias para posibilitar dicho alojamiento. Comprobarán que la persona adulta o las personas en cuestión están de acuerdo. Se tendrá en cuenta la opinión del menor con arreglo a su edad y a su grado de madurez.*

A partir de la Directiva 2001/55/CE, los instrumentos legislativos de la UE en materia de migración y asilo mantendrían la misma definición de menor extranjero no acompañado[195].

B.–Directiva 2008/115/CE (Directiva de retorno)

Por su especial importancia en este ámbito y por lo controvertida que ha resultado su aplicación a los menores, es preciso prestar especial atención a la Directiva 2008/115/CE del Parlamento y del Consejo, de 16 de diciembre de 2008, *relativa a normas y procedimientos comunes en los Estados Miembros para el retorno de los nacionales de terceros países en situación irregular* (Directiva de retorno), cuya finalidad es la creación de un marco jurídico armonizador de la legislación de los Estados Miembros en lo que respecta al retorno de extranjeros en situación irregular, que hasta el momento era muy heterogénea[196]; así, establece procedimientos comunes sobre la base del respeto los derechos fundamentales como principios generales del derecho comunitario y del derecho internacional, incluidas las obligaciones en materia de protección de los refugiados y de derechos humanos (art. 1).

A pesar de esta declaración de principios, lo cierto es que el contenido de la Directiva 2008/115/CE difiere de la consecu-

---

195 *Vid.*, entre otros, el art. 2. Apartado f) de la Directiva 2003/86/CE del Consejo, de 22 de septiembre de 2003, *sobre el derecho a la reagrupación familiar* o la Comunicación de la Comisión Europea al Parlamento Europeo y al Consejo, con el título *Plan de acción sobre los menores no acompañados* (2010-2014), de 6 de mayo de 2010, que expresamente hace constar que se utiliza la definición de menores no acompañados del art. 2, letra f), de la Directiva 2001/55/CE.

196 Para un estudio comparado sobre los diferentes sistemas legislativos en materia de retorno de los Estados miembros, *vid.* MOYA MALAPEIRA, D., "La nueva Directiva de retorno y la armonización comunitaria de las medidas de alejamiento de extranjeros", *Revista de Derecho Constitucional Europeo,* núm. 10, 2008, (pp.101-164).

ción de estos objetivos, tal y como se analiza a continuación. A ello debe añadirse, la gran controversia que generó desde incluso antes de su aprobación, ya que no fue bien recibida por la opinión pública tanto en la esfera de la UE como fuera de ella, especialmente en los países de origen[197]. En efecto, organizaciones internacionales y la sociedad civil en general, manifestaron, desde incluso antes de su aprobación, un rechazo unánime por considerarla contraria a los estándares internacionales en materia de derechos humanos y por la desprotección de los grupos vulnerables (mujeres, niños, refugiados y solicitantes de asilo)[198].

La Directiva 2008/115/CE se aprobó tras un proceso largo de negociaciones entre los Estados miembros y las instituciones europeas, iniciado en el año 2001, cuando la Comisión Europea manifestó la necesidad de elaborar una política de retorno como

---

197 *Vid.*, en este sentido, la Resolución 3/08 de la Comisión Interamericana de Derechos Humanos, de 25 de julio de 2008 (Disponible en: https://www.cidh.oas.org/Resoluciones/Resolucion.03.08.ESP.pdf) en la que se manifiesta lo siguiente: *La Comisión Interamericana considera que esta Directiva genera serias preocupaciones en relación específicamente con la falta de garantías suficientes para que se respeten íntegramente los derechos de los solicitantes de asilo y de otros migrantes y se exhorta a la Comisión Europea y al Parlamento Europeo, así como a los Estados que integran la UE a modificar la referida directiva a fin de adaptarla a los estándares internacionales de derechos humanos para la protección de los migrantes.* Por su parte, los países del MERCOSUR (Argentina, Brasil, Paragua, Uruguay, Chile, Colombia, Ecuador, Perú, Bolivia y Venezuela), también manifestaron su rechazo a la directiva a través de una declaración conjunta emitida en la Cumbre de 1 de julio de 2008 celebrada en Tucumán (La Cumbre de Mercosur muestra su "rechazo" a la directiva | RTVE).

198 Sobre el rechazo de las organizaciones de la sociedad civil, *vid.* el *Manifiesto ante la propuesta de directiva de retorno de inmigrantes en situación irregular*, emitido por la Confederación de Asociaciones Vecinales de Andalucía (CAVA), UGT Andalucía, CC.OO. Andalucía, Comisión Española de Ayuda al Refugiado (CEAR), Asociación Pro Derechos Humanos de Andalucía (APDHA) y Andalucía Acoge. Disponible en: MANIFIESTOdirectiva.pdf (apdha.org)

un aspecto esencial de la lucha contra la inmigración ilegal[199]. En su tramitación, se pusieron de manifiesto las reticencias de los Estados miembros a regular de forma común esta materia, que querían mantener dentro de su esfera competencial, así como las diferentes opiniones sobre cómo debía llevarse a cabo el retorno.

Se trata de la única norma comunitaria que se ocupa de la migración irregular, ya que su ámbito de aplicación se dirige a los nacionales de terceros países en situación irregular; esta norma opta por el retorno y no la regularización de los inmigrantes, en el marco de lo que empezará a denominarse como política de alejamiento de extranjeros[200]. La decisión de retorno se define en el art. 3 Directiva 2008/115/CE, como una decisión o acto de naturaleza administrativa o judicial por la que se declara irregular la situación de un nacional de un tercer país, que comporta, a su vez, la declaración o imposición de una obligación de retorno, concebido éste como el proceso de vuelta a su país de origen, un

---

199 Comunicación de la Comisión al Consejo y al Parlamento Europeo *relativa a una política común de inmigración ilegal,* Bruselas, 15 de noviembre de 2001, COM(2001) 672 final, en la que la Comisión expresamente propone lanzar debates sobre varios conceptos nuevos e innovadores acerca de la lucha contra la inmigración ilegal: *La política de repatriación debe desarrollarse más poniendo énfasis en la coordinación interior, como por ejemplo la instauración e iniciación de normas comunes y medidas comunes. La comisión quiere, por tanto, presentar un Libro verde sobre la política europea de repatriación, en un futuro próximo*

200 Según el art. 3 Directiva 2008/115/CE, se entiende por situación irregular, *la presencia en el territorio de un Estado miembro de un nacional de un tercer país que no cumple o ha dejado de cumplir las condiciones de entrada establecidas en el artículo 5 del Código de fronteras Schengen u otras condiciones de entrada, estancia o residencia en ese Estado miembro y por retorno, el proceso de vuelta de un nacional de un tercer país, bien sea en acatamiento voluntario de una obligación de retorno, bien de modo forzoso a: — su país de origen, o — un país de tránsito con arreglo a acuerdos de readmisión comunitarios o bilaterales o de otro tipo, u — otro tercer país al que el nacional de un tercer país decida volver voluntariamente y en el cual será admitido.*

país de tránsito o a un tercer país, de forma voluntaria o forzosa (expulsión). Frente al retorno, se plantean dos excepciones que permitirán a los Estados miembros excluir la aplicación de la decisión de retorno en dos supuestos concretos: por un lado, a quienes se les deniegue la entrada en frontera o sean detenidos o interceptados como consecuencia de la violación de las normas nacionales y comunitarias sobre entrada y permanencia y no hubieran obtenido una ulterior autorización de estancia o residencia y, por otro, en los supuestos de medidas de retorno vinculadas a una sanción penal[201]. Durante la tramitación de la Directiva 2008/115/CE, se intentó excluir del retorno también a los menores de edad, o bien, a aquellos que, aun habiendo cumplido los 18 años, debieran permanecer en el territorio del Estado miembro por motivos de estudios, pero dichas exclusiones no prosperaron[202].

---

201 Art. 2.2 Directiva 2008/115/CE: *2. Los Estados miembros podrán decidir no aplicar la presente Directiva a los nacionales de terceros países: A los que se deniegue la entrada con arreglo al artículo 13 del Código de Fronteras Schengen, o que sean detenidos o interceptados por las autoridades competentes con ocasión del cruce irregular de las fronteras exteriores terrestres, marítimas o aéreas de un Estado miembro y no hayan obtenido ulteriormente una autorización o derecho de estancia en dicho Estado miembro; a) Que estén sujetos a medidas de retorno que sean constitutivas de sanciones penales o consecuencia de sanciones penales, con arreglo a la legislación nacional, o que estén sujetos a procedimientos de extradición.*

202 Enmienda 16 al art. 2, apartado 3, letra b ter) (nueva) Directiva 2008/115/CE: b ter) que sean menores de edad y Enmienda 17 al art. 2, apartado 3, letra b quáter) (nueva) Directiva 2008/115/CE: que, *a pesar de haber alcanzado la mayoría de edad, deban permanecer en el territorio de un Estado miembro por motivos de estudio; Justificación: Teniendo en cuenta las condiciones particulares de esta categoría, conviene excluirla del ámbito de aplicación de la Directiva.* INFORME sobre la propuesta de Directiva del Parlamento Europeo y del Consejo relativa a procedimientos y normas comunes en los Estados miembros para el retorno de los nacionales de terceros países que se encuentren ilegalmente en su territorio | A6-0339/2007 | Parlamento europeo (europa.eu).

Igualmente, en esa fase legislativa previa, se intentó establecer expresamente la prohibición de expulsión o detención de los menores no acompañados y que no fuesen objeto de una decisión de retorno[203]. No obstante, en el texto definitivo no se incluyeron dichas previsiones.

A pesar de que la Directiva 2008/115/CE parte del reconocimiento de los menores extranjeros no acompañados como personas vulnerables (art. 3.9), en su articulado no se les excluye del retorno o la expulsión. Esto supone, por un lado, la posibilidad de ser objeto de sanciones propias de la normativa de extranjería de adultos aplicables al migrante en situación irregular y, de otro, una vulneración flagrante de los instrumentos internacionales y comunitarios de derechos humanos[204] y, más concretamente, de los mandatos de la CDN, relativos al derecho

---

203 Enmienda 20 al art. 5 Directiva 2008/115/CE: *Al aplicar la presente Directiva, los Estados miembros tendrán debidamente en cuenta la naturaleza y solidez de las relaciones familiares del nacional del tercer país, sus vínculos con el país de acogida, la existencia, en su caso, de trámites de regularización de su estancia, la duración de su estancia en el Estado miembro y la existencia de vínculos familiares, culturales y sociales con su país de origen. Asimismo, tendrán en cuenta el interés superior del niño de conformidad con la Convención sobre los Derechos del Niño de las Naciones Unidas de 1989. Los menores no acompañados no podrán ser en ningún caso expulsados o detenidos. Las familias con uno o varios menores no deberían estar sujetas en principio al internamiento temporal, optándose prioritariamente por medidas alternativas al internamiento temporal* y Enmienda 21 al art. 6, apartado 1: *Los Estados miembros podrán expedir una decisión individual de retorno a cualquier nacional de un tercer país que se encuentre en situación irregular de estancia en su territorio, con la excepción de los menores no acompañados.* INFORME sobre la propuesta de Directiva del Parlamento Europeo y del Consejo relativa a procedimientos y normas comunes en los Estados miembros para el retorno de los nacionales de terceros países que se encuentren ilegalmente en su territorio | A6-0339/2007 | Parlamento europeo (europa.eu).

204 VILLEGAS DELGADO, C., "La Directiva de Retorno de inmigrantes irregulares a la luz de la Carta de los Derechos Fundamentales de la Unión Europea y de la protección internacional de los derechos

a la protección y asistencia especiales para aquellos menores *temporal o permanentemente privados de su medio familiar*[205].

Si bien en la Directiva 2008/115/CE se reconoce que las necesidades especiales de las personas vulnerables (de la manera como se definen en el art. 3.9), deben tenerse en cuenta en situaciones de traslado, no se contemplan salvaguardas específicas que obliguen a los Estados Miembros a hacer frente a esas necesidades. Así, con respecto a los menores, se establece la obligación de considerar el interés superior del menor, pero sin elevarlo a la categoría de garantizar que éste sea una consideración primordial, de conformidad con lo dispuesto en la CDN y que sea el principio rector de todo el proceso decisorio del retorno.

En definitiva, se contempla la posibilidad de que se pueda acordar la decisión de retorno y expulsión del menor, aunque se limita al cumplimiento previo de determinadas exigencias. Concretamente, se condicionará el retorno a la asistencia previa de los servicios pertinentes distintos de las autoridades encargadas de la posterior ejecución del mismo, teniendo debidamente en cuenta el interés superior del niño y la constatación de que será entregado a un miembro de su familia, a un tutor designado o a unos servicios de acogida adecuados en el Estado de retorno (art. 10 Directiva 2008/115/CE). Con respecto a la asistencia previa, no se concreta ni se desarrolla en qué deberá consistir

---

humanos", en SÁNCHEZ-RODAS NAVARRO, C. (Dir.), *Inmigración, mujeres y menores*, Ediciones Laborum, Murcia, 2010, (pp.383-405).

205 Es más, en el articulado de la Directiva 2008/115/CE, se evita cualquier referencia expresa a la CDN (solo mencionada en el Considerando 22 al hablar del interés superior del niño); a pesar de que, en la fase de enmiendas, se pretendió la sujeción expresa a las obligaciones resultantes de los derechos fundamentales de la CDN, la Convención de Ginebra *sobre el Estatuto de los Refugiados* y la Convención internacional *contra la Tortura* a la hora de dictar una decisión de retorno.

(satisfacción de las necesidades básicas, garantía de derechos procesales tales como asistencia letrada, etc.).

Estas salvaguardas resultan insuficientes, ya que van a permitir el retorno con el simple cumplimiento de garantías mínimas, obviando otras como el requerimiento de la presencia de una persona o entidad legalmente responsables del niño en el país de retorno. Además, la Directiva 2008/115/CE guarda absoluto silencio con respecto a qué ocurre cuando no se puede proceder al retorno por no ser posible el cumplimiento de estas garantías y, en consecuencia, el menor deba permanecer en el Estado receptor[206].

El TJUE se ha pronunciado, en su sentencia de 14 de enero de 2021, con respecto a las garantías mínimas que debe cumplir el Estado Miembro, previas a la adopción de una decisión de retorno, incidiendo en que se deberá tener especialmente en consideración la edad, el sexo, la especial vulnerabilidad, el estado de salud física y mental, la estancia en una familia de acogida, el nivel de escolarización y el entorno social de dicho menor. Estas premisas comportan para el Estado la obligación de investigar de forma exhaustiva y comprobar que se encuentra disponible una acogida adecuada en el Estado de retorno para el menor no acompañado. En este contexto, el TJUE señala que

---

206 *Posición de ACNUR sobre la Propuesta de la Directiva sobre procedimientos y normas comunes en los Estados miembros para el retorno de nacionales de terceros países que se encuentren irregularmente en su territorio* (Disponible en: https://www.acnur.org/fileadmin/Documentos/BDL/2008/6422.pdf) y *Observations on the European Commission's Proposal for a Directive on common standards and procedures in Member States for returning illegally staying third-country nationals* (Observaciones del ACNUR a la Propuesta de la Comisión Europea de una Directiva relativa a los estándares y procedimientos comunes en los Estados miembros para el retorno de nacionales de terceros países que se encuentren ilegalmente en su territorio), diciembre de 2005, (COM(2005)391 final). Disponible (en inglés) en: http://www.unhcr.org/protect/PROTECTION/43a6c2352.pdf.

se hace imperativo oír al menor sobre cuáles son las condiciones en las que podría ser acogido en el Estado de retorno.

Asimismo, de entre las tres opciones que se establecen en el art. 10.2 Directiva 2008/115/CE (entrega a un miembro de su familia, a un tutor designado o a unos servicios de acogida adecuados), el TJUE aboga por la entrega a un miembro de la familia (salvo que ello vaya manifiestamente en contra del interés superior del niño), y que el Estado miembro se esfuerce por localizar a los miembros de la misma. En determinadas condiciones, la entrega a un tutor o a unos servicios de acogida adecuados también puede ser una alternativa aceptable; si bien, no debería considerarse una solución duradera y se debe complementar con medidas de reintegración y educativas.

El TJUE considera, además, que el no cumplimiento por parte del Estado miembro de las exigencias establecidas en la Directiva 2008/115/CE, anteriormente expuestas, tanto en la fase previa a la adopción de la decisión de retorno, como en la fase anterior a la ejecución de dicha resolución, el menor no acompañado se encontraría en una situación de gran incertidumbre en cuanto a su estatuto jurídico y a su futuro, en particular, en cuanto a su escolarización, a su relación con una familia de acogida o a la posibilidad de permanecer en el Estado miembro de que se trate. Tal situación sería contraria a la exigencia de proteger el interés superior del niño en todas las fases del procedimiento[207].

---

[207] En la STJUE de 14 de enero de 2021 (*TQ/Staatssecretaris van Justitie en Veiligheid*) (C-441/19), resuelve una cuestión prejudicial planteada en el contexto de un litigio surgido en los Países Bajos relativo a la legalidad de una decisión que ordena a un menor abandonar el territorio de la UE. Concretamente, se plantean tres cuestiones prejudiciales; en primer lugar, si el Estado miembro, antes de imponer una obligación de retorno a un menor no acompañado, debe cerciorarse que en el país de origen existe y se brindará una acogida adecuada, en base al art. 10. En segundo lugar, si el art. 6.1 de la Directiva 2008/115/CE resulta contradictorio con la posibilidad de que un Estado miembro

La máxima expresión de la prevalencia de la normativa de extranjería frente a la protección del menor en la Directiva 2008/115/CE se encuentra en la posibilidad de detención e internamiento previo a la toma de decisiones de retorno o expulsión[208], que, aunque sea considerado como el último recurso y por el menor tiempo posible, el mero hecho de contemplar esta opción vulnera de forma flagrante los derechos del menor contemplados en la CDN[209]. Es más, el CRC ha aseverado que la detención de cualquier niño por razones de migración es constitutiva de una violación de sus derechos y contraviene siempre el principio del interés superior de éste[210]. El internamiento supone establecer

---

establezca distinciones por razón de la edad a la hora de autorizar la residencia legal en su territorio si se comprueba que el menor no acompañado no disfruta del Estatuto de refugiado o de protección subsidiaria, dado que la legislación holandesa de extranjería establecía un régimen diferente para los mayores de 15 años; y en tercer y último lugar, si una expulsión motivada por una decisión de retorno que se ejecuta cuando el menor haya alcanzado los 18 años de edad debe considerarse contraria al principio de cooperación leal y al principio de lealtad, conforme lo dispuesto en el art. 8.1. Directiva 2008/115/CE.

208 Art. 17 Directiva 2008/115/CE: *Internamiento de menores y familias 1. Los menores no acompañados y las familias con menores sólo serán internados como último recurso y ello por el menor tiempo posible.*

209 En el art. 37 b) CDN se establece el principio general de que un niño podrá ser privado de libertad tan solo como medida de último recurso y durante el período más breve que proceda. Sin embargo, el CRC ha puntualizado que las infracciones relativas a la entrada o estancia irregulares no pueden tener en ninguna circunstancia consecuencias similares a las que se derivan de la comisión de un delito. Por consiguiente, la posibilidad de detener a niños como medida de último recurso, que puede aplicarse en otros contextos como la justicia penal de menores, no es aplicable en los procedimientos relativos a la migración, ya que estaría en contradicción con el principio del interés superior del niño y el derecho al desarrollo.

210 Esta posición ha sido afirmada por la Observación General Conjunta núm. 4 (2017) del Comité de Protección de los Derechos de Todos

una concepción penitenciaria y criminalizar al menor a causa de su situación migratoria y de estar separado de sus padres, teniendo en cuenta que la mera entrada o estancia irregulares no son constitutivas de delito, ni tampoco es suficiente la finalidad de control migratorio o de fronteras para proceder a estas prácticas.

A mayor abundamiento, en la Directiva 2008/115/CE no se regulan debidamente las garantías ni condiciones de este internamiento, al que solo se le dedica una previsión genérica, el apartado 4 del art. 17. Este precepto establece que el alojamiento debe realizarse con *personal e instalaciones que tengan en cuenta las necesidades propias de su edad* (art. 17.4. Directiva 2008/115/CE), aunque seguidamente se utiliza la expresión *en la medida de lo posible,* que vacía de contenido el mandato y abre la vía a que, ante la falta de recursos, se le dispense un trato como adultos delincuentes e incluso se llegue a situaciones de internamiento conjunto con éstos, en cuanto no existe una prohibición expresa en la Directiva 2008/115/CE.

Por otro lado, el art. 15 Directiva 2008/115/CE contempla la posibilidad de prorrogar la detención de los menores no acom-

---

los Trabajadores Migratorios y de sus Familiares y núm. 23 (2017) del CRC, *sobre las obligaciones de los Estados relativas a los derechos humanos de los niños en el contexto de la migración internacional en los países de origen, tránsito, destino y retorno.* Igualmente, varios mecanismos de derechos humanos de la ONU han insistido en que no se debe criminalizar a los niños ni someterlos a medidas punitivas, como la detención, a causa de la situación migratoria de sus padres. (Vid. CMW/C/GC/4-CRC/C/GC/23) y han afirmado que la privación de libertad de niños por razones relacionados con la migración nunca puede entenderse como una medida que responda al interés superior del niño, ni siquiera como una medida de un último recurso, ya que siempre se dispone de soluciones no privativas de la libertad. *Vid. Estudio mundial sobre los niños privados de libertad,* Informe del Experto independiente de la Asamblea General de la ONU, 2019 (A/74/136). Disponible en https://daccess-ods.un.org/tmp/5672731.99558258.html.

pañados hasta 18 meses por causas no imputables a ellos[211], ya que no existe tampoco una prohibición expresa en este sentido. Ello comporta que la Directiva 2008/115/UE faculte a los Estados para ampliar sus periodos máximos de detención.

C.- Directiva 2013/33/UE

Otra de las directivas que protege específicamente determinadas situaciones en el marco de la migración y que tiene incidencia sobre los menores extranjeros no acompañados, es la Directiva 2013/33/UE, del Parlamento Europeo y del Consejo de 26 de junio de 2013, *por la que se aprueban normas para la acogida de los solicitantes de protección internacional*, aplicable a todos los nacionales de terceros países y apátridas que presenten una solicitud de protección internacional en el territorio, incluida la frontera, en las aguas territoriales o en las zonas de tránsito de un Estado miembro, siempre y cuando se les permita permanecer en su territorio en calidad de solicitantes, así como a los miembros de su familia si quedan cubiertas por la solicitud de protección internacional de conformidad con el derecho nacional (art. 3.1. Directiva 2013/33/UE).

Con respecto a los menores no acompañados, se les reconoce de forma expresa como *personas vulnerables*, en el Capítulo IV

---

[211] Art. 15 Directiva 2008/115/CE: *Los Estados miembros sólo podrán prorrogar el plazo previsto en el apartado 5 por un periodo limitado no superior a doce meses más, con arreglo a la legislación nacional, en los casos en que, pese a haber desplegado por su parte todos los esfuerzos razonables, pueda presumirse que la operación de expulsión se prolongará debido a: a) la falta de cooperación del nacional de un tercer país de que se trate, o b) demoras en la obtención de terceros países de la documentación necesaria. El apartado 5 del mismo art. establece: El internamiento se mantendrá mientras se cumplan las condiciones establecidas en el apartado 1 y sea necesario para garantizar que la expulsión se lleve a buen término. Cada Estado miembro fijará un período limitado de internamiento, que no podrá superar los seis meses.*

Directiva 2013/33/UE, titulado *Disposiciones para personas vulnerables*[212]; de acuerdo con sus previsiones, se exige a los Estados miembros adoptar una serie de medidas concretas tras una evaluación inicial de las necesidades particulares de acogida que concurren en la persona solicitante y que en el caso de tratarse de menores deben tener en cuenta con carácter primordial su superior interés y valorar los siguientes factores (al igual que para el retorno): las posibilidades de reagrupación familiar y el bienestar y el desarrollo social del menor, teniendo especialmente en cuenta su contexto, así como consideraciones de seguridad y protección, especialmente en los casos en los que exista el riesgo de que sea víctima de trata de seres humanos.

Aunque se incluyen en la Directiva 2013/33/UE medidas específicas para la acogida de los menores no acompañados, llama la atención que, retomando los postulados de la Directiva 2008/115/CE, contemple la posibilidad de su internamiento en su art. 11.3, en el que se establece que *los menores no acompañados únicamente serán internados en circunstancias excepcionales,* sin matizar ni desarrollar este concepto y que se realizarán todos los *esfuerzos necesarios para su puesta en libertad lo más rápido posible.* Nuevamente no se regula en qué consistirán dichos esfuerzos por parte del Estado receptor.

Igualmente, se establece que el internamiento se realizará en centros con *personal e instalaciones que tengan en cuenta las necesidades propias de las personas de su edad.* Sin embargo, no se impone

---

212 Capítulo IV Directiva 2013/33/UE: *Disposiciones para personas vulnerables. Art. 21 Principio General: En la legislación nacional por la que se apliquen las disposiciones de la presente Directiva, los Estados miembros tendrán en cuenta la situación específica de las personas vulnerables tales como menores, menores no acompañados, personas con discapacidades, personas de edad avanzada, mujeres embarazadas, familias monoparentales con hijos menores, víctimas de la trata de seres humanos, personas con enfermedades graves, personas con trastornos psíquicos y personas que hayan padecido torturas, violaciones u otras formas graves de violencia psicológica, física o sexual, como las víctimas de la mutilación genital femenina.*

una obligación en este sentido a los Estados miembros pues esta disposición va precedida de la expresión *en la medida de lo posible*, en el mismo sentido, por tanto, que la Directiva 2008/115/CE.

Lo que sí se prohíbe de forma expresa es el internamiento de menores en centros penitenciarios (art. 11.3 Directiva 2013/33/UE)[213]. Hubiera sido una buena oportunidad para mostrar la misma contundencia con respecto al internamiento, así como la necesidad de adaptarse a los estándares internacionales.

2.2.4.- *Soft Law* de la UE

El *soft law* de la UE en materia de migración integra el conjunto de normas no vinculantes, como recomendaciones, directrices, planes de acción y comunicaciones, emitidas por las instituciones europeas para orientar la política migratoria de los Estados miembros. Aunque estos instrumentos no tienen fuerza jurídica obligatoria, desempeñan un papel crucial en la armonización de enfoques y en la formulación de políticas comunes, influyendo en la legislación y en la práctica administrativa de los países de la UE.

En el ámbito migratorio, el *soft law* se ha utilizado para abordar cuestiones sensibles y en constante evolución, como la gestión de fronteras, la protección de refugiados y solicitantes de asilo, la integración de migrantes y la cooperación con terceros países. A través de estos instrumentos, la UE busca coordinar respuestas y establecer principios comunes sin imponer obligaciones estrictas, permitiendo una mayor flexibilidad a los Estados miembros en la aplicación de medidas adaptadas a sus realidades nacionales.

Con respecto a los menores extranjeros no acompañados, las disposiciones de *soft law* muestran la constante dicotomía entre la gestión migratoria y la protección del menor, donde destaca la posición más

---

213 Art. 11.3. párrafo 2º Directiva 2013/33/UE: *Nunca se internará a los menores no acompañados en centros penitenciarios.*

garantista de la Comisión Europea, con un esfuerzo por hacer prevalecer la condición de menor frente a la de migrante, frente a la del Consejo de la UE, más pragmática y orientada en sentido contrario[214].

Las normas e instrumentos de *soft law* aprobados en materia de menores no acompañados, se basan en la cooperación con terceros Estados (países de origen y tránsito), tanto en lo relativo a la prevención de la inmigración irregular y la trata, como a la búsqueda informada de soluciones duraderas, y la supervisión del retorno y de la integración en el país de origen. Por otra parte, la acción legislativa se ha enfocado también al estudio, investigación, recopilación de información, e intercambio de buenas prácticas en materia de menores no acompañados, especialmente en lo que respecta al procedimiento de determinación de la edad[215].

A. -*Resoluciones del Parlamento Europeo y del Consejo de la UE de 1996 y 1997*

El inicio de la toma de conciencia por parte de la UE de la situación de los menores extranjeros no acompañados tiene su

---

214 El principal reflejo de los dos enfoques constituye las *Conclusiones del Consejo sobre el Plan de Acción de los Menores Extranjeros no Acompañados,* que será analizado en el presente apartado, en el que el Consejo, a pesar de hacerse eco de los objetivos de la Comisión Europea sobre la búsqueda de soluciones duraderas para estos menores, se refiere a la Directiva 2008/115/CE como el marco legal aplicable y legitima la expulsión de aquellos menores a los que no se les reconozca el asilo. *Vid.* el análisis realizado por ALONSO SANZ, L., *El estatuto constitucional del menor inmigrante, op. cit.* (pp. 234-239).

215 En este sentido, destaca la creación del Grupo E02402, grupo de expertos en menores no acompañados en el proceso de migración creado por la Comisión para facilitar el intercambio opiniones y buenas prácticas en este ámbito. A sus reuniones asisten expertos de los Estados miembros de la UE, ONG, organizaciones internacionales e instituciones y agencias de la UE. También debemos señalar el trabajo de la Oficina Europea de Apoyo al Asilo (EASO) en materia de determinación de la edad.

reflejo, por primera vez en las disposiciones de *soft law* en el año 1996, cuando el Parlamento Europeo manifiesta, a través de la Resolución de 12 de diciembre de 1996, *sobre medidas de protección de menores en la Unión Europea,* que *los derechos de los niños procedentes de terceros países se violan con mayor frecuencia que los de los niños de igual edad de la UE y que no se utilizan suficientemente las posibilidades de que se dispone a escala de la Unión para ofrecer una protección adicional a este grupo*[216]. Igualmente, el Parlamento Europeo expresa su preocupación por el hecho de que la UE carezca de una *política orientada directamente a los derechos del niño* y, *en consecuencia, a la mejora de las condiciones de vida del niño* y reconoce que *un menor separado con carácter provisional o permanente de su entorno familiar tiene derecho a obtener una protección y ayuda especial del Estado, que debe garantizar también otras formas de asistencia al niño*[217].

A partir de la Resolución del Parlamento Europeo de 12 de diciembre de 1996, el texto de *soft law* de la UE, por excelencia, será la Resolución del Consejo de la UE, de 26 de junio de 1997, *relativa a los menores no acompañados nacionales de terceros países*, por ser el primer texto que reconoce que la *situación vulnerable de los menores no acompañados en el territorio de los Estados miembros justifica que se fijen criterios comunes para tratar tales situaciones a partir de los compromisos asumidos en la CDN.* Constituye, aun a pesar de carecer de carácter vinculante, el instrumento de referencia en la materia, durante casi diez años, pues no será hasta el año 2006 cuando se inicie el desarrollo de la estrategia de la UE sobre los derechos de la infancia a través de la Comunicación de la Comisión *hacia una estrategia de la Unión Europea sobre los Derechos de la Infancia,* de 4 de julio de 2006, en la que también se anuncia un Plan de Acción sobre los menores extranjeros no acompañados.

---

216 Párrafo AC Resolución A4-0393/1996, de 12 de diciembre de 1996, *sobre medidas de protección de menores en la Unión Europea.*

217 Párrafos H y Z Resolución A4-0393/1996, de 12 de diciembre de 1996, *sobre medidas de protección de menores en la Unión Europea.*

La principal aportación de la Resolución del Consejo de la UE, de 26 de junio de 1997 es, como ya se ha apuntado, la inclusión de la definición de menores migrantes no acompañados para la UE. El objetivo del mencionado texto legal es establecer las directrices que deberán regir el trato hacia estos menores en cuanto a su acogida, permanencia en el Estado miembro, posible retorno y procedimiento de asilo en caso de ser susceptibles de acogerse al mismo. A pesar del objetivo expresado, las orientaciones que incluye esta Resolución con respecto al acceso al territorio y acogida de los menores extranjeros no acompañados parten del mismo principio que para los adultos en materia de extranjería, esto es, se permite la denegación de entrada por falta de documentación (art. 2.1) o la prohibición de entrada a aquellos que intenten acceder de forma ilegal (art. 2.2). Es más, ni siquiera se incluye la obligación expresa para los Estados de garantizar para el menor que deba permanecer en frontera hasta que se dicte la resolución sobre su admisión o retorno, una asistencia mínima que le corresponde como tal, pues el art. 2.3 se limita a indicar que los Estados *deberían disponer de todo el apoyo material, y los cuidados necesarios para satisfacer sus necesidades básicas, como alimentación, alojamiento adecuado para su edad, instalaciones sanitarias y cuidados médicos.*

Entre las garantías específicas que contempla la Resolución del Consejo de la UE, de 26 de junio de 1997, en lo que respecta al acceso al territorio de los menores extranjeros no acompañados, cabe destacar la determinación de su identidad por parte del Estado receptor tan pronto como sea posible, así como constatar la circunstancia de que no esté acompañado (art. 3). A los efectos de verificar tanto su identidad como su situación de migrante no acompañado, se aboga por la realización de una entrevista adecuada a la edad del interesado y de la cual se puedan desprender aspectos que favorezcan su reagrupación familiar en su país de origen o en un tercer país[218].

---

[218] Sobre el contenido de la entrevista y la forma de realizarla, las disposiciones de la Resolución del Consejo de la UE, de 26 de junio

Paralelamente a aquellas actuaciones que se realizan con objeto de identificar al menor, éste deberá gozar de una especial protección conforme a su estatus de menor, independientemente de su situación jurídico-administrativa. Además, se le deberán garantizar otros derechos como el nombramiento de un tutor; la satisfacción de sus necesidades básicas a través del acceso a un alojamiento adecuado, a centros de educación o atención médica.

En definitiva, el principio sobre el que se asientan las disposiciones contenidas en la Resolución del Consejo de la UE, de 26 de junio de 1997, es el carácter provisional de la presencia irregular en el territorio de un Estado miembro de un menor, debiendo tender siempre la actuación estatal hacia la identificación de sus familiares o tutores legales y a su reunificación con ellos. Para lograr este objetivo, debe partirse del carácter garantista de la repatriación de un menor cuando no esté legalmente autorizado a permanecer en un Estado miembro, estableciendo la exigencia de verificar la acogida adecuada y la colaboración necesaria con las autoridades del país de origen, de terceros países y de organizaciones internacionales. En todo caso, la repatriación no podrá realizarse de tal forma que contravenga lo dispuesto en los textos internacionales ratificados por los Estados miembros.

A pesar de las garantías reconocidas en la Resolución del Consejo de la UE, de 26 de junio de 1997, dada su falta de carácter vinculante para los Estados miembros, la actuación de éstos con respecto a los menores no acompañados que cruzan sus fronteras se ha alejado sustancialmente de sus directrices[219].

---

de 1997, se complementan con las Directrices de ACNUR de 1997, analizadas en el apartado 2.3 del Capítulo I.

219 *Vid.*, por ejemplo, el caso del buque militar italiano Diciotti que, con 200 migrantes a bordo (entre los que había menores no acompañados), desembarcó en una zona SAR (Search and Rescue) de Malta, el 16 de agosto de 2018, quedando algunos migrantes a bordo sin garantizar las condiciones de acogida y protección mínimas a dichos

B.- Comunicación de la Comisión Europea al Parlamento Europeo y al Consejo: Plan de acción sobre los menores no acompañados (2010-2014), de 6 de mayo de 2010

La Comunicación de la Comisión Europea al Parlamento Europeo y al Consejo: *Plan de acción sobre los menores no acompañados* (2010-2014), de 6 de mayo de 2010 (en adelante, Plan de Acción), pretendió sentar las bases de una regulación comunitaria uniforme y con carácter vinculante para los Estados miembros con respecto a los menores extranjeros no acompañados, dentro de la denominada *Estrategia de Estocolmo* de la UE en materia migratoria, que, hasta la fecha, no se ha materializado[220].

En efecto, el *Plan de Acción* tiene su origen en la Comunicación de la Comisión Europea de junio de 2009, en la que se anuncia un Plan de acción sobre los menores no acompañados y en el Programa de Estocolmo, donde se había recogido la petición a la Comisión Europea de examinar las medidas prácticas para facilitar el retorno del elevado número de menores no acompañados que no requieren protección internacional. Sin embargo, el *Plan de Acción* se aleja de esta propuesta y deja claro que el retorno es solo una de las soluciones posibles, reconociendo el carácter mucho más complejo y multidimensional del fenómeno, que obliga a establecer límites a la actuación discrecional de los Estados miembros[221].

---

menores, que fueron finalmente desembarcados en Catania (Sicilia). Todo ello motivó que el entonces ministro de Interior italiano, Matteo Salvini, fuese investigado por secuestro de personas, aunque posteriormente el Senado denegó su imputación. El caso es objeto de análisis en DURÁN RUIZ, *Los menores extranjeros no acompañados desde una perspectiva jurídica, social y de futuro, op. cit.* (pp. 73-75).

220 DURÁN RUIZ, F.J. (Dir.), "Propuesta de un Sistema Común e Integrado de Protección de menores y jóvenes migrantes en la Unión Europea", *Retos de las migraciones de menores jóvenes (…), op. cit.* (pp. 85-127).

221 Párrafo 5º del Apartado Introducción del Plan de Acción 2010-2014 (p. 2).

Bajo la idea de iniciar ese proceso de creación de una estrategia común, global y a largo plazo de la UE con respecto a los menores extranjeros no acompañados, el Plan de Acción parte del respeto de los derechos del niño conforme a la CDN y de la solidaridad y responsabilidad compartida entre los Estados miembros y los países de origen y tránsito, sobre la premisa de un trato individualizado a cada niño, según sus concretas necesidades y de la cooperación con los países de origen en la búsqueda de la solución más beneficiosa para éste. Se aboga, asimismo, por la lucha contra la migración de menores en condiciones de riesgo y que puedan ser víctimas de trata de personas. Además, en contraposición con la política migratoria europea de retorno, predominante en la fecha de aprobación del *Plan de Acción*, se propugnan soluciones de búsqueda del entorno familiar del menor con la máxima rapidez a fin de adoptar la decisión más favorable a su interés, ya sea a través de la integración en el Estado de residencia o el traslado a un tercer país de aquellos que tuviesen la condición de refugiados[222]. No obstante, estas medidas no son objeto de desarrollo.

Para lograr tales fines, se contempla una garantía procesal innovadora que es el nombramiento de un tutor o representante del menor, desde el momento en que es interceptado por el país receptor. Todo ello, unido a compromisos generales de financiación de políticas de prevención y establecimiento de sistemas estadísticos fiables.

Sin embargo, cabe resaltar que el *Plan de Acción* no tiene carácter vinculante para los Estados miembros, es más, ni siquiera

---

[222] Concretamente, el Plan de Acción establece, en su apartado 5, que *las soluciones duraderas basadas en la evaluación individual del interés superior del menor, consistirán en: el retorno y la reintegración en el país de origen; la concesión del estatuto de protección internacional o de otro estatuto jurídico que permita a los menores integrarse adecuadamente en el Estado miembro de residencia o en el reasentamiento. La decisión deberían adoptarla las autoridades competentes en el plazo más breve posible (si fuera posible, un plazo máximo de seis meses), teniendo en cuenta la obligación de intentar rastrear a la familia y explorar otras posibilidades de reintegración en la sociedad de origen.*

incorpora compromisos reales y concretos para los mismos, ya que únicamente se introducen acciones dirigidas a la UE[223].

Los problemas que dificultan la consecución de los fines del *Plan de Acción* se relacionan con la falta de datos y limitaciones estadísticas[224], siendo necesaria la mejora de los organismos y las redes existentes en la UE[225] y la atribución de más funciones para optimizar la recopilación de datos y el intercambio de información sobre los menores no acompañados.

Puede considerarse que la principal aportación del *Plan de Acción* fue la toma de conciencia del alcance real del fenómeno migratorio de los menores extranjeros no acompañados, que hasta ahora solo habían sido tratados en su condición de solicitantes de asilo o desde un punto de vista del retorno o devolución a los países de origen. No obstante, esta toma de conciencia no ha sido seguida por una iniciativa legislativa a nivel europeo que culminase en un instrumento jurídico *ad hoc*.

Algunas medidas propuestas en el *Plan de Acción* tuvieron efecto en los Estados miembros, que introdujeron en sus legislaciones algunas de sus medidas. Concretamente, destaca el caso de Italia, a través de la promulgación de la denominada *Ley Zampa*, convirtién-

---

223 DURÁN RUIZ, F., *Los menores extranjeros no acompañados desde una perspectiva jurídica, social y de futuro, (…), op. cit.* (p.89).

224 En el contexto del Plan de Acción, los Estados miembros se regían por una limitación estadística, ya que conforme al Reglamento (CE) núm. 862/2007 del Parlamento Europeo y del Consejo, de 11 de julio de 2007, *sobre las estadísticas comunitarias en el ámbito de la migración y la protección internacional y por el que se deroga el Reglamento (CEE) núm. 311/76 del Consejo relativo a la elaboración de estadísticas de trabajadores extranjeros*, solo estaban obligados a proporcionar datos relativos a los menores no acompañados solicitantes de protección internacional.

225 Red Europea de Migración y de la Oficina Europea de Apoyo al Asilo, FRONTEX y Europol.

dose así en el primer país europeo en contar con un marco legislativo integral de protección para los menores no acompañados[226].

C.- Resolución del Parlamento Europeo de 12 de septiembre de 2013 sobre la situación de los menores no acompañados en la Unión Europea

Dentro de este apartado, resulta necesario hacer referencia también a la Resolución del Parlamento Europeo, de 12 de septiembre de 2013 *sobre la situación de los menores no acompañados en la Unión Europea,* por su carácter eminentemente crítico hacia el ordenamiento jurídico comunitario en la materia.

Además, resulta especialmente importante el hecho de introducir la perspectiva de género como elemento agravante en la situación de los menores, pues son las niñas las que están sometidas a un peligro mayor de que se violen sus derechos durante el proceso migratorio, al ser ellas el principal objetivo de explotación sexual, abusos y violencia[227].

La Resolución del Parlamento Europeo de 2013 se hace eco de las lagunas existentes en materia de protección de los menores no acompañados en la UE y denuncia las condiciones de acogida, *a menudo deplorables,* de estos menores, así como las numerosas violaciones de sus derechos fundamentales en ciertos Estados miembros. Propone una protección integral de los menores que será posible alcanzar a través de una respuesta común coherente por parte de toda la UE, más allá de las medidas hasta el momento adoptadas (como el Plan de Acción), que han demostrado ser

---

226 Ley núm. 47, de 7 de abril de 2017: *Disposizioni in materia di misure di protezione dei minori stranieri non accompagnati* (Disposiciones relativas a las medidas de protección de menores extranjeros no acompañados). La denominación Ley Zampa, se debe al apellido de la senadora italiana que la propuso, Sandra Zampa.

227 Apartado 9 Resolución del Parlamento Europeo de 12 de septiembre de 2013 *sobre la situación de los menores no acompañados en la Unión Europea.*

insuficientes. A tal efecto, considera necesario elaborar un manual donde se recopilen los diferentes fundamentos jurídicos para facilitar su aplicación adecuada por parte de los Estados miembros y reforzar la protección de los menores no acompañados.

La Resolución critica la falta de estadísticas oficiales fiables, exhortando a los Estados miembros a que implementen mejoras en la recogida de datos, con el fin de establecer un método coordinado de recopilación de información determinante para la situación de los menores, especialmente aquellos datos referentes a la identidad, la edad o el género.

Por otro lado, recuerda a los Estados miembros su obligación de cooperación con los países de origen a los efectos de garantizar la reagrupación familiar, la reintegración y en caso de ser conforme con el interés superior del menor, el retorno controlado.

Frente a lo dispuesto en la Resolución de 1997, que establecía que los Estados miembros podrían denegar la admisión en la frontera de los menores no acompañados, de acuerdo con su legislación y prácticas nacionales, la Resolución de 2013 promulga expresamente que no se puede negar a ningún niño el acceso al territorio de la UE e insta a los Estados miembros a respetar estrictamente la obligación fundamental de no detener nunca, sin ninguna excepción, a un menor[228].

D.- Pacto Europeo de Migración y asilo

El año 2015, con la llamada *crisis de los refugiados,* se puso en evidencia la falta de armonización de la legislación en esta materia y la necesidad de contar con un sistema europeo de asilo común y un nuevo modelo de política migratoria en el seno de la UE. A

---

[228] Apartados 12 y 13 Resolución del Parlamento Europeo de 12 de septiembre de 2013 sobre la situación de los menores no acompañados en la Unión Europea.

tal efecto, se llevaron a cabo diversos intentos de reforma de la legislación vigente[229] y de búsqueda de un enfoque global de las políticas de migración, asilo y gestión de fronteras, que culminaron con la presentación por la Comisión Europea de un *Pacto sobre Migración y Asilo*, el 23 de septiembre de 2020, compuesto de una serie de propuestas legislativas[230], centradas, por un lado, en agilizar los procedimientos fronterizos, mediante la inclusión de control previo a la entrada, un nuevo procedimiento de asilo y, en su caso, un procedimiento de retorno rápido; y, por otro, en reforzar la solidaridad entre los Estados miembros y el reparto

---

229 Se intentó, sin éxito, la reforma del Reglamento núm. 604/2013 del Parlamento Europeo y del Consejo, de 26 de junio de 2013, *por el que se establecen los criterios y mecanismos de determinación del Estado miembro responsable del examen de una solicitud de protección internacional presentada en uno de los Estados miembros por un nacional de un tercer país o un apátrida* (sistema de Dublín). Por otro lado, en el año 2018, la Comisión Europea propuso una refundición de la Directiva 2008/115/CE, que logró un acuerdo parcial por parte del Consejo en el año 2019.

230 En concreto: Propuesta de Reglamento del Parlamento Europeo y del Consejo *sobre la gestión del asilo y la migración y por el que se modifica la Directiva 2003/109/CE del Consejo, de 25 de noviembre de 2003 relativa al estatuto de los nacionales de terceros países residentes de larga duración*; Propuesta de Reglamento *por el que se introduce un control de nacionales de terceros países en las fronteras exteriores y se modifican los Reglamentos (CE) n.º 767/2008, (UE) 2017/2226, (UE) 2018/1240 y (UE) 2019/817*; Propuesta modificada de Reglamento del Parlamento Europeo y del Consejo *por el que se establece un procedimiento común en materia de protección internacional en la Unión y se deroga la Directiva 2013/32/UE del Parlamento Europeo y del Consejo, de 26 de junio de 2013, sobre procedimientos comunes para la concesión o la retirada de la protección internacional*; Propuesta de Reglamento del Parlamento Europeo y del Consejo *relativo a las situaciones de crisis y de fuerza mayor en el ámbito de la migración y el asilo* y Propuesta modificada de Reglamento del Parlamento Europeo y del Consejo *relativo a la creación del sistema EURODAC para la comparación de datos biométricos.*

de responsabilidades, una de las cuestiones más controvertidas, especialmente entre quienes recae la primera acogida[231].

Tras años de negociaciones, el *Pacto sobre Migración y Asilo* fue aprobado por el Parlamento Europeo el 10 de abril de 2024 y por el Consejo de la UE el 14 de mayo de 2024; concretamente, los 9 informes sobre las 10 propuestas legislativas acordadas el día 20 diciembre de 2023[232].

Con respecto a la infancia migrante, el *Pacto sobre Migración y Asilo* reconoce la necesidad de atender con carácter prioritario sus necesidades, identificándola como un grupo vulnerable, como ya se había anticipado en la Comunicación sobre la protección de los menores migrantes, de 12 de abril de 2017[233], en la que se recomendaba un conjunto completo de medidas para reforzar su protección en todas las fases del proceso migratorio. La pretensión del nuevo *Pacto sobre Migración y Asilo* es la de utilizar la reforma propuesta en materia de migración y asilo para reforzar la protección de los menores e introducir el principio

---

231 El TJUE se ha pronunciado en numerosas ocasiones sobre el alcance del principio de responsabilidad, de modo que las necesidades reales creadas por las llegadas irregulares de migrantes y solicitantes de asilo no sean gestionadas por los Estados miembros por sí solos, sino por la UE en su conjunto. La solidaridad implica que todos los Estados miembros deben contribuir. *Vid.* STJUE de 2 de abril de 2020 (Asuntos acumulados C-715/17, C-718/17 y C-719/17, Comisión/ Polonia, Hungría y la República Checa).

232 De forma paralela al permanente proceso de reforma de materias relacionadas con el Nuevo Pacto sobre Migración y Asilo, que continuará conforme a la planificación prevista por los órganos legisladores europeos, el procedimiento finaliza con la aprobación por el Consejo, publicación en el DOUE y 2 años de *vacatio legis* que se suman a los 5 años previos de debates y negociaciones.

233 Comunicación de la Comisión al Parlamento Europeo y al Consejo *sobre la protección de los menores migrantes*, de 12 de abril de 2017, COM (2017) 211. Disponible en: eur-lex.europa.eu/legal-content/ES/TXT/PDF/?uri=CELEX:52017DC0211&rid=15.

de interés superior del menor y su derecho a ser oído en todas las decisiones que le afecten. Se incide también en la figura del tutor y en un papel más destacado de la Red Europea de Tutela[234].

A pesar de que la propuesta del nuevo *Pacto sobre Migración y Asilo* es excluir a los menores no acompañados de los procedimientos fronterizos, se incluye una excepción que abriría la vía a ser sometidos a éstos cuando razones de seguridad lo aconsejen. Además, pone el foco de atención en aquellos menores solicitantes de asilo, a los que ofrecerán garantías procesales específicas y una mayor protección, lo cual tiene reflejo directo en las propuestas legislativas que contiene el *Pacto.* Por ejemplo, en el nuevo *Reglamento del Parlamento Europeo y del Consejo sobre la gestión del asilo y la migración,* mantiene las disposiciones relativas a los menores no acompañados solicitantes de asilo, otorgando responsabilidad al Estado donde el menor hubiera presentado su solicitud[235], lo cual supone un riesgo de desprotección para muchos menores que, por circunstancias diversas, no acceden al procedimiento de protección internacional y, en consecuencia, se les excluye de una valoración de sus necesidades concretas y de su vulnerabilidad.

Además, esta atribución de responsabilidad al Estado donde se inicia el procedimiento de asilo también ha sido muy criticada desde diferentes organizaciones de la sociedad civil que

---

234 Dicha Red fue anunciada en la Comunicación de la Comisión al Parlamento Europeo y al Consejo *sobre la protección de los menores migrantes,* de 12 de abril de 2017, e incluye a autoridades y organismos de tutela, autoridades nacionales y organizaciones internacionales y no gubernamentales con la finalidad de promocionar servicios de tutela adecuados para los menores no acompañados y separados de sus familias en la UE. *Vid. 4º Informe Anual de 2019,* Centro Europeo contra el Tráfico Ilícito de Migrantes, EUROPOL 2020.

235 Art. 13 de la Propuesta de Reglamento del Parlamento Europeo y del *Consejo sobre la gestión del asilo y la migración y por el que se modifica la Directiva 2003/109/CE del Consejo, de 25 de noviembre de 2003 relativa al estatuto de los nacionales de terceros países residentes de larga duración.*

apuestan por atribuirla al Estado miembro donde el menor no acompañado cuente con referentes familiares, tras una evaluación previa de su interés superior[236].

Se puede concluir que el nuevo *Pacto sobre Migración y Asilo* adolece de una perspectiva de infancia migrante no acompañada, ya que no incluye una propuesta específica para este colectivo, no se introducen garantías procesales adecuadas, ni se regula el procedimiento de determinación de la edad. Además, tampoco incluye procedimientos para evaluar el interés superior de la infancia en todas las acciones que le afecten, incluida una evaluación independiente de su interés superior por parte de las autoridades de protección pertinentes.

2.2.5.- Necesidad de una legislación europea integral relativa a la protección de menores extranjeros no acompañados

A pesar de los instrumentos jurídicos analizados, del reconocimiento de derechos de los niños y niñas y de los compromisos asumidos por la UE, el marco comunitario no dispone de una legislación específica de protección de los menores migrantes, sino únicamente referencias puntuales en las diversas directivas aprobadas relativas a migrantes, solicitantes de asilo y refugiados, y en las resoluciones y recomendaciones a los Estados miembros (*soft law*), que no son jurídicamente vinculantes. Ello es debido principalmente a la falta de legitimación competencial, pero también a no tratarse de un tema de suficiente interés comunitario.

No obstante, los derechos del menor, así como el principio de su interés superior, están contemplados en la CDFUE, con

236 Las críticas de las organizaciones de la sociedad civil hacia el nuevo Pacto sobre Migración y Asilo se recogen en el informe *Propuestas de la sociedad civil al Nuevo Pacto sobre Migración y Asilo*, Análisis pacto europeo (cear.es).

el mismo valor jurídico que los Tratados, por lo que, existe la obligación de la UE y de los Estados miembros al aplicar sus políticas, de respetar aquellos derechos.

Lo cierto es que, a pesar de que los instrumentos de migración de la UE contienen disposiciones sobre la protección reforzada para los menores no acompañados, éstas son específicas para cada contexto (solicitantes de asilo, refugiados, migrantes ilegales y víctimas de trata de seres humanos). Además, no proporcionan los mismos niveles de protección en cuanto a la acogida y la asistencia. Todo ello influye en que, hasta la fecha, no se haya abordado esta materia desde una perspectiva integral[237].

En estas legislaciones comunitarias que regulan situaciones o colectivos específicos dentro del contexto migratorio, la incorporación de un tratamiento concreto de la infancia migrante no acompañada se ha ido produciendo de forma progresiva[238]. El propio Comité Económico y Social Europeo (CESE), en su Dictamen, de 11 de diciembre de 2020, *sobre la protección de los menores migrantes no acompañados en Europa,* se pronunció acerca de la ausencia de un marco jurídico preciso, que conlleva a que *los Estados miembros se enfrentan a grandes dificultades para gestionar el problema de los menores extranjeros no acompañados de una forma concertada y coherente,* haciendo hincapié en que en el seno de la Unión Europea, son *enormes* las disparidades que se observan *en las normas*

---

237 PÉREZ GONZÁLEZ, C., "La compatibilidad de las medidas adoptadas por la Unión Europea con las obligaciones que impone el derecho internacional de los derechos humanos en el ámbito de la migración de menores extranjeros no acompañados", *Revista de derecho migratorio y extranjería,* núm. 31, 2012, (pp. 247-272).

238 JUÁREZ PÉREZ, P., "La tutela de los menores extranjeros no acompañados por los tribunales de justicia", en CALVO CARAVACA, A.L. y CARRASCOSA GONZÁLEZ, J., *El derecho de familia internacional del siglo XXI en la práctica judicial,* Thomson Reuters Aranzadi, Madrid, 2022, (p. 3).

que definen la forma en que deben ser tratados y los procedimientos a los que están sujetos (determinación de la edad, tutores, derechos, etc.)[239].

En ese mismo Dictamen, se hace eco de la carencia normativa al afirmar que *la Convención de las Naciones Unidas sobre los Derechos del Niño (1989) si bien constituye el marco general para la protección de los menores en Europa, lo cierto es que ni este instrumento, ni el Convenio Europeo de Derechos Humanos (1950), ni el Convenio Europeo sobre el Ejercicio de los Derechos de los Menores (1996) establecen disposiciones específicas que se puedan aplicar directamente a los MENA. No fue hasta el 26 de junio de 1997 que el Consejo de Europa adopta el primer instrumento jurídico que abordaba de forma específica la cuestión de los menores migrantes no acampanados. No obstante, esta resolución constituye un instrumento no vinculante. Si bien existen textos europeos, como la Directiva de retorno o la Directiva 2003/9/CE, que se refieren efectivamente a los MENA, no se ha redactado ningún instrumento específico que englobe a toda la UE*[240]. Así el CESE de la UE plantea como solución la aprobación de una directiva que, girando en torno al principio del interés superior del menor, hiciera frente a las situaciones deplorables que en demasiadas ocasiones estos menores deben de soportar y que han sido reiteradamente denunciadas por las organizaciones que trabajan en defensa de los derechos del menor.

Además de la falta de competencia específica, la ausencia de una política migratoria común en cuanto a los menores, se debe a una falta de voluntad política y a las diferencias existentes entre los Estados miembros en cuanto a sus políticas migratorias y de asilo y sus sistemas de protección a la infancia. Esta situación entra en contradicción con el principio de no discriminación que debe regir la actuación a la hora de otorgar protección a los menores,

---

239 Dictamen del CESE *sobre la protección de los menores migrantes no acompañados en Europa*, aprobado por el Pleno el 18 de septiembre de 2020, dictamen de iniciativa, publicado el 11 de diciembre de 2020. (Párrafo 2.8, p.2)

240 Dictamen del CESE *sobre la protección de los menores migrantes no acompañados en Europa*, cit. Párrafo 2.6 y 2.7, (p. 2.).

consagrado en los textos internacionales a los que se han adherido los Estados miembros, resultando irrelevante la nacionalidad del menor. Nuevamente se vuelve a poner de manifiesto como la disyuntiva entre menor susceptible de protección y migrante en situación irregular acaba resolviéndose, prevaleciendo esta última condición.

A lo expuesto, se añade que la atención y acogida de los menores no acompañados varía considerablemente de un país a otro de la UE y que no existe un nivel de protección equivalente y eficaz. Las medidas adoptadas por cada Estado miembro tendentes a la protección del menor extranjero no acompañado son muy diversas. Así, Estados como Francia, Alemania o Italia dan prioridad al sistema de protección de menores en situación de desamparo, en otros como Bélgica se ha creado un sistema de protección especializado de acogida de menores extranjeros no acompañados y separados[241].

El punto de partida para abordar una legislación europea integral relativa a la protección de menores extranjeros no acompañados no puede estar enfocada en el control de la migración y en las políticas de frontera de la UE, sino que debe partir del respeto de los derechos del menor, esto es, brindar al menor no acompañado la asistencia adecuada a sus necesidades específicas, garantizando así todos sus derechos. En todo caso, las políticas migratorias en el marco de la UE no pueden diseñarse sino sobre el respeto a los derechos fundamentales de los extranjeros y al derecho internacional de los derechos humanos.

Así, legislar sobre unas directrices vinculantes en materia de recepción, guarda y tutela de menores no acompañados ayudaría a construir el marco jurídico necesario, a través de una directiva europea en torno al principio del interés superior del menor, que

---

241 SENOVILLA HERNÁNDEZ, D., "Modelos de acogida, protección e integración de los menores no acompañados y separados en Europa", en LÁZARO GONZÁLEZ, I. y MOROY ARAMBARRI, B. (coord.), *Los menores extranjeros no acompañados*, TECNOS, Madrid, 2010, (pp. 77-96).

podría establecer las bases que facilitaran el diseño de una estrategia migratoria con soluciones razonables y permanentes[242]. El marco normativo comunitario actual no resulta suficiente para abordar la regulación de todos los aspectos que rodean la migración de menores no acompañados (prevención, identificación y detección de las situaciones de especial vulnerabilidad, primera acogida y atención inmediata, garantías procesales, acceso y protección de derechos básicos como menores, transición a la vida adulta).

Esta legislación integral referente a menores extranjeros no acompañados podría llevarse a cabo mediante la adopción de un convenio internacional marco, sobre la base del derecho internacional de los derechos humanos de los niños, que todos los Estados miembros comparten y están obligados a respetar y, partiendo del concepto jurídico de menor extranjero no acompañado consolidado y aceptado por todos ellos como punto de partida y ámbito de aplicación. Incluso se podría adoptar dicho convenio en el marco del Consejo de Europa e incorporarse posteriormente al acervo normativo de la UE, a través de una directiva que permitiese armonizar las legislaciones internas[243]. A efectos de garantizar el cumplimiento y control de ese posible convenio, sería necesario incorporar la figura de un órgano de control, o bien, dotar de competencia al TEDH para ejercer estas funciones.

---

242 LÓPEZ ULLA, J. M., "Razones para una Directiva europea sobre menores extranjeros no acompañados y juventud migrante", *Revista de Derecho Comunitario Europeo*, núm.73, 2022 (p.909).

243 DURÁN RUIZ, F.J. (Dir.), "Propuesta de un Sistema Común e Integrado de Protección de menores y jóvenes migrantes en la Unión Europea", *Retos (…), op. cit.* (pp. 112-113).

3.- REGULACIÓN NACIONAL

3.1. Introducción

La CE al enumerar, en el capítulo III del Título I, los principios rectores de la política social y económica, establece la obligación de los poderes públicos de asegurar la protección social, económica y jurídica de la familia y dentro de ésta, con carácter singular, la protección integral de los menores (art. 39 CE).

Por su parte, el apartado 4 del art. 39 CE alude a la obligación del Estado español de dispensar a los niños la protección prevista en los acuerdos internacionales que velen por sus derechos. Esto se traduce en la obligación de España de cumplir aquellos tratados internacionales a los que se haya adherido, pues, en virtud del principio *pacta sunt servanda*, éstos obligan a los Estados parte. El referido precepto debe ponerse en relación, de un lado, con el art. 96.1 CE, por cuanto todos los tratados celebrados válidamente son aplicables en el ordenamiento interno español una vez publicados en el BOE y, de otro, con el art. 10.2 CE que proclama la interpretación de los derechos fundamentales y las libertades reconocidas por la CE conforme a la DUDH y los tratados y acuerdos internacionales sobre las mismas materias ratificados por España. Además, debe tenerse en cuenta que el TC ha señalado que el art. 10.2 CE establece un mandato dirigido a todos los poderes públicos de interpretar la CE conforme al derecho internacional de los derechos humanos[244].

---

[244] El art. 10.2 de CE se convierte en canon hermenéutico para interpretar las normas, de conformidad con la DUDH y los tratados y acuerdos ratificados por España. Se tiene que producir a partir de aquí una doble concordancia en materia interpretativa. Por una parte, la interpretación de las normas referidas a los derechos fundamentales ha de ser conforme a la CE y, de otra parte, la conformidad ha de operar también según las normas internacionales en materia de derechos fundamentales reconocidos en los tratados y acuerdos internacionales suscritos por España. *Vid.* en este sentido, la STC 41/2013, de

Tal y como se ha analizado, el estatuto jurídico de un menor no puede determinarse en función de su nacionalidad o de su situación administrativa. En el caso del ordenamiento jurídico español, los menores, tanto extranjeros como nacionales, gozan de un estatuto jurídico de protección debido a su condición, que se asienta sobre una base de derechos indisponibles que deberán conjugarse con su interés superior, tal y como dispone la STC 141/2000 de 29 de mayo[245].

La referida sentencia configura el estatuto jurídico de los menores de edad dentro del territorio nacional, que estaría compuesto por la CDN y la Resolución del Parlamento Europeo relativa a la Carta Europea de los Derechos del Niño, como instrumentos internacionales de aplicación en España y por la LOPJM (vigente al tiempo de la Sentencia de apelación), que es de carácter indisponible, en desarrollo de lo dispuesto en el art. 39 CE, y muy en particular, en su apartado 4. A estos efectos, el TC considera que el estatuto del menor es, *sin duda, una norma de orden público, de inexcusable observancia para todos los poderes públicos, que constituye un legítimo límite a la libertad de manifestación de las propias creencias mediante su exposición a terceros, incluso de sus progenitores.*

Con respecto a los menores extranjeros no acompañados, en España, confluyen dos legislaciones que le son de aplicación. Por un lado, la normativa de protección de la infancia, integrada principalmente por la LOPJM, posteriormente reformada por

---

14 de febrero, (FJ 2°); la STC 28/1991, de 14 de febrero, (FJ 5°); la STC 64/1991, de 22 de marzo, (FJ 4) y DE CARRERAS SERRA, F., "Función y alcance del art. 10.2 de la Constitución", *Revista de derecho constitucional*, núm. 60, 2000 (pp. 321-342).

245 PACHO BLANCO, X.M., "Menores Extranjeros No Acompañados. Del marco legal a los Derechos Fundamentales", en BONORINO RAMÍREZ, P. R., VALCÁRCEL FERNÁNDEZ, P. y FERNÁNDEZ ACEVEDO, R.,", *Nuevas normatividades, inteligencia artificial, derecho y género*, Thomson Reuters Aranzadi, Cizur Menor (Navarra), 2021, (pp. 277-278).

la LO 8/2015, de 22 de julio y la Ley 26/2015, de 28 de julio, ambas de modificación del sistema de protección a la infancia y la adolescencia, a la que habrá de sumarse también, por su especial trascendencia, la LO 8/2021, de 4 de junio, de protección integral a la infancia y la adolescencia frente a la violencia.

Por otro lado, al tratarse de ciudadanos que no tienen la nacionalidad española, resulta de aplicación la normativa de extranjería, conformada por la LOEX y el RLOEX. Se trata de dos legislaciones contrapuestas con respecto a los intereses de los menores, debiendo prevalecer la normativa de protección del menor en cuanto a *lex specialis prima facie* sobre la *lex generalis* de extranjería, por ser más específica y prever un sistema más tuitivo[246].

A pesar de lo anterior, la normativa de extranjería incorpora una regulación específica para los menores extranjeros de la que carece la LOPJM, lo que reafirma la falta de legislación *ad hoc* en el ámbito civil, que no se ha suplido con el incremento de las referencias expresas a estos niños y niñas en parte de las sucesivas reformas de esta ley.

Sentada la premisa de que el menor extranjero por el simple hecho de tratarse de un niño, deberá ser objeto de protección en los mismos términos que el menor nacional, lo cierto es que la práctica pone de manifiesto que, una vez que el menor extranjero accede al Estado receptor sin estar acompañado de un adulto responsable y es identificado como tal, otros intereses entran en juego, tales como la seguridad de fronteras, el control migratorio o incluso el desembolso económico que implica la asunción de su tutela. Esta situación impide o dificulta la aplicación del estatuto de protección al menor extranjero no acompañado, dado que se sigue haciendo prevalecer su condición de migrante irregular frente a la de niño[247].

---

246 SIMÓN CASTELLANO, P., *op. cit.*, (p. 677).

247 SERRANO CABALLERO, E., "Protección de los menores no acompañados en la Unión Europea", *Revista de El Colegio de San Luis,* Vol.

3.2.- El menor extranjero no acompañado como menor desamparado conforme la normativa de protección de menores

3.2.1. Consideraciones generales sobre los derechos de los menores extranjeros no acompañados

Se puede afirmar que la normativa española de protección de la infancia es el resultado de las diferentes normas internacionales que España ha ido ratificando y que se materializa en el mandato constitucional de protección de los niños según lo previsto en los acuerdos internacionales que velan por sus derechos, recogido en el art. 39.4 CE.

Como se ha apuntado, la norma de referencia en materia de protección de menores es la LOPJM, que establece el marco jurídico de protección de la infancia y configura al menor no solo como titular de un derecho de protección, sino como un sujeto activo y participativo[248], que puede ejercer sus derechos de forma progresiva, teniendo en cuenta su inmadurez[249].

Con esta norma, la protección de la infancia adquiere un nuevo enfoque, pasando a concebirse como un medio para promover la autonomía del niño que, al ser considerado sujeto de derechos, tendrá capacidad de modificar su propio medio per-

---

8, núm. 15, 2018, (p. 5).

248 La mayor expresión de la vocación de capacidad del menor es el art. 2.2 LOPJM en el que se establece que las limitaciones a la capacidad de obrar se interpretarán de forma restrictiva.

249 Un ejemplo de ejercicio progresivo de sus derechos lo constituiría el derecho a ser oído, puesto que se considera, en todo caso, que el menor tiene suficiente madurez a partir de los 12 años, sin perjuicio de que, a una edad inferior, la madurez habrá de ser valorada por personal especializado, teniendo en cuenta tanto el desarrollo evolutivo del menor como su capacidad para comprender y evaluar el asunto concreto a tratar en cada caso (art. 9.2 de la LOPJM).

sonal y social, de participar en la búsqueda y satisfacción de sus necesidades y en la satisfacción de las necesidades de los demás[250].

Esta protección legal se extiende a los menores extranjeros no acompañados, pues el ámbito de aplicación de la LOPJM abarca a todos los menores de 18 años que se encuentren en territorio español, sin distinción alguna por razones de nacionalidad o situación administrativa, nacimiento, raza, sexo, discapacidad o enfermedad, religión, lengua, cultura, opinión o cualquier otra circunstancia personal, familiar o social (art. 3 LOPJM)[251]. Lo anterior implica el reconocimiento a los menores extranjeros de un catálogo de derechos inherentes a la dignidad. Concretamente, la LOPJM reconoce específicamente el derecho al honor, a la intimidad y a la propia imagen, que comprenderá, a su vez, la inviolabilidad del domicilio familiar y de la correspondencia, así como del secreto de las comunicaciones (art. 4); el derecho a la información (art. 5); a la libertad ideológica (art.6); el derecho de participación, asociación y reunión (art. 7); el derecho a la libertad de expresión (art. 8) y el derecho a ser oído y escuchado (art. 9). Éste último resulta de especial importancia por cuanto se configura como un derecho reconocido en el ámbito

---

250 *Vid.* Exposición de motivos de la LOPJM, Punto 2, párrafo 7º.

251 Art. 3 LOPJM: *Los menores gozarán de los derechos que les reconoce la Constitución y los Tratados Internacionales de los que España sea parte, especialmente la Convención de Derechos del Niño de Naciones Unidas y la Convención de Derechos de las Personas con Discapacidad, y de los demás derechos garantizados en el ordenamiento jurídico, sin discriminación alguna por razón de nacimiento, nacionalidad, raza, sexo, discapacidad o enfermedad, religión, lengua, cultura, opinión o cualquier otra circunstancia personal, familiar o social. La presente ley, sus normas de desarrollo y demás disposiciones legales relativas a las personas menores de edad, se interpretarán de conformidad con los Tratados Internacionales de los que España sea parte y, especialmente, de acuerdo con la Convención de los Derechos del Niño de Naciones Unidas y la Convención de Derechos de las Personas con Discapacidad. Los poderes públicos garantizarán el respeto de los derechos de los menores y adecuarán sus actuaciones a la presente ley y a la mencionada normativa internacional.*

familiar y en los procedimientos judiciales y administrativos en los que pueda verse involucrado el menor, que podrá ejercer por sí mismo, por persona que designe para que le represente, siempre que no tengan intereses contrapuestos a los suyos; o a través de otras personas que, por su profesión o relación de especial confianza con él, puedan transmitirla objetivamente.

Además, el alcance de la LOPJM implica el reconocimiento expreso de aquellos derechos que declara la CE y los Tratados Internacionales suscritos por España, que no podrán ser desatendido por los poderes públicos en todas las actuaciones relativas a estos menores desde su llegada al territorio nacional. En definitiva, en lo que se refiere a la titularidad de derechos subjetivos, no cabe diferenciar entre menores españoles y extranjeros[252].

Con respecto a los derechos específicos de los menores extranjeros, la LOPJM se limita a establecer en su art. 10.3, referido a las medidas para facilitar su ejercicio por parte de estos menores, que tendrán derecho a la educación, asistencia sanitaria y servicios y prestaciones sociales básicas, en las mismas condiciones que los menores españoles. Se les reconoce, además, un estatus de vulnerabilidad a los no acompañados, equiparable a aquellos menores susceptibles de ser objeto de protección internacional, con discapacidad o que sean víctimas de abusos sexuales, explotación sexual, pornografía infantil, de trata o de tráfico de seres humanos. Concretamente, se les identifica como *grupos especialmente vulnerables*.

No obstante, este reconocimiento expreso de su vulnerabilidad que se prevé en el art. 10.3 LOPJM, se obvia en otros preceptos de la LOPJM; es el caso de su art. 2.3.b), referido a los elementos que se tendrán en cuenta para ponderar el interés superior del menor, entre los cuales se incluye la necesidad de garantizar la igualdad y no discriminación derivada de la situa-

---

252 FLORES GONZÁLEZ, B., "La protección jurídica de los menores inmigrantes no acompañados en España", *op. cit.*, (p. 7).

ción de especial vulnerabilidad que concurre en determinados menores, entre los que se cita, expresamente, a aquellos carentes de entorno familiar, refugiados, solicitantes de asilo o de protección subsidiaria, pero no se menciona a los menores extranjeros no acompañados. A pesar de que se podría interpretar que los menores extranjeros no acompañados son menores que carecen de entorno familiar, resulta cuanto menos llamativo que el precepto no se refiera a ello de forma expresa[253].

Retomando la regulación contenida en el apartado 3º del art. 10 LOPJM, es preciso señalar que también se incorpora el principio de integración en la sociedad española, remitiéndose a la LOEX. Asimismo, se reconocen como derechos específicos del menor extranjero que se encuentre bajo la tutela de la Entidad Pública de Protección, el derecho a obtener la documentación acreditativa de su situación y la autorización de residencia, una vez que haya quedado acreditada la imposibilidad de retorno con su familia o al país de origen, y según lo dispuesto en la normativa vigente en materia de extranjería e inmigración[254].

En la práctica, al vincular la protección que ofrece la LOPJM con la normativa de extranjería, que tiene un contenido más concreto, se termina dando prioridad a la condición de extranjero

---

[253] En dicho apartado tercero del art. 2 LOPJM, se establece que *los criterios generales en aras a la interpretación y aplicación en cada caso del interés superior del menor, contenidos en el apartado segundo, se ponderarán teniendo en cuenta los siguientes elementos generales: (…) b) La necesidad de garantizar su igualdad y no discriminación por su especial vulnerabilidad, ya sea por la carencia de entorno familiar, sufrir maltrato, su discapacidad, su orientación e identidad sexual, su condición de refugiado, solicitante de asilo o protección subsidiaria, su pertenencia a una minoría étnica, o cualquier otra característica o circunstancia relevante.*

[254] Los preceptos contenidos en el art. 10 LOPJM se introdujeron con la Ley 26/2015, de 28 de julio, *de modificación del sistema de protección a la infancia y a la adolescencia.*

del menor, por encima de su condición de menor, cuyo interés superior debería ser la principal consideración.

3.2.2.- Declaración de desamparo de los menores extranjeros no acompañados

Los antecedentes de la LOPJM en materia de protección de menores se encuentran en varias leyes que regulan diversas cuestiones como la filiación, la adopción o la patria potestad[255]; de entre ellas, la que supondrá sin duda un cambio sustancial será la Ley 21/1987, de 11 de noviembre, *por la que se modifican determinados artículos del Código Civil y de la Ley de Enjuiciamiento Civil en materia de adopción*, que marcará un hito al ser el primer instrumento en iniciar la transformación y modernización de nuestro sistema de protección a la infancia, dejando atrás la consideración tutelar y proteccionista del menor, propia del periodo anterior a la CDN.

La contribución más relevante del mencionado texto legal lo constituirá la sustitución del concepto de *abandono* por el de *desamparo* que conllevará a una agilización de los procedimientos de protección del menor al permitir que la Entidad Pública competente pueda automáticamente asumir la tutela del menor que se encuentre en una grave situación de desprotección. Además. se incluyen las instituciones de *guarda y acogimiento de menores.*

---

[255] Se podrían enumerar la Ley 13/1983, de 24 de octubre, *sobre la tutela*; la Ley 21/1987, de 11 de noviembre, *por la que se modifican determinados arts. del Código Civil y de la Ley de Enjuiciamiento Civil en materia de adopción*; la LO 5/1988, de 9 de junio, *sobre exhibicionismo y provocación sexual en relación con los menores*; la LO 4/1992, de 5 de junio, *sobre reforma de la Ley reguladora de la competencia y el procedimiento de los Juzgados de Menores*; y la Ley 25/1994, de 12 de julio, *por la que se incorpora al ordenamiento jurídico español la Directiva 89/552/CEE, sobre la coordinación de disposiciones legales reglamentarias y administrativas de los Estados miembros relativas al ejercicio de actividades de radiodifusión televisiva.*

El CC define, en el art. 172.1 la situación de desamparo como aquella en la que se han incumplido o se han ejercitado indebidamente, respecto del menor, los deberes de protección establecidos por las leyes para su guarda y, por esa razón, el menor queda privado de la necesaria asistencia moral o material. Por su parte, la LOPJM, hace referencia a la misma definición del CC en su art. 18.2, añadiendo como indicador de la situación de desamparo, la previa declaración de desamparo de un hermano de ese menor, además de reconocer expresamente que la situación de pobreza o discapacidad de alguno de los progenitores, de ambos, o del menor, no puede ser constitutiva en sí misma del desamparo.

A mayor abundamiento, el art. 18.2 LOPJM establece una serie de circunstancias en las que, en el caso de que se den con la suficiente gravedad y ponderadas bajo los principios de proporcionalidad y necesidad, constituirán *per se* situaciones de desamparo. Entre estas circunstancias, la LOPJM no incluye expresamente la condición de menor extranjero no acompañado, si bien podría enmarcarse dentro del apartado a) en el que se establece como causa del desamparo el abandono del menor, bien porque falten las personas a las que por ley corresponde el ejercicio de la guarda, o bien porque éstas no quieran o no puedan ejercerla.

Este elenco general de circunstancias que pueden ser tenidas en cuenta o valoradas para determinar que existe una situación de desamparo, ha conducido a las CCAA a incorporar en sus legislaciones autonómicas diferentes situaciones bajo la denominación de desamparo, sobre la base de la titularidad competencial que, con carácter exclusivo, ostentan en cuanto a la materia de infancia y de servicios sociales[256]. De ellas depende

---

256 Bien al amparo de su competencia en materia de asistencia social (en la denominación contenida en el artículo 148.1.20.ª de la CE), bien bajo sus competencias en materia de protección de personas menores de edad.

el conjunto del sistema de protección y atención a las personas migrantes menores de edad no acompañadas[257].

Frente a las situaciones de riesgo contempladas en el art. 17.2 LOPJM, que no serían lo suficientemente graves como para separar al menor de su entorno familiar, la situación de desamparo implica, tras la valoración de la existencia de la omisión o ejercicio inadecuado por parte de los padres, tutores, acogedores o guardadores de hecho legales de sus deberes de protección, que haya tenido como resultado que el menor quede privado de la necesaria asistencia moral o material. La declaración de la situación del desamparo corresponde, por tanto, a la Entidad Pública Autonómica competente, bien sea porque ha recibido una denuncia por parte de un particular sobre una posible situación de abandono o porque la ha detectado por ella misma; poniendo el hecho en conocimiento del MF y notificando a los padres biológicos, tutores, acogedores y guardadores.

Esta declaración de desamparo será la causa que determinará la asunción de su tutela por parte de la Entidad Pública que corresponda velar por su protección y deberá adoptar las medidas de protección necesarias para su guarda, poniendo todo ello en conocimiento del MF[258]. Frente a la tutela ordinaria que es

---

[257] En el caso de Galicia, la Ley 3/2011 de 30 de junio, *de apoyo a la familia y a la convivencia*, reproduce prácticamente la lista de supuestos de desamparo de la LOPJM, añadiendo otros como la negligencia grave en el cumplimiento de las obligaciones alimentarias, higiénicas o de salud, siempre que suponga un perjuicio grave para la integridad del niño, niña o adolescente (art. 52.c) o la convivencia en un entorno sociofamiliar que deteriore gravemente la integridad moral del niño, niña o adolescente, o perjudique el desarrollo de su personalidad (art. 52.h).

[258] Sobre el papel de la Administración de garante de la protección de menores, debe tenerse en cuenta también la reforma introducida por la LO 8/2021, de 4 de junio, que le otorga, además, funciones de prevención en el ámbito familiar, con la creación de entornos seguros y un apoyo efectivo para prevenir situaciones de riesgo y fortalecer

la que se constituye cuando no existen personas que ejerzan la patria potestad y se instituye judicialmente, la tutela que asume la Administración en los casos de desamparo es una tutela por mandato legal (art. 222 CC) y llevará consigo la suspensión de la patria potestad o de la tutela ordinaria establecida en el art. 199.2 CC[259]. El art. 12.1 LOPJM reforzará esta disposición al contemplar que la protección de los menores por los poderes públicos se realizará, en los casos de declaración de desamparo, mediante la asunción de la tutela por ministerio de la ley. Se trata de una tutela especial, a la que también se le denomina tutela administrativa, encaminada a buscar una protección directa del menor, inmediata, cuando existe una urgente necesidad.

Las actuaciones de protección deberán primar, en todo caso, las medidas familiares frente a las residenciales ya que el objetivo final es la reintegración del menor en su propia familia, las estables frente a las temporales y las consensuadas frente a las impuestas[260]. Igualmente, el art. 239 CC se pronuncia en el mismo sentido al

---

la protección de los menores, así como profundizar en las labores educativas de los progenitores, tutores o guardadores.

259 El art. 222 CC debe ponerse en relación con las disposiciones generales de la tutela ordinaria, así como con las medidas de protección integral del menor del art. 158 CC, con las modificaciones introducidas por la Ley 8/2021, de 2 de junio, que va a disociar las figuras de tutela de mayores de edad con discapacidad, previendo un sistema de provisión de apoyos, de la tutela de menores de edad.

260 El art. 21.3 LOPJM establece que con el fin de favorecer que la vida del menor se desarrolle en un entorno familiar, prevalecerá la medida de acogimiento familiar sobre la de acogimiento residencial para cualquier menor, especialmente para menores de 6 años. No se acordará el acogimiento residencial para menores de 3 años salvo en supuestos de imposibilidad, debidamente acreditada, de adoptar en ese momento la medida de acogimiento familiar o cuando esta medida no convenga al interés superior del menor. Esta limitación para acordar el acogimiento residencial se aplicará también a los menores de 6 años en el plazo más breve posible. En todo caso, y

establecer que la tutela de los menores desamparados corresponderá por ley a la entidad a la que se refiere el art. 172 CC.

En todo caso, se trata de medidas de protección del menor de carácter provisional pero que, en último término, podrían llevar a una solución más definitiva, la adopción (arts. 175 y ss. CC), que supone la separación definitiva del menor de sus padres biológicos[261].

La declaración de desamparo por parte de la Entidad Pública de Protección podrá ser revisada en vía judicial a través del procedimiento especial de oposición a las resoluciones administrativas en materia de menores, previsto en el art. 780 LEC, en el que se articula un cauce procesal para regular la revisión de las medidas administrativas sin acudir a la jurisdicción contencioso-administrativa, que se concibe como poco adecuada para decidir sobre cuestiones de grave trascendencia personal[262]. El procedimiento se sustanciará por las reglas del juicio verbal, con la intervención del MF y con las especialidades previstas en el art. 753 para los procesos no dispositivos.

En el caso de los menores extranjeros no acompañados, podría entenderse que el desamparo se produce por la ausencia de sus padres, tutores o personas a quien les corresponda ejercer la guarda y custodia de ese menor. Este hecho, en sí mismo, ya los sitúa en una situación de vulnerabilidad e inseguridad. A ello deben añadirse las propias circunstancias de su trayecto migratorio, largo, caótico y traumático, durante el que también

---

con carácter general, el acogimiento residencial de estos menores no tendrá una duración superior a 3 meses.

261 GONZÁLEZ PILLADO, E., "Procedimiento de oposición a las resoluciones administrativas de protección de menores tras la reforma de la Ley 54/2007", *InDret Revista para el análisis del Derecho,* núm. 2, 2008 (p. 5).

262 CORTÉS DOMÍNGUEZ, V. y MORENO CATENA, V., *Derecho procesal civil: parte especial,* 13ª edición, Tirant Lo Blanch, Valencia, 2024. (p. 98).

están expuestos a violencia y peligros, como ser víctima de trata de personas o explotación infantil[263].

Aunque en la actualidad, no existen dudas acerca de la concurrencia de la situación de desamparo de los menores extranjeros no acompañados por las razones expuestas y cuya declaración se produce de forma inmediata, no siempre fue unánime esta postura. La FGE llegó a afirmar en la Instrucción 3/2003, de 23 de octubre, *sobre la procedencia del retorno de extranjeros menores de edad que pretendan entrar ilegalmente en España y en quienes no concurra la situación jurídica de desamparo*[264], que la presencia de un menor de edad, español o extranjero, sin la referencia de una persona adulta en el territorio nacional no es igual al desamparo, ni éste tiene por qué ser declarado automáticamente por la Administración[265].

La FGE considera en la referida Instrucción 3/2003 que *la idea de que todo extranjero menor de edad no acompañado se encuentra en una*

---

263 Dictamen del CESE *sobre la protección de los menores migrantes no acompañados en Europa*, (...), cit. párrafo 2.3, (p. 2). Sobre el trayecto migratorio se profundizará en el apartado 4 del Capítulo II (segunda parte), haciendo referencia, entre otros, a este documento del CESE.

264 Instrucción FGE 3/2003, de 23 de octubre, *sobre la procedencia del retorno de extranjeros menores de edad que pretendan entrar ilegalmente en España y en quienes no concurra la situación jurídica de desamparo.* Disponible en: https://www.boe.es/buscar/doc.php?id=FIS-I-2003-00003.

265 Las orientaciones contenidas en la Instrucción FGE 3/2003 difieren totalmente de la propia opinión de la FGE respecto a este mismo asunto, contenida en la Circular 3/2001, referida a la actuación del Ministerio Fiscal en materia de extranjería, en la que se ponía de manifiesto lo siguiente: (...) *no es preciso que la entidad pública haya dictado formalmente la resolución en que aprecia el desamparo que asume la tutela, ya que –al margen de la práctica de las administraciones de documentar la constitución de la tutela con posterioridad a la detección de la situación de desamparo, sobre todo por motivos de seguridad jurídica y para posibilitar un eventual recurso- ésta se produce en realidad ope legis de manera automática, tan pronto como se constata el desamparo, de modo que un menor extranjero sólo puede ser expulsado, devuelto o retornado a su país en compañía de su representante o representantes legales.*

palmaria situación de desamparo ha llegado a convertirse en un axioma incontrovertible (...), del que se derivan dos consecuencias encadenadas, la tutela automática de la Administración y la regularización de su situación ilegal en España. *Sin embargo, esta forma de proceder no puede ser compartida, pues la declaración de desamparo nunca es automática y, además, resulta discutible que todos los menores que carezcan de la asistencia de un mayor de edad se encuentren desamparados*[266].

A mayor abundamiento, la FGE consideraba también la posibilidad de retornar a aquellos extranjeros menores de edad que fuesen interceptados por las autoridades españolas tras haber entrado de forma ilegal en España, pues, salvo que se apreciase en ellos una especial situación de desamparo, entendía que debían ser retornados a su punto de origen en el plazo más breve posible.

Procede señalar la contundencia de la FGE al realizar afirmaciones sobre los menores extranjeros no acompañados, tales como que *el objetivo del menor irregular no es llegar a España huyendo de una situación de desamparo afectivo, sino con la esperanza de incorporarse al mercado de trabajo y en su caso ayudar con sus ingresos a su familia de origen* o que una vez llegados a España, estos menores habitualmente presentaban un *comportamiento asocial, consistente en rechazar sistemáticamente la escolarización y las atenciones que se les ofrecen en los centros públicos,* sin acompañar estas adveraciones de datos contrastados[267].

Todo ello para reafirmar y justificar que los mayores de 16 años, salvo prueba en contrario, debían ser considerados como emancipados y, por tanto, con capacidad para regir su persona y bienes como si fueran mayores de edad (art. 323 CC). Sin embargo, resulta cuanto menos llamativa esta consideración, pues requeriría contar con un acuerdo de emancipación entre el me-

---

266 Apartado III (*Situaciones del menor extranjero en España*), párrafos 1 y 2 de la Instrucción de la FGE 3/2003.

267 Apartado I (Planteamiento), párrafo 5 de la Instrucción de la FGE 3/2003.

nor y sus progenitores. Además, la cuestión de la emancipación se regiría por la ley personal del menor y no por la ley española.

Las disposiciones contenidas en la Instrucción FGE 3/2003 fueron duramente criticadas, especialmente por el Defensor del Pueblo, que consideró que se estaba introduciendo una diferencia de trato para los menores en función exclusivamente de su nacionalidad y que dicha Instrucción debía ser dejada sin efecto, por considerarla no ajustada a derecho. El Defensor del Pueblo señalaba que resultaba impensable que un menor español de 16 años, sorprendido en circunstancias análogas a las que suelen concurrir en un menor extranjero no acompañado que no pueda acreditar de manera fehaciente su emancipación, sea dejado en total libertad sin adoptar ninguna medida de protección[268].

Posteriormente, con la publicación de la Instrucción de la FGE 6/2004 *sobre tratamiento jurídico de los menores extranjeros inmigrantes no acompañados*, se deja sin efecto expresamente la Instrucción FGE 3/2003 y se reconoce que contenía interpretaciones que no eran compatibles con el principio general de prevalencia del interés superior del menor. Además, se establecía que dicha Instrucción era contradictoria en su contenido con anteriores pronunciamientos de la FGE sobre la materia, provocando disfunciones y problemas en cuanto a la definición del tratamiento jurídico aplicable a estos menores[269].

El art. 35.11 LOEX determina que la CA bajo cuya custodia se encuentra el menor estará legitimada para promover su tutela, cuyo régimen será el previsto en el CC y en la LEC. Sin embargo, la normativa de extranjería no establece, de forma explícita, el momen-

---

268 Informe anual del Defensor del Pueblo de 2003 (pp. 474-480). Disponible en: https://www.defensordelpueblo.es/wp-content/uploads/2015/05/Informe2003.pdf.

269 Párrafo 14 de la Instrucción 6/2004 FGE, de 26 de noviembre, *sobre tratamiento jurídico de los menores extranjeros inmigrantes no acompañados*. Disponible en: https://www.boe.es/buscar/doc.php?id=FIS-I-2004-00006.

to en que debe efectuarse la declaración de desamparo[270]. Ahora bien, dado que la finalidad de esta normativa es la repatriación del menor, de su articulado parece desprenderse que la declaración de desamparo se producirá cuando se constate la imposibilidad de repatriación del menor a su país de origen o la reagrupación con su familia en un tercer país. De hecho, su permanencia en el sistema de protección depende de que se acuerde o no su repatriación, conforme a la LOEX, tal como se expondrá en el apartado siguiente.

Una vez declarado el desamparo y bajo la tutela de la Entidad Pública de Protección, el menor extranjero no acompañado será titular de una serie de derechos, reconocidos en la LOPJM para cualquier menor nacional o extranjero[271], con quien, además, se desarrollará, en los casos de acogimiento residencial, un proyecto

---

270 De hecho, han sido reiteradas las quejas del Defensor del Pueblo sobre retrasos en la declaración de desamparo del menor extranjero no acompañado por parte de algunas CCAA, llegando incluso a cumplir la minoría de edad mientras se tramita el desamparo y como consecuencia, quedar al margen de la protección integral de la Entidad Pública de Protección. *Vid.* en este sentido la Queja núm. 18003418 del Defensor del Pueblo en la que se pone de manifiesto la excesiva demora en la declaración de desamparo y asunción de la tutela de dos menores a disposición de los servicios de protección andaluces. Los interesados accedieron a su mayoría de edad sin contar con autorización de residencia, pese al tiempo que estuvieron a disposición de dichos servicios de protección. Por ello, se ha recordado a la Consejería de Igualdad y Políticas Sociales de la Junta de Andalucía, el deber legal que le incumben de proceder a la tutela de los menores extranjeros no acompañados, sin prolongar la guarda de hecho más tiempo del necesario para su identificación y constatar su desamparo; así como de iniciar la tramitación de la autorización de residencia de estos menores en los plazos previstos en la normativa.

271 Entre estos derechos, la LOPJM reconoce el derecho a recibir el apoyo educativo y psicoterapéutico por parte de la Entidad Pública, para superar trastornos psicosociales de origen (art. 19 LOPJM) o el derecho a una educación integral y preparación para la vida independiente, orientación e inserción laboral (art. 21.f LOPJM).

socio-educativo individual, que persiga el bienestar del menor, su desarrollo físico, psicológico, social y educativo[272], en el marco del plan individualizado de protección que defina la Entidad Pública; el objetivo de este último es desarrollar medidas de intervención a adoptar con su familia de origen. En el caso de los menores extranjeros no acompañados, el apartado 5 del art. 19 Bis LOPJM establece que se procurará la búsqueda de su familia y el restablecimiento de la convivencia familiar, iniciando el procedimiento correspondiente, siempre que se estime que dicha medida responde a su interés superior y no coloque al menor o a su familia en una situación que ponga en riesgo su seguridad.

Por otro lado, la Entidad Pública de Protección que tiene asumida la tutela del menor extranjero no acompañado tiene la obligación de regularizar su situación administrativa, mediante la tramitación de su autorización de residencia, conforme a lo previsto en el art. 35. 7 LOEX, que se analiza en el apartado siguiente.

Con el actual sistema de protección de menores, pueden darse situaciones de conflicto de intereses entre los menores extranjeros no acompañados y las Administraciones públicas, que se manifiesta en diferentes fases de interacción entre ambos, ya sea en el procedimiento de determinación de la edad, en la asunción de la tutela por parte de la Entidad Pública de Protección o en el acceso a determinados derechos. Este conflicto, que actualmente se desarrolla en un ámbito administrativo y extrajudicial, pone en

---

[272] En la práctica, con frecuencia, se adoptan las medidas de protección que no satisfacen las necesidades de los menores migrantes, ya que normalmente no se tienen en cuenta sus expectativas laborales y su proyecto migratorio concreto; a esto hay que añadir el hecho de que las Entidades Públicas de Protección suelen dilatar en el tiempo la solicitud de la documentación necesaria para poder trabajar (permisos de residencia y de trabajo). *Vid. Infancias invisibles. (Menores extranjeros no acompañados, víctimas de trata y refugiados en España)*, SAVE THE CHILDREN, junio 2016 (p. 21). Disponible en: https://www.savethechildren.es/publicaciones/infancias-invisibles

duda el cumplimiento de principios como el interés superior del menor o la no discriminación[273], lo que haría necesaria la designación de un representante legal externo del menor que proteja y haga valer sus derechos frente a la administración con cuyos intereses puede colisionar, hasta el punto de que, varios autores abogan incluso por judicializar estos escenarios de conflicto[274].

En España, la descentralización derivada de la atribución de la competencia en materia de protección de menores a las CCAA, convierte a nuestro país en un caso particular dentro de Europa, en cuanto a la acogida de menores no acompañados, en el

---

[273] Sobre estos dos principios se pronuncia el CRC en sus Observaciones finales del CRC aprobadas en su 2282a sesión, que tuvo lugar el 2 de febrero de 2018, tras el examen de los informes periódicos quinto y sexto combinados de España (CRC/C/ESP/5-6) en sus sesiones 2263a y 2264a (CRC/C/SR.2263 y 2264), celebradas el 22 de enero de 2018. Concretamente en el punto 14, apartado C, se indica que *el Comité está seriamente preocupado por la persistencia de la discriminación de hecho que sufren los niños por motivos de discapacidad, origen nacional y condición socioeconómica. También manifiesta su preocupación por que, a pesar de los esfuerzos realizados por el Estado parte, persisten la discriminación racial y la estigmatización de los niños romaníes y los niños de origen migrante.* Con respecto al interés superior del menor, en el punto 16 también expresa su preocupación por la aplicación desigual y recomienda al España que intensifique sus esfuerzos para asegurar que el derecho del niño a que su interés superior sea una consideración primordial esté incorporado de manera apropiada y sea interpretado y aplicado de manera consistente en todas las actuaciones y decisiones legislativas, administrativas y judiciales y en todas las políticas, los programas y los proyectos pertinentes que tengan un efecto en los niños.

[274] Entre ellos, destacan DURÁN RUIZ, F.J. (Dir.), *Retos de las migraciones de menores jóvenes y otras personas vulnerables en la UE y España, (...) op. cit.*; FLORES GONZÁLEZ, B., "La protección jurídica de los menores inmigrantes no acompañados en España", *Revista de Derecho Civil,* Vol. 5, núm. 2, 2018, (p. 358) o GÓMEZ FERNÁNDEZ, I., "Tutela judicial para menores extranjeros en conflicto con la Administración", *Revista Aranzadi Doctrinal,* núm. 2, 2017, (pp. 1-23).

que prima la acogida residencial en centros comunes a todos los menores en situación de riesgo o desamparo, sean nacionales o extranjeros[275]. Este sistema plantea desafíos adicionales, como la sobrecarga de los recursos autonómicos en determinadas regiones con una mayor llegada de menores extranjeros no acompañados, la necesidad de coordinarse con la Administración General del Estado en materia de documentación y residencia, así como la implementación de programas específicos para su integración social, educativa y laboral en un contexto de diversidad cultural[276].

El reclamo político en los territorios más afectados, exigiendo un reparto equitativo para una gestión adecuada de estos menores y una atención eficiente en el ámbito social, sanitario y educativo, entre otros, ha desembocado en un acuerdo entre el Gobierno central y las CCAA para la redistribución menores extranjeros no acompañados, desde los territorios más saturados hacia otras

---

275 Según los datos contenidos en el *Boletín núm. 26 de datos estadísticos de medidas de protección a la infancia y la adolescencia,* del Ministerio de Juventud e Infancia; que recoge la evolución de las medidas de protección a la infancia y la adolescencia que han sido ejecutadas en cada una de las CCAA y Ciudades Autónomas de Ceuta y Melilla desde 2019 hasta 2023, (ambos incluidos), en el año 2023 (último año del que se dispone de datos), el 95,55% de las medidas sobre niñas, niños y adolescentes extranjeros en acogimiento lo fueron en la modalidad residencial. Asimismo, sobre el cómputo total 18.097 niñas, niños y adolescentes en acogimiento familiar, el total de menores de edad extranjeros suponen el 1,44%.

276 En este sentido, el Defensor del Pueblo aboga por la necesidad de encontrar soluciones duraderas y ampliar el abanico de alternativas a la institucionalización de estos niños y niñas como tarea de todas las Administraciones Públicas. Para ello, propone promover la previsión legal referida a la posibilidad de realizar convenios con organizaciones no gubernamentales, fundaciones y entidades dedicadas a la protección de menores, con el fin de atribuirles la tutela ordinaria de estos y descongestionar los servicios de protección más tensionados. *Vid. Separata Temática Infancia y Adolescencia* en el Informe Anual del Defensor del Pueblo de 2023 (p. 37).

comunidades y ciudades autónomas, sobre la base de unos criterios de solidaridad equitativa y de ponderación del esfuerzo realizado por cada territorio en la atención a dichas personas. En este sentido, el 20 de marzo de 2025 ha entrado en vigor el Real Decreto-ley 2/2025, de 18 de marzo, *por el que se aprueban medidas urgentes para la garantía del interés superior de la infancia y la adolescencia ante situaciones de contingencias migratorias extraordinarias*[277].

[277] Esta norma supone la modificación de la LOEX, a la que se le añaden en materia de personas extranjeras menores no acompañadas los arts. 35 bis, donde se regulan los requisitos para la declaración de la situación de contingencia migratoria extraordinaria, el plan de respuesta a dicha situación, y los criterios para la aplicación de dicho plan; el art. 35 *ter*, que contiene el conjunto de criterios objetivos para la determinación, por el órgano competente de la Administración General del Estado, de cuál será la ubicación de las personas menores de edad extranjeras no acompañadas en las diferentes CCAA o ciudades autónomas, así como la regulación del mecanismo de derivación de las personas menores de edad extranjeras no acompañadas y los criterios para la determinación de plazas por CA o ciudad autónoma en caso de derivación, el art. 35 *quáter*, que establece el contenido del Plan de respuesta solidaria ante una situación de contingencia migratoria extraordinaria y recoge el conjunto de actuaciones a desarrollar ante la declaración de una situación de esta naturaleza y el art. 35 *quinquies*, que recoge los criterios objetivos para la determinación de la reasignación territorial de las personas menores de edad extranjeras no acompañadas, así como la asignación de la tutela y custodia por parte de los servicios de protección de las CCAA o ciudades autónomas en las que hayan sido redistribuidas. Asimismo, se añade un nuevo párrafo f) al art. 52 LOEX, para incluir como nueva infracción leve la ausencia de comunicación a la autoridad pública por parte de las entidades cuyo objeto se refiera total o parcialmente a la atención de personas menores de edad extranjeras no acompañadas, así como de las personas que actúen en su representación o encuadradas en su actividad de manera habitual, de la localización de personas menores de edad extranjeras no acompañadas a fin de que pueda procederse en consecuencia; y las disposiciones adicionales undécima y duodécima.

3.3.- Normativa de Extranjería de aplicación a los menores extranjeros no acompañados

El Estado tiene competencia exclusiva en materia de nacionalidad, inmigración, emigración, extranjería y derecho de asilo, de conformidad con lo dispuesto en el art. 149.1.2ª. CE. Ello implica que, en su debido ejercicio, deberá tomar las decisiones y medidas más favorables para con las personas menores de edad. Y es que la obligación de que la política migratoria respete la integración social de los migrantes y sus derechos según el art. 2 bis LOEX resulta aún más clara y tajante cuando se trata de personas menores de edad.

El TC ha subrayado la competencia exclusiva del Estado en materia de inmigración y extranjería, matizando que esta competencia tiene dos vertientes fundamentales. Por un lado, lo que se denominaría estatuto del extranjero o, en otras palabras, de la determinación, en cuanto cuestión primordial del régimen jurídico del extranjero en España, de los derechos que, correspondiendo, en principio, a los españoles, deben ser extendidos a los ciudadanos de otras nacionalidades radicados en nuestro país; todo ello con el objetivo de fijar las condiciones de igualdad entre extranjeros y españoles en la titularidad de los derechos constitucionales. Por otro lado, se atribuye al Estado la capacidad de determinar aquellos derechos que corresponden a los extranjeros en su condición de tales. Es decir, aquellos derechos que les corresponderían como consecuencia de la específica y particular posición en la que se encuentra el ciudadano extranjero de cara a su integración en la sociedad española; pero no como perceptor de otras políticas públicas que atienden a su situación de necesidad social[278].

Pese a las referidas competencias exclusivas del Estado, el TC ha destacado también que éstas han de compatibilizarse con aquellas que ostentan las CCAA de carácter sectorial e incidencia en la población migratoria, tales como los servicios sociales, la

---

[278] FJ 83º de la STC 31/2010, de 28 de junio y FJ 4º STC 87/2017, de 4 de julio.

sanidad, la educación o la vivienda. El propio TC las ha denominado como competencias que han de ser asumidas y ejercidas por las comunidades autónomas *al servicio de la integración de los inmigrantes*. A todas ellas han de añadirse las competencias autonómicas en materia de protección de personas menores de edad[279].

El tratamiento jurídico de los menores extranjeros no acompañados se inicia en nuestro ordenamiento jurídico con el art. 13 del Reglamento de Extranjería de 1996[280], cuya Sección 4ª, compuesta por 4 artículos, se dedica a la situación de los menores extranjeros en general, los menores extranjeros en situación de desamparo y el traslado temporal de menores extranjeros a España y con fines de adopción.

En primer lugar, se reconoce la CDN como punto de partida para la garantía de los derechos contenidos en la misma, al afirmar que los menores extranjeros que se encuentren en territorio español deberán ser tratados conforme a lo previsto en la CDN y tendrán derecho a la educación conforme a lo dispuesto en las leyes de Educación, así como a la asistencia sanitaria y a las demás prestaciones sociales, conforme a lo dispuesto en la CDN y en el art. 10.3 LOPJM.

El art. 13 Reglamento de Extranjería de 1996 se dedica específicamente a los menores extranjeros no acompañados a los que se equipara a los menores en situación de desamparo que deberán ser objeto de protección por parte del sistema de protección de menores de la comunidad autónoma correspondiente y en, ningún caso, podrán ser objeto de medidas de expulsión previstas en la ley de extranjería vigente en ese momento o en el Reglamento en cuestión. Bajo la rúbrica *Menores en situación de desamparo*, disponía que los mismos debían ser encomendados a

---

279 FJ 83º STC 31/2010, de 28 de junio.

280 Aprobado por el RD 155/1996, de 2 de febrero, *por el que se aprueba el Reglamento de ejecución de la LO 7/1985.*

los servicios de protección de menores de la CA correspondiente, poniendo este hecho en conocimiento del MF[281].

Del referido precepto, se desprenden también dos premisas fundamentales: de un lado, la reagrupación con la familia de origen es la prioridad; y, de otro, debe procederse a la regularización de la situación administrativa del menor, a través de la concesión de un permiso de residencia que deberá retrotraerse al momento en el que entró en el sistema de protección, garantizándole su derecho a estar documentado.

Posteriormente, se aprueba, en el año 2000, la LOEX, cuyo ámbito principal de aplicación lo constituye la migración regular e irregular de adultos, ya que hasta la reforma de 2009 y la apro-

---

281 Art. 13 Reglamento de Extranjería de 1996: *Menores en situación de desamparo: 1. Cuando se trate de menores en situación de desamparo en los términos establecidos en la legislación civil, éstos serán encomendados a los servicios de protección de menores de la Comunidad Autónoma correspondiente, poniéndolo en conocimiento, asimismo, del Ministerio Fiscal. En ningún caso, estos menores podrán ser objeto de las medidas de expulsión previstas en el art. 26.1 de la Ley Orgánica 7/1985 y en este Reglamento: a) Si se trata de menores solicitantes de asilo, se estará a lo dispuesto en el párrafo cuarto del art. 15 del Reglamento de ejecución de la Ley 5/1984, de 26 de marzo, reguladora del derecho de asilo y de la condición de refugiado, modificada por la Ley 9/1994, de 19 de mayo. b) En los demás supuestos, los órganos públicos competentes colaborarán con los servicios de protección de menores para la reagrupación familiar del menor en su país de origen o aquel donde se encontrasen sus familiares. Asimismo, se podrá repatriar al menor cuando los servicios competentes de protección de menores de su país de origen se hiciesen responsables del mismo. En todo caso, las autoridades españolas velarán por que el retorno del menor no pueda suponer peligro para su integridad, o su persecución o la de sus familiares. 2. A instancias del órgano que ejerza la tutela, se le otorgará un permiso de residencia, cuyos efectos se retrotraerán al momento en que el menor hubiere sido puesto a disposición de los servicios competentes de protección de menores de la Comunidad Autónoma correspondiente. Si el menor careciere de documentación y por cualquier causa no pueda ser documentado por las autoridades de ningún país, se le documentará de acuerdo con lo previsto en el art. 63 de este Reglamento.*

bación de su reglamento en 2011, no se contempla un régimen jurídico específico para los menores extranjeros no acompañados.

Concretamente, el art. 35 LOEX se dedica a los menores extranjeros no acompañados. Así, son objeto de un contenido específico el procedimiento de determinación de la edad (que será objeto de análisis en el apartado 2 del Capítulo III), la entrada en el sistema de protección, la repatriación a través de la reagrupación con la familia de origen o la entrega a los servicios de protección de su país, la residencia o la mayoría de edad.

Del análisis pormenorizado del referido precepto, se puede extraer como conclusión principal que, siguiendo la tendencia de la anterior normativa, la medida que se prioriza una vez detectado el menor por los FCSE, es la repatriación, mediante la búsqueda y análisis de sus circunstancias familiares[282]. Por tanto, la integración del menor en el Estado español receptor solo se concibe como medida subsidiaria, siempre y cuando no sea posible la repatriación al país de origen[283]. Si bien, en la práctica, la medida de repatriación del menor es muy residual[284].

Así, la devolución del menor es, en la práctica, el objetivo prioritario, que deberá tener en cuenta siempre el interés su-

---

282 En la misma línea, el Apartado Quinto del Protocolo Marco dispone que la política sobre menores extranjeros no acompañados debe estar orientada al retorno del menor a su país de origen, bien con su familia bien en un centro de acogida de menores de su país, como solución duradera y siempre que ello constituya el interés superior del menor.

283 Ello aun a pesar de que en el art. 2 ter LOEX, que incorpora el principio de integración de los inmigrantes, incluye en su apartado tercero el mandato a los poderes públicos de atender a la integración de los menores extranjeros no acompañados.

284 La FGE señala en su Memoria Anual de 2024 (apartado 4.7), respecto a los expedientes de repatriación de menores, que durante el año 2023 solo se había tramitado un único expediente de repatriación con resultado favorable a la repatriación, por parte de la Fiscalía de Menores de Almería.

perior del menor, que pasa en condiciones normales por su reagrupación familiar[285]. Este fin de reagrupación familiar o repatriación del menor se ha justificado bajo el principio del superior interés del menor, que se identifica, por regla general, con la permanencia del mismo en la familia y en el ámbito cultural del que procede. Como se expone en la Resolución del Consejo de la Unión Europea de 26 de junio de 1997 relativa a los menores no acompañados nacionales de países terceros *la presencia irregular en el territorio de los Estados miembros de menores no acompañados que no tengan la consideración de refugiados debe tener carácter provisional y los Estados miembros deben procurar cooperar entre sí y con los países terceros de procedencia para devolver al menor a su país de origen o a un país tercero dispuesto a admitirlo, sin poner en riesgo la seguridad del menor, con el fin de encontrar, cuando sea posible, a las personas responsables del menor, y de reunirlo con dichas personas.*

La FGE admite que la repatriación no es, sin embargo, un objetivo absoluto, ya que pueden estar en juego también otros intereses, como la vida, la integridad física o psíquica y el respeto a los derechos fundamentales del menor, que pueden hacer que la balanza del interés superior de éste se incline finalmente en pro de su permanencia en nuestro país[286].

Esta preferencia hacia el reagrupamiento familiar del menor debe, sin embargo, conciliarse con el respeto del procedimiento

---

285 MONTESINOS PADILLA, C., "La determinación de la edad. Obligaciones, praxis y estrategias de litigio para la efectiva protección de los derechos convencionales de los Menores Extranjeros No Acompañados", *Revista de Derecho Político*, núm. 110, 2021, (pp. 229–258).

286 *Vid.* Instrucción FGE 6/2004, de 26 de noviembre, *sobre tratamiento jurídico de los menores extranjeros inmigrantes no acompañados.* Disponible en: BOE.es–FIS-I-2004-00006.

específico para poder llevarlo a cabo, regulado en el art. 35.5 LOEX y arts. 167 a 171 RLOEX[287].

El procedimiento de repatriación se inicia con una fase de información previa, a fin de obtener, a través de los servicios diplomáticos o consulares del país de origen, un conocimiento adecuado de las circunstancias familiares del menor, así como cualquier información sobre su situación de la que disponga la Entidad que tenga atribuida su tutela legal, custodia, protección provisional o guarda; todo ello para decidir si procede o no la incoación del procedimiento cuando se considere que la repatriación responde al interés superior del menor (art. 168 RLOEX)[288]. El acuerdo de incoación será notificado al MF, a la Entidad Pública de Protección y al propio menor, quienes podrán formular ale-

---

287 Sobre el preceptivo cauce procedimental para llevar a cabo la repatriación de menores, se ha pronunciado el TS en su STS 86/2024, de 22 de enero, Sala Tercera, (ROJ: STS 114/2024), que resuelve la devolución de menores a Marruecos, que habían accedido a España de forma masiva en mayo de 2021, durante una crisis diplomática con Marruecos, concluyendo que no se siguió el procedimiento adecuado, limitándose a custodiar a los menores y finalmente, tras el encuentro entre funcionarios de ambos países, a decidir su retorno a Marruecos sobre el único fundamento normativo un Acuerdo bilateral suscrito entre España y Marruecos, en el año 2007. Si bien, no consta que hubiera una normativa especial sobre los trámites a seguir para el retorno de personas, incluidos los menores no acompañados, en el supuesto de entrada masiva e ilegal en el territorio español, por tanto, las autoridades españolas omitieron la preceptiva aplicación de los trámites establecidos en la LOEX y RLOEX, de manera que su actuación se produjo prescindiendo absolutamente del procedimiento establecido, lo que constituye una vía de hecho.

288 El art. 167 RLOEX establece que *las Delegaciones y Subdelegaciones del Gobierno, en cuyo territorio se halle el domicilio del menor, serán los centros directivos competentes para llevar a cabo los trámites relativos a la repatriación de un menor extranjero no acompañado, previstos en el art. 35 LOEX y en los Acuerdos bilaterales suscritos por España sobre la materia. Si existiese un procedimiento judicial, la repatriación requerirá de autorización judicial (art. 171 RLOEX).*

gaciones al respecto (art. 169 RLOEX). Se reconoce el derecho del menor a ser escuchado, reconociéndole la autonomía de su voluntad como sujeto activo en el procedimiento de repatriación (para los mayores de 16 años) y capacidad de intervención en el proceso judicial, por sí mismo o por medio de representante[289].

Finalmente, la Administración del Estado resolverá lo que proceda sobre el retorno a su país de origen (a su familia o a la Entidad Pública de Protección), a aquel donde se encontrasen sus familiares; o, en su defecto, sobre su permanencia en España. La resolución, que pondrá fin a la vía administrativa y se hará constar en el Registro de Menores Extranjeros No Acompañados (en adelante, REMENAE), será notificada al menor o a su representante; y comunicada la entidad de tutela y al MF, conforme a lo dispuesto en el art. 170.2 RLOEX.

Para aquellos casos en los que se decida la permanencia en España y, por tanto, la asunción de la tutela *ex lege* del menor extranjero no acompañado, previa declaración de desamparo (conforme se analizó en el apartado anterior), el RLOEX prevé la tramitación de la autorización de residencia, en un plazo máximo de 90 días desde que el menor haya sido puesto a disposición de los servicios competentes de protección de menores, en base a la presunción de regularidad administrativa de la residencia de los menores que sean tutelados en España por una Administración Pública, prevista el art. 35.7 LOEX[290].

---

289 Se establece, además, la posibilidad de nombrar a un defensor judicial para el menor de 16 años que no esté conforme con quien ostente su guardia o tutela (art. 35.6 LOEX). La posibilidad de que el menor intervenga en el procedimiento de repatriación por sí mismo, o a través de su defensor judicial, es introducida por el RLOEX de 2011, tras la STC 184/2008, 22 diciembre 2008, analizada en FLORES GONZÁLEZ, B., "La protección jurídica de los menores inmigrantes no acompañados en España", *op. cit.,* (pp. 341-342).

290 Hasta la reforma introducida por el RD 903/2021, de 19 de octubre, de reforma del RLOEX de 2011, el plazo para solicitar la autorización

El RLOEX también contempla en su art. 173 un procedimiento para la renovación de la autorización de residencia, con habilitación para trabajar, en caso de que el menor extranjero no acompañado acceda a su mayoría de edad siendo titular de dicha autorización, con el objetivo de poner fin a la irregularidad sobrevenida una vez cumplidos los 18 años, ya que, anteriormente, alcanzada esta edad la autorización de residencia se extinguía automáticamente[291].

3.4.- Necesidad de una normativa nacional de protección integral

Tras el análisis de la normativa española en materia de menores extranjeros no acompañados, podría concluirse que existe una normativa de protección de menores garantista, hacia todos los menores independientemente de su nacionalidad o situación

---

de residencia era de hasta 9 meses, excesivamente largo, especialmente considerando la edad media de los menores no acompañados al ingresar al sistema de protección (generalmente por encima de los 16 años en los últimos años). Como resultado, muchos de ellos alcanzaban la mayoría de edad sin haber sido documentados, a pesar de haber pasado meses en el sistema de protección y tener la condición de extutelados. *Vid.* Informe Anual del Defensor del Pueblo 2019.

291 Con la reforma introducida por el RD 903/2021, se incrementa la vigencia de las autorizaciones concedidas a menores extranjeros no acompañados y de sus eventuales renovaciones. Con el régimen actual, la autorización inicial de residencia que habilita para trabajar a partir de los 16 años de edad para aquellas actividades que, a propuesta de la Entidad de Protección de Menores, favorezcan su integración social, tiene una vigencia de 2 años, mientras que, con carácter previo a la reforma, el plazo era de 1 año. Del mismo modo que, la vigencia de la autorización renovada será de 2 años, salvo que corresponda una autorización de residencia de larga duración. Para aquellos menores bajo el sistema de protección que cumpliesen los 18 años sin haber obtenido previamente una autorización de residencia, por haberle sido denegada al no cumplir los requisitos entonces exigidos; podrán solicitar una autorización de residencia temporal por circunstancias excepcionales cuando cumplan con las nuevas condiciones de esta nueva autorización (art. 174 RLOEX).

administrativa, sin embargo, no se ha traducido, en la protección real de estos menores, ya que la aplicación práctica de las medidas derivadas de la misma, se remite a la legislación de extranjería, haciendo prevalecer la condición de extranjero frente a la condición de niño, por cuyo interés superior habría que velar.

Así las cosas, aunque la normativa española dirigida a los menores extranjeros no acompañados se asienta sobre dos premisas fundamentales: la asunción inmediata de la tutela por parte de la administración autonómica o la reagrupación familiar, como objetivo prioritario, esta protección garantizada por la norma, a menudo en la práctica viene diluida por políticas y decisiones de las administraciones públicas que acarrean situaciones de desprotección jurídica, bloqueos en el acceso a los sistemas de protección y en la regularización administrativa, o, incluso la expulsión. Estas situaciones hacen que se cuestione la intención real de dichas políticas en el respeto absoluto del interés superior del menor.

En palabras de Lázaro González que realiza una metáfora con la obra literaria de la Odisea, lo tejido por Penélope durante el día (identificando el tejido como el marco legislativo establecido por el derecho español), se ha venido destejiendo a través de instrucciones, circulares, protocolos y una aplicación práctica que atiende más al control de fronteras que al interés del niño a ser protegido[292].

En definitiva, en la práctica, la regulación en materia de protección de menores deviene insuficiente cuando se trata de menores extranjeros no acompañados, siendo necesaria una regulación específica en el ámbito civil. Varios factores influyen en que no se promueva legislar en esta materia, entre los que destacan que el estatuto de protección al menor extranjero no acompañado no

---

292 LÁZARO GONZÁLEZ. I. E., "Penélope o el arte de destejer: la protección que reciben en España los menores extranjeros no acompañados", en CUARTERO RUBIO, M. V. (Dir.), VELASCO RETAMOSA, J.M. (Coord.), *Inmigración: Retos para el derecho en el siglo XXI*, op. cit. (pp. 247-272).

esté calificado como una cuestión primordial, así como las continuas trabas que ponen las instituciones para poner en marcha la aplicación del mismo o la aplicación limitada de los principios y derechos de estos, y la falta de concreción jurídica del interés superior del menor. Todo ello da lugar a situaciones de desprotección, maltrato institucional y vulneración de derechos a los menores que migran de manera independiente[293], que manifiestan la necesidad de contar con una regulación civil específica en la materia[294].

---

293 CRIADO ENGUIX, J., "El interés superior del menor como principio para la protección de menores no acompañados en Europa", en LARA AGUADO, A.; MELGAREJO CORDÓN, P. y VÍLCHEZ VIVANCO, M.E., *La Protección de la infancia migrante frente a las diferentes caras de la violencia de género, la discriminación y la trata,* SEPÍN, Madrid, 2022.

294 Sobre la falta de una regulación civil específica en la materia se pronuncian también varios autores como FLORES GONZÁLEZ, B., en "La protección jurídica de los menores inmigrantes no acompañados en España", *op. cit.,* (p. 328).

Capítulo III: El menor extranjero no acompañado infractor como colectivo especialmente vulnerable en el proceso penal de menores

1.- CONCEPTO DE VULNERABILIDAD

En términos generales, hay dos circunstancias que caracterizan al menor extranjero no acompañado en conflicto con la ley penal: una situación de especial vulnerabilidad o vulnerabilidad agravada y una mayor exposición a ser objeto de discriminación o de desigualdad en el proceso, con respecto a un menor nacional. Ambas circunstancias van a ser objeto de análisis en este capítulo.

El acceso efectivo a la justicia, en condiciones de igualdad, repercute en el ejercicio y pleno disfrute de los derechos humanos inherentes a cualquier persona y, paralelamente, constituye una responsabilidad de los sistemas judiciales, en aras de reducir las desigualdades sociales y favorecer la cohesión social. Sin embargo, existen múltiples barreras que no permiten a una persona acceder e intervenir en el sistema de justicia en las mismas condiciones que el resto, ya sea por circunstancias inherentes a esa persona como por factores externos.

En este sentido, se pueden identificar diferentes aspectos que pueden condicionar la capacidad de las personas para enfrentarse con garantías a un proceso judicial, siempre que no se trate de circunstancias eventuales, sino que se mantengan a lo largo del mismo. En primer lugar, su capacidad cognitiva y física para comprender los procedimientos o explicar su versión de los hechos, donde influirán situaciones en las que la persona esté afectada por desventajas lingüísticas o auditivas, concurra en ella algún tipo de discapacidad, o presente un bajo coeficiente intelectual o analfabetismo. En segundo lugar, su capacidad emocional y volitiva para tomar una decisión libre e independiente durante el proceso y, finalmente, su capacidad física, donde influirán situaciones de alcoholismo, por ejemplo, drogadicción u otros problemas de salud. Estas circunstancias presentes en una persona requieren una especial protección dentro del proceso y están relacionadas con la vulnerabilidad.

Por ello, se hace necesario definir el concepto de vulnerabilidad, que habitualmente se utiliza para designar aquella condición de determinadas personas que merecen una especial protección y que, tradicionalmente, ha sido más analizado y estudiado desde la posición de las víctimas, pero mucho menos desarrollada desde el punto de vista del menor infractor o en conflicto con la ley penal.

No existe un acuerdo normativo ni doctrinal sobre el concepto de vulnerabilidad e incluso muchas veces se confunde con otros términos como el de susceptibilidad, dependencia o discapacidad, llegando a ser utilizados como sinónimos en determinados ámbitos. Sin embargo y aunque la dimensión de susceptibilidad a sufrir un daño es común a la vulnerabilidad y a la discapacidad, de ahí que podamos afirmar que la persona con discapacidad es vulnerable, lo cierto es que el término vulnerabilidad tiene un alcance más amplio[295].

Atendiendo a la definición del DRAE, que identifica vulnerable con la persona que puede ser herida o recibir lesión, física o moral e identifica como sinónimos de vulnerabilidad, la debilidad, fla-

---

[295] CUADRADO SALINAS, C., "Personas vulnerables y ajustes del procedimiento", *Revista General de Derecho Procesal*, núm. 62, 2024, (p. 9).

queza, fragilidad, indefensión e inseguridad; podríamos entender como vulnerabilidad, la condición en la que, ante un mismo hecho, una persona tiene más posibilidades de sufrir un daño. En base a ello, una interpretación amplia del término vulnerabilidad podría identificarse como la susceptibilidad de alguien a ser dañado, sin que sea necesario que ese daño se haya consumado, sino que bastará con la posibilidad de éste, es decir con que exista el riesgo.

Lo cierto es que, teniendo en cuenta la anterior definición, surge la idea de que la condición de vulnerabilidad es inherente al ser humano, derivada de la propia fragilidad de las condiciones de la vida humana, la exposición constante a la muerte y al sufrimiento, así como al alto grado de dependencia hacia otros seres humanos. Es lo que se podría denominar una vulnerabilidad universal. Sin embargo, existe otra vulnerabilidad que afecta solo a determinadas personas o grupos en una intensidad mayor que sobre el resto. Esta última se podría calificar como vulnerabilidad por la simple pertenencia a un grupo. Los motivos de esta vulnerabilidad son diversos, como lo son las propias tipologías de estos grupos: edad, discapacidad, raza, pobreza, etc. La especial vulnerabilidad de ciertas personas no contradice la vulnerabilidad como universal, sino que ambas interactúan[296].

No obstante, ello no significa que todos los miembros de un colectivo, *prima facie* vulnerable, sean necesariamente vulnerables, ni tampoco que tengan que serlo a todos los efectos y en todas las esferas de sus vidas. Por tanto, no es la pertenencia a un grupo lo que hace vulnerable a una persona, sino una situación concreta. Esta diversidad en cuanto al alcance de la vulnerabilidad es probablemente uno de los factores principa-

---

296 BONSIGNORE FOUQUET, D., "Bases teóricas y aspectos político-criminales acerca de la vulnerabilidad", en MOYA GUILLÉN, C. (Dir.), y BONSIGNORE FOUQUET, D., (Coord.), *La protección de las víctimas especialmente vulnerables. Aspectos penales, procesales y político-criminales*, Tirant Lo Blanch, Valencia, 2023, (p. 28).

les que explican la heterogeneidad de los grupos vulnerables, según sean clasificados por cada instrumento normativo y con un rango de aplicación potencialmente distinto.

En el plano internacional y, atendiendo a nuestro objeto de estudio, merecen especial atención las Reglas de Brasilia de 2008, *sobre Acceso a la Justicia de las Personas en condición de Vulnerabilidad*[297]; es el instrumento que sienta las bases de reflexión sobre los problemas del acceso a la justicia de las personas en condición de vulnerabilidad, proponiendo recomendaciones para los órganos jurisdiccionales y, en general, para quienes prestan sus servicios en el sistema judicial, de forma que no solo pretenden enfocarse hacia la promoción de políticas públicas que garanticen el acceso a la justicia de estas personas, sino también al trabajo cotidiano de todos los servidores y operadores del sistema judicial y quienes intervienen de una u otra forma en su funcionamiento[298].

Las Reglas de Brasilia definen vulnerabilidad como la condición en la que se encontrarían aquellas personas que, *por razón de su edad, género, estado físico o mental, o por circunstancias sociales, económicas, étnicas y/o culturales, encuentran especiales dificultades para ejercitar con plenitud ante el sistema de justicia los derechos reconocidos por el ordenamiento jurídico*[299]. En lo que aquí interesa, se identifican expresamente como causas específicas de vulnerabilidad, la edad y la migración, junto con la discapacidad, la pertenencia a comunidades indígenas o a minorías, la victimización, el desplazamiento interno, la pobreza, el género y la privación de libertad. La condición de vulnerabilidad no es un concepto estático, inamovible, sino que su concreta determinación dependerá de las características específicas de cada país, o incluso de su nivel de desarrollo social y económico. Igualmente, se reconoce que toda persona, debido a su edad, debe ser objeto

---

297 XIV Cumbre Judicial Iberoamericana, Brasilia, 4 a 6 de marzo de 2008.

298 Párrafo 5º Exposición de Motivos de las Reglas de Brasilia.

299 Apartado 1 (3), Sección 2ª Reglas de Brasilia.

de una especial tutela por parte de los órganos jurisdiccionales teniendo en cuenta su desarrollo evolutivo[300].

Lo expuesto nos lleva a varias conclusiones. En primer lugar, la vulnerabilidad es una condición que puede no estar desarrollada, o encontrarse limitada por circunstancias o factores diversos, ya sean externos o internos. En segundo término, la edad por sí misma constituye un factor de vulnerabilidad y, finalmente, la migración se concibe como una causa específica de vulnerabilidad.

2.- EL MENOR COMO SUJETO VULNERABLE EN EL PROCESO PENAL DE MENORES

La infancia siempre ha sido reconocida como un colectivo vulnerable y, en virtud de ello, debe ser protegido, casi siempre centrándose en la posición de víctima, ya sea por su posición como víctimas ideales de ciertos delitos, como por el riesgo de padecer una victimización secundaria. En el caso de un niño, niña o adolescente, su vulnerabilidad radica, principalmente, en su edad y como consecuencia de ello, en su situación de dependencia. No se puede obviar que una persona durante su infancia y adolescencia se encuentra en constante desarrollo e irá adquiriendo una progresiva madurez, lo cual va a determinar que, en función de la fase del desarrollo en la que se encuentre, su exposición a un peligro y su capacidad de responder a esa amenaza será diferente, aunque nunca llegarán a ser equiparables a los de una persona adulta.

---

300 Apartado 1°, Sección 2ª de las Reglas Brasilia s*obre Acceso a la Justicia de las Personas en condición de Vulnerabilidad* (pp. 5-6). A pesar de hacer referencia a la migración como un factor de vulnerabilidad, las Reglas de Brasilia ponen su foco de atención en los trabajadores migratorios y sus familias, así como los refugiados, sin hacer referencia a otros colectivos migratorios como pueden ser los menores extranjeros no acompañados. No obstante, el reconocimiento expreso de la migración como causa de vulnerabilidad los englobaría en la propia condición de vulnerables.

No obstante, la edad en sí misma no es el único factor a tener en cuenta para identificar el grado de vulnerabilidad de un menor, sino que también dependerá de su desarrollo físico, intelectual y social, así como de su funcionamiento emocional o su comportamiento, su rol en la familia o su entorno familiar, pues resultará determinante la posibilidad de acceso a personas que le puedan proteger y su capacidad para reconocer una situación de abusos o abandono. Todos estos factores contribuyen a aumentar o disminuir las posibilidades de un daño grave y por tanto, su mayor o menor vulnerabilidad[301].

En torno a las necesidades de especial protección de los menores de edad y, por tanto, el reconocimiento de su vulnerabilidad, han sido muchas las normas internacionales, regionales y europeas que la reconocen expresamente. Entre otros, la Declaración de los Derechos del Niño de 1959, la CDN, la Carta Europea de los Derechos del Niño de 1992, el Convenio de Lanzarote o el Convenio de Estambul. Igualmente, el TEDH ha subrayado en numerosas ocasiones la vulnerabilidad de los menores, especialmente en el contexto del art. 3 CEDH[302].

---

301 Definición de vulnerabilidad y criterios para determinarla extraídos del Informe *Derechos Procesales de los Menores Sospechosos o Acusados en la Unión Europea, Informe Nacional sobre España*, Rights International Spain, 2016, (p. 6). Este informe forma parte de los cinco informes nacionales (España, Bélgica, Francia, Hungría y Países Bajos) llevados a cabo dentro del proyecto PRO-JUS, cuyo objetivo es examinar la situación de los menores extranjeros sospechosos o acusados en procedimientos penales dado que su especial vulnerabilidad puede menoscabar el disfrute de los derechos procesales. Disponible en: https://rightsinternationalspain.org/wp-content/uploads/2022/02/Derechos-procesales-de-los-menores-sospechosos-o-acusados-en-la-Unio%CC%81n-Europea-.pdf.

302 *Vid.* SSTEDH de 28 de septiembre de 2015 (Asunto *Bouyid c. Bélgica*); de 4 de noviembre de 2010 (Asunto *Darraj c. Francia*); de 17 de octubre de 2006 (Asunto *Okkalı c. Turquía*); de 1 de febrero de 2011 (Asunto *Yazgül Yılmaz c. Turquía*) y de 9 de abril de 2013 (Asunto *Iurcu c. República de Moldavia*).

Lo cierto es que a pesar de esa protección que se brinda al menor por el mero hecho de serlo y que tiene su reconocimiento en multiplicidad de instrumentos tanto a nivel internacional como regional, esto no se traslada en la práctica a una *hiperprotección,* sino al contrario, el sistema de justicia no responde de manera adecuada, apreciándose como principal barrera el hecho de que la justicia esté concebida para los adultos[303].

El Consejo de Europa señaló como principales obstáculos para los menores que se encuentran inmersos en un sistema de justicia, tanto en los procedimientos en los que participan como aquellos que les afectan, la parcialidad o condicionalidad del derecho de acceso a la justicia, así como la diversidad y complejidad de los procedimientos y la posible discriminación que pueden sufrir[304].

A ellos, podríamos sumar otros, como la falta de información en formatos accesibles y comprensibles a su edad, las actitudes paternalistas o negativas que cuestionan la capacidad de los menores para participar durante todas las fases del proceso y la falta de formación de los profesionales que trabajan en el ámbito de la justicia. Estos impedimentos a los que se enfrentan los menores de edad en el ejercicio de su capacidad de obrar, convergen con la vulnerabilidad inherente a un proceso para exigir su responsabilidad penal cuando cometen un delito y se ven agravados por determinadas condiciones administrativas o sociales tales como ser nacionales de otros países o pertenecer a un grupo minoritario marginado. Si a ello se une la circunstancia de no hablar el idioma del proceso y encontrarse sin sus progenitores o guardadores de hecho y en situación administrativa irregular, convierten el proceso en una verdadera situación de desequilibrio o desigualdad

---

303 SANZ HERMIDA, A.M., "Reflexiones sobre los derechos procesales del menor encausado en el contexto jurídico actual (...)", *op. cit.* (p. 1832).

304 Directrices del Comité de Ministros del Consejo de Europa *para una justicia adaptada a los niños,* Adoptadas por el Comité de Ministros del Consejo de Europa el 17 de noviembre de 2010 (p.15).

con respecto a otro menor que hubiese cometido el mismo delito o incluso lo que resulta más grave, con respecto a un adulto sujeto a la jurisdicción ordinaria por los mismos hechos delictivos.

3.- LA VULNERABILIDAD DERIVADA DE LA EDAD

3.1.- La edad como criterio de atribución de responsabilidad penal

Frente al amplio consenso existente a nivel internacional en fijar los 18 años como el momento en el que se cumple la mayoría de edad a los efectos de la adquisición de derechos civiles y políticos, este consenso no se traslada al ámbito penal, pues todavía sigue generando controversia la delimitación de la edad cronológica para exigir responsabilidad penal por la comisión de un delito. Igualmente, tampoco existe un criterio unificado entre los diferentes países de nuestro entorno sobre cuál debería ser la edad mínima para ser sometido al régimen penal de adultos, produciéndose notables diferencias entre unos y otros Estados, incluso dentro de la UE, justificadas en muchas ocasiones con argumentos más político-criminales que jurídicos[305].

Con el objetivo de paliar esta disparidad en el ámbito comunitario, la Directiva 2016/800, del Parlamento Europeo y del Consejo, de 11 de mayo de 2016, *relativa a las garantías procesales de los menores sospechosos o acusados en los procesos penales* (en adelante, Directiva 2016/800), ha establecido que su ámbito de aplicación se extiende a los menores sospechosos o acusados en procesos penales, definiendo como tales a los menores de 18 años, con independencia de que las legislaciones nacionales tomen o no esa referencia de edad como base para determinar la exigencia

---

305 *Vid.* DÜNKEL, F., "La edad de imputabilidad penal y jurisdicción de los Tribunales Juveniles en Europa", *Revista de Estudios de la Justicia*, núm. 22, 2015, (pp. 1-19).

de responsabilidad penal y al objeto de favorecer una mejor armonización de derechos (art. 3.1 Directiva 2016/800). Sin embargo, no establece una edad mínima a partir de la cual se considere a una persona responsable penalmente de sus actos; por el contrario, la Directiva 2016/800 establece expresamente en su art. 2.5 que la misma no afectará a las normas nacionales que determinan la edad penal juvenil. Habría sido un enorme avance en la protección de los menores la inclusión de una disposición en este sentido a la vista de la gran disparidad que existe en esta materia en los distintos Estados miembros, no sólo en relación a la edad mínima prevista sino también en lo que respecta a la utilización de un criterio único para su determinación[306].

En base a lo anterior, debemos analizar dos conceptos: el de la *exigibilidad de responsabilidad penal* y el de *mayoría de edad penal*. El primero de ellos consiste en la determinación del momento a partir del cual a un menor se le puede exigir responsabilidad penal por sus actos; mientras que la mayoría de edad penal hace referencia al momento en el que una persona que ha cometido una infracción penal queda sujeta al derecho penal común[307].

---

306 PILLADO GONZÁLEZ, E., "Implicaciones de la Directiva (UE) 2016/800, relativa a las garantías procesales de los menores sospechosos o acusados en los procesos penales, en la Ley de Responsabilidad Penal del menor", *Revista General de Derecho Europeo*, núm. 48, 2019, (p. 66).

307 Ambos conceptos son analizados en la STJUE de 23 de enero de 2018 dictada en el asunto *David Piotrowski* (C-367/2016), que resuelve la cuestión prejudicial planteada por el Tribunal de Apelación de Bruselas, con relación a la interpretación que debe darse a la causa de denegación obligatoria del art. 3.3 de la Decisión Marco 2002/584/JAI del Consejo, de 13 de junio de 2002, relativa a la orden de detención europea. *Vid.* un análisis sobre la misma en: ARANGÜENA FANEGO, C., "Entrega de menores reclamados en virtud de una orden europea de detención y entrega. Garantías procesales", RUDA GONZÁLEZ, A. y JEREZ DELGADO, C. (Dir.), *Estudios sobre Jurisprudencia Europea. Materiales del III Encuentro anual del Centro español del European Law Institute*, SEPÍN, Madrid, 2020, (pp. 87-100).

Tanto uno como otro concepto resultan cuestiones nucleares de cualquier sistema jurídico, pues suponen establecer, por un lado, un límite en la vida de una persona en el que sus posibles conductas delictivas tendrán consecuencias jurídicas de relevancia penal y, por otro, determinar cuándo pasará a estar sometido al régimen penal común de adultos.

En España, si nos remontamos al primer CP, el de 1822, se establecía que el menor de 7 años no podía ser considerado como delincuente y, además, fijaba una franja de edad, entre los 7 y los 17 años en la que se exigía haber obrado con *discernimiento y malicia* para castigar con una pena que iría de la cuarta parte a la mitad de la pena impuesta para el delito cometido, y, además, se examinaba el desarrollo de sus facultades intelectuales (art. 23 CP de 1822). Posteriormente, las normas penales del siglo XIX aumentaron la edad de responsabilidad criminal a los 9 años y considerando inimputables a aquellos mayores de esta edad y menores de 15 años que hubieran actuado sin discernimiento, correspondiendo esta valoración al Juez en un proceso judicial propio de adultos[308].

Con la entrada en vigor del CP de 1928, se suprime el juicio de discernimiento para exigir la responsabilidad penal de quienes hubieran cometido un hecho delictivo, como regía en el anterior derecho codificado, de modo que el CP sólo era de aplicación a los mayores de 16 años y a los que no alcanzaban esta edad, se les consideraba inimputables.

Así, es el CP de 1928 el que instaura el modelo biológico (también llamado cronológico) basado en la edad natural o física para determinar la responsabilidad penal; frente al modelo intelectual o de madurez psicológica, que atiende a aspectos como la capacidad de discernimiento o el desarrollo a nivel intelectual o psicológico y, por tanto, de carácter subjetivo, que regía los códigos anteriores. A pesar de que el primer modelo, aporta una mayor

---

308 Art. 8.2º y 3º CP de 1848, CP de 1850 y CP de 1870.

seguridad jurídica, dado que está basado en un criterio objetivo (la edad biológica de la persona), presenta una gran rigidez en cuanto a su aplicación, siendo mucho más flexible el segundo modelo, pero también más impreciso al ser imposible determinar exactamente la madurez o capacidad de discernimiento que corresponde a cada edad y existir notables diferencias entre las personas[309]. Otro de los argumentos para justificar la aplicación del modelo cronológico se asienta sobre la idea de que el límite de edad para exigir la responsabilidad penal debe establecerse en base a criterios político-criminales como el principio de intervención mínima del derecho penal o de seguridad jurídica[310].

La plena imputabilidad penal por razón de edad se consagra con el CP de 1995, que señala en su art. 19: *Los menores de dieciocho años no serán responsables criminalmente con arreglo a este Código. Cuando un menor de dicha edad cometa un hecho delictivo podrá ser responsable con arreglo a lo dispuesto en la ley que regule la responsabilidad penal del menor.* Esta responsabilidad se regula en la LORPM, que también sigue el criterio biológico y cifra en 14 años la edad mínima para exigirla (art. 1.1 LORPM).

El cómputo de la edad ha de efectuarse, de acuerdo con los principios que inspiran el derecho penal, atendiendo al momento concreto del día en que se produjo el nacimiento de la persona y a aquel en el que se produjeron los hechos delictivos.

---

309 El sistema biológico o cronológico es el sistema seguido en España y Portugal. Si bien, otros Estados de la UE como Bélgica, Francia o Italia utilizan un sistema mixto, en el que se va a tener en cuenta, además, de la edad biológica, el grado de madurez acorde a la misma y el grado de discernimiento o capacidad para comprender la conducta delictiva.

310 Los diferentes modelos de determinación de la responsabilidad penal son analizados por SANZ HERMIDA, A.M., "El sistema de determinación de la responsabilidad penal del menor. La denominada justicia de menores", en DEMETRIO CRESPO, E. y RODRÍGUEZ YAGÜE, C. (Coord.), *Curso de Derecho Penal: parte general (3ª edición, adaptada a la reforma de 2015 del Código Penal),* Ediciones Experiencia, Barcelona, 2016, (pp. 874-879).

Para el caso de que se desconozca la hora del nacimiento, esta omisión ha de beneficiar al acusado, en base al principio *in dubio pro reo*, y, por tanto, deberá considerarse que el nacimiento tuvo lugar al final del día, de modo que se haya de entender que nació en una hora posterior a aquella en que se produjo el hecho delictivo. Por consiguiente, se presumirá que el delito se cometió cuando el acusado aún no habría cumplido los 18 años.

De esta forma, el sistema utilizado en el ámbito penal difiere del aplicado en el ámbito civil, en el que, para el cómputo de la mayoría de edad, se incluirá completo el día del nacimiento, con independencia de la hora en la que tuvo lugar[311]. La razón de esta diferencia radica en que en el ámbito civil supone un beneficio alcanzar antes la mayoría de edad, a los efectos de adquisición de la plena capacidad de obrar[312]. No obstante, en el ámbito penal, la aplicación del sistema civil del día completo del nacimiento constituiría un perjuicio hacia el acusado, desde el punto de vista de su responsabilidad criminal, al adelantar el cumplimiento de la mayoría de edad al momento de terminar el día anterior al del correspondiente aniversario.

---

311 Art. 240 CC: *La mayor edad empieza a los dieciocho años cumplidos. Para el cómputo de los años de la mayoría de edad se incluirá completo el día del nacimiento.* Dicho precepto fue introducido por el art. 2.22 de la Ley 8/2021, de 2 de junio, con efectos desde el 3 de septiembre de 2021, anteriormente el contenido de este precepto se ubicaba en el art. 315 CC.

312 La norma tiene su origen en la Ley de 13 de septiembre de 1943, *sobre la fijación de la mayoría de edad civil*, que estableció los 21 años como mayoría de edad civil (art. 1), a los efectos de unificar la legislación civil con la mercantil y la común con la de las regiones forales, expresando tal disposición en su preámbulo su finalidad de favorecer a los jóvenes que así quedaban emancipados de la patria potestad en edad más temprana. En su art. 2 se estableció que el cómputo de los años para la mayoría de edad se realizaría incluyendo completo el día del nacimiento, sea cual fuere la hora de éste.

El criterio de la edad cronológica y el cómputo de momento a momento ha sido reiterado por la jurisprudencia, tanto por Sala Segunda del TS[313], como por la práctica totalidad de las AP[314]. Igualmente, la Circular FGE 1/2000, mantiene la misma posición[315].

A pesar de haber establecido la regla del cómputo de momento a momento, el TS matizó en su STS de 13 de abril de 1994, que esta regla solo sería aplicable a los casos en los que se desconozca la hora exacta del nacimiento. Sin embargo, cuando la misma conste en el certificado del Registro Civil o documento equivalente como medio de prueba acreditativo de la edad del imputado, y dicha hora sea anterior a la fecha de comisión del delito, deberá aplicarse un criterio distinto y computar la edad por días enteros a partir del siguiente al del nacimiento, en base al principio de presunción de inocencia, que consagra el artículo 24.2 CE, y en el que se inserta, de forma indisociable el principio *in dubio pro reo*[316].

---

313 *Vid.*, entre otras, las SSTS de 14 de enero de 1988 (ROJ: STS 56/1988); de 18 de mayo de 1992 (ROJ: STS15150/1992); de 24 de septiembre de 1992 (ROJ: STS 7118/1992) y de 26 de mayo de 1999 (ROJ: STS 3676/1999).

314 *Vid.* por ejemplo, la SAP de Huelva 73/2012, de 15 de mayo de 2012 (ROJ: SAP H 1354/2012) o el Auto 450/2021, de la AP de Barcelona, de 25 de mayo, (ROJ: AAP B 8844/2021).

315 Apartado II.4 Circular FGE 1/2000: (...) *no ha de ser aplicable el criterio establecido en el art. 315 del CC según el cual para el cómputo de la mayor edad se incluirá completo el día del nacimiento. El cómputo de la edad ha de efectuarse, de acuerdo con los principios que inspiran el Derecho Penal, de momento a momento, para lo cual, en aplicación de lo previsto en el art. 375 LECrim., cuando no bastare con el DNI, pasaporte o cualquier otro documento identificativo y subsistieren las dudas sobre la edad del sujeto se traerá al Expediente la certificación literal de nacimiento expresiva de la hora del alumbramiento. En todo caso, las dificultades interpretativas sólo podrán ser solventadas en favor del menor.*

316 La STS de 13 de abril de 1994 (ROJ: STS 16029/1994) (FD 4º), introduce esta regla del cómputo de días enteros, determinando que, en sus sentencias anteriores, el TS aplicó el sistema de momento a momento, dado que en todos los supuestos se ignoraba la hora del nacimiento, con lo cual siempre quedaba la duda de si el hecho había ocurrido

La presunción de inocencia tiene una vertiente procesal, al proyectarse directamente sobre la prueba de los hechos, de tal forma que, si un presupuesto fáctico no queda acreditado más allá de toda duda razonable, no puede darse por probado, como podría ser el caso de que existan dudas sobre la hora del nacimiento. Ahora bien, la presunción de inocencia también se proyecta sobre la aplicación de la ley penal, es decir, en una esfera normativa, de tal modo que no serían compatibles con la CE prácticas que, en caso de duda, opten por la alternativa interpretativa de la norma más desfavorable para la persona encausada. Por ello, siendo una cuestión normativa en qué momento la persona adquiere la mayoría de edad, las posibles dudas interpretativas sobre el criterio a aplicar, deben resolverse teniendo en cuenta también el principio de presunción de inocencia, optando por el criterio más favorable. En este caso, según el TS, la norma más favorable se encuentra en el ámbito civil, pero no se trata del antes mencionado art. 240 CC sobre la adquisición de la mayoría de edad, sino el art. 5 CC, que constituye una regla general aplicable al cómputo de plazos, siempre que no exista una norma específica. Con respecto a aquellos plazos establecidos en días, se computará el día completo exclu-

---

antes o después de la hora en que se habían cumplido los 18 años, duda que, solucionada en beneficio del reo, condujo en los tres casos a la apreciación de la correspondiente atenuante. Tal sistema de aplicación de la ley no puede ser utilizado en el caso en que sí se conoce la hora del nacimiento, anterior a la hora de comisión del delito, lo que habría de conducir a la denegación de la referida circunstancia atenuante. En el caso examinado en la referida sentencia, el recurrente cuestionaba que no se le hubiera aplicado la atenuante del artículo 9º 3ª CP (ser menor de 18 años cuando se cometió el delito), pues el hecho ocurrió el día de su cumpleaños, habiendo nacido en la misma fecha del año 1974, según constaba en la certificación literal de nacimiento del Registro Civil, en la que aparecía también precisada la hora del nacimiento, las cero treinta, pese a que el hecho delictivo se produjo a las diecisiete cincuenta de ese mismo día de 1992.

yendo el día inicial. Por otro lado, cuando se señalan por meses o años, éstos se contarán *de fecha a fecha* (no *de hora a hora*). El TS reemplaza en esta sentencia, por tanto, la regla del *momento a momento* por la aplicación del cómputo *por días enteros*, a partir del siguiente al del nacimiento, en los casos en los que conste la hora exacta del nacimiento y se pueda determinar si la mayoría de edad se cumplió antes o después del hecho delictivo.

Este doble criterio del TS en función de si se dispone o no del dato de la hora exacta del nacimiento, ha sido analizado en profundidad por la AP de Barcelona en su sentencia 899/2021, de 23 de diciembre[317], considerando que adolece de una inconsistencia interna, ya que no hay claridad sobre la regla jurisprudencialmente aplicable, sin que parezca razonable hacer depender la aplicación de uno u otro criterio a conocer la hora del nacimiento en el caso concreto. La cuestión debería quedar reducida a optar por la aplicación del art. 240 CC o del art. 5 CC que establecen sistemas de cómputo de edad distintos, produciéndose una laguna normativa dado que no existe una norma directamente aplicable. Si el fundamento último debe ser el trato más beneficioso para el reo, el resultado sería aplicar el criterio establecido por el art. 5 CC, si resulta más favorable en el supuesto concreto, ante la falta de un régimen jurídico unitario establecido por el legislador. La sentencia concluye que la interpretación en virtud de la cual la mayoría de edad penal se adquiere a partir de las 00.00 horas del día después a aquél en que se cumplen los 18 años, no es contraria a los usos del lenguaje natural, pues podría afirmarse que aún no se han llegado a cumplir los 18 años el día en que se están cumpliendo.

En base a lo anterior, resulta esencial que el TS establezca con claridad la regla aplicable para el cómputo de la edad. En todo caso, la finalidad legal de protección al menor exige que

---

317 SAP de Barcelona 899/2021, de 23 de diciembre, (ROJ: SAP B15864/2021) (FD 7º).

la interpretación de estas normas penales haya de hacerse siempre con un criterio favorable a la extensión de la exención o de la atenuación de la responsabilidad, en definitiva, en beneficio del reo. Por ello, entendemos que, el criterio civil previsto en el art. 240 CC debe ser en todo caso inaplicable por no resultar beneficioso en el ámbito penal. Si bien, el cómputo *por días enteros* previsto en el art. 5 CC, para el cómputo de plazos, sí podría ser aplicable y sería, de hecho, el criterio más beneficioso al reo, independientemente de que se conociese o no la hora exacta del nacimiento. Se debe entender el período de tiempo que transcurre entre el nacimiento y el instante en que se cumplen los 18 años como el cómputo de un plazo. Así, el día del decimoctavo aniversario del nacimiento, habrá de entenderse como el último día de la menor edad, prolongándose en un día el *dies ad quem*.

La relevancia de la cuestión requiere una delimitación expresa por parte del TS del criterio a aplicar, dado que es la minoría de edad, la que va a constituir una cualidad jurídica que justificará un tratamiento diferente al de los adultos, desde el punto de vista penal y procesal, sin perjuicio de que ese tratamiento desigual no conlleve una vulneración del principio constitucional de igualdad de todos los ciudadanos ante la ley. Si bien, los efectos no se circunscriben en la aplicación el CP o la LORPM, sino también, en el caso de que los hechos sean cometidos el mismo día en que el autor cumple los 14 años, para determinar si es de aplicación la LORPM o está fuera de su ámbito de aplicación.

Igualmente, este criterio puede ser determinante de la medida a imponer en el caso de que los hechos sean cometidos el mismo día en que cumple los 16 años, pues los arts. 9, 10 y 11 LORPM establecen diferentes duraciones para las medidas a imponer en función que el autor sea mayor o menor de esa edad, así como diferentes limitaciones para la modificación de la medida en algunos supuestos. Bajo la concepción de un sistema penal juvenil específico para los menores en el que la asunción de responsabilidad sea acorde al grado de madurez y desarrollo, se prevén un régimen sancionador diferente para aquellos menores entre 14 y 15 años y los que tengan 16 y 17 años, en cuanto a la duración máxima de las medidas que se les pueden imponer.

En definitiva, la LORPM se aplica, atendiendo al referido criterio objetivo de la edad biológica, a quienes cometan los hechos tipificados como delito según el CP o las leyes penales especiales y que en el momento de su comisión sean mayores de 14 y menores de 18 años (art. 1.1 LORPM)[318], siendo irrelevante que el menor alcance la mayoría de edad antes de iniciarse el procedimiento o durante su tramitación[319]. Todo ello siempre y cuando no concurran en el menor ninguna circunstancia de exención o extinción de la responsabilidad criminal dispuesta en el CP (art. 5.1 LORPM).

El límite mínimo a partir del cual comienza la posibilidad de exigir esa responsabilidad se ha concretado en los 14 años, con base en la convicción de que las infracciones cometidas por

---

318 En la redacción originaria de la LORPM, se establecía que también podría aplicarse, de manera excepcional, a los mayores de 18 años y menores de 21, que hubieran cometido delitos menos graves o faltas no violentas sin peligro para la vida o la integridad física de las personas y que no hubieran sido condenados en sentencia firme por hechos cometidos después de los 18, cuando sus circunstancias personales y madurez lo aconsejaran. Esta disposición fue suspendida por la Disposición Transitoria única de la LO 9/2000, de 22 de diciembre, por un plazo de 2 años desde su entrada en vigor y por la Disposición Transitoria única de la LO 9/2000, de 10 de diciembre, hasta 1 de enero de 2007. Finalmente, se suprimió definitivamente por la LO 8/2006, por lo que, nunca llegó a aplicarse.

319 En el caso de un delito continuado (art. 74.1 CP), se tendrá en cuenta la edad del sujeto en el momento de la comisión de cada uno de las infracciones y sólo habrá lugar a integrar en el delito continuado cuyo conocimiento se atribuya a la jurisdicción de menores aquellos hechos cometidos por el sujeto entre los 14 y 18 años. Con respecto al delito permanente, no podrá ser enjuiciado por la jurisdicción de menores cuando el sujeto activo hubiera rebasado la edad máxima antes de eliminarse la situación ilícita, atendiendo a la regla interpretativa del art. 132.1. párrafo 2 CP (Apartado II.4 Circular FGE 1/2000).

los niños menores de esta edad son, en general, irrelevantes y que, en los escasos supuestos en que aquéllas pueden producir alarma social, son suficientes para darles una respuesta adecuada en los ámbitos familiar y asistencial civil, sin necesidad de la intervención del aparato judicial sancionador del Estado[320]. Igualmente, se ha llegado a la certeza de que la madurez y la capacidad del pensamiento abstracto en menores de 14 años todavía se encuentra en evolución y desarrollo, lo que les dificulta a comprender las consecuencias de sus acciones, así como a entender los procedimientos penales[321]. Por tanto, la LORPM parte de la presunción *iuris et de iure* de que los menores de 14 años carecen de capacidad para comprender el carácter ilícito de su conducta y por tanto, deben ser considerados inimputables,

320 Apartado 4 de la Exposición de Motivos de la LORPM.

321 Con respecto a la fijación de la edad mínima de responsabilidad penal en los 14 años, España se sitúa en la media, pues se trata de la edad más común a nivel internacional siguiendo las directrices de la Observación General núm. 24 (2019) CRC, (Apartado 22), en la que se insta a los Estados partes a que tomen nota de los últimos descubrimientos científicos, que indican que la madurez y la capacidad de pensamiento abstracto todavía están evolucionando en los niños de 12 a 13 años, debido a que la parte frontal de su corteza cerebral aún se está desarrollando. Por lo tanto, es poco probable que comprendan las consecuencias de sus acciones o que entiendan los procedimientos penales. En tal sentido, alienta a los Estados Parte a que eleven la edad de responsabilidad penal en sus países a 14 años como mínimo, haciendo constar, además, que más de 50 Estados partes han elevado la edad mínima de responsabilidad penal tras la ratificación de la CDN. Con respecto a la UE, Estados como Inglaterra y Gales, Irlanda o Suiza, contemplan la edad mínima de 10 años, alejándose del promedio europeo de los 14 años. Francia y Polonia establecen los 13 años como la edad de imputabilidad penal. *Vid.* DÜNKEL, F., "Edad de imputabilidad penal y jurisdicción de los tribunales juveniles en Europa", *op. cit.* (pp. 31–49).

quedando fuera no solo del derecho penal, siendo suficiente una respuesta en el ámbito del sistema de protección de la infancia[322]

Esta fijación de la edad mínima en 14 años no responde a un consenso internacional, pues a pesar de que la CDN exige a los Estados miembros establecer una edad mínima por debajo de la cual se presumirá que los niños y niñas no han infringido la ley penal, en su art. 40.3 CDN no especifica cuál debe ser esa edad. Por su parte, la Regla 4 de las Reglas de Beijing recomienda que la edad mínima *no sea fijada a una edad demasiado temprana, teniendo en cuenta la madurez emocional, mental e intelectual.*

En el ámbito del Consejo de Europa, la Recomendación (2008) 11, *sobre las reglas europeas para los menores delincuentes que han sido objeto de sanciones y medidas,* con respecto a los límites de edad de la responsabilidad penal juvenil considera necesario que la edad mínima *no deba ser muy baja y asimismo legalmente determinada y medida.*

En el caso español, a los menores de 14 años, que presuntamente hayan cometido un delito, como se ha adelantado, se les aplicará lo dispuesto en las normas sobre protección de menores previstas en el CC, conforme a lo dispuesto en el art. 3 LORPM, de tal manera que el Fiscal remitirá a la Entidad Pública de Protección de Menores competente el testimonio sobre los particulares que considere necesarios con el objeto de que ésta pueda valorar la situación y las circunstancias del menor[323].

---

[322] VÁZQUEZ GONZÁLEZ, C., "Minoría de edad, inimputabilidad y responsabilidad penal", en PILLADO GONZÁLEZ, E. (Dir.), *Violencia de género en el ámbito de la justicia penal juvenil. Una visión iberoamericana,* Dykinson, Madrid, 2024 (p. 83).

[323] A pesar de que la LORPM establece como imperativa la remisión a la Entidad Pública de Protección, la FGE en su Circular 1/2000, (apartado II.1), matizó que se trataba de una facultad del MF, que debía ser quien valorase la conveniencia de remitir los particulares que considere necesarios a la entidad pública de protección del menor competente,

Para el caso de que el MF, encargado de la instrucción del expediente, averiguase tras las primeras diligencias de instrucción que el menor infractor tiene una edad inferior a 14 años, procederá a decretar el archivo. Igualmente, si tras la conclusión de la instrucción, descubre que el menor tiene menos de 14 años, podrá solicitar del Juez de la SMTI que dicte auto de sobreseimiento libre por exención de responsabilidad criminal, en base al art. 637.3º LECrim.

4.- LA SITUACIÓN DE ESPECIAL VULNERABILIDAD DEL MENOR EXTRANJERO NO ACOMPAÑADO ANTE EL PROCESO PENAL DE MENORES

4.1.- El menor extranjero no acompañado como menor especialmente vulnerable

Si un menor de edad ante un sistema de justicia, que tradicionalmente ha sido configurado para los adultos, es una persona vulnerable, aquel niño, niña o adolescente que, además, es extranjero y no está acompañado de sus progenitores, familiares o personas de referencia, se agrava su condición de vulnerabilidad.

En este sentido, tanto a nivel comunitario como regional se ha procedido al reconocimiento expreso de los menores en situación de desplazamiento o aquellos que se ven afectados de otro modo por la migración como uno de los grupos más vulnerables en Europa, debido a su acceso limitado a la justicia, la educación y los servicios sociales y de salud; además, dentro de este colectivo, los niños no acompañados se enfrentan a una situación particularmente precaria. Concretamente, el Consejo de Europa ha puesto de manifiesto las constantes violaciones de

---

precisando, además, que será aquella del lugar del domicilio del menor y no del lugar de la comisión de los hechos delictivos.

derechos humanos que sufren los niños migrantes, en general, aun cuando se encuentran acompañados por sus padres y ha señalado como manifestaciones de estas vulneraciones, la falta de aplicación del interés superior del niño en los procedimientos de asilo y de inmigración; la práctica de detenciones, en lugar de proteger el bienestar del niño; la asignación inadecuada de tutores, la separación familiar y los degradantes procedimientos de determinación de la edad, así como el riesgo elevado de ser objeto de trata de seres humanos y de explotación[324].

En el ámbito comunitario, la condición de vulnerabilidad de los menores extranjeros no acompañados también está presente en diferentes textos. Así, se alude a ella en la Resolución del Consejo de la Comunidad Europea de 26 de junio de 1997, *relativa a los menores no acompañados nacionales de países terceros.* Posteriormente, se reconoce expresamente en el art. 3.9 de la *Directiva de retorno* y, asimismo, se contempla en el art. 21 de la Directiva 2013/33/UE del Parlamento Europeo y del Consejo, de 26 de junio de 2013, *por la que se aprueban normas para la acogida de los solicitantes de protección internacional.* Además, en el Programa de Estocolmo, que ha dado lugar al Plan de Acción sobre los Menores no Acompañados, se refleja la preocupación por la vulnerabilidad de los menores no acompañados procedentes de terceros países[325].

Con respecto a la justicia juvenil, el CESE en su *Dictamen sobre la prevención de la delincuencia juvenil, los modos de tratamiento de la delincuencia juvenil y el papel de la justicia del menor en la Unión*

---

324 Estrategia del Consejo de Europa para los derechos de los niños y las niñas (2016-2021), *Derechos Humanos de los niños,* Apartado II, Pto. 7 (p.14).

325 En el apartado 6.1.7 del Programa de Estocolmo, relativo a los Menores Extranjeros no Acompañados, se señala los menores no acompañados que llegan a los Estados miembros procedentes de terceros países representan un grupo particularmente vulnerable que requiere una atención especial y respuestas específicas, en especial en el caso de los menores expuestos a riesgo.

Europea, también identifica como especialmente vulnerables los menores inmigrantes no acompañados[326].

En definitiva, la edad puede suponer en sí misma una condición de vulnerabilidad, pero no es el único criterio. Por eso, cuando se trata de un menor de edad de nacionalidad extranjera y no acompañado, se habla de una especial vulnerabilidad o vulnerabilidad agravada con respecto a la que pueden sufrir los migrantes adultos[327]. Incluso se le ha llegado a denominar

---

326 Apartado 2.1.2 Dictamen CESE.

327 El Informe del Alto Comisionado de las Naciones Unidas para los Derechos Humanos Principios y orientaciones prácticas sobre la protección de los derechos humanos de los migrantes en situaciones de vulnerabilidad, de 3 de enero de 2018, (documento A/HRC/37/34 de las Naciones Unidas), identifica como migrantes vulnerables aquellos que no pueden gozar de manera efectiva de sus derechos humanos, que corren un mayor riesgo de sufrir violaciones y abusos, y que, por consiguiente, tienen derecho a reclamar una mayor protección a los garantes de derechos. Concretamente, subraya que las situaciones de vulnerabilidad a las que se enfrentan los migrantes pueden surgir de diversos factores que pueden converger o coexistir simultáneamente, influirse y exacerbarse entre ellos y también evolucionar y variar con el tiempo, a medida que cambian las circunstancias (párrafo 12). Asimismo, añade que los factores que generan vulnerabilidad pueden motivar, en primer lugar, que un migrante abandone su país de origen, pueden producirse durante el tránsito o en el país de destino, con independencia de que el desplazamiento inicial haya sido escogido libremente, o pueden estar relacionados con la identidad o las circunstancias de la persona migrante. Por lo tanto, la vulnerabilidad en este contexto debe entenderse como una realidad a la vez situacional y personal (*ibid.*, párrafo 13). Por último, también recuerda que los migrantes no son intrínsecamente vulnerables ni carecen de resiliencia y capacidad de actuación. Por el contrario, la vulnerabilidad ante las violaciones de sus derechos humanos es el resultado de múltiples formas de discriminación interrelacionadas, de la desigualdad y de dinámicas estructurales y sociales que imponen límites y desequilibrios en los niveles de poder y de disfrute de los derechos (*ibid.* párrafo 12).

como menor con *doble vulnerabilidad*[328], *triple vulnerabilidad*[329] o *con múltiples vulnerabilidades*[330].

Más allá de las circunstancias que son inherentes a cualquier menor extranjero no acompañado (no ser nacional del Estado en el que se encuentra sometido a la justicia y encontrarse sin sus progenitores o personas que ejerzan su guarda y custodia), existen una serie de factores, relacionados con el origen, el propio contexto migratorio, la acogida en el Estado receptor y las circunstancias sociales en el momento de comisión del delito que son claves para determinar su grado de vulnerabilidad. Son los factores que denominaremos *internos*, cuya característica principal es que, en la mayoría de las ocasiones, el menor ha tenido poca o ninguna injerencia en ellos y que lo han colocado en esa situación de vulnerabilidad.

Entre ellos, se podrían distinguir, en primer lugar, aquellos que tienen su germen en los propios países de origen y que, normalmente, son las causas que motivan que los menores emprendan el trayecto migratorio, como pueden ser la pobreza, la falta de recursos o la situación política del país, entre otros. Además, debe tenerse en cuenta también el contexto social y cultural del país de origen,

---

328 DE LA FUENTE ROBLES, Y. M. y SOTOMAYOR MORALES, E. M., "Vulnerabilidad y exclusión social de los menores inmigrantes", *Migraciones & Exilios. Cuadernos de la Asociación para el estudio de los exilios y migraciones ibéricos contemporáneos*, núm. 10, 2009, (p. 43).

329 PÉREZ GONZÁLEZ, C., "La compatibilidad de las medidas adoptadas por la Unión Europea con las obligaciones que impone el derecho internacional de los derechos humanos en el ámbito de la migración de menores extranjeros no acompañados", *Revista de Derecho Migratorio y Extranjería*, núm. 31, 2012, (pp. 247-272); GONZÁLEZ MARTIN, N. y CARRIZO AGUADO, D., "Reflexiones jurídicas respecto de los niños, niñas y adolescentes extranjeros no acompañados. Desafíos y oportunidades", en LARA AGUADO, A. (Dir.), *Protección de menores en situaciones transfronterizas análisis multidisciplinar desde las perspectivas de género, de los derechos humanos y de la infancia*, Tirant lo Blanch, Valencia, 2023, (p. 780).

330 *Informe Derechos Procesales de los Menores Sospechosos* (...), *op. cit.*, (p. 6).

puesto que ello influirá en el ideal de justicia, en los límites entre lo que se considera socialmente admisible o aceptable y también sobre la propia concepción del proceso penal de menores, basada en la experiencia y el sistema de justicia juvenil e incluso penal de adultos que el menor haya conocido anteriormente.

Ya en el año 1997, ACNUR, en sus *Directrices sobre políticas y procedimientos relativos al tratamiento de niños no acompañados solicitantes de asilo*, puso de relieve las variadas y a menudo complejas circunstancias o factores internos en los que se encuentran estos niños a los que se califica expresamente, ya en ese momento, como *especialmente vulnerables*. Entre ellos, se mencionan el temor de una persecución, de un abuso de los derechos humanos o de disturbios civiles en su país de origen. Igualmente, se hace referencia a decisiones tomadas por la familia que hayan supuesto el haber sido enviados contra su voluntad, o con el fin de asegurar un futuro mejor en países que las personas que les cuidan perciben como más desarrollados. En otros casos, pueden ser mixtos los motivos y las razones que conllevan a migrar[331].

Ello no quiere decir que estas características sean propias de todos los menores extranjeros no acompañados, ya que se trata de un colectivo muy heterogéneo, en el que convergen múltiples realidades y situaciones diferentes en sus países de origen y entornos sociales y familiares, tal y como se ha venido exponiendo a lo largo de la presente obra. Asimismo, debemos poner de relieve que no se trata de circunstancias que sean únicamente atribuibles a un menor extranjero, sino que también muchas de ellas concurren en otros menores nacionales, debido a situaciones de pobreza, de desamparo, de pertenencia a una minoría, etc.

En segundo lugar, dentro de los factores internos, deben tenerse en cuenta las circunstancias relativas al propio trayecto migratorio, que ya de por sí suele ser caótico y traumático, marcado

---

[331] Párrafos 1.1. y 1.2 Directrices de ACNUR de 1997.

por situaciones de violencia y de una duración muy larga, pues en múltiples ocasiones no se reduce a la concreta travesía en patera o cruce de frontera terrestre, que es el último trayecto hasta la frontera española, sino a los desplazamientos por varios países del continente africano hasta llegar a los principales puertos de salida de las diferentes vías marítimas o terrestres. A ello se suman los potenciales peligros a los que están expuestos durante dicho recorrido migratorio, que pone en riesgo su vida o la posibilidad de haber sido víctima de trata de seres humanos o de explotación y abuso sexual. Finalmente, será decisivo el nivel de afectación en el menor, a nivel psicológico, ya que probablemente haya presenciado la muerte de algún acompañante o ser querido[332].

En términos similares e incidiendo en el contexto relativo al trayecto migratorio que influye en la condición de especial vulnerabilidad de los menores extranjeros no acompañados, la Resolución de la Asamblea General de las Naciones Unidas de 18 de diciembre de 2018, *Los niños y los adolescentes migrantes*, dispone que los niños migrantes, incluidos los adolescentes, en particular los que se encuentran en situación irregular, pueden estar expuestos a abusos y violaciones serios de los derechos humanos en diversos puntos de su viaje, lo que puede *poner en peligro el bienestar físico, emocional y psicológico en los países de origen, de tránsito o de destino, y porque muchos niños migrantes en situación irregular, incluidos los adolescentes, pueden no ser conscientes de sus derechos y estar expuestos a delitos y abusos de derechos humanos que cometan organizaciones delictivas transnacionales y delincuentes comunes,*

---

[332] Numerosos informes de organismos internacionales y estatales destacan los riesgos particulares y las situaciones de vulnerabilidad que afectan a los niños, niñas y adolescentes durante y después de su trayecto migratorio: *Una travesía mortal para los niños. La ruta de la migración del Mediterráneo central*, UNICEF, 2017. Disponible en: https://www.unicef.es/sites/unicef.es/files/comunicacion/travesia-refugiados-mediterraneo.pdf; *Informe sobre las migraciones en el mundo*, OIM, 2024. Disponible en: https://publications.iom.int/books/informe-sobre-las-migraciones-en-el-mundo-2024

en particular el robo, el secuestro, la extorsión, las amenazas, la trata de personas, incluido el trabajo forzoso, el trabajo infantil, la explotación, los abusos sexuales, las lesiones físicas y la muerte[333].

En tercer lugar, dentro de los factores internos, deben incluirse aquellas circunstancias a tener en cuenta una vez llegados al Estado receptor y en función de su situación y de la valoración que se haga de la misma por la Administración competente; en ese momento, se podrá determinar su condición de víctimas de trata, beneficiarios de protección internacional (refugiado o beneficiario de protección subsidiaria), así como su inclusión en los sistemas de protección de la infancia y adolescencia autonómicos, lo que conlleva la regularización de su situación administrativa[334]. Asimismo, es preciso poner de relieve la situación de muchos de estos menores, que se encuentran fuera del sistema de acogida, bien porque nunca llegan a formar parte de él, al no ser identificados como menores, o bien, porque se fugan de los centros de protección o se encuentran en situación de calle[335].

En este punto, es importante tener en cuenta la forma y las condiciones en las que se ha producido la acogida en el Estado receptor, ya que es muy probable que el menor muestre

---

333 Resolución de la Asamblea General de las Naciones Unidas de 18 de diciembre de 2018, *Los niños y los adolescentes migrantes* (A/RES/69/187), (p. 2).

334 A este respecto, resulta interesante la clasificación de categorías de menores extranjeros no acompañados que realiza SERRANO SÁNCHEZ, L., *Vulneración y acceso a los sistemas de protección de los derechos de la niñez y adolescencia inmigrante no acompañada en España y en El Salvador*, Universidad Pública de Navarra, Navarra, 2021, (pp. 222-228).

335 Sobre los menores desaparecidos, destaca el análisis realizado en SERRANO SÁNCHEZ, L., "Competencia y cooperación internacional de autoridades. El interés superior de la y el menor no acompañado como eje en la identificación y reubicación", en LARA AGUADO, A. (Dir.), *Protección de menores en situaciones transfronterizas análisis multidisciplinar desde las perspectivas de género, de los derechos humanos y de la infancia*, Tirant lo Blanch, Valencia, 2023, (pp. 693-696).

sentimientos de desconfianza hacia los policías, funcionarios judiciales, jueces o abogados que intervengan en el proceso y que, por tanto, incidan en el agravamiento de su vulnerabilidad.

Por último, es preciso analizar cuál ha sido el contexto social, educativo y familiar del momento de comisión del delito y especialmente tener en cuenta si el menor se encontraba tutelado por la Entidad Pública de Protección, en acogimiento residencial o familiar o bien, por el contrario, se encontraba aislado, sin referentes sociales o familiares y en situación de calle, ya que ésta última en sí misma constituye una situación de riesgo delictivo y también victimológico, especialmente en lo que se refiere a los delitos de subsistencia y a su explotación por parte de adultos con fines delictivo y sexual.

Además de estos factores internos de vulnerabilidad, también existen los que denominaremos factores externos, que hacen referencia a situaciones en las que la sociedad o el sistema puede hacer vulnerable a una persona que inicialmente no lo era o agravar su situación de vulnerabilidad, por la propia configuración del sistema tanto de protección del menor como de justicia, creando, por ejemplo, barreras para acceder e intervenir en el proceso judicial, de manera que su capacidad de defensa se vea cada vez más limitada[336].

En un contexto más amplio, podría incluso considerarse que es la propia política migratoria europea centrada en el control y externalización de fronteras, otro de los factores externos de vulnerabilidad[337]. Por tanto, no se pueden deslindar totalmente los factores externos de los internos, ya que muchas veces se entremezclan en el sentido de que, los que se consideran

---

336 JULLIEN DE ASÍS, J., *La participación de la víctima menor de edad en el sistema de justicia. Una aproximación restaurativa,* Tesis doctoral, Universidad Carlos III, Madrid, 2016, (p. 106).

337 CARVALHO DA SILVA, J, "Adolescentes marroquíes en calle desprotección, delincuencia y victimización", *Revista Española de Investigación Criminológica,* Vol. 19, núm. 1, 2021, (p. 5).

originados en los países de origen y, por tanto, en un principio calificados como internos, pueden producirse por desigualdades estructurales, por la propia globalización, el expolio de los recursos por parte de países occidentales y la respuesta europea a la inmigración. Ello nos llevaría a calificarlos también de externos, en el sentido de que son originados por las propias sociedades receptoras. Sin embargo, se van a considerar factores externos únicamente aquellos que podrían ser subsanados en el marco del proceso, ya que se trata de barreras inherentes a la propia configuración del sistema de justicia y procesal.

En concreto, se podrían considerar como factores externos, la prolongación indebida del proceso o las costas procesales, existiendo algunos específicos que afectan directamente a los menores extranjeros no acompañados, que serán analizados en los capítulos siguientes, en donde se pondrá de manifiesto el desequilibrio latente con respecto a los adultos o a los menores nacionales en cuanto al derecho a la información, el derecho a la asistencia letrada o a la traducción e interpretación, entre otros.

Asimismo, otro de los factores externos que inciden directamente en la situación de vulnerabilidad de los menores extranjeros no acompañados, pero también de los menores pertenecientes a minorías étnicas e incluso los menores en situación de desamparo, son los prejuicios y estereotipos de la propia sociedad que también calan en muchos operadores jurídicos e impactan negativamente en la percepción y en el tratamiento del menor durante el proceso, debido especialmente a una falta de formación específica sobre el contexto migratorio y las situaciones de origen[338].

---

338 LAURENZO COPELLO, P., "¿Vulnerables o vulnerados? Las paradojas de la tutela penal de los inmigrantes", en DE HOYOS SANCHO, M., *Garantías y derechos de las víctimas especialmente vulnerables en el marco jurídico de la Unión Europea,* Tirant Lo Blanch, Valencia, 2013 (p. 78).

En conclusión, la identificación de los menores extranjeros no acompañados como personas especialmente vulnerables, no solo en lo que respecta al contexto social y administrativo en el que se encuentran, sino cuando se ven sometidas a un proceso penal para exigir su responsabilidad por la comisión del delito, debe entenderse desde un la idea de que dichas personas no solo son vulnerables por sus circunstancias intrínsecas, sino que lo devienen aún más fruto de la relación que las une a otras personas, otros grupos y circunstancias sociales y, en general, a la situación en la que vayan a entrar en juego sus recursos y carencias particulares, que habrán de ser analizadas en cada caso concreto.

Sin embargo, no debe entenderse su situación de especial vulnerabilidad desde una óptica paternalista de sobreprotección, que puede llegar a ser estigmatizadora, incluso bajo el propósito bienintencionado de reforzar su protección, pues se corre el riesgo de perpetuar estereotipos e, incluso, de reproducir políticas estigmatizantes que condenan a ciertos colectivos a una posición subalterna social, política y jurídicamente[339]. Se trata, por tanto, de poner el foco de atención en la necesidad de implementar mecanismos de corrección y adaptación para eliminar las limitaciones de aquellas personas que, por su idioma, su capacidad distinta de comprensión, su falta de madurez y otras circunstancias psicológicas, sociales o incluso administrativas, no se mantiene la equidad del proceso penal. Ello se traduce en la obligación del Estado de adoptar las medidas pertinentes para proporcionar a estas personas el apoyo que puedan necesitar en el ejercicio de su capacidad jurídica, que poseen en igualdad de condiciones con las demás en todos los aspectos de la vida[340].

---

339 BONSIGNORE FOUQUET, D., "Bases teóricas y aspectos político-criminales acerca de la vulnerabilidad", (...) *op. cit.*, (p. 28).

340 Esta perspectiva es similar a la que motivó la reforma de la legislación civil y procesal para la adecuación de nuestro ordenamiento jurídico a la *Convención internacional sobre los derechos de las personas con*

Por tanto, aunque en esta obra, nos centremos en los menores extranjeros no acompañados, muchas de las deficiencias detectadas y de los ajustes propuestos son extensibles a otros colectivos e incluso, en muchos casos a todos los menores de edad, sean nacionales o no, entre los que pueden darse los mismos factores que impiden una participación plena en el sistema de justicia juvenil configurado desde una perspectiva adulto-céntrica. Se trata también de reconocer una diversidad que implica adaptar el proceso, partiendo de la responsabilidad del sistema público de justicia y también, de todos los operadores jurídicos que forman parte de él.

4.2.- El principio de igualdad y no discriminación aplicado a los menores extranjeros no acompañados en el sistema de justicia juvenil.

La vulnerabilidad aparece indisociablemente unida a los principios de igualdad y no discriminación, consagrados como principios fundamentales en todos los instrumentos de protección de derechos humanos y pilares de su sistema de protección. Todos ellos forman parte de la esfera del *ius cogens*, dando lugar a obligaciones de protección que vinculan a todos los Estados y generan efectos con respecto a terceros, incluso particulares.

La noción de igualdad se desprende directamente de la unidad natural del género humano y es inseparable de la dignidad esencial de la persona, frente a la cual es incompatible toda situación que, por considerar superior a un determinado grupo, conduzca a tratarlo con privilegio; o que, a la inversa, por considerarlo inferior, lo trate con hostilidad o de cualquier forma

---

discapacidad, hecha en Nueva York el 13 de diciembre de 2006, con la promulgación de la Ley 8/2021, de 2 de junio, *por la que se reforma la legislación civil y procesal para el apoyo a las personas con discapacidad en el ejercicio de su capacidad jurídica.*

que vulnere el goce de derechos que sí se reconocen a quienes no se consideran incursos en tal situación de inferioridad.

A pesar de que la protección contra la discriminación por razón de género, raza, religión, opinión política, idioma, etc. en lo que respecta al ejercicio de los derechos y garantías es un principio reconocido en casi todos los textos procesales, tanto a nivel internacional como comunitario, no se establece expresamente la posibilidad de otorgar una protección específica a aquellos más susceptibles de sufrirla. De esta forma, en el texto de referencia relativo a las garantías procesales de los menores sospechosos o acusados en procesos penales, esto es, la Directiva 2016/800, se establece que los Estados miembros deberán respetar y garantizar los derechos que en ella se reconocen, *sin discriminación alguna por motivo alguno, como la raza, el color, sexo, orientación sexual, idioma, religión, opinión política o de otra índole, nacionalidad, origen étnico o social, patrimonio, discapacidad o nacimiento* (Considerando 65).

Igualmente, a nivel internacional, la Observación General núm. 24 CRC aboga por establecer salvaguardas contra la discriminación desde el primer contacto con el sistema de justicia penal y durante todo el juicio y la necesidad de incluir ajustes en el procedimiento (Párrafo 40).

En la misma línea, el CRC, en sus *Observaciones finales sobre los informes periódicos quinto y sexto combinados de España*, mostró su preocupación por la persistencia de la discriminación de hecho que sufren los niños y las niñas por motivos de discapacidad, origen nacional y condición socioeconómica, la discriminación racial y la estigmatización de los niños romaníes y los niños de origen migrante. Para ello, instaba a España a reforzar las medidas para prevenir y combatir la discriminación contra los niños y las niñas en todos los sectores de la sociedad y a asegurar la plena aplicación de las leyes en vigor pertinentes que prohíben la discriminación. También recomendaba intensificar las campañas de educación pública para combatir la estigmatización y la discriminación, particularmente contra menores de minorías étnicas, incluidos los niños y niñas romaníes, los de origen extranjero, solicitantes de asilo y refugiados y los menores con discapacidad[341].

En respuesta a ello, nuestro ordenamiento jurídico reconoce la igualdad de trato y la no discriminación como principios de actuación para los poderes públicos y, concretamente para la Administración de Justicia en la Ley 15/2022, de 12 de julio, *integral para la igualdad de trato y la no discriminación,* hacia cualquier persona, con independencia de su nacionalidad, de su edad o de si disfrutan o no de residencia legal. En tal sentido, la Ley 15/2022 establece que nadie podrá ser discriminado por razón de nacimiento, origen racial o étnico, sexo, religión, convicción u opinión, edad, discapacidad, orientación o identidad sexual, expresión de género, enfermedad o condición de salud, estado serológico y/o predisposición genética a sufrir patologías y trastornos, lengua, situación socioeconómica, o cualquier otra condición o circunstancia personal o social (art. 2.1). Por tanto, dentro del ámbito subjetivo de esta ley, se encuentran los menores extranjeros no acompañados en conflicto con la justicia.

El objetivo de la Ley 15/2022 es crear un marco normativo común mínimo que contenga las definiciones fundamentales del derecho antidiscriminatorio español y, al mismo tiempo, albergue sus garantías básicas frente a la discriminación, buscando una protección real y efectiva de las víctimas[342]. Teniendo en cuenta que la vulnerabilidad se identifica con el equilibrio de las partes en el proceso, y, por tanto, vinculada al principio de igualdad, corresponde al Estado el asegurar el trato igualitario entre las personas y eliminar tanto la discriminación directa como la indirecta, a través de la derogación de leyes o prácticas discriminatorias, pero

---

[341] Apartado C de las Observaciones finales sobre los informes periódicos quinto y sexto combinados de España, aprobadas por el Comité en su 77° período de sesiones (14 de enero a 2 de febrero de 2018), (p. 4).

[342] Párrafo 1° del Apartado II de la Exposición de Motivos de la Ley 15/2022, de 12 de julio, *integral para la igualdad de trato y la no discriminación.*

también, asegurándose que, aquellas que aparentemente puedan ser neutrales, no supongan en la práctica una discriminación.

Ello supone que el derecho a la igualdad de trato y la no discriminación se conviertan en un principio informador del ordenamiento jurídico y, como tal, se integrarán y observarán con carácter transversal en la interpretación y aplicación de las normas jurídicas (art. 4.3 Ley 15/2022). Esta ley abre la vía a impugnar aquellos actos administrativos, normas o sentencias judiciales en los cuales se aprecien los prejuicios que están en la base de cualquiera de las discriminaciones prohibidas (prejuicios de género, raciales, discapacitistas, edadistas, homófobos), o de cualquier otro tipo asociado con alguna de las causas expresadas en el art. 2.1 de la Ley 15/2022 o amparadas en el art. 14 CE.

El sistema de justicia juvenil en España contiene normas que conllevan una discriminación de los menores extranjeros no acompañados con respecto a los menores nacionales; así, se han introducido normas aparentemente sean neutrales, pero que suponen en su aplicación práctica una discriminación. Por poner algunos ejemplos, nos referiremos, en primer lugar, al art. 7.3 LORPM, en el que se reconoce el principio de flexibilidad del Juez de la SMTI en cuanto a la elección de la medida a imponer al menor, en el que se atenderá no sólo a la prueba y valoración jurídica de los hechos, sino especialmente a la edad, las circunstancias familiares y sociales, la personalidad y el interés del menor. Así, la circunstancia de no tener referentes familiares ni un entorno social sólido, como puede ocurrir con un menor extranjero no acompañado en situación de calle, conduce irremediablemente a la imposición de la medida más gravosa, como es la privación de libertad mediante un internamiento en régimen cerrado, que habitualmente, para el caso de los menores nacionales constituye la medida más excepcional. Lo mismo ocurre con las circunstancias sociales a tener en cuenta, donde se valorará su integración social, su situación formativa o profesional, en donde factores como su situación de irregularidad administrativa y su imposibilidad de trabajar o acceder a una formación jugarán también a favor de la aplicación de medidas más gravosas[343].

En segundo lugar, el art. 18 LORPM, relativo a la posibilidad de desistimiento de la incoación del expediente por el MF por corrección en el ámbito educativo y familiar, como una norma discriminatoria *per se* para los menores extranjeros no acompañados, ya que uno de los requisitos para que el MF pueda ejercer el principio de oportunidad a través del desistimiento, es precisamente que el menor haya sido reprendido en el ámbito familiar o educativo. Este requisito que aparece en el título del precepto no es desarrollado en el texto del mismo; si bien, ha sido interpretado como la exigencia de que el menor haya sido reprochado, sancionado y reprendido por esa conducta en el ámbito familiar según la naturaleza de los hechos, y por ello, ante tal reproche una actuación judicial resulta secundaria al mismo[344].

La aplicación práctica del art. 18 LORM, cuyo objetivo es evitar los posibles efectos adversos y estigmatizadores que el proceso penal puede producir en el menor porque aún es posible su corrección en el ámbito familiar o educativo, basado en criterios

---

343 En el apartado 6 del presente capítulo, se reflejan las estadísticas referentes a las medidas de internamiento a menores nacionales y extranjeros, donde se muestra la sobrerrepresentación de los menores extranjeros en la aplicación de este tipo de medidas tanto cautelares como definitivas.

344 A pesar de que el derecho de corrección ha sido derogado expresamente del art. 154 CC, su existencia y legitimidad se admite en la jurisprudencia del TS como un concepto integrado en el resto de los deberes que el CC impone a los progenitores y que, a su vez, ha de relacionarse con las obligaciones que los hijos tienen para con sus progenitores. Supone una actuación orientada a educar al menor (advertirle, reprenderle, amonestarle para conseguir que se porte bien, apartarle de una conducta incorrecta...) presidida por los principios de proporcionalidad, razonabilidad y moderación. No legitima el uso de violencia física, entendida esta en sentido jurídico penal conforme a los parámetros típicos del art. 147 y 153 CP.

que muy difícilmente puede cumplir el menor extranjero, al carecer de un entorno inhibidor de su conducta antisocial o poder adquirir habilidades sociales o educacionales, afecta al principio de igualdad, puesto que se criminalizaría la desigualdad social.

Cabría plantearse, desde criterios restaurativos, que sería más acorde modificar la denominación del art. 18 LORPM en el sentido de *desistimiento atendiendo a las circunstancias del menor y a la irrelevancia del hecho,* y que esa función correctora y reeducadora en un ámbito extrajudicial sea posible llevarla a cabo a través de una intervención desde otros entornos que no sean solo la familia, como puede ser la Entidad Pública de Protección, una ONG o asociación que trabaje con menores migrantes, implementando acciones formativas o educativas concretas.

5.- TRATAMIENTO DE LA VULNERABILIDAD DENTRO DEL PROCESO PENAL DE MENORES

Teniendo en cuenta la obligación de los Estados de implementar mecanismos de corrección y adaptación del sistema de justicia para que tengan cabida en él las personas vulnerables y garantizar el ejercicio de sus derechos, resulta preciso analizar la inclusión del término vulnerabilidad en los instrumentos procesales de aplicación.

En el ámbito comunitario, si bien la Comisión Europea, en el marco de la creación del espacio judicial europeo, se hizo eco de la necesidad de protección de los derechos procesales de acusados y sospechosos y, en especial, de aquellos más vulnerables, esta necesidad no ha sido objeto de desarrollo de la forma debida[345]. En este sentido, se introduce una definición de personas vulnerables en la Recomendación de la Comisión, de

345 FERNÁNDEZ MOLINA, E., "Detectar situaciones de vulnerabilidad en sede policial, ¿una misión imposible?", *Boletín Criminológico,* Vol. 30, núm. Extra 232, 2024, (p. 4).

27 de noviembre de 2013, *relativa a las garantías procesales para las personas vulnerables sospechosas o acusadas en procesos penales;* que identifica como tales a aquellas que no puedan comprender y participar eficazmente en un proceso penal debido a su edad, su condición mental o física, o sus discapacidades[346].

A fin de proteger a estas personas y fortalecer su posición procesal, se incluye la adopción de medidas durante el proceso penal, como la realización de una evaluación inicial tendente a la detección rápida de una posible vulnerabilidad, a cargo de los agentes de policía, cuerpos de seguridad o autoridades judiciales, pero con el auxilio de un experto independiente que examine el grado de vulnerabilidad y las necesidades de la persona en cuestión. Esta evaluación, que se equipara a un reconocimiento médico, podrá ser impugnada por el sospechoso o acusado, máxime cuando su resultado pueda suponer una restricción o limitación en el ejercicio de sus derechos[347].

Además, se contempla la figura del *adulto adecuado*, identificando como tal a una persona de la familia, o relacionada socialmente con la persona vulnerable, a la que se deberá brindar toda la información referente a la causa penal y al proceso en sí mismo, para que sea ella quien pueda interactuar con las autoridades y permitir a la persona vulnerable ejercer sus derechos procesales. De lo anterior, se desprende que no se trata de tutelar a la persona vulnerable sujeta a un proceso penal, en el sentido de sustituir su capacidad de obrar por un tercero (familiar, adulto adecuado, representante legal), sino que el papel

---

346 Considerando 1 de la Recomendación de la Comisión, de 27 de noviembre de 2013, relativa a las garantías procesales para las personas vulnerables sospechosas o acusadas en procesos penales.

347 Considerando 6 y 7 y Recomendación 4 de la Comisión, de 27 de noviembre de 2013, relativa a las garantías procesales para las personas vulnerables sospechosas o acusadas en procesos penales.

de esta persona será la de facilitar el acceso a la justicia, intervenir en el proceso y poder ejercer sus derechos debidamente[348].

Igualmente, en las *Directrices del Comité de Ministros del Consejo de Europa para una justicia adaptada a los niños,* se establece la posibilidad de otorgar una protección y asistencia específicas a niños más vulnerables, entre los que menciona a los niños inmigrantes, refugiados, solicitantes de asilo, niños solos, niños con discapacidad, niños sin hogar y vagabundos, niños gitanos y niños que viven en instituciones residenciales[349].

A pesar de estos precedentes, en la Directiva 2016/800, que va a ser objeto de un análisis más detallado en los capítulos siguientes, se alude a la vulnerabilidad de una manera muy genérica, pero no se define quienes integrarían el colectivo de menores especialmente vulnerables o por lo menos, qué criterios y procedimiento habrían de seguirse para identificar la vulnerabilidad agravada al hecho de ser menor de edad. Por el contrario, otros instrumentos que son aplicables a la protección de los menores en situación de migración, optan por un concepto más restrictivo de situación de vulnerabilidad, circunscrito al marco de aplicación de la norma en cuestión, como podría ser la Directiva 2011/36/UE *relativa a la prevención y lucha contra la trata de seres humanos y a la protección de las víctimas,* cuyo art. 2.2 establece que existe una situación de vulnerabilidad cuando la persona en cuestión no tiene otra alternativa real o aceptable excepto someterse al abuso[350].

---

348 Sobre ello, se profundizará en el Capítulo V.

349 Apartado III relativo a Principios Fundamentales, epígrafe d.2 (p. 19) de las *Directrices del Comité de Ministros del Consejo de Europa para una justicia adaptada a los niños,* aprobadas por el Comité de Ministros del Consejo de Europa el 17 de noviembre de 2010.

350 El 24 de junio de 2024 entró en vigor la Directiva 2024/1712/UE del Parlamento Europeo y del Consejo, de 13 de junio de 2024, *por la que se modifica la Directiva 2011/36/UE relativa a la prevención y lucha contra la trata de seres humanos y a la protección de las víctimas.* No obstante,

La Directiva 2016/800, a lo largo de su articulado, se limita a hacer referencia a la vulnerabilidad del menor como una circunstancia más a valorar junto con la madurez, la personalidad o el contexto económico y social a la hora de implementar las garantías procesales[351].

El único caso en el que se reconoce un supuesto concreto de especial vulnerabilidad es el del menor privado de libertad o detenido, al que expresamente se identifica como especialmente vulnerable, lo que motivará una protección especial y la adopción de determinadas medidas[352].

En el ordenamiento jurídico español, no existe ninguna ley que incorpore específicamente la Recomendación de la Comisión de 27 de noviembre de 2013[353]; por ello, en primer lugar,

---

el art. 2.2 no ha sido modificado y, por tanto, se mantiene el mismo concepto de situación de vulnerabilidad.

351 Así, por ejemplo, con respecto al derecho a una evaluación individual, contenido en el art. 7 Directiva 2016/800, se establece en su apartado 2 que, *en dicha evaluación individual se tendrán en cuenta, en particular, la personalidad y madurez del menor, su contexto económico, social y familiar, así como cualquier vulnerabilidad específica que pueda tener el menor.* Igualmente, con respecto al ámbito de aplicación subjetivo de la Directiva 2016/800 se extiende, en determinados supuestos, a aquellas personas buscadas que fueran menores en el momento en que quedaron sujetas a dichos procesos, pero hayan alcanzado posteriormente la edad de 18 años, y cuando la aplicación de la presente Directiva resulte adecuada habida cuenta de todas las circunstancias del caso, entre ellas la madurez y la vulnerabilidad de la persona de que se trate.

352 Considerandos 45 y 48 de la Directiva 2016/800.

353 En el ámbito civil, la Ley 8/2021, de 2 de junio, *por la que se reforma la legislación civil y procesal para el apoyo a las personas con discapacidad en el ejercicio de su capacidad jurídica,* modificó la LEC para introducir el art. 7 Bis, que establece una serie de adaptaciones y ajustes en los procedimientos en los que participan las personas con discapacidad y personas mayores, independientemente de que lo hagan como parte o en un papel diferente. Estas adaptaciones y ajustes se llevarán a cabo en todas las fases y actuaciones procesales en las que sea

es necesario el reconocimiento y definición de la vulnerabilidad en una norma sectorial y transversal que fuese de aplicación a todas las demás normas y procesos.

En segundo lugar, la determinación de la vulnerabilidad y la vulnerabilidad agravada se debería realizar en la fase más temprana del proceso, esto es, en el primer contacto con la justicia, incluso en una fase preprocesal, como puede ser en sede policial. Resulta preciso regular cómo se va a llevar a cabo esa evaluación de la posible vulnerabilidad y quien va a ser el órgano encargado, teniendo en cuenta las propias dificultades actuales del sistema para que se realice la evaluación efectiva[354].

Para determinar esta situación de especial vulnerabilidad, habrán de tenerse en cuenta también las circunstancias propias

---

necesario, incluidos los actos de comunicación. Además, la reforma establece expresamente que las personas con discapacidad podrán, si lo desean, recurrir a un profesional experto que actuará como facilitador y realizará tareas de adaptación y ajuste. El apartado 5 del Capítulo V tratará sobre la figura del facilitador.

354 En este sentido, destaca el estudio realizado por FERNÁNDEZ MOLINA, E., sobre la detección de la vulnerabilidad en sede policial, con respecto a dos grupos vulnerables (extranjeros y personas con discapacidad) a través de entrevistas a profesionales y a las propias personas sujetas al proceso penal (con respecto a los extranjeros, una de ellas sometida al proceso penal de menores), cuyos resultados muestran como la identificación de la vulnerabilidad es difícil y muchas veces personas en situación de vulnerabilidad permanecen horas bajo custodia policial sin que nadie haya advertido su condición de discapacidad intelectual o su falta de competencia lingüística y, por tanto, sin que se realicen los ajustes de procedimiento previstos en la legislación. FERNÁNDEZ MOLINA, E., "Detectar situaciones de vulnerabilidad en sede policial, ¿una misión imposible?", *op.. cit.*, (pp. 8-9). Entre los impedimentos que condicionan la actuación de los cuerpos policiales con las personas en situación de vulnerabilidad, la autora identifica el contexto de custodia, la cultura policial y la misión del trabajo que realiza la policía (p. 20).

del menor relativas a su contexto familiar, educativo y social en el país de origen, su propio periplo migratorio, las condiciones en las que ha sido acogido en el Estado receptor y el contexto familiar, educativo y social del momento de la comisión del delito, analizando especialmente si estaba bajo los servicios de protección pública del menor, en acogimiento familiar o en situación de calle[355]. Teniendo en cuenta el contenido específico de esta evaluación, se podría implementar a través del Equipo Técnico, tal y como se analizará en el apartado 1 del Capítulo V.

Finalmente, deberían reformarse las garantías procesales de los menores extranjeros no acompañados, sospechosos o acusados de la comisión de un delito, facilitando de esta forma su efectiva participación en el proceso en condiciones de igualdad. Precisamente, al desarrollo de estas garantías se dedican los capítulos siguientes; aunque con carácter previo, se analiza la concreta incidencia de la delincuencia cometida por menores

---

355 En este sentido, destacamos como ejemplo de buenas prácticas, la herramienta para la identificación de personas con necesidades especiales, diseñada por la EASO denominada *Manual para Jueces de Tribunales de Menores: un Enfoque basado en el Trauma para la Toma de Decisiones Judiciales en Procedimientos de Justicia Juvenil para Jóvenes Inmigrantes Recién Llegados*, que introduce factores clave que los jueces de los tribunales de menores deberían tener en cuenta cuando un joven migrante recién llegado se presente ante ellos en casos de justicia juvenil. Este manual examina la definición de joven migrante recién llegado, el papel del trauma migratorio, las vías de exposición al trauma en el sistema judicial juvenil, el estrés traumático dentro del sistema judicial juvenil, las consecuencias jurídicas que participar en el sistema judicial tiene sobre su condición de migrante, las consideraciones culturales, cómo fortalecer los factores de protección y qué pueden hacer los jueces. *Vid. Justicia Adaptada a Niños, Niñas y Adolescentes–En Acción. Caja de herramientas para la aplicación de los principios de la justicia adaptada a niños para el trabajo con personas menores de edad, implicadas en procedimientos administrativos y judiciales*, Red Europea de Justicia Adaptada a Niños (p. 23). Disponible en: https://www.cfjnetwork.eu/_files/ugd/053c39_f4fb0a75d10b4d6dafdc2af7bfc36d7d.pdf

extranjeros no acompañados y se hace una introducción general de la regulación de las garantías procesales de los menores, en especial de las previsiones contenidas en la Directiva 2016/800.

6.- INCIDENCIA DE LA DELINCUENCIA COMETIDA POR MENORES EXTRANJEROS NO ACOMPAÑADOS EN ESPAÑA

A la luz de los datos de la última Memoria de la FGE (2024), se puede afirmar que, en términos generales, la criminalidad vinculada a las infracciones cometidas por menores de edad ha disminuido, si bien, se aprecia un aumento considerable de los ilícitos penales cometidos por menores que no han alcanzado la edad de 14 años y, por tanto, resultan inimputables; así, se evidencia en el año 2023 un ligero descenso de las incoaciones de expedientes de reforma con respecto al ejercicio de 2022 (–3,43%). En cuanto a las sentencias dictadas durante el 2023, también se aprecia un descenso del 18,59% en sentencias absolutorias, del 8,83% en sentencias condenatorias sin conformidad y de un 7,45% en sentencias condenatorias con conformidad. Si bien, la FGE llama la atención respecto al notable aumento de las diligencias que se archivan por ser los presuntos infractores menores de 14 años (un 45,47%, más con respecto al ejercicio de 2022), preocupando especialmente su presunta intervención en delitos como el de acoso escolar, contra libertad sexual, la violencia intrafamiliar, y otros cometidos a través de las redes sociales.

Las mayores tasas de infracciones penales cometidas por menores corresponden a las ciudades autónomas de Ceuta y Melilla, seguidas por la Comunidad Valenciana, Andalucía, Cataluña, Madrid y Canarias; por el contrario, Aragón, la Región de Murcia,

Cantabria y Galicia presentaron los valores más bajos[356]. En cuanto a los tipos delictivos concretos, se constata un aumento de las infracciones en el ámbito de la violencia intrafamiliar, de lesiones en general, de conductas contra la libertad sexual y el creciente abuso o mal uso de las TIC con especial incidencia en el campo del acoso escolar[357]. Con respecto a los delitos de terrorismo de carácter yihadista, durante este ejercicio 2023 representan un 73,08% del total de los incoados por la sección de menores de la Fiscalía de la AN, en virtud de las competencias que tiene atribuidas *ex* art. 2.4 LORPM, lo que se traduce en un importante repunte de investigaciones llevadas a cabo, sobre todo por delitos de auto-adoctrinamiento. De las 26 diligencias preliminares, 20 se han transformado en expedientes de reforma, de los cuales 17 lo han sido por delito de terrorismo yihadista y 3 por agresiones sexuales.

Del total de infracciones cometidas en el año 2023, en términos absolutos, un 77, 83% fueron cometidas por españoles, mientras que un 22,17% lo fueron por extranjeros. En general, las infracciones más cometidas por los menores extranjeros son los delitos contra el patrimonio, especialmente hurtos y robos con fuerza y violencia (suponen un 42, 57% de los delitos); a continuación, los delitos de lesiones, que representan un 30, 81% del total de los cometidos. Por el contrario, los delitos que menos cometen los menores extranjeros son los delitos contra la salud pública (relacionados con el tráfico de drogas) y contra la seguridad vial (el porcentaje de extranjeros es muy inferior al de los españoles). Según la información que proporcionan los cuerpos policiales, las nacionalidades de los menores extranje-

---

356 Fuente: INE, últimos datos publicados (2023) y datos procedentes del Ministerio para la transformación digital y de la función pública: *Menores condenados según sexo, edad, nacionalidad y número de infracciones penales*, 2023.

357 Fuente: Memoria Anual FGE 2024 (Apartado 6.2.2. del Capítulo III).

ros detenidos más prevalentes son Marruecos (6,7%) y Rumanía (5,6%), seguidas de Ecuador (1,75%) y Colombia (1,71%).

De lo anterior, se deducen varias conclusiones; en primer lugar, no existe un mayor índice de criminalidad por parte de menores extranjeros que de menores nacionales, teniendo en cuenta que los datos se obtienen sobre las tasas de población menor de edad nacional y extranjera; además, el aumento de la proporción de jóvenes extranjeros en la población total en los últimos años, no ha llevado aparejada un aumento de la delincuencia, sino al contrario, se está produciendo una reducción de la delincuencia juvenil[358]. Igualmente, se pone de manifiesto que los menores extranjeros tampoco cometen tipos delictivos más graves, ni lo hacen a través de bandas organizadas, en mayor medida que los españoles[359].

En segundo lugar, debe llamarse la atención sobre las estadísticas relativas a las medidas impuestas a los menores. Según datos de la FGE, la cifra global de medidas judiciales impuestas en 2023 asciende a 20.910, lo que supone un descenso del 9,73% respecto al año 2022. La medida más extendida, como viene siendo habitual, es la libertad vigilada representando un porcentaje del 46,10%, seguida del internamiento semiabierto que supone un 10,75% del total de las medidas y un 68,72% del total de internamientos, siendo las prestaciones en beneficio de la comunidad la tercera medida más adoptada, al suponer el 10,21% del total.

La medida de internamiento, siendo la más restrictiva en la jurisdicción de menores, según sus diversas clases, asciende a un total de 3.721. Específicamente, la modalidad de internamiento en régimen cerrado alcanza en el año 2023 una cifra de 730, lo que supone un porcentaje del 19,61% sobre el total de medidas

---

358 GARCÍA ESPAÑA, E., *Enfoque criminológico de las migraciones,* Editorial Síntesis, Madrid, 2018.

359 RUIZ, U. y LÓPEZ-RIBA, J.M., "La sobrerrepresentación de menores extranjeros en los centros de internamiento", *Revista Española de Investigación Criminológica,* Artículo 7, núm. 18, 2020, (pp. 1-34).

de internamiento adoptadas, o sea, un porcentaje del 3,49% sobre la cifra global de toda clase de medidas impuestas en sentencia[360].

Los anteriores datos ponen de manifiesto que la medida de internamiento, especialmente la de régimen cerrado es la más excepcional, dando preferencia a otras como la libertad vigilada o las prestaciones en beneficio de la comunidad. Si bien, cuando se trata de menores extranjeros, la cifra de internamientos es muy superior, imponiéndose con más frecuencia que a los españoles. De media, los menores extranjeros representan, aproximadamente, un 30% de los condenados a internamiento. Sin embargo, los menores extranjeros no representan un 30% de la población residente, sino que representan alrededor de un 10%, por lo tanto, están sobrerrepresentados en las condenas de internamiento[361]. Así, por ejemplo, en la ciudad de Ceuta, en el año 2023, el número de menores españoles cumpliendo una medida de internamiento en régimen cerrado era de 16, mientras que el número de extranjeros era de 21; en Madrid, eran 82 españoles frente a 44 extranjeros y en Cataluña, el número de españoles en internamiento cerrado era 61, frente a 46 extranjeros.

Igualmente ocurre con las medidas cautelares; pues los datos evidencian un elevado número de menores extranjeros detenidos, frente a los españoles. Así, en Cataluña, el número de españoles a los que se les impuso una medida cautelar privativa de libertad fueron 11, frente a 10 extranjeros; en Ceuta, 11 detenciones a españoles y 10 a extranjeros. En algunas CCAA como

---

360 Fuente: Memoria Anual de la FGE de 2024, (Apartado 6.2.3.5.3 del Capítulo III).

361 Datos analizados a partir del Informe del Defensor del Pueblo de 2023 *sobre Mecanismo Nacional de Prevención de la Tortura* y datos del INE relativos a la población de menores extranjeros y nacionales (aunque existen limitaciones, dado que si el menor extranjero no acompañado está en situación irregular y no se encuentra empadronado en ningún municipio no aparecerá en los datos oficiales).

Galicia, incluso hay más representación de menores extranjeros detenidos que españoles (2 extranjeros frente a 1 español)[362].

De hecho, la presencia de menores extranjeros en el sistema de justicia se incrementa cuanto más restrictiva es la medida impuesta (internamientos cautelares, internamientos firmes y permanencia de fin de semana). Una conclusión de estos datos es precisamente la carencia de estructura familiar, que es uno de los pilares tradicionales de la finalidad educativa de las medidas, así como de arraigo, lo que suele determinar, junto con la actividad delictiva cometida, una preferencia por la medida a imponer. La representación de menores extranjeros no acompañados que, procedentes del sistema de protección, acaban cumpliendo una medida de privación de libertad en centros de internamiento nos debe llamar a la reflexión; especialmente a la Entidad Pública de Protección que ha asumido la guarda y tutela del menor desamparado, pues parece ser un indicador del poco éxito de las medidas de protección.

No existen datos desglosados sobre cuántos de estos menores extranjeros son no acompañados y, por tanto, cuántos han estado previamente en el sistema de protección de menores bajo la tutela de la Entidad Pública de Protección[363]. La escasez de datos hace imposible discriminar entre los dos perfiles diferentes de jóvenes extranjeros infractores, el primero, caracterizados por acompañar en el viaje migratorio a sus padres o, sencillamente, por ser hijos de migrantes, nacidos en España pero que no ostentan la nacionalidad

---

362 Los datos desglosados por CCAA se encuentran en el Informe Anual del Defensor del Pueblo de 2023 sobre Mecanismos de Prevención de la tortura (Anexo 6).

363 Debemos llamar la atención sobre la falta de estos datos desglosados, a diferencia de lo que ocurre con otros países de nuestro entorno como Portugal, donde sí se desglosan los datos por nacionalidad, edad, situación previa de protección y, además, los centros de menores reportan mensualmente informes y datos estadísticos.

española; y un segundo grupo, caracterizado por ser menores que realizaron su trayectoria migratoria sin un referente adulto y fueron tutelados por el sistema de protección español (no acompañados).

A pesar de la falta de datos públicos y oficiales, en diferentes investigaciones e informes en el campo del Derecho Penal, la Criminología o el Trabajo Social, se ha venido analizando la relación directa entre los menores que después de su tutela en el sistema de protección acaban formando parte del sistema de justicia juvenil y, especialmente, los menores extranjeros no acompañados[364].

Algunos motivos que explican por qué estos menores acaban cometiendo delitos tienen su origen en la falta de integración en los recursos residenciales asignados, generalmente falta de concordancia entre las expectativas del menor y la realidad con la que se encuentran, al considerar su estancia en el centro como un retroceso en su objetivo de encontrar trabajo, lo que motiva

364 *Vid.* GARCÍA ESPAÑA, E., "De menores inmigrantes en protección a jóvenes extranjeros en prisión", *Indret Revista para el Análisis del Derecho,* núm. 3. 2016, (pp. 1-27), destaca la conclusión a la que se llega tras entrevistar a jóvenes marroquíes en prisión, que no llegan a prisión solo aquellos jóvenes que tuvieron una infancia más amarga en Marruecos, sino también aquellos que vivieron en un ambiente familiar y económicamente estable y estuvieron escolarizados, lo que apunta a la existencia de unos factores de riesgo en el contexto de acogida y en el sistema de protección.; RUIZ, U. y LÓPEZ-RIBA, J.M., "La sobrerrepresentación de menores extranjeros en los centros de internamiento", *Revista Española de Investigación Criminológica,* Artículo 7, núm. 18, 2020, (pp. 1-34). Informe del Defensor del Menor de Andalucía *sobre la atención a menores infractores en centros de internamiento de Andalucía,* de 2014, se hacía constar que, de los 1.600 menores atendidos en 2013 en los 15 centros de internamiento en Andalucía, 171 estaban siendo tutelados por la Entidad Pública de Protección de menores, lo que representa aproximadamente un 11% de la totalidad. Y dentro de este grupo, el 53% del mismo, es decir, alrededor de 90 chicos, tenían la condición de menores extranjeros no acompañados, (p. 482).

su salida o fuga al poco tiempo de su ingreso; además del fracaso en su intervención por la escasez de medios adecuados y la falta de respuestas a sus necesidades específicas, desde un enfoque profesional multidisciplinar y de una política clara de integración para estos menores[365]. A ello, se unen otros factores como el hecho de haber pasado por instituciones anteriores, que puede tener relación directa con la desconfianza que muestran estos menores hacia las respuestas de la Administración que tiene la obligación de protegerlos, y puede ser uno de los condicionantes que lo lleve a recurrir a sistemas ilícitos de ganarse la vida[366].

Como consecuencia de la salida del sistema público de protección, muchos menores pasan a vivir en situación de calle con lo que aumentan las probabilidades de que caigan en la marginación y delincuencia y, por consiguiente, también de pasar a formar parte del sistema de justicia juvenil. En este sentido, la ONU menciona la migración como una de las causas sociales de la delincuencia juvenil, junto con otras relativas a la situación económica y familiar del menor (pobreza, familia desestructurada, falta de educación) o el abuso de sustancias[367]. Además, señala que, debido a todas las dificultades que han sufrido, y con mucha frecuencia a experiencias traumáticas y a explotación, lo que hace que estos niños y niñas tengan miedo y ello pueda con-

---

365 GARCÍA ESPAÑA, E., "De menores inmigrantes en protección a jóvenes extranjeros en prisión", *op. cit.*, (pp. 8-9).

366 CAPDEVILA, M. y FERRER, M., "Estudio sobre los menores extranjeros que llegan solos a Cataluña", *Migraciones*, Universidad Pontificia de Comillas, núm.16, 2004, (p. 146) señala que la actividad delictiva de estos menores extranjeros no acompañados no se inicia de forma inmediata a su llegada a España, por lo que considera que no son menores infractores que emigran con la intención de delinquir ni, probablemente, esta fuera una actividad habitual en su país.

367 *Manual para cuantificar los indicadores de justicia de menores*, Oficina contra la droga y el delito, Naciones Unidas, 2008, (p. 9).

llevar patrones de comportamiento peligrosos para ellos y para otras personas y así, en muchos casos convertirse en infractores.

Existen, por tanto, una serie de factores de riesgo en estos menores de convertirse en infractores cuando salen del sistema de protección: el desarraigo familiar y social, la falta de medios de subsistencia (sin hogar y sin recursos económicos mínimos), experiencias de repatriaciones anteriores, dificultades para mantener la autorización administrativa de residencia en el país o estar en situación irregular y desempleo.

Finalmente, debemos hacer alusión a políticas públicas en relación con la prevención de la delincuencia de menores extranjeros no acompañados en situación de calle, donde destaca el *Programa para la Prevención de la Delincuencia de niños y niñas extranjeros que viven en la calle en Ceuta* (PREMECE), desarrollado por el Área de Niños y niñas de la Ciudad Autónoma de Ceuta y por la Universidad de Málaga, con un equipo de psicólogos y educadores con formación específica y que hablan con fluidez árabe marroquí, que trabajan con niños y niñas que viven en la calle al mismo tiempo que coordinan a todos los actores implicados (policía, centros de acogida, sistema de justicia juvenil y servicio de salud), a fin de reducir los factores de riesgo y potenciar aquellos de protección que se encuentren presentes en el contexto social en el que conviven estos adolescentes extranjeros en situación de calle. Los resultados tras su implementación en los años 2018 a 2019, demostraron un descenso de las conductas antisociales de estos menores y refleja también la necesidad de seguir fortaleciendo los mecanismos de coordinación entre las diferentes instituciones involucradas en la protección y en la prevención de la delincuencia de menores extranjeros en situación de calle[368].

---

368 Sobre el proyecto PREMECE, *vid.* PRADO MARIQUE, B.V., "La coordinación de políticas públicas: Clave para la protección de menores extranjeros en calle", *Indret Revista para el Análisis del Derecho*, núm. 4, 2022, (pp. 1-18).

Capítulo IV: El proceso penal de menores

1.- LA JUSTICIA JUVENIL. ANTECEDENTES Y FUENTES SUPRANACIONALES DE LA RESPONSABILIDAD PENAL DE MENORES

La LORPM se aprueba en el año 2000 para cumplir lo establecido en el art. 19 CP de 1995 que fija la mayoría de edad penal en los 18 años y exige la regulación expresa de la responsabilidad penal de los menores de dicha edad en una ley independiente, sobre la base del principio de intervención educativa, que comporta considerables diferencias entre la jurisdicción de menores y la de adultos, sin perjuicio de las garantías comunes a todo justiciable[369].

Tal y como afirma la propia Exposición de Motivos de la LORPM, su promulgación surge de una *necesidad impuesta* por distintas

---

[369] Dado que el CP entró en vigor en 1996, la regulación de la minoría de edad siguió siendo la prevista en el CP de 1973 hasta el 13 de enero de 2001, fecha en la que entró en vigor la LORPM. En el derogado CP de 1973 se establecía la mayoría de edad en los 16 años, y, por tanto, como presunción iures et de iure, los menores de dicha edad eran inimputables. La minoría de edad se contemplaba como una eximente más dentro del catálogo establecido en su art. 8 (párrafo 2°). Así, la minoría de edad era una causa de inimputabilidad en sentido estricto, al igual que la enajenación o trastorno mental transitorio (art. 8.1°). Sin embargo, con el CP de 1995, la minoría de edad se regula de forma autónoma al resto de eximentes (art. 20), aunque ambos artículos se ubican dentro del Capítulo II, Título I, Libro I, denominado Causas que eximen de responsabilidad penal.

vías: el derecho internacional en materia de menores, especialmente la CDN y la normativa emanada de la ONU en materia de delincuencia juvenil; la jurisprudencia del TC y, en concreto, las SSTC 36/1991, de 14 de febrero y 60/1995, de 17 de marzo; así como la obligatoriedad que supone el art. 19 CP de 1995, precepto inspirado en la *Carta Europea de los Derechos del Niño* de 1992[370].

Fruto de la CDN y de los instrumentos internacionales dictados en materia de menores en conflicto con la ley, tales como las *Reglas Mínimas de las Naciones Unidas para la Administración de Justicia de menores* (Reglas de Beijing)[371], las *Reglas de las Naciones Unidas para la protección de los menores privados de libertad* (Reglas de la Habana)[372] o las *Directrices de las Naciones Unidas para la prevención de la delincuencia juvenil* (Directrices de Riad)[373], se ha ido configurando un modelo de justicia penal juvenil basado en un equilibrio entre la orientación educativa del proceso y las medidas a adoptar y su carácter sancionador, bajo el reconocimiento de las mismas garantías previstas para los adultos[374].

Partiendo del reconocimiento del derecho de todo niño de quien se alegue que ha infringido las leyes penales o a quien se acuse o declare culpable de haberlo hecho, a ser tratado de manera acorde con su edad, conforme el art. 40 CDN, se establece en el apartado 2 del mismo precepto, el derecho del niño a un proceso

---

370 Apartado 1 de la Exposición de Motivos de la LORPM.

371 Adoptadas por la Asamblea General de la ONU en su Resolución 40/33, de 28 de noviembre de 1985.

372 Adoptadas por la Asamblea General de la ONU en su Resolución 45/113, de 14 de diciembre de 1990.

373 Adoptadas por la Asamblea General de la ONU en su Resolución 45/112, de 14 de diciembre de 1990.

374 PILLADO GONZÁLEZ, E., "Las garantías procesales de los menores infractores: ajustes necesarios desde la normativa internacional y europea", en ARANGÜENA FANEGO, C. (Dir.) y DE HOYOS SANCHO, M. (Dir.), *Hacia un derecho procesal europeo*, Atelier, Barcelona, 2024, (p. 64).

equitativo, así como a ser titular de unos derechos adicionales, como estar acompañado de sus progenitores o representantes legales, la salvaguarda íntegra de su intimidad en todas las fases del proceso o un tratamiento apropiado para su bienestar y que guarde proporción tanto con sus circunstancias como con la infracción.

Otros instrumentos han desarrollado los principios de la CDN relativos a un proceso equitativo y al derecho a recibir un trato adaptado a las necesidades del niño, incluida la privación de libertad como último recurso y solo durante el tiempo estrictamente necesario, conforme al art. 37, letra b) CDN. Entre ellos, la Observación General núm. 10 CRC, *sobre los derechos del niño en la justicia de menores,* (en adelante, Observación General núm. 10 CRC), que fue sustituida, en 2019, por la Observación General del CRC núm. 24, *relativa a los derechos del niño en el sistema de justicia juvenil* (en adelante, Observación General núm. 24 CRC), a fin de adaptarse a la promulgación de normas internacionales y regionales, la jurisprudencia del CRC, los nuevos conocimientos sobre el desarrollo en la infancia y la adolescencia y la experiencia de prácticas eficaces, como las relativas a la justicia restaurativa.

Por su parte, las Reglas de Beijing se centran en la concepción de la jurisdicción de menores como una jurisdicción especializada de última ratio, promoviendo para ello los derechos y garantías procesales del menor, sobre la base de que la respuesta frente a la infracción será proporcionada a las circunstancias del niño y la gravedad del hecho cometido.

Las Reglas de la Habana y las Directrices de Riad constituyen el desarrollo de las medidas de carácter procesal recogidas en las Reglas de Beijing. La primera de ellas prevé las reglas de funcionamiento y recomendaciones mínimas aplicables a los menores privados de libertad, partiendo de la consideración de ésta como medida de último recurso y de carácter excepcional, que deberá tener una duración muy limitada. En cuanto a las Directrices de Riad, inciden en la no criminalización de las conductas del menor cuando se trate de hechos no tipificados en el derecho penal de adultos y se reitera la necesidad de formación especializada de los profesionales que intervienen, así como abogan por establecer sistemas de mediación y servicios de defensa jurídica específicos para menores[375].

Desde el punto de vista regional, destacan una serie de instrumentos emanados del Consejo de Europa, que, sin ser vinculantes, han ejercido un papel decisivo en la configuración de las bases del sistema de justicia juvenil español[376]. Entre ellos,

---

375 Regla 58 de las Directrices de Riad.

376 La labor del Consejo de Europa con respecto a la delincuencia juvenil ha sido siempre muy dinámica y prolífica, desde su primera Recomendación en 1960, analizando la situación de la delincuencia juvenil en la Europa de la postguerra en 12 Estados Miembros del Consejo de Europa (*Some Aspects of Post-war Juvenile Delinquency in Twelve of the Member Countries of the Council of Europe 1960*). Posteriormente, ha ido elaborando numerosas resoluciones (denominación que empleó hasta 1978), tales como: Resolución (66) 25, de 30 de abril de 1966, *sobre tratamiento de corta duración de los jóvenes delincuentes menores de 21 años* (Resolution (66) 25 *on the Short-term Treatment of Young Offenders of less than 21 years*). Disponible (en inglés) en: https://rm.coe.int/native/09000016804f7378; y recomendaciones (denominación que se emplea a partir de 1979): Recomendación (2000) 20, de 6 de octubre de 2000, *sobre el papel de una intervención psicosocial temprana para prevenir la criminalidad* (Recommendation Rec (2000) 20 *on the role of early psychosocial intervention in the prevention of criminality*). Disponible (en inglés) en: Rec(2000)20; Recomendación (2003) 20, de 24 de septiembre de 2003, del Comité de Ministros del Consejo de Europa, *sobre nuevas formas de tratamiento de la delincuencia juvenil y la función de la justicia juvenil* (Recommendation Rec(2003) 20 of the Committee of Ministers to member states *concerning new ways of dealing with juvenile delinquency and the role of juvenile justice*). Disponible (en inglés) en: https://search.coe.int/cm?i=09000016805df0b3. Todas las resoluciones en la materia, están disponibles en: https://www.coe.int/en/web/cdpc/resolutions-recommendations. Para un análisis más exhaustivo sobre la labor del Consejo de Europa en el ámbito de la justicia juvenil, *vid.* PÉREZ VAQUERO, C., "La justicia juvenil en el derecho europeo", *Derecho y Cambio Social*, núm. 37, 2014, (pp. 7-14).

es relevante la Recomendación del Comité de Ministros del Consejo de Europa, núm. R (87) 20, de 17 de septiembre de 1987, *sobre reacciones sociales ante la delincuencia juvenil*[377], que se centra en los objetivos de educación e inserción social de la justicia juvenil, sobre la base del reconocimiento de las mismas garantías que para los adultos[378]. Plantea a los Estados miembros la revisión de sus legislaciones a fin de desplegar acciones concretas desde el ámbito escolar y organizaciones juveniles tendentes a la prevención y a la inserción social (Apartado I). Aboga también por la desjudicialización y la mediación a nivel del órgano de prosecución o a nivel policial (Apartado II). Con respecto al sistema de justicia juvenil, reconoce los principios de intervención mínima, especialización de todos los intervinientes en jurisdicción de menores, la concepción de la detención y las medidas privativas de libertad como último recurso, priorizando las medidas dentro del propio entorno del menor (en el ambiente natural de la vida de éstos)[379]; además, incide en la necesidad de reforzar la posición procesal del menor mediante

---

377 El precedente de este texto lo constituye la Resolución (78) 62 del Consejo de Europa, *acerca de la delincuencia juvenil y la transformación social*, (Resolution (78) 62 *on Juvenile Delinquency and Social Change*). Disponible (en inglés): https://rm.coe.int/16804e381c. Se asentaba igualmente sobre la idea de prevenir la delincuencia mediante la aplicación de medidas de carácter social, relacionadas con la prestación de ayudas a las familias y la mejora de las condiciones de habitabilidad de sus viviendas, la promoción del asociacionismo juvenil o la reforma de las condiciones de escolaridad para adaptarlas a las necesidades de los alumnos, evitando la aparición de marginalidades. Todo ello, revisando las sanciones y otras medidas para que su finalidad fuese tanto educativa como resocializadora.

378 Considerandos 3 y 5 (p. 1) de la Recomendación (87) 20, de 17 de septiembre de 1987, *sobre reacciones sociales ante la delincuencia juvenil*. Disponible en: https://www.oijj.org/sites/default/files/documentos/documental_452_es.pdf

379 Punto 11, Apartado III de la Recomendación (87) 20, *cit.* (p. 5).

el reconocimiento de su plena participación en el proceso, pues introduce la posibilidad de que el menor se pronuncie sobre las concretas medidas que se le van a imponer e incluso su derecho a recurrir a testigos, interrogarles y confrontarles[380].

Dado el objeto del presente estudio, merece especial atención la Recomendación (88) 6, de 18 de abril, *sobre reacciones sociales ante el comportamiento delictivo de los jóvenes procedentes de familias de emigrantes*, que, partiendo de la idea de que muchos jóvenes pueden acabar delinquiendo porque no se han podido integrar en la sociedad de acogida ni acceder a la escolarización obligatoria, se enfoca en la importancia de promover políticas de asistencia y participación mediante la sensibilización de los profesores, policías y organizaciones sociales en los valores culturales de estos menores[381].

Finalmente, debemos destacar también la importante labor del TEDH en el ámbito de la justicia juvenil, que resulta crucial para garantizar que los derechos de los menores sean respetados de manera efectiva. A través de su jurisprudencia, el TEDH contribuye a la evolución de los estándares europeos en la protección de los derechos de los menores, asegurando que el tratamiento judicial de los jóvenes infractores sea adecuado, equitativo y respetuoso con su dignidad. A lo largo de la presente obra, serán analizadas las SSTEDH en función de cada uno de los apartados objeto de estudio relacionados con

---

380 Punto 8, Apartado III de la Recomendación del Comité de Ministros del Consejo de Europa, núm. R (87) 20, *cit.* (p. 3).

381 Recommendation (88) 6 *on social reactions to juvenile delinquency among young people coming from migrant families* (Recomendación (88) 6, de 18 de abril, sobre reacciones sociales ante el comportamiento delictivo de los jóvenes procedentes de familias de emigrantes). Disponible (en ingés) en: https://dispatch.coe.int/?home=wcd.coe.int&command=com.instranet.CmdBlobGet&InstranetImage=608962&SecMode=1&DocId=696974&Usage=2

las garantías procesales de menores infractores, especialmente aquellas relativas a los extranjeros no acompañados.

En el contexto de la UE, la CDFUE no contiene ninguna disposición específica sobre derechos y garantías de los menores en conflicto con la ley penal; sin embargo, en cuanto sujeto de derechos, serán de aplicación todos aquellos que, con carácter general, se prevén en el art. 47 CDFUE, en particular, el derecho a la tutela judicial efectiva y a un juez imparcial.

Por otra parte, aunque existen varias Directivas de la UE que establecen garantías específicas para un proceso equitativo en los procesos penales, a las que se aludirá expresamente en el capítulo siguiente[382], la que tiene como ámbito de aplicación los menores sospechosos o acusados en procesos penales es la Directiva (UE) 2016/800, que será objeto de un análisis específico.

Más allá de estos textos y fuera del ámbito estrictamente procesal de las Directivas mencionadas, las disposiciones de *soft law* de la UE sobre justicia juvenil han sido escasas y datan de fechas mucho más recientes que las del Consejo de Europa. Si bien, resultan ilustrativas de los principios sobre los que la UE pone el foco de atención en el diseño de una estrategia común de lucha contra la delincuencia juvenil: la prevención, la imposición de medidas sancionadoras-

---

382 Directiva 2010/64/UE del Parlamento Europeo y del Consejo, de 20 de octubre de 2010, *relativa al derecho a interpretación y a traducción en los procesos penales*; Directiva 2012/13/UE del Parlamento Europeo y del Consejo, de 22 de mayo de 2012, *relativa al derecho a la información en los procesos penales*; Directiva 2013/48/UE del Parlamento Europeo y del Consejo, de 22 de octubre de 2013, *sobre el derecho a la asistencia de letrado en los procesos penales y en los procedimientos relativos a la orden de detención europea, y sobre el derecho a que se informe a un tercero en el momento de la privación de libertad y a comunicarse con terceros y con autoridades consulares durante la privación de libertad* y Directiva (UE) 2016/343 del Parlamento Europeo y del Consejo, de 9 de marzo de 2016, *por la que se refuerzan en el proceso penal determinados aspectos de la presunción de inocencia y el derecho a estar presente en el juicio.*

educativas, la integración y reinserción social de los menores y jóvenes infractores, reconociendo que debería ser un objetivo al que se le prestara mayor atención desde el ámbito comunitario[383].

En el seno del Parlamento Europeo, el instrumento de referencia es la *Carta Europea de los Derechos del Niño*, de 8 de julio de 1992, reconocida expresamente por la LORPM como fuente por su reconocimiento expreso de un conjunto de garantías a favor de los menores inmersos en un proceso penal, así como los principios y criterios que han de inspirar las sanciones a imponer y los recursos a emplear en el tratamiento de los menores infractores. Es preciso mencionar también la Resolución del Parlamento Europeo, de 21 de junio de 2007, *sobre la delincuencia juvenil, el papel de las mujeres, la familia y la sociedad,* que aboga por una respuesta coordinada, en la prevención y lucha contra la delincuencia. Como puntos clave de este texto, se pueden extraer los siguientes: las causas multifactoriales del aumento de la delincuencia juvenil, como la pobreza, la exclusión social, el abuso de sustancias, la falta de acceso a una educación adecuada y la influencia negativa de los medios de comunicación. Igualmente, se subraya la importancia de adoptar medidas preventivas, centradas en la educación, el fortalecimiento de los valores sociales, el fomento de la integración social y la promoción de actividades extracurriculares que alejen a los jóvenes de comportamientos delictivos, donde el entorno familiar y escolar también juega un papel crucial. Se destaca la necesi-

---

383 Apartado I.1.1 y 6 del Dictamen del CESE sobre la prevención de la delincuencia juvenil, los modos de tratamiento de la delincuencia juvenil y el papel de la justicia del menor en la Unión Europea, de 15 de marzo de 2006, cuyo objetivo principal es analizar la situación de los menores que, por su conducta contraria a la ley penal, se ven sujetos a los respectivos sistemas de justicia juvenil, así como los instrumentos de intervención que se pueden emplear a fin de conseguir su protección, reeducación y reinserción en la sociedad evitando así su reincidencia en aquellas conductas desviadas.

dad de ofrecer programas de rehabilitación para los menores infractores, orientados a su reintegración en la sociedad. Esto implica la combinación de medidas punitivas y rehabilitadoras, con especial énfasis en el bienestar y desarrollo del menor. Con respecto al proceso judicial, se remarca la importancia de tener un sistema de justicia especializado para menores, que sea flexible y proporcione respuestas adecuadas a cada caso, respetando los derechos fundamentales de los menores.

2.- EL SISTEMA DE JUSTICIA JUVENIL ESPAÑOL. LA LO DE RESPONSABILIDAD PENAL DE LOS MENORES.

La existencia de un tratamiento jurídico diferenciado al menor que ha cometido un hecho delictivo, en nuestro ordenamiento jurídico, descansa en tres pilares fundamentales: en primer lugar, en el reconocimiento constitucional del principio fundamental de igualdad de todos los ciudadanos e interdicción de la discriminación (art. 14 CE), conforme al cual hay que impedir las desigualdades en el trato, salvo que exista un motivo razonable que justifique su existencia. En segundo lugar, en la formulación del principio de protección de la infancia como principio rector de la política social y económica del Estado (art. 39.4 CE). Y finalmente, en la obligación de los poderes públicos de promover las condiciones para que la libertad y la igualdad del individuo sean reales y efectivas y de remover los obstáculos que impidan o dificulten su plenitud (art. 9.2 CE)[384].

Sobre la base de estos tres pilares, nuestro proceso penal de menores es un proceso especializado y garantista, encaminado a la adopción de unas medidas que, fundamentalmente, no pueden ser represivas, sino preventivo-especiales, orientadas

---

384 SANZ HERMIDA, A.M., *El nuevo proceso penal del menor,* Ediciones de la Universidad de Castilla-La Mancha, Cuenca, 2002, (p. 51).

hacia la efectiva reinserción del menor y a evitar su reincidencia, todo ello bajo el criterio determinante de su superior interés, valorado con criterios que han de buscarse primordialmente en el ámbito de las ciencias no jurídicas[385]. No obstante, no se debe obviar que algunas de las medidas a adoptar, tales como la medida de internamiento, implican restricción o privación de derechos fundamentales a los menores y por ello representan un castigo o sanción, más allá de las finalidades educativas.

La propia Exposición de Motivos de la LORPM afirma que la naturaleza de esta norma es formalmente penal, pero materialmente sancionadora-educativa, pues desarrolla la exigencia de una verdadera responsabilidad jurídica a los menores infractores, aunque referida específicamente a la comisión de hechos tipificados como delitos o faltas por el CP y las restantes leyes penales especiales. Al mismo tiempo, se hace hincapié en que la reacción jurídica dirigida al menor infractor sea una intervención de naturaleza educativa a través de las medidas, rechazando los fines retributivos y preventivo-generales, propios del derecho penal de adultos.

El reconocimiento de la naturaleza penal supone la consolidación del modelo de responsabilidad, frente al modelo tutelar, que imperaba la legislación anterior; a este modelo se llega después de una larga evolución que se inicia con el primer Tribunal de Menores de Bilbao (1920), creado al amparo de la Ley de 18 de noviembre de 1918 que instituyó, por primera vez, la jurisdicción especial de menores[386]. La infancia y adolescencia

---

385 Apartado 5 de la Exposición de Motivos de la LORPM.

386 A nivel internacional, el sistema de justicia juvenil surge a principios del siglo XX en Illinois (Chicago), donde se crearon en el año 1899 los Juvenile Courts, los primeros Tribunales Tutelares de Menores de la historia universal. Dichos sistemas de justicia juvenil nacieron impulsados por un movimiento humanista y filantrópico que trataba de proteger a los menores de las condiciones de vida tan hostiles en las que se vivía durante la revolución industrial y mitigar los castigos que ofrecía el sis-

se consideraban como objetos tuitivos del Estado, donde el Juez asumía el rol de progenitor y ello le permitía adoptar cuantas medidas considerase necesarias para la reeducación del menor, pero prescindiendo de las mínimas garantías procesales[387].

Los tribunales para niños se encargaban de conocer los delitos y faltas cometidos por menores de 15 años, así como la suspensión de los derechos de guarda y custodia o privación de la patria potestad a los progenitores o tutores legales[388].

Posteriormente, la Ley de 1918 fue sustituida por el RD Ley de 15 de julio de 1925, que utilizó la denominación de Tribunales Tutelares para niños y amplió su ámbito subjetivo de aplicación a los menores de 16 años. Como consecuencia de la promulgación del CP de 1928, a fin de adaptar la legislación de menores a la nueva ordenación penal, se publicó el Real Decreto Ley de 3 de febrero de 1929, en el que se reconocían como funciones del tribunal, una función educativa y tutelar, una función represiva con la posibilidad de aplicar las penas previstas en el Código Penal y, por último, una función preventiva, adoptando medidas como la imposición de vigilancia o suspensión del derecho de la guarda y educación.

---

tema penal de adultos. Sobre ello, *vid.* BARTOLOMÉ GUTIÉRREZ, R. y FERNÁNDEZ MOLINA, E., "La justicia juvenil", en MEDINA ARIZA, J. (Coord.), *Instituciones de control del delito*, Dykinson, Madrid, 2022, (p. 195).

387 El antecedente de estos tribunales se encuentra en el Consejo Superior de Protección a la Infancia creado por la Ley de Protección a la Infancia, aprobada el 17 de agosto de 1904, que supuso un gran avance en la protección física y moral de los niños.

388 Esta ley se completa con el Reglamento provisional de 10 de julio de 1919 y el definitivo de 6 de abril de 1922, en los que se establecen las competencias concretas de estos tribunales. Asimismo, se recogen las medidas que se podrían acordar por el tribunal que dictaría acuerdos y no sentencias: dejar al menor al cuidado de su familia, entregárselo a otra persona o sociedad tutelar, o ingresarlo en un establecimiento benéfico particular o del Estado.

Sobre estos pilares se asienta la Ley de Tribunales Tutelares (en adelante, LTT), aprobada el 11 de junio de 1948, que concibe al menor como sujeto incapaz, necesitado de protección que, debido a su inmadurez, no ha podido o no ha sabido interiorizar las normas. Ello supuso la creación de un complejo sistema jurídico formado por los Tribunales Tutelares, órgano esencialmente administrativo, en el que, inicialmente, el Juez tutelar, al que no se le exigía pertenecer a la carrera judicial, tenía atribuciones para desempeñar funciones de corrección o de reforma y funciones de protección o tutela, que en muchas ocasiones se entremezclaban[389].

Las funciones del Tribunal Tutelar, reguladas en al art. 9 LTT, se desarrollaban en tres ámbitos: facultad represiva o de enjuiciamiento de mayores de edad que cometiesen alguna de las faltas comprendidas en el art. 584 del entonces vigente CP; facultad protectora de los menores de 16 años contra el indigno ejercicio del derecho de guarda o educación, cuando los menores eran objeto de los supuestos contenidos en el referido art. 584 del entonces vigente CP, en el art. 3° de la Ley de 23 de julio de 1903, *relativa a la mendicidad de menores*, o, en los casos previstos en el CC por *malos tratos, órdenes, consejos o ejemplos corruptores*[390].

---

389 Los Jueces eran nombrados por el Ministerio de Justicia y dependían del Consejo Superior de Protección de Menores, que a su vez era un órgano dependiente del primero.

390 El art. 3 de la Ley de 23 de julio de 1903 contemplaba el supuesto de que los progenitores entregasen a sus hijos menores de 16 años para obligarles a mendigar y hubiesen obtenido precio, recompensa o promesa de pago por tal hecho, lo cual llevaba aparejada una pena de arresto mayor y multa de 125 a 1250 pesetas, no solo para los progenitores, sino para quien hubiera concertado el pacto. En el caso de incurrir en más de dos ocasiones en esta práctica, se procedía a la suspensión del derecho de los progenitores a la guarda y educación de los menores y a su ingreso en un establecimiento de beneficencia, por un periodo de 2 años, que podría reducirse o prorrogarse. A su vez, el art. 171 CC, en la redacción dada por el RD de 6 de mayo de 1889, por el que se publica el CC, establecía la posibilidad de privar o suspender el ejercicio de la

Por último, el Juez tenía atribuida la facultad reformadora, en los casos en los que los menores de 16 años (sin ninguna limitación a la edad mínima), cometiesen delitos y faltas castigados en las leyes penales o estuvieran *prostituidos, vagos licenciosos o vagabundos* (según la nomenclatura de la época). En el ejercicio de esta facultad reformadora, se establecía en la ley que la jurisdicción del tribunal no tendría carácter represivo, sino educativo y tutelar.

En lo que aquí interesa, cuando la intervención de los Tribunales Tutelares se derivaba de la facultad reformadora, se iniciaba un proceso de carácter inquisitivo, en el que se le aplicaba un derecho penal sancionador con un amplio margen de discrecionalidad del Juez o tribunal, carente de garantías procesales bajo el fundamento de que la actuación judicial perseguía unos fines de auxilio y ayuda al propio menor infractor[391]. Concretamente, se atribuía al Juez una *razonada libertad de criterio* a la hora de imponer la medida más adecuada para el menor infractor, cuya duración era indeterminada y, además no guardaba relación alguna con el hecho cometido. Para su determinación, el Juez debía basarse en las condiciones morales y sociales en las que el menor había ejecutado los hechos constitutivos de delito (art. 16 LTT).

En esta filosofía tutelar del *parens patriae*, cuyo fin fundamental era la protección, el Juez o tribunal no actuaba supra partes, sino que se situaba del lado del menor y en la posición natural de buen padre, dotado de amplios poderes discrecionales. Bajo esta premisa, el proceso se desarrollaba sin la aplicación de las reglas

---

patria potestad a los progenitores por tratar con dureza excesiva o dar órdenes, consejos o ejemplos corruptores a sus hijos.

391 MORENO CATENA, V., "Ámbito de aplicación y garantías procesales del proceso penal de menores" en PILLADO GONZÁLEZ, E. (Coord.), *Proceso penal de menores*, Tirant lo Blanch, 2009, (p. 25).

procesales vigentes en el ordenamiento jurídico, dando lugar a la imposición de unas medidas con total indeterminación[392].

El art. 15 LTT es buena muestra de la ausencia de un procedimiento con garantías, pues expresamente establecía que, *en los procedimientos para corregir y proteger a los menores (...) el tribunal no se sujetará a las reglas procesales vigentes en las demás jurisdicciones.* Otra de las mayores expresiones de esa falta de garantías es la prácticamente inexistente figura del abogado defensor del menor, ya que se partía de la base de su intervención no preceptiva y la comparecencia del menor ante el tribunal tutelar era voluntaria. Finalmente, el interrogatorio se debía desarrollar por parte del Juez de una forma paternal, intentando ganarse la confianza del menor infractor, a fin de lograr que se expresara con libertad, sin que tuvieran cabida derechos como la presunción de inocencia, el derecho a no declarar o a no confesarse culpable.

El establecimiento de un nuevo marco constitucional a partir de la CE de 1978, especialmente a través del reconocimiento constitucional de la igualdad de todos los ciudadanos (art. 14 CE), que supone que los derechos y garantías en ella reconocidos, se deban aplicar también a los menores, junto con la inclusión de la protección de la infancia como principio rector de la política social y económica del Estado (art. 39.4 CE), choca abiertamente con los postulados de la LTT[393]. Todo ello unido

---

392 No será hasta la promulgación de la Ley 21/1987, de 11 de noviembre, *por la que se modifican determinados artículos del Código Civil y de la Ley de Enjuiciamiento Civil en materia de adopción,* cuando se deslinden las facultades del Juez de Menores y se otorgue la competencia para la protección de los menores a la entidad pública, que en cada territorio tenga encomendada la protección de los menores (art. 172 CC), de forma que los Tribunales Tutelares dejan de adoptar las decisiones relativas a los menores en situación de desamparo.

393 MARTÍN OSTOS en "Los futuros juzgados de menores", *Anuario de la Facultad de Derecho, Universidad de Extremadura,* núm. 4, 1986, (pp. 240-242), analiza la falta de adecuación de la LTT con los principios

a las normas de Derecho internacional, con particular atención a la citada CDN, que evidenciaron la necesidad de reformar el sistema de justicia juvenil tutelar y el cambio en la concepción del menor, como sujeto titular de derechos, progresivamente capaz, en función de su madurez y desarrollo[394].

Nace así el modelo de responsabilidad o sistema de justicia juvenil, caracterizado por reforzar la posición procesal del menor, otorgándole las mismas garantías que al adulto sometido al proceso penal y remarcando los principios inherentes a éste, tales como la presunción de inocencia o el principio *in dubio pro reo*[395]. Además, se responsabiliza al menor de sus actos, buscando equilibrio entre sanción y fin reeducador.

---

orgánicos y procesales consagrados en el texto constitucional de 1978. Concretamente, hace referencia a aspectos orgánicos como el relativo al principio de unidad jurisdiccional como base de la organización y funcionamiento de los tribunales, que hace replantear la situación de los órganos jurisdiccionales para menores, así como la falta de exigencia de cuerpo único de jueces y magistrados de carrera a los tribunales tutelares. Desde el punto de vista de los derechos fundamentales, el reconocimiento del derecho a la tutela judicial efectiva del art. 24 CE o la configuración de la detención únicamente por el tiempo estrictamente necesario y con garantías (art. 17 CE), exigían una adaptación de la LTT.

394 SANZ HERMIDA, A.M., *El nuevo proceso penal del menor*, *op. cit.* (p.50).

395 En el ámbito internacional, sería la Sentencia del Tribunal Supremo o Corte Suprema de Estados Unidos en el caso *In Re Gault*, el 15 de mayo de 1967, la que marcaría el cambio de concepción de la justicia juvenil tutelar y el nacimiento de un nuevo modelo, el de responsabilidad, en el que los menores, al igual que los adultos, tienen derecho a un proceso justo y, por tanto, deben gozar de todas las garantías procesales. Para ello, debe establecerse una edad mínima para poder ser sometido a la intervención penal, como respuesta a la comisión de un hecho delictivo, quedando fuera las meras conductas inmorales o reprochables. Gerald Gault, procedente de Arizona, de 15 años de edad, fue detenido en su casa junto a un amigo, tras haber sido denunciados por una vecina por haberle hecho una llamada obscena. Sus padres estaban ausentes en el momento de la detención y no se

Se consagra así la sustracción del menor del derecho penal común para crear uno propio y especial de carácter tuitivo. El menor deja de ser un mero objeto de tutela y pasa así a ser un sujeto de derechos, al que, tras la comisión de un delito, le son aplicables todas las garantías dimanantes de un proceso justo y con todas las garantías, especialmente en la fase de instrucción, garantizándose la efectividad del derecho a la defensa, consagrado en el art. 24.2 CE y que puedan producirse contra la persona inculpada en una causa penal, aún en fase de instrucción judicial, situaciones materiales de indefensión[396].

La reforma del sistema se inició en un primer momento a través de la LO 4/1992, de 5 de junio, *sobre reforma de la ley reguladora de la competencia y el procedimiento de las SMTI*, para adaptar la LTT a los postulados constitucionales; su objetivo principal era establecer un marco jurídico de reconocimiento de garan-

---

les notificó de la misma. El juicio se desarrolló sin asistencia de letrado y sin asistencia del testigo de cargo. La sentencia lo condenaba por realizar llamadas lascivas y se le imponía una medida de internamiento en una institución correccional por un periodo de 6 años, es decir, hasta los 21 años. La pena para un adulto por la misma conducta sería de una multa de 50 dólares. Concretamente, en la citada sentencia, la Corte Suprema dictaminó que los menores tenían derecho a un debido proceso, basado en las garantías procesales relativas a la notificación justa de los cargos, al derecho a un abogado, al derecho a confrontar y contrainterrogar a los testigos y el privilegio contra la autoincriminación. El Tribunal sostuvo que la Cláusula de Debido Proceso de la Enmienda Decimocuarta debía aplicarse tanto a los acusados menores como a los procesados adultos. Será famosa la frase de la Corte Suprema de Estados Unidos, recogida en la sentencia: *La historia de la corte de menores ha vuelto a demostrar que la discreción desenfrenada, por muy benévolamente motivada, suele ser un mal sustituto del principio y del procedimiento.* La sentencia se puede consultar (en inglés) en: https://supreme.justia.com/cases/federal/us/387/1/

396 STC 68/2001, de 17 de marzo (FJ 3º.c); STC 18/2005, de 1 de febrero (FJ 5º) y STC 146/2012, de 5 de julio (FJ 9º).

tías procesales y la incorporación, por primera vez, del interés superior del menor, en su vertiente de criterio interpretativo a la hora de aplicar una medida al menor infractor. Otras reformas introducidas hacen referencia al establecimiento de un límite temporal al internamiento y a la figura del Equipo Técnico multidisciplinario y su intervención en el proceso para realizar la valoración psicosocial del menor[397].

No obstante, no será hasta el año 2000, con la aprobación de la LORPM, cuando se produce efectivamente el cambio de paradigma y se establece un sistema de justicia juvenil de responsabilidad diferenciada, sometido a las garantías de carácter penal, pero con una respuesta diferente a la establecida para los adultos, orientada a la educación más que a la sanción y en el que el principio rector será el interés superior del menor, que justifica las normas que diferencian este proceso frente al de los adultos. Se trata de un auténtico proceso, especializado y garantista, pero al que se pretende acudir como último recurso, pues la ley contempla mecanismos de aplicación del principio de oportunidad a fin de evitarlo.

A pesar de orientarse hacia la prevención especial, principio inspirador de la LORPM, lejos de esta finalidad inicial, el sistema configurado para los menores infractores ha ido adquiriendo tras las sucesivas reformas legislativas, la estructura formal e incluso material del derecho penal de adultos, orientándose más hacia la retribución y a la prevención general[398].

---

397 ABADÍAS SELMA, A., *Menores en conflicto con la ley: fundamentos penales y criminológicos*, Atelier Libros Jurídicos, Barcelona, 2023, (p. 24).

398 PÉREZ MACHÍO, A. “La Ley Orgánica 5/2000, de responsabilidad penal de los menores 20 años después. La delgada línea entre el derecho penal de adultos y el de menores”, en ABADÍAS SELMA, A.; CÁMARA ARROYO, S.; SIMÓN CASTELLANO, P. (Coord.), *Tratado sobre delincuencia juvenil y responsabilidad penal del menor. A los 20 años de la Ley Orgánica 5/2000, de 12 de enero, reguladora de la responsabilidad penal de los menores*, Wolters Kluwer, Madrid, 2021.

Muestra de ello ha sido el endurecimiento de la respuesta punitiva al elevar la duración de las medidas o al contemplar la posibilidad de que el sujeto cumpla la medida de internamiento en centro penitenciario una vez cumplidos los 18 años. Sin duda, uno de los aspectos en los que se aprecia que la finalidad de prevención general, propia del derecho penal de adultos, prevalece frente a la prevención especial es el automatismo al establecer, de forma imperativa, el internamiento en régimen cerrado atendiendo única y exclusivamente a la naturaleza de determinados delitos y no al resto de factores que se deben tener en cuenta en la imposición de la medida, basados en las circunstancias personales, familiares y sociales del menor, puestas de manifiesto en el informe del Equipo Técnico[399].

Se puede afirmar que el sistema de justicia juvenil español es un sistema específico que, si bien se encuadra en el modelo de responsabilidad, también tiene características propias de otros sistemas como el sistema integrador, cuyo objetivo es el establecimiento de la paz social y la reparación del daño producido, mediante la conciliación entre el infractor y la víctima, buscando su participación en el proceso[400]. En la LORPM, el modelo integrador tiene su encaje en figuras como el sobreseimiento del expediente por conciliación o reparación entre el menor y la víctima (previsto en

---

399 Sanz Hermida plantea otros ejemplos de lo que denomina una recriminalización del sistema, aproximándolo al penal de adultos, como la instauración de los Juzgados Centrales de Menores, en el ámbito de la AN, la posibilidad de que el menor condenado cumpla la medida de internamiento en centro penitenciario de mayores una vez alcanzada la mayoría de edad. *Vid.* SANZ HERMIDA, A.M., "Reflexiones sobre los derechos procesales del menor encausado en el contexto jurídico actual (la incidencia de la Directiva (UE) 2016/800 en el modelo español de justicia de menores)", en MARTÍN RÍOS, P. y PÉREZ MARÍN, M. A., *La administración de justicia en España y América*, Astigi, Sevilla, 2021 (p. 1826).

400 ABADÍAS SELMA, A., *Menores en conflicto* (...), *op. cit.*, (p. 158).

su art. 19 LORPM) o bien, en la posibilidad de modificar o dejar sin efecto la medida impuesta al menor en base igualmente a esta conciliación entre infractor y víctima, bajo el cumplimiento de determinadas condiciones (art. 51.3 LORPM)[401].

La LORPM ha sufrido sucesivas reformas, incluso antes de su entrada en vigor, habiendo sido modificada por dos leyes en diciembre del año 2000 (la LO 7/2000 y la LO 9/2000, am-

---

401 Concretamente, el art. 51.3 LORPM se remite al art. 13 que contempla la posibilidad de que el Juez de Menores, en cualquier momento, de oficio o a instancia de parte o del MF, deje sin efecto la medida impuesta, reducir su duración o sustituirla por otra, siempre y cuando esta modificación redunde en el interés superior del menor y se exprese suficientemente a éste el reproche hacia su conducta. La resolución que implique la modificación, sustitución o finalización de la medida deberá ir precedida de una audiencia a la que asistirán el MF y el letrado del menor y previo informe del Equipo Técnico y, en su caso, de la entidad pública de protección o de reforma de menores. Con la entrada en vigor de la LO 10/2022, de 6 de septiembre, *de garantía integral de la libertad sexual*, se adiciona un nuevo inciso al art. 13.1 LORPM para establecer una nueva exigencia en los casos de delitos contra la libertad sexual: cuando el delito cometido esté tipificado en los Capítulos I y II del Título VIII del Código Penal, sólo podrá dejarse sin efecto la medida si se acredita que la persona sometida a la misma ha cumplido la obligación prevista en el apartado 5 del artículo 7. Este apartado 5 del artículo 7 establece una medida accesoria preceptiva a la medida principal impuesta al menor infractor por un delito de los indicados en dicho precepto, esto es, el nuevo delito de agresión sexual que engloba en un solo delito al delito de abuso sexual y el de agresión sexual, para identificar a todas aquellas conductas que atenten contra la libertad sexual sin el consentimiento de la otra persona. Además, se introduce como forma específica de agresión sexual los supuestos de sumisión química, con la circunstancia agravante específica de género. Dicha medida accesoria consistirá en la obligación de someterse a programas formativos de educación sexual y de educación en igualdad.

bas de 22 de diciembre[402]). Sin duda, la más relevante, ya que afecta a casi la mitad de su articulado es la operada por la LO 8/2006, de 4 de diciembre. Esta reforma surge en un contexto de emergencia caracterizado por la difusión mediática que, en ese momento, se estaba dando a los crímenes cometidos por menores, lo que explica un marcado carácter punitivo y de aproximación al régimen de adultos.

La reforma prevé un mayor intervención de la víctima en el proceso, al permitirle ejercer la acusación particular, que ya había sido contemplado en la LO 15/2003[403] y, además, establece una mayor proporcionalidad entre la respuesta sancionadora y la infracción cometida por el menor (Exposición de Motivos de la LO 8/2006)[404].

---

402 La LO 7/2000, de 22 de diciembre, *de modificación de la Ley Orgánica 10/1995, de 23 de noviembre, del Código Penal, y de la LO 5/2000, de 12 de enero, reguladora de la Responsabilidad Penal de los Menores, en relación con los delitos de terrorismo,* modificó los art. 7 y 9 relativos a las medidas susceptibles de ser impuestas a los menores y las reglas para su aplicación, respectivamente y añadió dos disposiciones adicionales (Cuarta y Quinta).

403 La LO 15/2003, de 25 de noviembre, recoge en la Disposición Final Segunda, la modificación de la LORPM, permitiendo la acusación particular. Así en el art. 25 LORPM, se establece que las personas directamente ofendidas por el delito, sus padres, sus herederos o sus representantes legales si fueran menores de edad o incapaces, con las facultades y derechos que derivan de ser parte en el procedimiento, puedan ejercitar la acusación particular durante el procedimiento.

404 Posteriormente, la LORPM ha sido reformada en las siguientes ocasiones: Mediante la Disposición Adicional Segunda de la LO 8/2012, de 27 de diciembre, d*e medidas de eficiencia presupuestaria en la Administración de Justicia, por la que se modifica la Ley Orgánica 6/1985, de 1 de julio, del Poder Judicial, para atribuir la competencia de los delitos de terrorismo al Juzgado Central de Menores de la Audiencia Nacional*; la LO 8/2021, de 4 de junio, de *protección integral a la infancia y la adolescencia* frente a la violencia, que modifica el art. 4 LORPM, relativo al derecho de las víctimas y de las personas perjudicadas y el art. 59 LORPM sobre medidas de vigilancia y seguridad; la LO 10/2022, de 6 de septiembre, *de garantía integral de la libertad sexual* y la LO 4/2023, de 27 de abril,

En la LORPM, se incorporan aspectos sustantivos y procesales y, en su virtud, engloba disposiciones en las que se regulan las medidas a aplicar en caso de comisión de delito y especialidades relativas a los sujetos en el proceso, cuestiones de competencia y garantías procesales. A pesar de la denominación de la LORPM, la mayor parte de su articulado tiene carácter procesal, y sólo

---

para la modificación de la Ley Orgánica 10/1995, de 23 de noviembre, del Código Penal, en los delitos contra la libertad sexual, la Ley de Enjuiciamiento Criminal y la Ley Orgánica 5/2000, de 12 de enero, reguladora de la responsabilidad penal de los menores. Estas dos últimas como consecuencia de las modificaciones operadas en el CP respecto de los delitos contra la libertad sexual, que han ido encaminadas a ampliar los supuestos en los que se puede aplicar la medida de internamiento en régimen cerrado, a ampliar el período de duración de esta y otras medidas y a restringir el ámbito de discrecionalidad que tiene el juez de menores a la hora de modificar, suspender o sustituir las medidas. Recientemente, la LO 1/2025, de 2 de enero, *de medidas en materia de eficiencia del Servicio Público de Justicia,* modifica el art. 4 LORPM de tal forma que se introduce la garantía de que las declaraciones o interrogatorios de las partes acusadoras, testigos o peritos se realicen de forma telemática. También se prevé la posibilidad de que las víctimas de violencia de género, de violencia sexual, de trata de seres humanos o cuando sean víctimas menores de edad o con discapacidad puedan intervenir desde los lugares donde se encuentren recibiendo oficialmente asistencia, atención, asesoramiento o protección, o desde cualquier otro lugar, siempre que dispongan de medios suficientes para asegurar su identidad y las adecuadas condiciones de la intervención. Finalmente, se añade un apartado 4 al art. 23 LORPM por el que se establece que *el Ministerio Fiscal, de oficio o a petición de cualquiera de las partes personadas, instará al Juzgado de menores, la práctica de la declaración de la víctima o de un cualquier otro testigo, con las garantías de la prueba preconstituida, de conformidad con lo dispuesto en la Ley de Enjuiciamiento Criminal, asegurando en todo caso el principio de contradicción cuando concurran alguno de los supuestos siguientes: a) Cuando exista riesgo de imposibilidad de concurrir al juicio oral. b) Cuando se trate de una persona especialmente vulnerable. En todo caso, tendrá esa consideración toda persona menor de catorce años o persona con discapacidad necesitada de especial protección.*

algunos de sus preceptos son de índole estrictamente penal, por lo que, a través de la misma se configura un verdadero proceso penal de menores de naturaleza especial por razones subjetivas[405].

La LORPM se compone de un título preliminar que contiene una declaración general referente a su ámbito de aplicación personal y al sometimiento a la CE, a la legislación de protección del menor, así como a la normativa internacional en la materia; y de ocho títulos referidos al ámbito de aplicación de la ley (Título I), medidas a imponer a los menores (Título II), la fase de instrucción del procedimiento (Título III), la fase de audiencia (Título IV), la sentencia (Título V), los recursos (Título VI), ejecución de las medidas (Título VII) y la responsabilidad civil (Título VIII).

Los arts. 16 a 42 LORPM contemplan las fases del proceso, de manera similar a lo establecido en la LECrim para el procedimiento abreviado: la de instrucción (que se denomina *expediente*), la intermedia (que se denomina *de alegaciones*), y la de juicio oral (que se denomina *audiencia*).

En definitiva, la LORPM aúna en un mismo texto las disposiciones especiales, tanto de derecho material, como procesal y orgánico, que regulan la reacción jurídica a las infracciones penales cometidas por los menores, así como las cuestiones relativas a la ejecución de las sanciones que se les imponen y a la responsabilidad civil derivada de la comisión de dichas infracciones.

Sus preceptos serán complementados por el RD 1774/2004, de 30 de julio, por el que se aprueba el Reglamento de la LORPM (en adelante, RLORPM), que viene a desarrollar su contenido en lo que respecta a la regulación de la policía judicial y del Equipo

---

405 DÍAZ-MAROTO Y VILLAREJO, J., "La Ley sobre responsabilidad penal de los menores en España", *Nuevo Foro Penal*, núm. 101, 2023, (p. 16).

Técnico, la ejecución de las medidas cautelares y definitivas y el régimen disciplinario de los centros de internamiento de menores[406].

3.- PRINCIPIOS RECTORES DEL PROCESO PENAL DE MENORES

3.1.–El interés superior del menor como principio rector de la justicia penal de menores.

El interés del menor se concibe en nuestra legislación como un concepto jurídico indeterminado que debe ser interpretado de forma individualizada, en cada caso concreto, y que se caracteriza por su dinamismo y flexibilidad para favorecer al menor. Se aplicará tomando como referencia las circunstancias concretas del menor, su contexto y sus necesidades personales. Se puede identificar con la dignidad de la persona, los derechos que le son inherentes y el libre desarrollo de su personalidad y demás derechos fundamentales. Su respeto garantiza una protección suficiente al menor, que permita su desarrollo en la sociedad, así como el disfrute pleno y efectivo de todos los derechos consagrados en la CDN. Se concibe, además, como un deber moral para los operadores jurídicos[407]. No se trata de dispensar al menor un trato anormalmente favorable en el sentido de discriminarlo postitivamente, sino de tratarlo justamente,

---

406 Sin perjuicio de la aplicación supletoria en esta materia del CP, leyes penales especiales y LECrim.

407 CARDONA LLORÉNS, J. "El interés superior del niño a los 4 años de la aprobación de la Observación General núm. 14 del Comité de Derechos del Niño", en SANZ CABALLERO, S.; MOLINA NAVARRO, M. (Dir.), *El interés superior del niño en la jurisprudencia internacional, comparada y española*, Thomson Reuters Aranzadi, Cizur Menor (Navarra) y Fundación San Pablo CEU, Andalucía, 2017, (pp. 99-110).

adecuando a su persona y a su minoría de edad los derechos que le son inherentes como persona[408].

Como concepto jurídico indeterminado está sujeto a la evolución social y a la interpretación y aplicación casuística, lo que conlleva la necesidad de concretar los criterios objetivos de evaluación y determinación, sin que ello signifique una aplicación jurídica del principio de forma discrecional.

El primer texto internacional en hacer referencia al interés superior del menor es la Declaración de Derechos del Niño de 1959, en el que se configura como un principio rector para los *responsables de la educación y orientación del niño,* identificando como tales a los padres, lo que podría llevar a considerar que se estaba excluyendo a los poderes públicos, al no hacer una mención expresa a éstos[409].

---

408 RIVERO FERNÁNDEZ, F., *El interés del menor*, Dykinson, Madrid, 2000.

409 Otros textos internacionales cuyo ámbito de aplicación no se circunscribe a los menores, se han hecho eco del principio. Entre ellos, citaremos la *Convención sobre la eliminación de todas las formas de discriminación contra la mujer* hace referencia a este principio (arts. 5 b. y 16, párr. 1 d.); el PIDCP, aunque no menciona específicamente el interés superior del menor, en su art. 24 establece que todo niño tiene derecho a la protección de la ley y, de hecho, se ha interpretado que cualquier aplicación de los derechos de los niños debe contemplar este principio; la *Convención sobre la Eliminación de Todas las Formas de Discriminación Racial* (1965), en su art. 5, establece que los Estados partes deben garantizar la igualdad de derechos, protegiendo a los niños de cualquier tipo de discriminación, promoviendo políticas basadas en el bienestar y el interés superior del menor, sin distinción alguna de raza, color, origen o condición social; la *Convención Internacional sobre la Protección de los Derechos de Todos los Trabajadores Migratorios y de Sus Familiares* (1990), en su art. 44, reconoce que los Estados deben proteger los derechos de los niños migrantes y sus familias, con especial atención a su bienestar, salud y educación, garantizando que las decisiones que los afecten tomen en cuenta siempre el interés superior del menor; la *Convención sobre los Derechos de las Personas con Discapacidad* (2006), cuyo art. 7, subraya que los Estados partes deben garantizar la

La consagración como un principio general de aplicación de los derechos del niño será obra de la CDN, cuyo art. 3, párrafo 1, otorga al niño el derecho a que se considere y tenga en cuenta de forma primordial su interés superior en todas las medidas o decisiones que le afecten, tanto en el ámbito público como privado. *Consideración primordial* significa que el interés superior del niño debe ser el factor determinante al tomar una decisión relacionada con él, concepto que va a ser desarrollado por el CRC, a través de la Observación General núm. 14 (2013), *sobre el derecho del niño a que su interés superior sea una consideración primordial.*

Tomando como referencia el ya analizado art. 3, párrafo 1 CDN, el CRC subraya que se trata, en primer lugar, de un derecho sustantivo, de aplicabilidad directa que podrá invocarse ante los tribunales. En otras palabras, el menor tiene derecho a que, cuando se adopte una decisión que le afecte, se tengan en consideración los mejores intereses para él. En segundo lugar, se trata de un principio jurídico interpretativo fundamental, en el sentido de que, si una disposición jurídica admite más de una interpretación, se elegirá aquella que satisfaga de manera más efectiva el interés superior del niño. Los derechos consagrados en la CDN y sus Protocolos facultativos establecen el marco interpretativo. En tercer lugar, el principio de interés superior del menor constituye una norma del procedimiento, como complemento a las otras dos dimensiones o incluso como consecuencia necesaria, pues para poder exigir el respeto de este derecho resultará preciso saber cuáles han sido los factores, los elementos y las circunstancias tenidas en cuenta. El proceso de adopción de la decisión requiere garantías procesales, así como justificar los parámetros que se han seguido para adoptar una

---

protección y el ejercicio de los derechos de los niños con discapacidad, en conformidad con el interés superior del menor. Esto implica que todas las decisiones sobre niños con discapacidad deben ser tomadas de forma que se prioricen sus derechos, dignidad y bienestar.

decisión basada en el interés superior del menor y la forma en que se ha ponderado este interés sobre otros, convirtiéndose en un verdadero cauce procesal, más que una norma de procedimiento incardinable en los parámetros del derecho procesal[410].

La Observación General núm. 14 CRC, tiene una vocación que va más allá de desarrollar la definición de interés superior del menor de la CDN, al pretender la implicación de todas las esferas del Estado en la consecución de los objetivos de protección de la infancia, tomando como punto de partida la consideración del entorno familiar del niño y la posibilidad de sustituir éste por una intervención institucional cuando la familia no responde a los estándares de protección.

Esta llamada a la implicación se traduce en una obligación intrínseca para los Estados de tener en cuenta con carácter primordial el interés superior del menor en toda decisión relativa al mismo. El mandato se extiende, por un lado, a todas las medidas de las instituciones públicas, en los procedimientos administrativos y judiciales que afectan directa o indirectamente a los niños. Por otro lado, obliga a la justificación de la aplicación de este principio, ya que todas las decisiones judiciales y administrativas, las políticas y la legislación relacionadas con los niños deberán dejar patente que el interés superior de éstos ha sido un criterio prioritario. También se extiende al ámbito privado, para todos los operadores jurídicos que trabajan en el ámbito de los menores[411].

Entre dichos elementos, habrán de ponderarse aspectos como la identidad del menor, su opinión, el mantenimiento del entorno familiar, las situaciones de vulnerabilidad y el derecho a la salud o a la educación.

---

410 PIZARRO MORENO, E., *El interés superior del menor: claves jurisprudenciales*, Editorial REUS, Madrid, 2020, (p. 29).

411 Párrafo 10 de la Observación General núm. 14 del CRC.

El CRC ha ido estableciendo un marco para evaluar el interés superior del menor, a través de la introducción de criterios y pautas que se deben tener en cuenta en todas aquellas decisiones judiciales y administrativas, así como en otras medidas que afecten a niños con carácter individual, a través de la citada Observación General núm. 14 CRC, al introducir los elementos que habrán de considerarse para evaluar el interés superior del menor, como resultado de una valoración general de todos ellos. Se trata de conceder más importancia a lo que es mejor para el niño, sobre cualquier otra consideración[412].También ha ido diseñando las directrices que marcarán los procesos de aprobación de leyes, políticas, estrategias, programas, planes, presupuestos, iniciativas legislativas y presupuestarias, relativas a los niños en general o a un determinado grupo en aras a garantizar que los Estados partes en la CDN hagan efectivo el interés superior del niño y lo respeten.

La importancia de cada elemento a tener en cuenta se ponderará en función de los otros, puesto que no todos los elementos serán pertinentes en todos los casos. Esta valoración comporta la necesidad de un equilibrio entre los criterios generales a considerar y las circunstancias concretas del menor, así como entre la protección del menor y su autonomía como sujeto de derechos. Todo ello teniendo en cuenta la propia evolución inherente al menor que, en muchas ocasiones, hará cuestionar la necesidad de una medida definitiva o irreversible.

Se trata, por tanto, de un derecho individual pero también colectivo, ya que no solo se aplica al niño como individuo, en función de sus circunstancias específicas (edad, sexo, grado de madurez, pertenencia a un grupo minoritario, la existencia de una discapacidad,

---

412 La Observación General núm. 14 del CRC establece expresamente que los intereses del niño tienen máxima prioridad (párrafo 39).

contexto social y cultural, etc.), sino también como grupo, que exige atender a sus circunstancias como tal o de los niños en general[413].

En nuestro ordenamiento jurídico, la ratificación de España de la CDN supone cumplir y hacer suyo el contenido del interés superior del menor como consideración primordial, consagrado, asimismo, como un principio constitucional vinculante para los poderes públicos. El TC ha ido progresivamente dotándolo de una naturaleza indisponible y configurándolo como un principio de orden público[414].

Si bien, será a finales del siglo XX cuando se introduzca este principio de forma expresa a través de dos leyes que supondrán un importante cambio en lo que a protección de los derechos de los menores se refiere: la Ley 11/1981, de 13 de mayo, *de modificación del Código Civil en materia de filiación, patria potestad y régimen económico del matrimonio* y la Ley 21/1987, de 11 de noviembre, *por la que se modifican determinados artículos del Código Civil y de la Ley de Enjuiciamiento Civil en materia de adopción.* En las referidas normas, se incorporan los conceptos de *interés del hijo* o *interés del adoptado* en la toma de decisiones que les afecten, apreciándose una clara vocación del legislador de establecer con carácter prioritario su interés frente a cualquier otro[415].

---

413 La Observación General núm. 11 del CRC (2009), *sobre los niños indígenas y sus derechos,* en virtud de la CDN, establece que la aplicación de ese derecho a los niños indígenas como grupo exige que se examine la relación de ese derecho con los derechos culturales colectivos (párrafo 30).

414 El ATC 28/2001, de 1 febrero, declara al respecto que el interés superior del menor se ha elevado, en último término, en norma de orden público, y por consiguiente de insoslayable observancia en el Ordenamiento jurídico español (FJ 5º).

415 Concretamente, con respecto a la Ley 21/1987, se pone de manifiesto en su Preámbulo como el sistema de adopción contenido en la anterior legislación no estaba suficientemente fundado en el interés del adoptado, que debía prevalecer, sin prescindir totalmente de ellos, sobre

La primacía del interés del menor tiene su reflejo en la Ley 21/1987 en el necesario consentimiento del menor para la adopción o para el acogimiento, a partir de los 12 años, lo que implicará también, indudablemente, la especial valoración de su negativa cuando, aun siendo menor de dicha edad, tenga suficiente juicio. Pero, además, el mismo principio inspira a todas las diversas garantías que acompañan al procedimiento constituyente del acogimiento o de la adopción. Cabe señalar que, con esta mira, la adopción no será ya un simple negocio privado entre el adoptante y los progenitores por naturaleza, sino que se procura la adecuada selección de aquel de modo objetivo, con lo que también se contribuirá a la supresión de intermediarios poco fiables bien o mal intencionados.

Posteriormente, en la reforma operada por Ley 11/1981, de 13 de mayo, *de modificación del Código Civil en materia de filiación, patria potestad y régimen económico del matrimonio*, la patria potestad se concibe como una función que debe ser ejercitada en beneficio de los hijos, en la que se integra un conjunto de derechos, que la ley concede a los padres sobre las personas y bienes de los descendientes con el fin de asegurar el cumplimiento de los deberes que a los primeros incumbe respecto al sostenimiento, educación, formación y desarrollo, en todos los órdenes, de los segundos, ya se trate de menores de edad, ya de mayores incapacitados. Esta reforma se estructura sobre la base de tres objetivos: configurar la patria potestad como función dual del padre y de la madre; dar primacía al interés o beneficio del hijo, y el respeto de su personalidad; y, someter el ejercicio de la patria potestad a la intervención y vigilancia judicial, así, como en su caso, de la Administración Pública. En definitiva, lo que prima en esta institución es el principio de primacía del interés del menor, la consecución de su beneficio, y el respeto a su personalidad, deben constituir

---

los demás intereses en juego en el curso de la adopción, como son los de los adoptantes y los de los padres o guardadores del adoptado.

los parámetros a los que se debe recurrir a los efectos de interpretar, integrar y aplicar el régimen jurídico de la patria potestad[416].

Si bien la adhesión del Estado español a la CDN supuso un antes y un después en el reconocimiento del interés del menor en el ámbito de la protección infantil, el máximo exponente de este avance se encuentra en la promulgación de la LOPJM, al introducir lo en su art. 2, como principio inspirador el interés superior del menor, que primará sobre cualquier otro interés legítimo que pudiera concurrir y será el fundamento vinculante de todas las actuaciones relativas al menor.

No obstante, la LOPJM no determina el contenido concreto del principio de interés superior del menor, sino que se limita a establecer su primacía sobre cualquier interés legítimo. Sorprende el hecho de que en el Preámbulo se identifique el interés del menor como un principio *inspirador* y no rector, en línea con la concepción establecida por la CDN. Sin embargo, en el articulado de la LOPJM, sí se establece expresamente el carácter de principio rector de la actuación de los poderes públicos en relación con los menores (art. 11.2 LOPJM).

Con las reformas de la LOPJM operadas por la Ley 8/2015, de 22 de julio y la Ley 26/2015, de 28 de julio, *de modificación del sistema de protección a la infancia y a la adolescencia*, se concretará el contenido de este concepto que quedará configurado como un derecho sustantivo del menor, como un principio general de carácter interpretativo y como una norma procesal.

La configuración de esta triple vertiente del concepto de interés superior del menor o de estas tres dimensiones del concepto, tiene su origen, por un lado, en la incorporación de la extensa jurisprudencia del TS sobre esta materia de los últimos

416 BERROCAL LANZAROT, A. I., "El interés superior del menor y la atribución de la guarda y custodia", *Revista Crítica de Derecho Inmobiliario*, núm. 746, 2014, (p. 3285).

años, en la que se ponía de manifiesto de forma reiterada la omisión por parte de los operadores jurídicos de este principio en la toma de decisiones referentes al menor y la necesidad de delimitar el concepto. Por otro lado, es fruto de la aportación del CRC en su Observación General núm. 14, antes analizada[417].

El interés superior del menor también ha sido incorporado al CC con motivo de las sucesivas reformas introducidas por las leyes dictadas con posterioridad a la CDN, que permitirán que pueda ser invocado en un litigio como derecho sustantivo del niño, susceptible de ser denunciada su vulneración ante el TS mediante recurso de casación[418].

Por otro lado, se configura también como principio hermenéutico fundamental, que determinará que, ante diferentes interpretaciones posibles, se opte por aquella que garantice el interés superior del menor.

Finalmente, en la triple vertiente del concepto destaca el carácter procesal con el que se dota a este principio, pues supone el establecimiento de determinadas garantías procesales, que obligarán al Estado a justificar el respeto de este principio durante el proceso de adopción de decisiones que afecten al menor[419]. Entre estas garantías, destacan el derecho del menor a estar informado, oído y escuchado y a participar en el proceso de acuerdo con la normativa vigente.

---

417 PIZARRO MORENO, E., *El interés superior del menor* (...), *op. cit.* (p.30).

418 SANTAMARÍA, M.L., *El concepto del interés superior del niño y su dimensión constitucional*, Editorial Universitat Politécnica de Valencia, Valencia, 2018, (p.4).

419 FERNÁNDEZ PÉREZ, A., "El interés superior del menor: derecho fundamental y/o principio rector del Derecho internacional privado", en VELASCO RETAMOSA, J. M. (Dir.), *Menores extranjeros: problemas actuales y retos jurídicos*, Tirant lo Blanch, Valencia, 2018.

Por ello, en aras de objetivar la aplicación de este principio, el art. 2.2 Ley 8/2015 no solo pretende dotar de contenido al principio de interés superior del menor, sino que introduce una serie de criterios generales a seguir en la valoración de este principio y limitar la discrecionalidad a la que se veía abocado el mismo dada su indeterminación.

En definitiva, la gran aportación de esta norma en cuanto al principio de interés superior del menor es la de haber dotado de contenido al concepto, como derecho, principio y regla del procedimiento, además de establecer una guía de elementos a tener en cuenta a la hora de valorarlo.

En el ámbito de la justicia juvenil, constituye un principio nuclear, que fundamenta el resto de principios y garantías procesales. La CDN lo reconoce expresamente en el ámbito de lo menores infractores en su art. 40 y, por su parte, las Reglas de Beijing aluden al interés superior del menor en la Regla núm. 14.2 cuando establecen que el proceso por el que se enjuicie a un menor favorezca su interés.

De esta forma, la LORPM incorpora la triple vertiente del interés superior del menor, contenida en los instrumentos internacionales (especialmente el art. 3.1 CDN) y en la normativa de protección al menor y lo configura en el marco de las finalidades educativas y resocializadoras de la responsabilidad penal de los menores, así como en un pilar fundamental sobre el que van a pivotar los restantes principios rectores. Es el *favor minoris* lo que justifica la necesidad de conocer la situación social del menor para incoar el expediente de reforma o decidir no incoarlo, que va a justificar la elección de la medida más adecuada para el menor expedientado en la sentencia y que constituye una garantía procesal en sí misma[420].

---

420 BUJOSA VADELL, L.M., "Ejecución en el enjuiciamiento de menores: principios aplicables y limitación de la discrecionalidad", en BUJOSA

Así, el interés superior del menor se recoge expresamente en la propia Exposición de Motivos (Apartado 7) de la LORPM y a lo largo de todo su articulado[421], estando presente en todas las fases del proceso y orientando la actuación de todos los órganos que participan en el mismo, siendo determinante a la hora de imponer una medida al menor, en paralelo a la finalidad sancionadora-educativa de la norma.

3.2.- Otros principios rectores del proceso penal de menores

Partiendo de la base de que la LORPM tiene una naturaleza sancionadora, aunque la exigencia de responsabilidad se materialice desde un punto de vista educativo, debe respetarse el principio constitucional de legalidad criminal (*nullum crime sine lege, nulla poena sine lege*), enunciado en el art. 9.3 CE y configurado como un derecho fundamental de las personas (art. 25.1 CE)[422], basado en la

---

VADELL, L. M. y MARTÍN DIZ, F., *Menores infractores: predicción, gestión del riesgo e intervención*, Thomson Reuters Aranzadi, Cizur Menor (Navarra), 2022, (p. 31).

421 Art. 6, en la investigación del MF; 7.3 (elección de la medida y motivación de la sentencia); 13.1 (posibilidad de modificación de la medida), 23.1 (actuación inspectora del MF), 27.3 (informe del Equipo Técnico), 28.1 (medidas cautelares), 35.2 (para restringir la publicidad de las sesiones), 37.4 (abandono de la sala por el menor), 46.3 (traslado a otro centro para ejecución de la medida) y 47.5 (alteración en el orden de cumplimiento de las medidas) LORPM.

422 El TC ha reiterado que, en derecho penal, el principio de legalidad se configura sobre tres exigencias: en primer lugar, la existencia de una ley, con rango de LO, para la creación o modificación de delitos o penas; en segundo lugar, el carácter previo de la existencia de dicha ley a la comisión del delito, para garantizar la seguridad jurídica y, en tercer lugar, que describa un supuesto de hecho estrictamente determinado, que tenga la precisión necesaria para que se cumpla el mandato de precisión y taxatividad de las conductas punibles y las penas que conllevan. *Vid.* por todas, STC 196/2013, de 2 de diciembre (FJ 3º).

reserva de ley en la definición de los delitos, por cuanto, solo podrá ser sometido a un proceso para exigir su responsabilidad a aquellos mayores de 14 años y menores de 18, que hubieran cometido un hecho tipificado como delito en el CP o leyes especiales, de tal forma que la LOPRM no puede contemplar tipos delictivos propios. En otras palabras, se trata de garantizar que ningún acto que no sea considerado delito ni sea sancionado cuando lo comete un adulto, pueda ser considerado delito ni objeto de sanción cuando es cometido por un menor, a fin de evitar la estigmatización, victimización y criminalización de los menores. Así lo dispone el propio art. 40.2 CDN al establecer que los Estados deban garantizar que se pueda perseguir a un menor por actos u omisiones no contempladas en las leyes nacionales o internacionales en el momento en que se cometieron. Igualmente, el principio de legalidad en el ámbito de la justicia juvenil se traduce en la imposibilidad de aplicar medidas que no estén contenidas en el art. 7 LORPM, que además deben estar impuestas por sentencia firme (garantía jurisdiccional), tras el proceso legalmente previsto con todas las garantías, *ex* art. 43.1 LORPM y que su ejecución se ajuste a lo previsto legal y reglamentariamente.

De lo anterior, puede extraerse que el principio de legalidad en la LORPM trata de garantizar, por un lado, el estricto sometimiento del Juez a la ley penal, no pudiendo haber margen alguno de arbitrio o de discrecionalidad en su aplicación; y, por otro lado, refuerza la seguridad jurídica del ciudadano[423].

Aunque nuestro sistema de justicia juvenil se rija por el principio de legalidad, el principio de oportunidad cobra una especial relevancia en el proceso penal de menores, indisociablemente unido al principio de intervención mínima, cuyo objetivo es desjudicializar en la medida más amplia posible la intervención

---

423 GARRIDO CARRILLO, F.J., *Principios y garantías del proceso penal de menores*, Thomson Reuters Aranzadi, Cizur Menor (Navarra), 2023, (p. 90).

con los menores infractores[424], lo que supone conceder ampliar facultades al MF para decidir sobre el ejercicio de la acción penal en determinadas condiciones, a pesar de la existencia de un hecho presuntamente delictivo.

Así, el principio de oportunidad se podría definir, atendiendo a la definición otorgada por la Recomendación 87 (20) del Comité de Ministros del Consejo de Europa, como la facultad de renunciar a la iniciación de un procedimiento penal o de poner término al ya iniciado. En tal sentido, el principio de oportunidad se concibe como la posibilidad de no iniciar un procedimiento o concluirlo a partir de una medida no impuesta judicialmente. En virtud de ello, la consagración de este principio en la justicia de menores se explica no solo por razones de interés social o de utilidad pública propios del proceso penal, como pueden ser la escasa gravedad del hecho delictivo o la falta de interés público en la persecución de estos delitos, sino también por ser un mecanismo para la consecución de los fines propios de la justicia juvenil tendentes a la educación y a la reinserción[425].

Otros objetivos que se persiguen al aplicar esa facultad discrecional del MF para no ejercer la acción penal a través del principio de oportunidad, se basan en la búsqueda de la justicia material por encima de la formal, en el favorecimiento de un proceso sin dilaciones indebidas y en reforzar un trato diferenciado entre aquellos hechos punibles que deben ser perseguidos de los que no, en aras de dejar al margen del proceso la criminalidad de

---

424 GARCÍA INGELMO, F.M., "El principio de oportunidad y sus manifestaciones en la LORPM (Arts. 18, 19 y 27.4). Problemas prácticos. Doctrina de la Fiscalía General del Estado", *La Ley Derecho de Familia. Revista jurídica sobre familia y menores,* núm. 27, 2020, (p. 2).

425 SANZ HERMIDA, A.M., "Artículo 18. Desistimiento de la incoación del expediente por corrección en el ámbito educativo y familiar", GÓMEZ RIVERO, M.C. (Coord.), *Comentarios a la Ley penal del menor: (conforme a las reformas introducidas por la LO 8/2006),* Iustel, Madrid, 2007, (p. 206).

bagatela. Desde el punto de vista de la víctima, se puede entender también como un mecanismo para lograr una reparación de la víctima más rápida que si se sometiese al proceso judicial.

El principio de oportunidad ha sido uno de los criterios orientadores de la LORPM[426], siguiendo las recomendaciones internacionales al respecto, concretamente las reglas 6 y 11.2 de las Reglas de Beijing, que proponen un margen suficiente para el ejercicio de las facultades discrecionales en las diferentes etapas procesales de la justicia de menores, teniendo en cuenta las diversas necesidades especiales de los menores, así como la diversidad de las medidas disponibles; o el art. 40.3.b) CDN, que propone dar prioridad a la adopción de medidas extrajudiciales. A nivel regional, la Recomendación 87 (20) del Comité de Ministros del Consejo de Europa, en su apartado II establece la necesidad de implementar mecanismos de desjudicialización a nivel del órgano de prosecución a fin de evitar a los menores la asunción por el sistema de justicia penal y las consecuencias derivadas de ello.

Las manifestaciones del principio de oportunidad en la LORPM se producen en diferentes momentos procesales: cuando no se ha incoado expediente, en diligencias preliminares, a través del desistimiento de la incoación de expediente (art. 18 LORPM), dando lugar a la no iniciación del proceso, o bien, una vez incoado el expediente, por medio del sobreseimiento del expediente por conciliación, reparación o cumplimiento de una actividad educativa extrajudiciales (art.19 LORPM que tiene su complemento en el art. 5 del Reglamento de la LORPM), lo que supondrá un

---

426 La potestad del MF de archivar la causa por razones de oportunidad tiene su origen en la LO 4/1992, que en su art. 15.1. 6° establecía lo siguiente: *Atendiendo a la poca gravedad de los hechos, a las condiciones o circunstancias del menor, a que no se hubiese empleado violencia o intimidación, o que el menor haya reparado o se comprometa a reparar el daño causado a la víctima, el Juez, a propuesta del Fiscal, podrá dar por concluida la tramitación de todas las actuaciones.*

archivo de la causa en fase de instrucción. Por otro lado, también tiene su reflejo en la posibilidad de conformidad del menor (art. 32 a 36 LORPM), lo que constituye una terminación anticipada del proceso. Finalmente, el principio de oportunidad tiene su manifestación en la ejecución, ante una eventual suspensión de la ejecución del fallo (art. 40 LORPM) o para dejar sin efecto, o sustituir la medida impuesta durante la ejecución (art. 51 LORPM).

También rige en el proceso penal de menores, el principio acusatorio, que supone que no hay proceso sin acusación, debiendo existir una necesaria correlación entre acusación y fallo, integrado en el derecho fundamental a un proceso con todas las garantías del art. 24.2 CE. Supone el refuerzo, además, de la necesidad de contradicción y equilibrio entre las partes, la separación de las funciones de instrucción y acusación de la función de decisión, que será asumida por un Juez imparcial e independiente. En la LORPM, el principio acusatorio se reconoce en el art. 8, aunque no establece los tres aspectos anteriores a los que se ha hecho referencia, ya que solo recoge, por un lado, la prohibición del Juez de la SMTI de imponer una medida que suponga una mayor restricción de derechos o por un tiempo superior a la solicitada por el MF o acusación particular. Por otro lado, en su apartado 2, introduce una limitación relativa a la imposibilidad de establecer medidas de privación de libertad de una duración superior a la pena que se hubiera impuesto a un adulto; este apartado es una manifestación del principio de proporcionalidad, estableciendo el equilibrio entre la medida y la gravedad del hecho delictivo. Ello supone que, en el ámbito de la justicia de menores, aunque se deben tener en cuenta las circunstancias del menor a la hora de establecer la medida, no se debe derogar plenamente el principio de proporcionalidad, aunque de la Exposición de Motivos de la LORPM se infiera lo contrario[427].

---

427 Párrafo 7, Apartado II de la Exposición de la LORPM: La presente Ley Orgánica tiene ciertamente la naturaleza de disposición sancionadora,

El principio acusatorio conlleva también la *reformatio in peius*, salvo que el apelado también impugne la sentencia o se adhiera a la apelación ya presentada. En tales casos, el órgano que resuelve estará vinculado a los límites objetivos y subjetivos, establecidos por acusación y defensa en segunda instancia[428].

El Art. 5 LORPM establece que los menores serán responsables de los hechos tipificados como delitos en el CP o leyes penales especiales y no concurra en ellos ninguna causa de exención o extinción de la responsabilidad criminal prevista en el CP[429]. Si bien, la responsabilidad penal de los menores o

pues desarrolla la exigencia de una verdadera responsabilidad jurídica a los menores infractores, aunque referida específicamente a la comisión de hechos tipificados como delitos o faltas por el Código Penal y las restantes leyes penales especiales. Al pretender ser la reacción jurídica dirigida al menor infractor una intervención de naturaleza educativa, aunque desde luego de especial intensidad, rechazando expresamente otras finalidades esenciales del Derecho penal de adultos, como la proporcionalidad entre el hecho y la sanción o la intimidación de los destinatarios de la norma, se pretende impedir todo aquello que pudiera tener un efecto contraproducente para el menor, como el ejercicio de la acción por la víctima o por otros particulares.

428 Sobre el principio acusatorio, *vid.* ARMENTA DEU, T., *Lecciones de Derecho Procesal Penal*, Marcial Pons, Madrid, 2012, (pp. 45 y ss.) y SANZ HERMIDA, A., "Artículo 8. Principio acusatorio", en GÓMEZ RIVERO, M.C. (Coord.), *Comentarios a la Ley penal del menor (…), op. cit.* (pp. 124-132).

429 Las causas de exención de responsabilidad son las causas de justificación reguladas en el art. 20 CP: legítima defensa, estado de necesidad y cumplimiento de un deber o ejercicio legítimo de un derecho, oficio o cargo, en estos casos, el menor va a estar exento de responsabilidad penal y civil. Por otro lado, conllevarán exención de responsabilidad penal (pero no civil) las causas de inculpabilidad (art. 14 CP), que son el error invencible, inimputabilidad e inexigibilidad de una conducta conforme a derecho. Como causas de exención también se encuentran las causas de exclusión de la punibilidad (excusas absolutorias y no concurrencia de los requisitos de procebilidad o perseguibilidad. Las causas de extinción de la responsabilidad penal se regulan en el

principio de culpabilidad presenta particularidades con respecto a la de los adultos, ya que no se les va a exigir el mismo grado de reproche, por razones de prevención especial y en base a su interés superior. De esta forma, en la elección de la medida que se le va a imponer por la comisión de un hecho delictivo, se atenderá de un modo flexible, no solo a la prueba y valoración fáctica, sino también a su edad, circunstancias familiares y sociales, personalidad e interés superior (art. 7.3 LORPM).

Tal y como se ha venido exponiendo en este apartado, el proceso penal de menores persigue fines de reinserción del menor o de resocialización, principio que aparece expresamente enunciado en el art. 55 LORPM, referido a los centros donde se ejecuten medidas de internamiento, donde deberán reducirse al máximo los efectos negativos que este tipo de medidas representen para el menor o su familia.

Otro de los principios rectores es el de especialización de todos los operadores jurídicos que intervienen a lo largo del proceso. Así, a los jueces se les exige poseer aptitudes específicas en materia de menores, tales como técnicas adecuadas de interrogatorio, psicología infantil y comunicación mediante un lenguaje adaptado a los menores, debiendo tener también un acceso efectivo a una formación específica[430].

Esta especialización de jueces y magistrados se extiende a los Fiscales y abogados que intervengan en el proceso, conforme dispone la Disposición Final Cuarta LORPM, y se ha reforzado en la LO 8/2021, de 4 de junio, que modifica la LOPJ en el sentido de incluir la necesidad de formación especializada en las carreras judicial y fiscal, en materia de infancia y personas con

---

art. 130 CP y darán lugar al sobreseimiento del proceso: muerte del reo, cumplimiento de la condena, remisión definitiva de la pena, indulto, perdón del ofendido, prescripción del delito, prescripción de la pena o medida de seguridad.

430 Art. 20 Directiva 2016/800.

discapacidad, exigida por la normativa internacional y teniendo en cuenta su condición de personas vulnerables.

Así, tras la reforma, el art. 307.2 LOPJ establece que, en la fase teórica del curso de selección de jueces y magistrados, se incluirán una formación multidisciplinar, en la que, entre otras materias se llevará a cabo estudio en profundidad de la legislación nacional e internacional sobre los derechos de la infancia y la adolescencia, con especial atención a la CDN y sus observaciones generales. Igualmente, en las pruebas selectivas, contemplarán un estudio de la tutela judicial de la infancia y la adolescencia, la protección y aplicación del interés superior del menor, así como temario referente a la legislación de protección de menores internacional, europea y nacional, conforme al art. 310 LOPJ.

El CGPJ y el Ministerio de Justicia, en el ámbito de sus competencias respectivas, procederán a la formación de miembros de las Carreras Judicial y Fiscal especialistas en materia de menores con arreglo a lo que se establezca reglamentariamente. Dichos especialistas tendrán preferencia para desempeñar los correspondientes cargos en las Salas de Menores de los Tribunales Superiores de Justicia y en las SMTI y Fiscalías de Menores, conforme a lo que establezcan las leyes y reglamentos. Además, la Escuela Judicial cumple un papel de dotar a los jueces y magistrados de una formación multidisciplinar y continuada,

El Centro de Estudios Jurídicos para el MF también cumple la función de proveer de formación continuada, que conforme al art. 434.2 LOPJ incorporará también materia relativa a derechos de la infancia y adolescencia.

Finalmente, la apuesta por el principio de especialización se materializa en la Ley 1/2025, de 2 de enero, *de medidas en materia de eficiencia del Servicio Público de Justicia*, que profundiza en la especialización de los órganos judiciales, así como en la adecuación de los medios personales y materiales que les apoyan en el cumplimiento de los cometidos derivados de la función jurisdiccional. En lo que respecta a las SMTI, el nuevo art. 329.2 LOPJ da preferencia en los concursos para la provisión de las plazas de esta sección en favor de quienes, ostentando la categoría de magistrado o magistrada y acreditando la correspondiente especialización en materia de menores en la Escuela Judicial, tengan mejor puesto en su escalafón. En su defecto, se cubrirán por magistrados o magistradas que hayan prestado al menos tres años de servicio, dentro de los cinco anteriores a la fecha de la convocatoria, en la jurisdicción de menores. A falta de éstos se cubrirán por el orden de antigüedad establecido en el apartado. Igualmente se exige para quienes obtuvieran plaza, así como quienes la obtuvieran cuando las vacantes tuvieran que cubrirse por ascenso, participar antes de tomar posesión de su nuevo destino en las actividades de especialización en materia de menores.

El principio de publicidad constituye una garantía de transparencia y objetividad del proceso, reconocida en el art. 120 CE, elevado a rango de derecho fundamental en el art. 24.2 CE; si bien, en el proceso penal de menores está sometida a matizaciones y límites, haciendo prevalecer el interés superior del menor[431]. Mientras que, en el modelo tutelar, la publicidad era concebida como un perjuicio para los menores, por lo que se partía de la no publicidad del proceso, en el sistema actual se ha superado esa idea y constituye una garantía del menor, sin perjuicio de que, si se considera que es contraria a su interés superior, se acuerde la celebración de las sesiones a puerta cerrada. En todo caso, se prohíbe la obtención y difusión de imágenes por parte de los medios de comunicación, a fin de evitar ulteriores daños al menor (art. 35.2 LORPM).

---

[431] En este sentido, el TC admite la restricción del principio de publicidad en el proceso penal de menores para preservar a los menores de los efectos adversos que puedan resultar de la publicidad de las actuaciones (*vid.* STC 36/1991, de 14 de febrero FJ 6°). En el ámbito internacional, se reconoce también la restricción de la publicidad en la Regla núm. 8 de las Reglas de Beijing y en el art. 40 CDN.

Finalmente, en este somero análisis de los principios rectores de la justicia de menores, debemos hacer mención al principio de igualdad de armas, entendido como el equilibrio de todas las oportunidades procesales de los justiciables, en relación con la distribución de las cargas y derechos inherentes a su condición de partes en el proceso; que cobra especial importancia cuando el proceso penal se sigue contra un menor extranjero no acompañado, en el que, como hemos venido poniendo de manifiesto a lo largo de la presente obra, se ponen de manifiesto las desigualdades de índole social, económica y cultural, derivadas de su condición de especial vulnerabilidad.

4- GARANTÍAS PROCESALES DE LOS MENORES EXTRANJEROS INVESTIGADOS

4.1.- Consideraciones previas

Las garantías procesales emanan de las personas como sujetos del proceso, titulares de derechos derivados de la dignidad humana y no de los ciudadanos, en cuanto miembros de una comunidad política, a diferencia de lo que ocurre con los derechos políticos[432]. En este sentido, los menores extranjeros son titulares de los derechos procesales fundamentales reconocidos en la CE, especialmente en el art. 24.1 CE, que proclama que *todas las personas tienen derecho a obtener la tutela judicial efectiva de los jueces y tribunales en el ejercicio de sus derechos e intereses legítimos, sin que, en ningún caso, pueda producirse indefensión.*

---

432 ARANGÜENA FANEGO, C., "La armonización de las garantías procesales de los sospechosos e imputados en los procesos penales en la Unión Europea: un fallido intento en la construcción del espacio de libertad, seguridad y justicia", en VÁZQUEZ SOTELO, J.L., *Rigor doctrinal y práctica forense,* Atelier, Barcelona, 2009, (p. 114).

El TEDH, interpretando el art. 6 CEDH referente al derecho del acusado a participar de forma efectiva en el proceso penal dirigido contra él, ha afirmado sistemáticamente el derecho a toda persona a acceder a la justicia y a tener un juicio justo, aplicable a todos los niños independientemente de su origen, nacionalidad, raza o situación administrativa. A la hora de tratar a un niño acusado de un delito, el TEDH considera esencial tener en cuenta sobre todo su edad, su grado de madurez y su capacidad intelectual y emocional, para lo que se deben adoptar las medidas que favorezcan su aptitud para entender el proceso y participar en él[433].

Como ya se ha apuntado, la LORPM ha adaptado el sistema de justicia de menores español a las exigencias de la CDN y, en general, a toda la normativa que en el ámbito internacional y europeo se ha ido promulgando y que ha ido influyendo en la práctica judicial. El sistema de justicia juvenil previsto en España apuesta por el respeto de las garantías jurídicas y procesales para los menores que son acusados de la comisión de una infracción

---

433 En las SSTEDH 24888/94 y 24724/94, de 16 de diciembre de 1999 (Asuntos *T. y V. c. Reino Unido*), sobre un caso de secuestro y asesinato por parte de dos menores, de 10 años contra un menor, de 2 años de edad, condenados a una pena de privación de libertad, de acuerdo con el derecho y costumbre inglesas, de duración indeterminada *during her majesty pleasure* (durante el tiempo que plazca a su majestad), estableciéndose finalmente por un periodo de 15 años en un centro punitivo, fue la primera ocasión en la que el TEDH se planteó la forma de aplicar este principio reconocido en el art. 6 CEDH a los procesos penales dirigidos contra niños y, en particular, si las normas procesales, como la publicidad, que en general se dirigen a proteger los derechos de los adultos durante un juicio, no deberían suprimirse respecto de los niños para facilitar así su comprensión y su participación. Posteriormente, el TEDH se ha pronunciado sobre el derecho de los menores a un juicio justo, adaptado a sus necesidades y que deben evitarse procedimientos que puedan traumatizar o poner en desventaja a los niños en las SSTEDH de 20 de enero de 2009 (Asunto *Güveç c. Turquía*) y de 23 de marzo de 2016 (Asunto *Blokhin c. Rusia*), entre otras.

penal, bajo la premisa de que los menores deben tener las mismas garantías que los adultos, pero además se deben observar algunas garantías adicionales en atención a la especial condición de minoría de edad de los jóvenes procesados; todo ello en coherencia con los arts. 37 y 40 CDN.

En coherencia con ello, el art. 1.2 LORPM establece que *las personas a las que se aplique la presente Ley gozarán de todos los derechos reconocidos en la Constitución y en el ordenamiento jurídico, particularmente en la Ley Orgánica 1/1996, de 15 de enero, de Protección Jurídica del Menor, así como en la Convención sobre los Derechos del Niño de 20 de noviembre de 1989 y en todas aquellas normas sobre protección de menores contenidas en los Tratados válidamente celebrados por España.* Es precisamente este reconocimiento una de las cuestiones más relevantes en el camino hacia la adecuación constitucional de la legislación de menores[434].

Esta obligación se establece también, de forma expresa y rotunda, en el art. 40.2 CDN, al reconocer el derecho de todo niño acusado de un delito, a la aplicación de los principios procesales de la jurisdicción penal de adultos. Igualmente, las Reglas de Beijing contemplan el establecimiento de un verdadero proceso de menores respetuoso con las garantías procesales más fundamentales[435].

En coherencia con lo expuesto, el proceso penal de menores de la LORPM se configura como un verdadero proceso penal, en el que se reconoce al menor infractor su derecho a un proceso

---

434 MORENO CATENA, V., "Ámbito de aplicación y garantías procesales del proceso penal de menores" en PILLADO GONZÁLEZ, E. (Coord.), *Proceso penal de menores*, Tirant lo Blanch, 2009, (p. 43).

435 Regla 7ª, Reglas de Beijing: En todas las etapas del proceso se respetarán garantías procesales básicas tales como la presunción de inocencia, el derecho a ser notificado de las acusaciones, el derecho a no responder, el derecho al asesoramiento, el derecho a la presencia de los padres o tutores, el derecho a la confrontación con los testigos y a interrogar a éstos y el derecho de apelación ante una autoridad superior.

con todas las garantías y con el respeto a los derechos fundamentales que por imperativo constitucional deben respetarse en todos los procedimientos. Por ello, resultan de aplicación los derechos procesales y garantías que asisten al adulto imputado, siendo las disposiciones de la LECrim supletorias[436]; incluso estos derechos y garantías tienen una relevancia adicional en el caso de los menores, habida cuenta de la situación de mayor vulnerabilidad que recae sobre éstos, especialmente en los supuestos de privación de libertad, que debe ser compensada con más garantías.

Además, las especiales características de dicho proceso regido por el interés superior del menor, determinan que no todos los principios y garantías exigidos en los procesos de adultos hayan de asegurarse en los mismos términos. Un claro ejemplo es el principio de publicidad, en donde razones tendentes a preservar al menor de los efectos adversos que pudieran resultar de la publicidad de las actuaciones, podrían justificar su restricción.

Teniendo en cuenta las finalidades de la justicia juvenil orientadas a la educación, a la prevención y a la reinserción social, el cumplimiento de las garantías procesales se convierte en la pieza clave para la consecución de los objetivos del proceso, pues tal y como señala Fernández Molina, la teoría de la justicia procesal se basa en que si los derechos de los acusados son respetados, si sus intereses son escuchados, si son tratados con dignidad y respeto, si las decisiones son adoptadas con equidad por personas honestas e imparciales, los acusados, independientemente de las consecuencias que el proceso les acarree, tendrán muchas más probabilidades de cumplir la condena que se les imponga y de respetar en un futuro las normas en general[437].

---

436 Disposición Final Primera LORPM.

437 FERNÁNDEZ-MOLINA, E., "Repensando la justicia de menores", en MIRÓ LINARES, F. (*ed. lit.*); AGUSTINA, J.R. (*ed. lit.*); MEDINA SARMIENTO, E. (ed. lit.), SUMMERS, L. (*ed. lit.*), *Crimen, oportunidad y vida diaria. Libro homenaje al Profesor Dr. Marcus Felson*, Dykinson, Madrid, 2014, (p. 630).

Pues bien, partiendo del reconocimiento de una situación de especial vulnerabilidad de las personas menores de edad, la cuestión que se va a analizar en los siguientes capítulos es si los menores extranjeros no acompañados investigados o acusados, pueden ejercer de forma efectiva sus derechos procesales en las mismas condiciones que los menores nacionales, identificando, en su caso, cuáles son las barreras reales que obstaculizan ese ejercicio efectivo, realizando propuestas de mejora, en su caso.

Si bien en el marco del derecho comunitario, como ya se ha adelantado, se ha avanzado en el reconocimiento de las necesidades específicas de colectivos vulnerables como los menores, con la aprobación de la Directiva 2016/800 o de las personas alófonas, a través de la Directiva 2010/64/UE, tal y como analizaremos en los siguientes apartados, la regulación ha sido de mínimos, sin que tampoco haya sido abordado por el legislador español en profundidad, más allá de cumplir con los estándares marcados por las anteriores Directivas, como se expondrá en los siguientes capítulos.

4.2.- La Directiva 2016/800 y su encaje en la LORPM

El progresivo proceso de consolidación de un espacio de libertad, seguridad y justicia europeo se plasmó también en la toma en consideración de la necesidad de reforzar los derechos procesales en el ámbito del proceso penal, que tuvo su primera expresión en la Resolución del Consejo de 30 de noviembre de 2009, *relativa al Plan de trabajo para reforzar los derechos procesales de sospechosos y acusados en los procesos penales*[438], centrado en la

---

[438] El 11 de diciembre de 2009, el Consejo Europeo acogió favorablemente el plan de trabajo y lo incorporó al Programa de Estocolmo: *Una Europa abierta y segura que sirva y proteja al ciudadano*, que establece un marco de trabajo para la Unión Europea (UE) en el espacio de libertad, seguridad y justicia para el período 2010-2014. En dicho documento, se aboga por la creación real de una ciudadanía europea, cuyos miembros tengan

adopción de medidas relativas a los derechos de traducción e interpretación; información sobre los derechos y sobre los cargos; asesoramiento jurídico y justicia gratuita; comunicación con los familiares, el empleador y las autoridades consulares y salvaguardias especiales para acusados o sospechosos que sean vulnerables.

Como ya se adelantó, en el progresivo desarrollo de las garantías procesales reconocidas a las personas vulnerables, tuvo mucha incidencia en el ámbito comunitario, el trabajo realizado por el Consejo de Europa cuya muestra se plasma en las *Directrices del Comité de Ministros del Consejo de Europa para una justicia adaptada a los niños,* de 17 de noviembre de 2010, fruto de una amplia consulta en la que se detecta una desconfianza generalizada de los niños y niñas hacia los sistemas de justicia, así como se ponen de relieve muchas deficiencias como la falta de información adaptada a la edad del menor, situaciones intimidatorias o una escasa aproximación a las familias. En tal sentido, se pretenden establecer unas pautas para asegurar que el sistema de justicia esté adaptado a los menores y garantice su acceso adecuado, con un trato respetuoso[439].

---

plenamente reconocidos los derechos y las libertades fundamentales consagrados en la CDFUE y en el Convenio Europeo para la Protección de los Derechos Humanos y de las Libertades Fundamentales, que puedan ejercerlos tanto dentro como fuera de la UE. Derechos que también abarcan a los investigados o acusados y que deben ser objeto de una regulación para su protección. El Consejo Europeo destacó que el plan de trabajo para reforzar los derechos procesales de sospechosos y acusados en los procesos penales, no era exhaustivo y pidió a la Comisión que examinara nuevos aspectos de los derechos procesales mínimos de los sospechosos y acusados, y que estudiara la necesidad de abordar otras cuestiones, por ejemplo, la presunción de inocencia, a fin de fomentar una mejor cooperación en ese ámbito.

439 Los precedentes del referido texto legal son las resoluciones y recomendaciones del Comité de Ministros del Consejo de Europa referidas a la delincuencia juvenil y garantías procesales de los menores, señaladas en el apartado 1, del Capítulo I: Resolución (78) 62, *sobre delincuencia juvenil y transformación social*; la Recomendación (87) 20, *sobre reacciones*

Una de las principales aportaciones de las Directrices del Consejo de Europa es, precisamente, la definición de *justicia adaptada a los niños*, entendida como aquel sistema de justicia que garantiza el respeto y el efectivo cumplimiento de todos los derechos de los niños y niñas, al máximo nivel posible, teniendo en cuenta la edad y entendimiento del menor, junto con las circunstancias del caso. En particular, se refiere a una justicia accesible, adaptada a la edad, rápida, diligente y centrada en las necesidades de los niños y niñas, respetuosa también con las garantías procesales relativas al derecho a participar en el procedimiento, el respeto a la vida privada y familiar y a la integridad y dignidad[440].

Las Directrices del Consejo de Europa sientan las bases de la Directiva 2016/800, cuya pretensión es la unificación y armonización de las normas mínimas comunes sobre la protección de los derechos procesales de los menores sospechosos o acusados en todos los Estados Miembros, a fin de permitirles ejercer su derecho a un juicio justo, prevenir su reincidencia y fomentar su inserción social (Considerando 1).

La vocación de la Directiva 2016/800 es la de constituir un amplio catálogo de garantías procesales que, si bien ya habían sido reconocidas por otras directivas precedentes, se integran ahora desde una perspectiva de complementariedad y especialidad, con la finalidad de completar el estatuto jurídico de los menores infractores, a fin de tener en cuenta las necesidades y vulnerabilidades específicas que concurren en este colectivo, tal y como afirma su Considerando 18[441]. Pese a la pretensión

---

sociales ante la delincuencia juvenil; la Recomendación (2003) 20, *sobre los nuevos modos de tratamiento de la delincuencia juvenil y el papel de la justicia de menores* y la Recomendación (2008) 11, *sobre las reglas europeas para los menores delincuentes que han sido objeto de sanciones y medidas.*

440 Apartado II.c) de las *Directrices del Comité de Ministros del Consejo de Europa para una justicia adaptada a los niños* (p. 17).

441 Las medidas sobre los derechos procesales en el proceso penal se concretan en las siguientes directivas: Directiva 2010/64/UE del Parlamento

de constituir ese amplio catálogo de garantías, lo cierto es que la Directiva 2016/800 tiene un carácter muy limitado, ya que se trata de una regulación de mínimos y no profundiza en todos y cada uno de los derechos objeto de protección, de conformidad con el contexto actual[442]. De hecho, la Directiva 2016/800 no va a contener todos los derechos y garantías que podrían corresponderle al menor sospechoso o acusado, sino que se va a centrar en aquellos que necesitan de una previsión especial a la vista de las necesidades que revisten los menores de edad, aunque lo cierto es que la mayoría de dichas previsiones constituyen meras adaptaciones del derecho procesal penal de adultos. Todo ello hace necesario que los Estados miembros deban completar la transposición de la Directiva con las disposiciones recogidas en las directivas anteriormente señaladas que recogen las garantías procesales relativas al derecho de defensa, traducción e interpretación, al derecho a la información, entre otros.

Europeo y del Consejo, de 20 de octubre de 2010, *relativa al derecho a interpretación y a traducción en los procesos penales*; la Directiva 2012/13/UE del Parlamento Europeo y del Consejo, de 22 de mayo de 2012, *relativa al derecho a la información en los procesos penales*; la Directiva 2013/48/UE del Parlamento Europeo y del Consejo, de 22 de octubre de 2013, *sobre el derecho a la asistencia de letrado en los procesos penales y en los procedimientos relativos a la orden de detención europea, y sobre el derecho a que se informe a un tercero en el momento de la privación de libertad y a comunicarse con terceros y con autoridades consulares durante la privación de libertad* y la Directiva (UE) 2016/343 del Parlamento Europeo y del Consejo, de 9 de marzo de 2016, *por la que se refuerzan en el proceso penal determinados aspectos de la presunción de inocencia y el derecho a estar presente en el juicio.*

442 SANZ HERMIDA, A.M., "Reflexiones sobre los derechos procesales del menor encausado en el contexto jurídico actual (la incidencia de la Directiva (UE) 2016/800 en el modelo español de justicia de menores)", en MARTÍN RÍOS, P. y PÉREZ MARÍN, M. A., *La administración de justicia en España y América,* Astigi, Sevilla, 2021, (p. 1833-1834), analiza el marcado carácter limitado de la Directiva 2016/800/UE, a la que califica de norma de mínimos-mínimos por su más que evidente renuncia a regular lo que podría constituir el modelo de la UE de un sistema de justicia de menores.

Asimismo, la Directiva 2016/800 adolece de referencias específicas a instrumentos de adaptación del proceso relativas a colectivos vulnerables, como los menores extranjeros no acompañados.

Las garantías procesales sobre los menores sospechosos y acusados en los procesos penales se articulan, en la Directiva 2016/800, desde el inicio del proceso, esto es desde que el menor adquiere la condición de sospechoso o acusado, o bien desde el momento de la detención si se trata de una persona buscada en los términos de la Directiva (sujeta a un procedimiento relativo a una orden de detención europea), independientemente de que se le haya comunicado dicha condición, hasta que recaiga sentencia firme. El art. 2.1 Directiva 2016/800 delimita expresamente este ámbito temporal.

A pesar de que nuestro ordenamiento jurídico, en el ámbito del proceso penal de menores, cumple con el estándar de garantías reconocido en la Directiva 2016/800 e incluso en algunos aspectos contempla un plus adicional de protección, lo cierto es que serían necesarias modificaciones de la LORPM para consolidar la protección reforzada que requieren los menores, especialmente aquellos más vulnerables[443].

El plazo límite fijado para la transposición de la Directiva 2016/800 por parte de los Estados miembros era el 11 de junio de 2019, que en el caso de España no fue cumplido, salvo la modificación del art. 50 de la Ley 23/2014, de 20 de noviembre, *de reconocimiento mutuo de resoluciones penales en la UE*, mediante la reforma de la Ley 3/2018, de 11 de junio, que afecta a los menores de edad detenidos en virtud de una orden de detención europea, para dar cumplimiento al art. 10.1° de la Directiva 2016/800 de velar por que esa privación de libertad sea por el menor tiempo posible.

---

443 PILLADO GONZÁLEZ, E., "Las garantías procesales de los menores infractores: ajustes necesarios desde la normativa internacional y europea", *op. cit.*, (p. 66).

Esta falta de cumplimiento por parte de España en lo que respecta a la transposición de la Directiva 2016/800 es una muestra más de la despreocupación y falta de atención que ha venido sufriendo la justicia penal de menores por parte del legislador, desde la aprobación de la LORPM[444].

En vistas a la previsión de incumplimiento por parte de España de la obligación de transposición de la Directiva 2016/800/UE al ordenamiento jurídico interno, la Comisión Europea ha decidido incoar el pasado mes de marzo de 2024, un procedimiento de infracción contra España mediante el envío de una carta de emplazamiento, en la que se ponen de manifiesto problemas de exhaustividad entre la legislación interna y la comunitaria, en lo que respecta, por ejemplo al derecho a la información y al derecho a un reconocimiento médico[445].

Como se adelantó, la LORPM reconoce, de forma genérica e implícita, las garantías procesales de menores sospechosos y acu-

---

444 ARANGÜENA FANEGO, C., "Proceso penal del menor y cambios exigidos por la Directiva (UE) 2016/800, relativa a las garantías procesales de menores sospechosos o acusados en los procesos penales", *Anuario de Justicia de Menores*, núm.19, 2019, (p.36).

445 En las decisiones sobre procedimientos de infracción, la Comisión Europea emprende acciones legales contra diversos Estados miembros que no han cumplido las obligaciones que les incumben en virtud del Derecho de la Unión. En este caso, el procedimiento se ha incoado a través de cartas de emplazamiento dirigidas a 5 Estados Miembros: España [INFR (2023) 2176], Italia [INFR (2023) 2090], Luxemburgo [INFR (2024) 2002] y Polonia [INFR (2023) 2127], y de la remisión de un dictamen motivado adicional a Chipre [INFR (2019) 0175], por no haber cumplido el primer dictamen motivado remitido en 2020, y, concretamente, por considerar que las medidas de transposición, no cumplían con el requisito de la Directiva de garantizar un trato específico de los menores en caso de privación de libertad. España dispone de un plazo de 2 meses para subsanar las deficiencias, sin que conste, en la fecha de finalización de este trabajo la contestación de España, lo que podría dar lugar a la remisión de un dictamen motivado.

sados en su art. 1.2 LORPM, al remitirse al reconocimiento de todos los derechos de la CE y del ordenamiento jurídico, particularmente los contenidos en la LOPJM, así como en la CDN y en todas aquellas normas sobre protección de menores reconocidas en los tratados válidamente celebrados por España. Por otro lado, establece en su art. 22.1 LORPM una enumeración no exhaustiva de aquellos derechos procesales que merecen un reconocimiento expreso, teniendo en cuenta la vulnerabilidad del menor.

Concretamente, se reconocen una serie de garantías relativas a su derecho de defensa: a ser informado por el Juez, el MF, o agente de policía de los derechos que le asisten; a ser asistido por un abogado que le defienda, designado por él mismo o de oficio; a intervenir en las diligencias que se practiquen durante la investigación y proponer la práctica de las mismas; a ser oído por el Juez o Tribunal antes de adoptar cualquier resolución que le concierna personalmente. Por otro lado, se prevé la asistencia afectiva y psicológica en cualquier estado y grado del procedimiento, con la presencia de los progenitores o de otra persona que indique el menor, si el Juez de la SMTI autoriza su presencia y la asistencia de los servicios del Equipo Técnico adscrito a la SMTI.

Lo cierto es que, en el mencionado art. 22.1 LORPM no se reconocen expresamente derechos tales como el derecho a la información del titular de la patria potestad, estar acompañado por éste o por un adulto responsable, ni el derecho a un reconocimiento médico. Tampoco se mencionan el derecho a la privacidad o a una evaluación individual, aunque se enmarque en la regulación del informe del Equipo Técnico, con algunas salvedades que serán analizadas. Con respecto a los derechos que asisten a los menores privados de libertad, en la regulación relativa a la detención (art. 17 LORPM) se contempla una remisión al art. 520 LECrim.

Con respecto al momento en el que el menor podrá ejercer estos derechos del art. 22.1 LORPM, se establece que será desde el momento de la incoación del expediente; si bien, debería extenderse, durante todo el proceso e incluso en una fase previa al mismo, como puede ser la fase policial, a fin de no limitar su derecho de defensa y en coherencia con el art. 118 LECrim, aunque expresamente la ley no lo establezca[446].

En tal sentido, entendemos que sería necesaria una reforma de la LORPM a fin de incluir el reconocimiento del conjunto de garantías y derechos procesales del menor, con indicación expresa del momento en que van a poder ser ejercitados tales derechos, que, siguiendo lo establecido en la Directiva 2016/800, así como lo dispuesto en la CDN, será lo más pronto posible, sin demora, desde el momento en que se atribuye expresamente al menor la comisión de un delito y se practican las primeras diligencias de investigación, o bien cuando está detenido[447]. Todo ello sin perjuicio de la remisión supletoria al proceso penal de adultos y a la legislación de protección del menor.

A continuación, en los capítulos siguientes, se analizarán las garantías procesales que más relevancia tienen cuando se incoa un proceso ante la presunta comisión de un delito por un menor extranjero no acompañado.

---

446 La FGE así lo interpretó con respecto al derecho a asistencia letrada en su Consulta 4/2005, de 7 de diciembre, sobre determinadas cuestiones en torno al derecho de asistencia letrada en el proceso penal de menores, al considerar que dicho precepto 22.1 LORPM debe interpretarse, pese a su tenor literal, en sentido amplio en cuanto al momento en que pueden ejercitarse los derechos en él contenidos, que abarca la fase previa al expediente.

447 En la misma línea, *vid.* PILLADO GONZÁLEZ, E., "Las garantías procesales de los menores infractores: ajustes necesarios desde la normativa internacional y europea", *op. cit.*, (p. 73).

Capítulo V:
El derecho de defensa del menor extranjero no acompañado

1.- EL DERECHO A ESTAR INFORMADO

1.1.- Naturaleza y contenido del derecho a estar informado

El derecho a estar informado o el derecho a la información (según la denominación contemplada en la Directiva 2016/800) se integra entre los derechos contenidos en el art. 40 CDN, reconocidos a todos los menores sobre los que se alegue que han infringido las leyes penales o a quienes se les acuse o declare culpables de haberlas infringido, a fin de que puedan ser tratados con dignidad, de manera acorde a su edad y garantizar que el proceso se encamine a conseguir su reinserción en la sociedad. Constituye la salvaguarda a la equidad del proceso penal y garantiza la efectividad del derecho de defensa desde las primeras fases del proceso, por lo que es uno de los componentes fundamentales de este derecho, pero está dotado de un contenido y un reconocimiento específicos[448].

Asimismo, de la efectividad del derecho a estar informado van a depender otras garantías procesales esenciales enmarcadas en el derecho de defensa, como son el derecho a ser oído y escuchado, a la traducción e interpretación, y a la asistencia

---

[448] Apartado 47 de la STJUE de 5 de septiembre de 2024 (Asunto C-603/2022), que tiene por objeto una petición de decisión prejudicial planteada por el *S⊠d Rejonowy w Słupsku* (Tribunal de Distrito de Słupsk, Polonia).

letrada. Por este motivo, se analizará el derecho a estar informado, en primer lugar, como derecho de cuya efectividad emanan y dependen otras garantías procesales.

En este mismo sentido, el Comité de Derechos Humanos de las Naciones Unidas, en la Observación General núm. 32 (2007), *sobre el derecho a un juicio imparcial y a la igualdad ante los tribunales y cortes de justicia*, declaró que el derecho de toda persona acusada de un delito a ser informada sin demora, en un idioma que comprenda y en forma detallada, de la naturaleza y causas de los cargos formulados contra ella, consagrado en el apartado a) del párrafo 3, es la primera de las garantías mínimas de un proceso penal previstas en el art. 14 PIDCP[449].

Igualmente, nuestro TC se ha pronunciado en diferentes ocasiones sobre el derecho a la información como pilar fundamental del ejercicio del derecho de defensa de manera efectiva y como parte integral del derecho a un juicio justo. El conocer los hechos delictivos que se imputan a una persona constituye, por tanto, el primer elemento a tener presente en relación con el derecho de defensa, pues mal puede defenderse de algo quien no conoce los hechos delictivos que se le imputan[450]. De ahí que la relevancia del

---

449 Apartado 31 de la Observación General núm. 32 del Comité de Derechos Humanos, sobre el Art. 14. *El derecho a un juicio imparcial y a la igualdad ante los tribunales y cortes de justicia.*

450 FJ 7º de la STC 17/1989, de 30 de enero de 1989. En el mismo sentido, *vid.* la STC 134/1986, de 29 de octubre de 1986, cuyo FJ 2 establece: *El derecho a la información de la acusación, para permitir la defensa adecuada, debe referirse fundamentalmente al objeto del proceso, que no se identifica tanto con una calificación jurídica como con un hecho individualizado como delito. La identidad del hecho y del inculpado determina el alcance de la cosa juzgada e incluso de tal identidad depende exclusivamente la congruencia del fallo con la acusación. La información debida de la acusación requiere que se precisen, al menos, los hechos imputados, posibilitando la acusación así comunicada la defensa con invocación de la existencia o no de los hechos imputados y la proposición de pruebas al respecto.*

derecho a la información o a estar informado es precisamente la de constituir ese eslabón previo para ejercer cualquier facultad procesal.

Se trata de un derecho personal e intransferible, que requiere que sea ejercido, en todo caso, por parte del menor sin que la facilitación de información a sus progenitores o representantes legales excluya su comunicación a éste, partiendo de la base del reconocimiento de su capacidad jurídica y de obrar ante el proceso penal y de ser el único titular de sus derechos fundamentales[451].

El derecho a estar informado estaría integrado por el conjunto de actuaciones destinadas a proporcionar información básica sobre los derechos, procedimientos y requisitos para garantizar un efectivo acceso y participación en la justicia. La efectividad de este derecho estará condicionada a que la persona comprenda los siguientes extremos: los hechos que se le imputan, la naturaleza del proceso, su papel dentro del mismo, los derechos que puede ejercitar y el tipo de apoyo o asistencia que puede recibir en el marco de las actuaciones judiciales. Es lo que las Reglas de Brasilia han denominado *cultura jurídica*[452].

Si bien, la práctica mayoría de los textos legales que lo regulan se basan únicamente en hacer constar la información relativa a los derechos. Así lo hace la Directiva 2016/800 en su art. 4, que, además, no contempla todos los que deben ser objeto de infor-

---

451 DOLZ LAGO, M.J., "La prueba en el proceso penal de menores: entradas y registros e intervenciones postales, telefónicas y telegráficas", *La prueba en el proceso penal de menores,* CEJ, 28 de febrero, 1 y 2 de marzo de 2011, disponible electrónicamente en www.cej.es. Para llegar a esta afirmación, parte de la STC 154/2002, de 18 de julio de 2002, sobre el consentimiento de un menor en el ámbito sanitario, que aun sin entrar en el reconocimiento pleno de la autonomía del menor, introduce el criterio de madurez suficiente para determinar si podría prestar su consentimiento por sí mismo, sin que los padres puedan decidir por él.

452 Apartado 26, Sección 1ª, Capítulo II de las Reglas de Brasilia *sobre Acceso a la Justicia de las Personas en condición de Vulnerabilidad* (p. 10).

mación, a diferencia de lo establecido en la Directiva 2012/13/UE. Concretamente, se obvia la referencia al derecho a estar informado de los hechos de los que se le imputan al menor, a no declararse culpable ni a declarar contra sí mismo, a guardar silencio o a no prestar declaración y a no contestar a alguna o algunas de las preguntas que se le formulen, por entender que ya se establecen en la Directiva 2012/13/UE y son de aplicación a los menores, sin que sea necesario mención expresa.

Igualmente, siguiendo lo dispuesto en las *Directrices del Comité de Ministros del Consejo de Europa para una Justicia Adaptada a los niños,* el contenido del derecho a la información no se reduce simplemente a explicar los derechos de los que es titular, sino también a informar sobre el proceso en sí, lo cual abarca los diferentes trámites procesales, los instrumentos disponibles en cada fase, las consecuencias, la disponibilidad de medidas de protección y en general, todos los mecanismos que le permitan participar de forma activa en el proceso y ejercer su derecho de defensa[453].

Por ello, la información debe comprender una explicación sobre las distintas fases de las que se compone, aunque la Directiva 2016/800 solo haga mención a *aspectos generales* del mismo (art. 4.1), así como también debería incluir las funciones concretas de todos los agentes intervinientes, de tal forma que el menor pueda identificarlos correctamente. Finalmente, en caso de optar por una solución extrajudicial, también habrá que explicar al menor el porqué de esta decisión y que éste comprenda sus opciones legales[454].

Con respecto a la forma en la que se proveerá la información de derechos, la Directiva 2016/800 concreta que podrá ser proporcionada tanto de forma oral como escrita, y, en cualquier

---

[453] Directrices del Comité de Ministros del Consejo de Europa *para una Justicia Adaptada a los niños,* Apartado IV. A. 1. (pp. 20-21).

[454] Apartado 48, Observación General núm. 10 del CRC, *sobre los derechos del niño en la justicia de menores,* (p. 16).

caso, deberá utilizarse un lenguaje sencillo y accesible, debiendo quedar constancia de la información facilitada de acuerdo con el procedimiento que prevea para ello el derecho nacional[455].

Se trata de un derecho que rige en momentos distintos del proceso, tal como se expone en los apartados siguientes.

1.2.- El derecho a estar informado del menor detenido

La detención de menores se regula de manera pormenorizada en el art. 17 LORPM y en los arts. 2 y 3 RLORPM, en los que se incide especialmente en las garantías que debe revestir la práctica de esta medida cautelar[456] y en los derechos reconocidos al menor detenido; si bien, es preciso acudir a la regulación contenida en la LECrim, fundamentalmente en los arts. 489 a 501, como norma de aplicación supletoria, lo que no siempre resulta coherente con los principios informadores de la justicia penal de menores[457].

---

455 Art. 4.2 Directiva 2016/800/UE.

456 La detención es una medida cautelar de naturaleza personal y provisionalísima que puede adoptar la autoridad judicial, la policía e, incluso, los particulares y que consiste en la limitación del derecho a la libertad ambulatoria del investigado con el objeto de ponerlo a disposición de la autoridad judicial, o bien, si ya se encuentra en esa situación, resolver sobre la misma, restableciendo la libertad o adoptando una medida cautelar más duradera. *Vid.* MORENO CATENA, V. y CORTÉS DOMÍNGUEZ, V., *Derecho Procesal Penal,* 11ª edición, Tirant lo Blanch, Valencia, 2023 (p. 336). A su vez, Barona Vilar la define como medida con finalidad precautelar, esto es, en conexión con la comisión de un delito y, por ende, con la existencia o futura existencia de una causa penal y de una medida cautelar. Vid. GÓMEZ-COLOMER, J.L. y BARONA VILAR, S. (Coords.), *Proceso Penal. Derecho Jurisdiccional III,* 4ª edición, Tirant lo Blanch, Valencia, 2024, (p. 307).

457 GRANDE SEARA, P., "La actuación policial con menores infractores detenidos en España", *Revista Iberoamericana de Justicia Terapéutica,* núm. 3, 2021.

El motivo de distinguir la detención como fase del proceso en el que se debe proporcionar la información responde principalmente al reconocimiento constitucional del derecho a estar informado sobre sus derechos y los motivos de la privación de libertad, vinculado con el derecho fundamental a la libertad (art. 17 CE)[458], que conlleva a delimitar el contenido y el alcance de las exigencias constitucionales dimanadas de este derecho durante la detención[459]. Además, la información de los hechos que motivan la detención será un requisito *sine qua non* para el ejercicio del derecho de defensa[460]. En este punto, es preciso tener en cuenta que durante el período inmediatamente posterior a la privación de libertad se produce el mayor riesgo de obtención abusiva de confesiones, de tal modo que deviene esencial informar con prontitud de sus derechos a los sospechosos o acusados, y del modo más eficaz[461].

De acuerdo con lo anterior, desde el mismo momento en que se produzca la detención, el menor debe ser informado, de forma inmediata y, en todo caso antes del primer interrogatorio

---

458 En el mismo sentido el CEDH proclama en su art. 5.2 que toda persona detenida preventivamente debe ser informada, en el más breve plazo y en una lengua que comprenda, de los motivos de su detención y de cualquier acusación formulada contra ella y que toda persona privada de su libertad mediante arresto o detención tendrá derecho a presentar un recurso ante un órgano judicial, a fin de que se pronuncie en breve plazo sobre la legalidad de su detención y ordene su puesta en libertad si dicha detención fuera ilegal (art. 5.4 CEDH).

459 BARONA VILAR, S., "Garantías y derechos de los detenidos", en GUTIÉRREZ ALVIZ CONRADI, F. y LÓPEZ LÓPEZ, E. (Coords.), *Derechos procesales fundamentales*, CGPJ, Centro de Documentación Judicial, 2005 (p. 62).

460 STS 61/2011, de 17 de febrero (ROJ: 695/2011).

461 Apartado 24 de la propuesta de Directiva de la Comisión, de 20 de julio de 2010, que precedió a la Directiva 2012/13/UE. Vid., en este sentido, la STJUE de 19 de septiembre de 2019, (Asunto *Rayonna prokuratura Lom*, C-467/18), (apartados 51 y 52).

policial[462], en un lenguaje claro y comprensible[463], de los hechos que se le imputan, de las razones por las que se ha decidido privarlo de libertad y de los derechos que le asisten, que no son objeto de una enumeración expresa en el art. 17.1 LORPM, que se limita a remitirse directamente al art. 520 LECrim.

Constituye, por tanto, una obligación de la policía o autoridad que detenga al menor, realizar una explicación detallada de los hechos que se le imputan al menor, los cargos de los que se le acusa, es decir, una calificación jurídica provisional; del conjunto de derechos que le asisten y sobre el proceso al que va a ser sometido; todo ello deberá completarse con el aseguramiento de que la persona entiende y comprende dicha información. En este sentido, el TC ha concretado la información que la policía debe facilitar al detenido y que se extiende a los motivos jurídicos y fácticos de la detención; es decir, no solo debe identificar y calificar provisionalmente la infracción penal que se sospecha ha cometido la persona detenida, sino también los datos objetivos que permiten establecer una conexión lógica entre la conducta del sospechoso y el hecho investigado. No es suficiente, por tanto, con hacer referencia al hecho investigado, su lugar y fecha de comisión y su calificación jurídica provisional, sino que la información policial ha de poner también de manifiesto

---

462 La exigencia de inmediatez se dirige a evitar innecesarios espacios de incertidumbre personal acerca de la situación de privación de libertad. *Vid.* STC 21/2018, de 5 de marzo, (FJ 6º).

463 En el mismo sentido, el art. 6.1 de la LO 5/2024, de 11 de noviembre, *del Derecho de Defensa*, establece que *los titulares del derecho de defensa tienen derecho a ser informados de manera clara, simple, comprensible y accesible universalmente de los procedimientos legalmente previstos para defender sus derechos e intereses ante los poderes públicos. Para garantizar la accesibilidad de las personas con discapacidad o de cualquier persona que así lo requiera, podrán utilizarse los apoyos, instrumentos y ajustes que resulten precisos.*

el fundamento de la conexión subjetiva y objetiva del detenido con el hecho ilícito que justifica la detención[464].

La exigencia de facilitar la información en un lenguaje sencillo y accesible (art. 520.2.bis LECrim), obliga a adaptarla a la edad, al grado de madurez, discapacidad, o a cualquier otra circunstancia personal de la que pueda derivarse una limitación de la capacidad para entender el alcance de la información que se le facilita.

La lectura de derechos debe acompañarse de una explicación oral, de forma que el menor alcance a comprender cada uno de ellos. A mayores de dicha explicación, se le entregará al menor un documento oficial donde se plasmen dichos derechos que le asisten, junto con los hechos que se le imputan, debiendo constar la fecha y hora de la detención, que deberá ser firmado por éste. A pesar de que la LORPM no contempla expresamente la exigencia de proporcionar la información por escrito durante la detención[465], se ha implementado la puesta a disposición de impresos normalizados de información de derechos, conforme al art. 520 LECrim en prácticamente todas las comisarías de policía, las comandancias y puestos de la guardia civil y las SMTI de guardia; si bien, existe una disparidad de criterios en cada una de estas dependencias sobre la entrega de este documento y si está o no realmente a disposición del menor en los casos de privación de libertad[466].

---

464 STC 181/2020, de 14 de diciembre, (FD 4º).

465 Solo se establece la obligación de proporcionar información por escrito en los casos en los que el menor se encuentre cumpliendo una medida de internamiento (art. 58.1 LORPM).

466 Tal y como señala el Defensor del Pueblo en su Informe Anual de 2023: *en muchas dependencias de privación de libertad, (…) algunos consideran que el tenerlo (el impreso normalizado de derechos) en su poder, no es que lo tenga directamente, sino que se lo guardan en la bolsa que no se puede abrir para la custodia de pertenencias que se le retiran, (…), y en otros sitios sí le facilitan la hoja de información de derechos. (…) La interpretación de por qué se le da o no se le da, y por qué no lo tiene en la celda durante el tiempo que está privado de libertad, en algunos sitios han dicho: por la peligrosidad*

En el marco de la detención policial, lo que sí se ha unificado es el criterio referente a la custodia de este documento, de tal forma que se permite al menor detenido conservar en su poder la declaración escrita de derechos durante todo el tiempo de la detención, siempre que ello sea compatible con la seguridad física de su persona durante la estancia en dependencias policiales. Para el caso de que no sea compatible, permanecerá a su disposición, mientras dure la medida cautelar, junto a sus efectos personales[467].

Por otro lado, de nada serviría que dicho documento por escrito revista de un contenido jurídico y técnico complejo que sea inaccesible para los menores. Por ello, el documento de información de derechos debe contener un texto adaptado al menor, con un lenguaje accesible, visible e incluso que se complemente con gráficos, dibujos, colores, que permitan una cercanía y facilidad de comprensión.

De lo anterior, se deduce que la información de derechos al menor detenido no puede quedar reducida a una mera formalidad por quien tiene el deber de acordar y ejecutar la detención, sino que debe extenderse a la comprobación de la comprensión de la información, desplegando los mecanismos necesarios de adaptación a las circunstancias del menor. A pesar del carácter supletorio de la legislación procesal penal de adultos en cuanto al conjunto de derechos objeto del derecho a la información, lo cierto es que debería incluirse expresamente en la LORPM

---

que puede conllevar un folio, (…) Un folio es un instrumento cortante (…) La literalidad del artículo dice, que lo tengan en su poder, lo que pasa es que dicen, bueno si en su poder está, porque está en sus pertenencias, no se lo va a quitar nadie, está ahí, pero por seguridad de lo que pudiera pasarle se le retira. Y entonces (…) si te dicen, oiga que quiero echarle una lectura (…), no tenemos inconveniente en que lo lea, pero recuperarlo.

467 Apartado 4.3.5. de la Instrucción núm. 1/2017 de la Secretaría de Estado de Seguridad, *por la que se actualiza el Protocolo de Actuación policial con Menores*, (p.10).

una relación de cuáles se deben explicar al menor desde el momento en que es privado de libertad. La transposición de la Directiva 2016/800 a nuestro ordenamiento jurídico, exigiría, por tanto, la determinación clara de aquellos derechos de los que debe ser informado el menor.

Como complementario e instrumental al derecho a estar informado del menor detenido y por aplicación supletoria del art. 520 LECrim, en relación con el art. 118.1.b) LECrim, se encuentra el derecho de acceso a los elementos de las actuaciones policiales (apartado 2.d), consistente en la entrega al menor detenido o a su letrado de todos los documentos que conformen el atestado o expediente policial, que deberá realizarse también de forma inmediata, tras la lectura de las razones de la detención y derechos y tras haberse entrevistado reservadamente con su abogado, quien le asesorará sobre la conveniencia de solicitar este acceso[468]; en todo caso, se llevará a cabo, antes del primer interrogatorio policial. El ejercicio de este derecho será determinante para poder contrastar la veracidad y suficiencia de la información recibida, impugnar la legalidad o no de la privación de libertad o incluso, incoar un procedimiento de *habeas corpus*[469].

Mientras que el derecho a estar informado debe ser promovido directamente por el órgano competente para ejecutar la detención, el acceso a los materiales del expediente relacionados con su privación de libertad requiere, en cambio, de la rogación por el interesado, quien después de ser informado del derecho que le asiste en tal sentido habrá de exteriorizar su voluntad de hacer uso de este derecho.

---

[468] En el mismo sentido, el art. 6.1 de la LO 5/2024, de 11 de noviembre, *del Derecho de Defensa*, establece que los titulares del derecho de defensa tienen derecho a acceder al expediente y a conocer el contenido y estado de los procedimientos en los que sean parte, de acuerdo con lo dispuesto en las leyes.

[469] STC 21/2018, de 5 de marzo, (FJ 7º).

1.3.- El derecho a estar informado en la incoación del expediente

La importancia de la incoación del expediente y de que esta sea comunicada al menor radica en su cambio de estatus, al adquirir la condición de investigado, y con ello, el reconocimiento de una serie de garantías y derechos. Así pues, el decreto del Fiscal incoando el expediente de reforma inicia el proceso propiamente dicho, abierto al control jurisdiccional y a la personación e intervención de las partes, determinando contra quien se dirige el expediente y la infracción que se le imputa. Como consecuencia de ese Decreto se producen importantes actuaciones procesales, como la comunicación de la incoación a la SMTI (art. 16.3 LORPM); la notificación del expediente al menor investigado (art. 22.2 LORPM), con los derechos expresados en el art. 22.1 LORPM y la notificación a quien aparezca como perjudicado (art. 22.3 LORPM).

Tal y como se avanzó en el capítulo anterior, el art. 22.1 LORPM establece que el menor, desde el mismo momento de la incoación del expediente, tendrá derecho a ser informado por el Juez, el MF, o agente de policía de los derechos que le asisten. Sin embargo, no se identifican los derechos de los que se trata. Este precepto debe ponerse en relación con el art. 118 LECrim, que establece que el derecho de defensa y, en consecuencia, el derecho a la información del investigado surgirá desde el momento en que se le atribuye un hecho punible a un menor y se practiquen diligencias en relación al mismo.

En el mismo sentido, la CDN otorga al derecho a la información un carácter preferente, ya que dispone que el menor será informado *sin demora y directamente* de los cargos que pesan sobre él (art. 40.2.ii) CDN).

Por su parte, la Observación General núm. 10 CRC aclara a qué se refiere la CDN cuando indica que la información deberá ser proporcionada lo antes posible y sin demora, matizando que se trata del momento en el que el Fiscal o el Juez inician las actuaciones contra él[470]. La Observación General del CRC núm. 24 CRC, vuelve a incidir en el momento en que debe hacerse efectivo el derecho de información, señalando que *lo antes posible* se refiere al primer contacto del menor con el sistema de justicia juvenil; por tanto, se reitera ese carácter preferente, incluso anticipándolo al momento más incipiente de contacto del menor con la justicia juvenil[471].

A nivel comunitario, el derecho a la información en la Directiva 2016/800 se concreta igualmente en la obligación de informar con prontitud, lo antes posible, sobre los derechos que asisten al sospechoso o acusado, así como los aspectos generales de desarrollo del proceso. El art. 4 Directiva 2016/800 establece no solo los derechos que serán objeto de la información, sino también en qué momento del proceso, distinguiendo aquellos que deberán ser informados en la fase más temprana del mismo. Dicho precepto sigue la línea de lo establecido en la Directiva 2012/13/UE, *relativa al derecho a la información en los procesos penales*. Concretamente, desde el momento en que el menor adquiere la condición de sospechoso o investigado, se le debe garantizar la información sobre su derecho a que el titular de la patria potestad sea informado, así como el derecho a asistencia letrada, a la protección de su vida privada y a la asistencia jurídica gratuita.

En la fase más temprana del proceso, se le informará sobre su derecho a una evaluación individual, a un reconocimiento médico, a la limitación de la privación de libertad y al uso de medidas alternativas, incluido el derecho a la revisión periódica de la detención, a estar acompañado por el titular de la patria potestad durante las vistas, a estar presente en el juicio y, por último, a las vías de recurso efectivas con arreglo a lo dispuesto legalmente.

---

470 Apartado 47 de la Observación General núm. 10, (p. 16).

471 Apartado 47 Observación General núm. 24, (p. 10).

A fin de adaptar el art. 22.1 LORPM al art. 118 la LECrim y a la Directiva 2016/800, sería más adecuado establecer que el derecho a la información del menor se llevará a cabo desde el mismo momento en el que se atribuya la comisión de un hecho delictivo y no desde la incoación del expediente, ya que, normalmente, con carácter previo a la incoación del expediente de reforma, se practican determinadas diligencias entre las que suele ser habitual tomar declaración al menor. Garantizando el derecho a la información cuando se le atribuya la comisión de un delito y, por supuesto, antes de su primer interrogatorio, se podrá garantizar la efectividad de los derechos sobre los que debe informarse a los menores, en particular, del derecho a asistencia letrada con arreglo al art. 6 Directiva 2016/800 y, por tanto, permitirles ejercer su derecho de defensa de manera efectiva[472].

El menor también tendrá derecho a que se le notifique el expediente de reforma, desde el mismo momento de la incoación, por el Fiscal instructor; es decir, desde que se dicta el decreto de incoación, conforme a lo dispuesto en el art. 22.2 LORPM, salvo que se hubiera decretado el secreto de expediente[473]. A tal fin, el Fiscal requerirá al menor y a sus representantes legales para que designen letrado en el plazo de tres días, advirtiéndoles que, de no hacerlo, se le nombrará de oficio, comunicándolo al Juez de la SMTI. El decreto de incoación contendrá una relación sucinta de los hechos que se le imputan al menor, las circunstancias de la comisión del supuesto ilícito y la identificación de los ofendidos o perjudicados.

---

472 Apartado 149 de la STJUE de 5 de septiembre de 2024, (Asunto C-603/2022).

473 Sin perjuicio del derecho del letrado del menor y de quien ejercite la acción penal a conocer el expediente en su integridad en el trámite de alegaciones.

1.4.- Ejercicio del derecho a estar informado en otras fases del proceso

El ejercicio del derecho a estar informado debe tener un carácter omnipresente en el proceso y no se agota tras la detención del menor o tras las primeras diligencias de investigación, sino que se debe informar al menor en las siguientes fases procesales y tantas veces como sea necesario para garantizar que efectivamente conoce sus derechos y su posibilidad de ejercerlos. Por ello, además de lo dispuesto en los arts. 17.1 y 22.1 LORPM, para la detención e incoación del expediente, el derecho a la información se reconoce en la LORPM, en otros momentos del proceso, sin el nivel de detalle que otorga la Directiva 2016/800. Así, el derecho a la información también se aplica en la fase de audiencia, en la que el Juez de la SMTI, una vez dictado el auto de apertura e iniciadas las sesiones de audiencia, informará al menor de las medidas solicitadas por el MF y por la acusación particular, en su caso, así como sobre los hechos y las causas en que se funden, según dispone el art. 36.1 LORPM.

Merece un análisis específico la fase final de la audiencia, en la que las partes formularán sus conclusiones oralmente, al igual que ocurre en el procedimiento abreviado regulado en el art. 788.4 LECrim, realizando una valoración de la prueba y una calificación jurídica de los hechos. En este punto, también debe garantizarse el derecho a la información del menor, precisamente porque es en este momento cuando podrá cambiar el tipo penal, la imputación y la duración de la medida solicitada. Por ello, el Juez de la SMTI deberá explicar la medida que se le va a imponer al menor, sus características específicas, cómo se va a llevar a cabo, así como informar sobre los derechos que van a ser limitados. Asimismo, la LORPM contempla en esta fase, oír al menor, antes de dejar el expediente visto para sentencia.

Con respecto a la materialización del derecho a estar informado en la sentencia, debemos partir de la premisa de que la sentencia en el proceso penal de menores, ante todo, es una resolución jurisdiccional y como tal, debe ser una decisión motivada y de fondo, sin que la aplicación del interés superior del menor permita sustraerse de las garantías y principios que rigen la protección del menor, lo que conllevará a la imposibilidad de vulnerar el principio de legalidad, acordando una medida distinta de las previstas en el art. 7 LORPM. En definitiva, la propia naturaleza del proceso penal de menores sancionadora-educativa debe ser la justificación para reforzar las exigencias y garantías predicables a la resolución jurisdiccional.

Estas exigencias se contienen en el art. 39 LORPM, que establece con todo detalle cual debe ser el contenido de la sentencia, haciendo remisión también a la LOPJ. En su apartado 2 destaca el uso del lenguaje que se le requiere al Juez a la hora de dictar la sentencia, debiendo hacerlo de una forma clara y comprensible adecuada a la edad del menor, como destinatario de la misma, de manera que pueda comprenderla, aunque, la propia expresión *(el juez) procurará expresar sus razonamientos en un lenguaje claro y comprensible* permite entender que no se trata de un imperativo, sino una facultad del Juez.

La sentencia será una resolución escrita, aunque nada impide que se anticipe el fallo de forma oral en la audiencia, *ex* art. 39.1 *in fine*. La literalidad del precepto se limita a la posibilidad de anticipar el fallo de forma oral, para después dictar la resolución por escrito. Sin embargo, en aras a garantizar de forma efectiva el derecho a la información, debería interpretarse de una manera amplia y, por tanto, que esa anticipación del fallo cumpla las exigencias de una verdadera sentencia oral, sin perjuicio de la motivación que en todo caso contendrá la redacción de la misma, ya que es a través de esa oralidad donde se produce una mayor inmediación entre el Juez y el menor, que sirve de garantía para conseguir la comprensión de la sentencia por parte de este último. En definitiva, esa explicación oral del fallo, puede servir como mecanismo inicial del Juez de la SMTI para hacer efectivo el requisito legal de utilizar un lenguaje claro y comprensible en la sentencia y, en consecuencia, garantizar el derecho a la información en esta fase del proceso[474].

Lenguaje claro y comprensible hace referencia a la adaptación de la resolución a la edad, pero también a las circunstancias del menor, a su capacidad de comprensión y a su madurez y desarrollo. Sobre el lenguaje claro y comprensible de las resoluciones judiciales, se pronuncia también la LO 5/2024, de 11 de noviembre, *del Derecho de Defensa,* en su art. 9, añadiendo el deber de que los actos y comunicaciones procesales sean accesibles universalmente, de forma que permitan conocer a sus destinatarios el objeto y consecuencias del acto procesal comunicado. Además, en el apartado 3 del referido precepto se establece la obligación de adaptar el lenguaje específicamente a los menores de edad, independientemente de que cuenten con asistencia letrada, representación de sus progenitores o tutores.

En tal sentido, la adaptación se llevará a cabo prescindiendo del uso de tecnicismos o un vocabulario jurídico que dificulte el proceso de entendimiento; es decir, el menor tiene que llegar a comprender el sentido de la resolución judicial, por sí mismo, sin que sea necesario que sea explicado por su abogado. El lenguaje forma parte del contenido esencial de la sentencia, al estar así reconocido legalmente, lo que conlleva a considerar como posible motivo de impugnación de la misma el haber utilizado un lenguaje incomprensible.

Con respecto a la estructura de la sentencia, la LORPM se remite a los requisitos del art. 248.3 LOPJ y, por tanto, se exige que se formule expresando, tras un encabezamiento, en párrafos separados y numerados, los antecedentes de hecho, hechos probados, en su caso, los fundamentos de derecho y, por último, el

474 COLOMER HERNÁNDEZ, I., "La sentencia en el proceso penal de menores", *Anuario de Derecho Penal y Ciencias Penales,* Tomo 56, 2003, (p. 180).

fallo. Sin embargo, el seguimiento de esta estructura no debería ser óbice para adaptar el lenguaje al menor[475].

En cuanto a la fase de ejecución de las medidas, el art. 56.1 LORPM contempla los derechos que asistirán a los menores que se encuentren cumpliendo la medida de internamiento y entre ellos, en su apartado l), identifica el derecho a recibir información personal y actualizada de sus derechos y obligaciones, de su situación personal y judicial, de las normas de funcionamiento interno de los centros que los acojan, así como de los procedimientos concretos para hacer efectivos tales derechos, en especial para formular peticiones, quejas o recursos. Igualmente, en el art. 58.1 LORPM se establece que el menor, en el momento de su ingreso en el centro, recibirá información escrita sobre sus derechos y obligaciones, el régimen de internamiento en el que se encuentran, las cuestiones de organización general, las normas de funcionamiento del centro, las normas disciplinarias y los medios para formular peticiones, quejas o recursos.

---

475 STALFORD, H. y HOLLINGSWORTH, K., "This is about you and your future: Towards Judgements for Children" (Esto tiene que ver contigo y tu futuro: Hacia resoluciones para los niños), *Modern Law Review*, Vol. 83, Issue 5, 2020 (pp. 929-1131) ilustran un modelo de adaptación del proceso a los menores, con respecto a la forma de las sentencias. En el referido artículo, se analiza un asunto de familia del Tribunal de Familia de Inglaterra y Gales, en el que se iba a decidir sobre la custodia de un menor, Sam, de 14 de años de edad, que participó en dicho proceso (caso 2017 EWFC 48) y en el que la sentencia del juez de familia adoptó la forma de carta dirigida al propio adolescente en la que se exponían en un lenguaje coloquial y sencillo la decisión judicial, el derecho aplicable, el papel del juez de familia, las cuestiones clave del proceso y se argumentaba cómo había llegado a la decisión final. El contenido íntegro de la resolución está disponible en: https://www.bailii.org/ew/cases/EWFC/HCJ/2017/48.html

1.5.- Sobre quién debe hacer efectivo el derecho a la información

En nuestro ordenamiento jurídico tampoco se establece quienes deberían ser las personas encargadas de proporcionar la información al menor de sus derechos, en ese lenguaje claro y comprensible al que se hace referencia, en cada fase del proceso; y más concretamente, si serán los funcionarios y autoridades que intervengan en el proceso o si, además de ellos, sería necesario valerse de especialistas tales como psicólogos, miembros del Equito Técnico o incluso algún especialista independiente, puesto que, precisamente se les exige una forma concreta de dirigirse al menor y de adaptar el lenguaje técnico del proceso.

En la línea de la Observación General núm. 10 CRC, parece claro que el ejercicio del derecho de información compete a las autoridades intervinientes, esto es, policía, Fiscal, Juez, funcionarios, sin que pueda delegarse en los padres o representantes legales, incluso tampoco debe recaer en la persona que presta la asistencia jurídica[476]. Sin embargo, no existe una asignación expresa y concreta que identifique qué tipo de información tendrán que proporcionar cada uno de ellos y en qué fase del procedimiento, ni a quien corresponde asegurarse de que el menor comprende los cargos que pesan sobre él, cómo va a desarrollarse el proceso y las consecuencias del mismo, así como todos los derechos de los que es titular.

La LORPM solo contempla de forma específica dos supuestos en los que se determina quien será la persona encargada de garantizar el derecho a la información; en primer lugar, el caso de la institución de la conformidad, al señalar en su art. 36.1 LORPM, que será el LAJ quien informará al menor expedientado, en lenguaje comprensible y adaptado a su edad, de las medidas y la responsabilidad civil solicitada por el MF y en

---

476 Apartado 48, Observación General núm. 10 del CRC, *sobre los derechos del niño en la justicia de menores*, (p. 16).

su caso, la acusación particular y el actor civil, así como de los hechos y de la causa en que se funden. Sorprende que tales precisiones no se mencionen en otros momentos del proceso.

En segundo lugar, se establece que, en la fase de ejecución de la medida, el derecho a la información tanto al menor como a su familia se implementa a través del Equipo Técnico, en lo que respecta a las características de la propia medida y el modo en que se va a ejecutar. El art. 58.1 LORPM establece que, una vez aprobado el plan de ejecución de la medida, serán los profesionales encargados de la ejecución los que deberán facilitar al menor toda la información.

Entendemos que la falta de regulación expresa de las personas encargadas de facilitar la información, salvo las anteriores menciones, debe interpretarse en relación con competencia para ejecutar cada actuación procesal que requiera la aplicación del derecho a estar informado. Así, con respecto a la detención y conforme a lo previsto en el art. 17.1 LORPM, tienen competencia para acordar la detención el MF y la policía[477], aunque el Juez de

---

477 Dentro de los FCSE, debemos distinguir aquellos que tienen competencias en el ámbito de reforma de menores. Conforme la Instrucción 1/2017, de 24 de abril, *por la que se actualiza el Protocolo de Actuación Policial con Menores,* en el CNP, los especialistas en materia de menores se integran en las Unidades de Atención Familia y Mujer (UFAM) existentes en todas las Brigadas Provinciales de Policía Judicial y Comisarias Locales, apoyados por la UFAM Central de la Comisaría General de Policía Judicial. En el ámbito de la Guardia Civil, los especialistas en actuación con menores se integran en los Puntos de Atención Especializada (PAE), como órganos de las Unidades Orgánicas de Policía Judicial (UOPJ), en todas las Secciones de Investigación (nivel provincial) y en todos los Equipos Territoriales (nivel comarcal). A nivel central, y en apoyo de los anteriores, se dispone de un PAE Central, dependiente de la Unidad Técnica de Policía Judicial. En el ámbito de las Policías Locales pertenecientes a municipios que tengan suscrito un Acuerdo Específico con el Ministerio del Interior para que parte de su Policía Local ejerza funciones de Policía Judicial, en el marco de lo establecido en los convenios

la SMTI también podrá acordarla, a partir del momento en que asuma la dirección del proceso, ya que las medidas cautelares podrán ser adoptadas en cualquier momento del mismo, *ex* art. 28.1 LORPM; además también podrá detener al menor un particular que lo pondrá a disposición de la Fiscalía o de los FCSE[478]. Serán por tanto estas autoridades quienes deban implementar el derecho a estar informado al menor detenido, debiendo unificarse los criterios en cuanto a la forma y contenido de la lectura de derechos, según lo expuesto. En cuanto al menor no detenido que adquiera la condición de investigado tras la incoación del expediente, corresponderá al MF encargado de la instrucción, o bien a la policía o al Juez de la SMTI, garantizar la efectividad de este derecho en función de con quien haya tenido el menor el primer contacto con el sistema de justicia juvenil.

Igualmente, el abogado del menor, desde el mismo momento en que asuma su defensa y le asista por primera vez, ya sea antes del primer interrogatorio policial o una vez incoado el expediente, asume una serie de funciones relativas al derecho de información; en concreto, deberá informarle de manera simple y accesible sobre la gravedad del conflicto para los intereses y derechos afectados, las estrategias procesales más adecuadas, la viabilidad de las pretensiones que se deducen contra él y la oportunidad, en su caso, de acudir a una solución extrajudicial. En todo caso, garantizará el acceso, examen y copia de los elementos de las actuaciones y cualesquiera otros materiales de interés para la defensa, asegurando su disponibilidad con una antelación razonable[479].

---

generales–3–suscritos entre el Ministerio del Interior y la Federación Española de Municipios y Provincias, podrán crearse Equipos Municipales Especializados en Menores para la investigación de los hechos delictivos recogidos en el citado Acuerdo Específico donde se encuentren implicados menores.

478 PILLADO GONZÁLEZ, E., (Coord.), "Las medidas cautelares (…)", *op. cit.* (p. 167).

479 *Vid.* art. 6 LO 5/2024, 11 de noviembre, del *Derecho de Defensa.*

Finalmente y como se ha señalado reiteradamente a lo largo de la presente obra, debemos resaltar la importancia de una formación especializada en materia de justicia juvenil de los FCSE, del personal de la oficina judicial y del conjunto de operadores jurídicos que se relaciona con los menores, lo cual resulta fundamental para que se pueda ejercitar con eficiencia el derecho a la información y para el ejercicio de otros derechos procesales[480]. Precisamente, a todas las personas que intervienen en el proceso se les debería exigir una formación adicional sobre niñez y adolescencia, pero también, sobre migración y asilo en los casos en que sea necesario[481].

---

480 GARRIDO CARRILLO, F.J. "Propuestas para una necesaria reforma y adaptación del proceso penal de menores a la luz de la Directiva 2016/800/UE Relativa a las Garantías Procesales de los Menores Sospechosos y Acusados", en OLMEDO CARDENETE, M.D. (Coord.) y OTROS, *Estudios en homenaje al Prof. Dr. D. Jesús Martínez Ruiz*, Dykinson, Madrid, 2022, (p. 630).

481 Un ejemplo de buenas prácticas en cuanto a la formación de los profesionales que intervienen con la infancia migrante no acompañada (aunque no específicamente en el marco del proceso penal de menores), lo constituye la Guía para profesionales que intervienen con niños, niñas y adolescentes que migran solos, 2023, elaborada por el Gobierno de Aragón, pensado como un instrumento en el que se incluyen diferentes recomendaciones de profesionales expertos con la finalidad de mejorar la atención en el sistema de protección a la infancia. Además, contempla una compilación de términos básicos, un resumen sobre el contexto, su itinerario de acogida institucional, introduciendo referencias (artículos, informes, videos, etc.), informes e investigaciones en el contexto europeo. Disponible en https://www.aragon.es/documents/20127/2152324/Guia+para+profesionales+que+trabajan+con+ni%C3%B1os%2C+ni%C3%B1as+y+adolescentes+que+migran+solos.pdf/1df73ab6-438c-5ed2-c620-84cc94e7add6?t=1692613722016

1.6.- Implementación del derecho a la información en el proceso penal cuando se trata de un menor extranjero no acompañado

En el caso de los menores extranjeros no acompañados, para que sea efectivo el derecho a estar informado y, en consecuencia, se garantice la eficacia del derecho de defensa, la información debe ajustarse a los principios de inmediatez, claridad y sencillez e implementarse mecanismos adicionales que aseguren su efectividad adaptándose a las circunstancias concretas de estos menores, no solo a la edad y grado de madurez, sino también a su capacidad de comprensión, a su cultura y a su idioma; teniendo en cuenta, especialmente, su especial vulnerabilidad derivada del trayecto migratorio y de la falta de referentes familiares. Cuantos más factores de vulnerabilidad acumule el niño o la niña, más elementos deberán tenerse en cuenta al suministrarle la información[482].

Debemos recordar que el art. 3.2 Directiva 2012/13/UE impone la obligación a los Estados Miembros de tener en cuenta las necesidades particulares de las personas sospechosas o acusadas que sean vulnerables y adaptar el lenguaje para hacerlo accesible y sencillo. Ello supone que deben ser examinadas previamente las circunstancias concretas de ese menor que lo convierten en especialmente vulnerable, pues habrá casos en los que la única barrera sea el idioma. Sin embargo, en otros supuestos, al desconocimiento del idioma, pueden unirse otros factores, como el encontrarse al margen del sistema, en situación de calle o, incluso, no saber leer ni escribir. Con ello se atiende igualmente al cumplimiento de la regla 55 de las Reglas de Brasilia, que exige adaptar la información de acuerdo a las circunstancias determinantes de la condición de vulnerabilidad.

Con respecto al derecho a estar informado del menor detenido, conforme el art. 17.1 LORPM, debemos analizar su imple-

---

482 *Cómo transmitir información adaptada a los niños en situación de migración. Un manual para los profesionales de primera línea*, Consejo de Europa, (p. 30).

mentación con respecto al menor extranjero no acompañado, habida cuenta de la especial incidencia de la detención en estos menores, a los que se les aplica esta medida cautelar en mayor medida que a los menores nacionales, lo que da lugar a una sobrerrepresentación de los menores extranjeros no acompañados en las medidas que implican privación de libertad[483].

Como ya se ha expuesto, en la detención del menor, el proceso de información de derechos se inicia a través de la lectura por parte de la policía sobre los derechos que asisten. Cuando se trata de un menor extranjero no acompañado que no conoce el idioma y tampoco se disponga de una declaración de derechos en una lengua que comprenda el menor detenido, se le informará de sus derechos por medio de un intérprete tan pronto resulte posible, que realizará una técnica de traducción a la vista, es decir, traducción oral de un texto escrito, pero debiendo proporcionarle posteriormente esta información por escrito en una lengua que comprenda, que deberá realizarse sin demora indebida[484].

Si bien, en la práctica, en algunas ocasiones se espera a que intervenga el intérprete que será el encargado de traducir a un idioma que comprenda, en otras, se procede primero, de forma verbal, a una lectura de derechos al menor detenido y dicha lectura es repetida, posteriormente, por el intérprete, en el idioma que comprende el menor. Ello pone de manifiesto que el acto de lectura de derechos en la fase más temprana del proceso, antes del interrogatorio policial, suele ser un acto rutinario, en el que se procede a una lectura oral, rápida, incluso muchas veces no se acompana de la entrega del documento donde constan por escrito los mismos derechos que ya se han enunciado de forma

---

483 *Vid.* apartado 6 del Capítulo III donde se muestran estadísticas y estudios relacionados con este asunto.

484 Apartado 4.3.4 del *Protocolo de Actuación Policial con Menores, cit.* (p. 10), Art. 520.2.III *in fine* LECrim y art. 4.5 *in fine* Directiva 2012/13/UE.

verbal[485]. Además, ese documento no está traducido a todos los idiomas, ya que el art. 520 LECrim solo exige disponer de un modelo de declaración de derechos traducido a aquellos idiomas *de uso más habitual de la UE.*

En estos casos, es recomendable dejar constancia mediante una grabación audiovisual o de audio simplemente, la comunicación de derechos con la asistencia del intérprete y de la calidad de la interpretación realizada, para facilitar la inmediata puesta a disposición de la información por escrito en el idioma que corresponda[486].

Dado que este derecho a estar informado se materializa, en muchas ocasiones, a través de una simple lectura de derechos acompañada de la entrega, por escrito, de una relación de los mismos, resulta necesaria una verdadera implementación de medidas concretas que garanticen que el menor comprende el proceso, su objetivo y consecuencias[487].

---

485 FERNÁNDEZ MOLINA, E.; VICENTE MÁRQUEZ, L. y TARANCÓN GÓMEZ, P., "Derechos procesales de los menores extranjeros: un estudio de su aplicación práctica en la justicia penal", *Revista para el Análisis del Derecho (InDret),* núm. 2, 2017, (pp. 1-34), presentan los principales resultados España de la investigación comparada entre 5 países (Hungría, Bélgica, Holanda, Francia y España) sobre el grado de implementación real de lo previsto en las Directivas 2010/64/UE; 2012/13/UE y 2013/48/UE, en relación con los menores extranjeros y su aplicación en la práctica. Con respecto al derecho a la información, se exponen los resultados de cómo se implementa en la práctica, a través de entrevistas a profesionales y menores (pp. 17-22).

486 ARANGÜENA FANEGO, C. y RODRÍGUEZ-MEDEL NIETO, C., "Directiva 2012/13/UE, relativa al derecho a la información en los procesos penales. Buenas prácticas para su aplicación", en ARANGÜENA FANEGO, C. y DE HOYOS SANCHO, M. (Dir.), *Garantías procesales de investigados y acusados en procesos penales en la Unión Europea. Buenas prácticas en España,* Thomson Reuters Aranzadi, Cizur Menor (Navarra), 2020, (p.51).

487 JIMÉNEZ MARTÍN, J., "Garantías procesales de los menores sospechosos o acusados en el proceso penal: cuestiones derivadas de la Directiva 2016/800/UE, de 11 de mayo", en ARANGÜENA FANEGO,

Lo cierto es que, en muchas ocasiones, es a través de la primera entrevista del menor con su abogado, cuando realmente se materializa el derecho a la información y el menor alcanza a comprender sus derechos, cómo se va a desarrollar el proceso y las consecuencias del mismo, así como a tener conciencia de los hechos por los que se le está investigando.

En tal sentido, proponemos que el documento de declaración de derechos sea redactado en nivel de comprensibilidad adecuado a la edad del menor, a su madurez y a su formación académica, lo que hará necesario contar con un modelo básico, sin abuso de tecnicismos e incluso acompañarlo de pictogramas, esquemas, dibujos. Esta información se debería divulgar de forma amplia y estar disponible en internet.

Un ejemplo sobre cómo se podría hacer extensible este documento de declaración de derechos sería la adaptación de los folletos informativos denominados: *Derechos de las personas menores de edad en los procesos penales*, elaborados a través del proyecto *Child-Friendly JT*, que consisten en 6 documentos, de los cuales tres se dirigen propiamente a las niñas, niños y adolescentes, y otros tres a madres, padres, tutoras o tutores legales, con información sobre los derechos de las personas menores de edad sospechosas o acusadas en procesos penales en tres fases del proceso: la detención, el juicio y el internamiento cautelar[488].

Otros ejemplos de buenas prácticas referidos al ejercicio del derecho a la información, se refiere a los procedimientos de determinación de la edad y se basan en la implementación por parte de diferentes países de la UE de dosieres o folletos expli-

---

C. y DE HOYOS SANCHO, M. (Dir.), *Garantías procesales de investigados y acusados. Situación actual en el ámbito de la Unión Europea*, Tirant Lo Blanch, Valencia, 2020 (pp. 177-200).

488 *Folletos adaptados a los niños y niñas que informan sobre sus derechos*, Proyecto *Child-Friendly JT* Disponible en: https://www.oijj.org/actualidad/noticias/nueva-edicion-de-folletos-adaptados-los-ninos-que-les-informan-sobre-sus

cativos sobre el procedimiento y sobre los derechos que asisten a la persona cuya edad va a ser objeto de determinación, a través del sistema pregunta-respuesta con explicaciones breves y en lenguaje comprensible traducidas a varios idiomas, acompañados de dibujos que facilitan la comprensión[489]. Estas iniciativas podrían ser extrapolables al proceso penal de menores en el que intervenga un menor extranjero no acompañado.

En las restantes fases del proceso, especialmente en la audiencia, el derecho de información cuando se trata de un menor extranjero no acompañado estará indisociablemente ligado con el derecho a la traducción e interpretación y con figuras como las del facilitador procesal, que serán objeto de estudio en el capítulo siguiente.

La percepción global de la implementación de este derecho durante el proceso es que el menor en general y especialmente, el menor extranjero no acompañado no llega a tener conciencia de cuál es el alcance real de lo que son sus derechos en cada fase, qué implica poder ejercer las garantías a las que, según les

---

489 En este sentido destaca la iniciativa de la *Comissão Nacional de Promoção dos Direitos e Proteção das Crianças e Jovens* de la República Portuguesa junto con el Consejo de Europa denominada *An age assessment procedure that respects children´s rights* (Un procedimiento de evaluación de la edad que respeta los derechos de los niños), en el que a través del sistema de pregunta-respuesta y junto con dibujos y pictogramas se explica el procedimiento de determinación de la edad, los derechos de la persona cuya edad va a ser objeto de determinación, los métodos a utilizar etc. Disponible en (inglés, francés y portugués): https://www.cnpdpcj.gov.pt/publicacoes-cnpdpcj2. En la misma línea, la EASO también ha diseñado un dossier específico sobre el procedimiento de determinación de la edad en formato accesible y lenguaje sencillo orientado a los menores y acompañado de dibujos, denominado *All you need to know about age assessment* (Todo lo que necesitas saber sobre el procedimiento de determinación de la edad), al que se acompaña un video explicativo de animación con la misma información en diferentes idiomas. Disponible en: https://www.youtube.com/watch?v=gXg1bMRDVwc.

han informado, tienen derecho[490]. Esto se debe principalmente a esa falta de herramientas en una fase inicial, como se ha puesto de manifiesto, pero también, a la falta de especialización de las personas que deben hacer efectivo el derecho.

Sin perjuicio de la necesidad de implementación de figuras que favorezcan la accesibilidad al proceso y la comprensión global del mismo, con respecto a la sentencia la adaptación de la misma al menor extranjero no acompañado debería convertirse en una exigencia para el Juez de la SMTI, aún a pesar del papel relevante del abogado del menor en cuanto a hacer comprender al menor su contenido.

Esta exigencia tiene su amparo en las Reglas de Brasilia, en las que se establece que se adoptarán las medidas necesarias *para reducir las dificultades de comunicación que afecten a la comprensión del acto judicial en el que participe una persona en condición de vulnerabilidad, garantizando que ésta pueda comprender su alcance y significado* y con respecto a las resoluciones judiciales, se establece que se deberán emplear *términos y construcciones sintácticas sencillas, sin perjuicio de su rigor técnico* (Reglas 58 y 60).

En nuestro ordenamiento jurídico, la *Carta de derechos de los ciudadanos ante la Justicia*, proposición no de Ley aprobada por el Pleno del Congreso de los Diputados, por unanimidad de todos los Grupos Parlamentarios, el día 16 de abril de 2002, dispone en su punto núm. 7: *El ciudadano tiene derecho a que las sentencias*

---

490 Resulta ilustrativo señalar también las conclusiones del *Informe Derechos Procesales de los Menores Sospechosos o Acusados en la Unión Europea, Informe Nacional sobre España*, Rights International Spain, 2016, que recoge la percepción de los propios menores extranjeros sobre si comprenden el proceso y si el derecho a la información se ha cumplido en su proceso particular. Ellos admiten que han tenido abogado e intérprete, y que les dejaron llamar a sus familias, y valoran estas atenciones. Pero cabe destacar que, en términos generales, opinan que no se han respetado todos sus derechos ya que no se han sentido realmente escuchados o respaldados (pp. 33-36).

y demás resoluciones judiciales se redacten de tal forma que sean comprensibles por sus destinatarios, empleando una sintaxis y estructura sencillas, sin perjuicio de su rigor técnico.

En este punto, debemos traer a colación la iniciativa denominada *sentencias de lectura fácil*, consistente en una modificación del formato tradicional de la sentencia o resolución judicial de la que se trate, que, a través del empleo de un lenguaje jurídico accesible, permite a la persona interesada acceder y comprender su contenido[491].

El recurso a este tipo de sentencias se da especialmente en los procesos civiles y penales en los que intervienen personas con discapacidad cognitiva o intelectual[492]. Si bien, también está dirigida a otras personas con dificultades de comprensión lectora

---

491 El origen de este tipo de sentencias adaptadas se encuentra en la Sentencia de la Corte Suprema de México, de 16 de octubre de 2013, dictada en el caso Ricardo Adair Coronel Robles, que se acompañaba de una versión de la resolución en formato accesible dirigido a que la persona sujeta a un procedimiento de interdicción (incapacitación) instado por sus progenitores, en este caso, un joven de 25 años diagnosticado de síndrome de Asperger, pudiese comprender el contenido de la misma.

492 En España, se implementó, por primera vez, la adaptación de las sentencias en los Juzgados de Familia de Oviedo, a través de un proyecto piloto en el año 2016, que posteriormente se trasladó a otros juzgados españoles. En el ámbito del proceso penal, la primera sentencia penal en formato de lectura fácil es la SAP Madrid 517/2018, de 9 de julio (ROJ: 10498/2018), en el que, debido a la discapacidad intelectual de la víctima, se decidió por el tribunal que, junto con la sentencia ordinaria, fuese dictada otra en formato lectura fácil, a fin de que el ofendido por el delito pudiese comprender sin impedimento alguno cómo se había desarrollado el proceso y qué había resuelto el tribunal, incluyendo en el fallo de la sentencia la siguiente disposición: *Líbrese comunicación a la Fundación A la Par, con testimonio de la presente sentencia , a fin de que se lleve a cabo una versión de la misma en modalidad lectura fácil, para su posterior notificación al perjudicado.* A este respecto, *vid.* RODRÍGUEZ ÁLVAREZ, A. “Primera sentencia penal en lectura fácil: el caso de la SAP Madrid (sección 16ª) 517/2018, de 9 de julio”, *Revista Aranzadi Doctrinal*, núm. 8, 2019.

entre los que se encuentran personas con dislexia, con trastorno de déficit de atención e hiperactividad, migrantes recién llegados de habla diferente al país de acogida, personas mayores o con baja alfabetización, entre otros[493]. Se trata, por tanto, de un mecanismo de ajuste procesal que excede al ámbito de la discapacidad y cuya tendencia es la de configurarse como un servicio que pueda ofrecerse en general por la Administración de Justicia[494].

Esta iniciativa es perfectamente trasladable al proceso penal de menores, no solo cuando interviene un menor extranjero no acompañado que no comprenda el idioma del proceso, sino también adaptable a cualquier menor que no tenga conocimiento del sistema de justicia juvenil, o, incluso, una baja formación académica, en el sentido de emplear en la sentencia una redacción clara, sin tecnicismos, sencilla (no más simple), con el uso de frases cortas y de ser necesario, dependiendo de las circunstancias y necesidades del menor, de otros materiales como glosarios, sistema de pregunta-respuesta, etc.[495].

---

493 ÁLVAREZ FERNÁNDEZ, A.; MONTES PRIETO, A. y SABÍN FERNÁNDEZ, C., "Sentencias judiciales en lectura fácil. Una solución para el acceso a la justicia de las personas con dificultades de comprensión", *Revista Semestral. Consejería de Servicios y Derechos Sociales. Dirección General de Planificación, Ordenación e Innovación Social*, núm. 20, primer semestre 2019, (p. 4). Las autoras señalan que estas personas constituyen, en total, una cuarta parte de la población, según fuentes citadas por la International Federation of Library y Associations and Institutions.

494 GARCÍA LÓPEZ, J.C., "El método de lectura fácil de las sentencias para las personas vulnerables", *Diario La Ley*, núm. 9042, 2017, (p.6).

495 Sobre las iniciativas para mejorar la accesibilidad de los menores al proceso y, concretamente, sobre las sentencias de lectura fácil, *vid.* DURÁN ALONSO, S., "Accesibilidad al proceso y menores de edad: desde la figura del facilitador hasta las resoluciones de lectura fácil", en MARTÍNEZ CALVO, J. (Dir.), *La protección jurídica del menor en el derecho comparado*, Servicio de Publicaciones Universidad de Zaragoza, Zaragoza, 2023, (p. 197).

En este sentido, entendemos que, para la plena aplicación de la dicción de una sentencia en lectura fácil, se debería informar a todos los intervinientes en el proceso e implicados en la sentencia de que existe esta posibilidad para el menor acusado y para que manifiesten si están de acuerdo con que se lleve a cabo la adaptación de la sentencia e incluso si también quieren hacer uno de este mecanismo (en el caso, por ejemplo, de que la víctima también sea menor de edad o con necesidades especiales).

Con respecto a quien va a llevar a cabo la adaptación, debemos tener en cuenta que, en el caso de las personas con discapacidad, se trata de un agente externo al órgano judicial, formado en la metodología, pautas de redacción y procesos de adaptación. El trabajo que realizan es posteriormente validado por una persona con discapacidad y, en último término, por el propio Juez[496].

En el caso de los menores extranjeros no acompañados, este proceso de adaptación de las resoluciones judiciales podría ser llevado a cabo por el Instituto de Lectura Fácil, entidad sin ánimo de lucro, integrada por diferentes organizaciones sociales que trabajan en herramientas para fomentar la accesibilidad cognitiva, con el objetivo de eliminar barreras en acceso a la administración, motivadas por un lenguaje demasiado técnico y hermético. Dado que su ámbito de actuación se extiende a todos los ciudadanos que puedan tener una dificultad cognitiva (sin limitarse a las personas con discapacidad) y teniendo en

---

496 Este proceso de adaptación suele ser realizado por la entidad Plena Inclusión España, que ha sido pionera en el ámbito del acceso a la justicia y de la accesibilidad cognitiva. En el proceso de adaptación, se siguen las directrices internacionales de Inclusion Europe (Red europea de representación de las personas con discapacidad intelectual) y las pautas recogidas en la Norma UNE 153101:2018 EX sobre Lectura Fácil, primera norma técnica sobre Lectura Fácil del mundo elaborada en un organismo de normalización, y fruto del consenso y acuerdo de los agentes sociales, técnicos y profesionales relacionados.

cuenta la heterogeneidad de las entidades que forman parte de la entidad y que trabajan conjuntamente[497].

En todo caso, la adaptación debe realizarse con la observancia de las máximas garantías y evitando cualquier alteración del fondo de la sentencia o resolución judicial original, por lo que resulta imprescindible esa revisión final por parte de la autoridad judicial[498]. El menor recibiría la sentencia original junto con la adaptación.

Este mecanismo de *lectura fácil* es, asimismo, compatible con la traducción de la sentencia e incluso, constituiría un complemento que favorece su comprensión. En definitiva, la sentencia en *lectura fácil* no sustituye, en ningún caso, a la sentencia en su formato ordinario, sino que se trata de una herramienta más de ajuste del procedimiento, junto con otras como el recurso a intérprete/traductor, el facilitador judicial, a las que se recurrirá en función del caso concreto y previa evaluación de la vulnerabilidad del menor.

Finalmente, debemos señalar que el uso de este recurso se debería regir, en todo caso, por los principios de voluntariedad para el menor, gratuidad del servicio y respeto de las garantías procesales.

2.- EL DERECHO DEL MENOR A SER OÍDO Y ESCUCHADO

2.1.- Introducción

El derecho del menor a ser oído y escuchado en el proceso penal, se consagra en el art. 12.2 CDN, que reconoce el derecho

---

497 Sobre los miembros y proyectos que desempeña este Instituto de Lectura Fácil, vid.: https://www.institutolecturafacil.org/conoce-el-instituto/

498 SABÍN FERNÁNDEZ, C. y GARCÍA LÓPEZ, J.C., "Sentencias judiciales en Lectura Fácil: una realidad en el acceso a la justicia y la igualdad de oportunidades", *Puntoycoma, Boletín de los traductores españoles de las instituciones de la Unión Europea*, Bruselas y Luxemburgo, núm. 167, 2020, (p. 7).

del niño que esté en condiciones de formarse un juicio propio, a expresar su opinión libremente en todos los asuntos que le afecten, incluidos procedimientos judiciales de cualquier naturaleza y administrativos. Constituye una de las aportaciones más relevantes de la CDN al derecho internacional de los derechos humanos y es una muestra del cambio de paradigma tradicional hacia la concepción del niño como sujeto de derechos y progresivamente capaz. Los niños y las niñas dejarán de ser los receptores pasivos de los cuidados y atenciones de los adultos, encargados de adoptar por sustitución las decisiones de mayor relevancia en aquello que les concierne, para reconocerlos como protagonistas activos y, por tanto, llamados a participar en todo proceso de adopción de tales decisiones, aunque carezcan de la autonomía plena de los adultos. Se configura la percepción del niño y de la niña como individuos con opiniones propias, que habrán de ser atendidas en consonancia con su capacidad y madurez y que podrán ejercer su derecho a expresarlas tanto de forma individual como miembros de un grupo[499].

La CDN eleva a la categoría de principio general el derecho del menor a ser oído y escuchado, junto con el interés superior del menor, la no discriminación y el derecho a la vida y al desarrollo, lo que significa que no solo constituye un derecho en sí mismo, sino que será necesario para garantizar y hacer cumplir los demás derechos[500].

Concretamente, el art. 12 CDN identifica este derecho con la participación del menor, a la hora de reconocer su derecho a expresar su opinión libremente en todos los asuntos que le

---

499 *La escucha y el interés superior del menor. Revisión judicial de medidas de protección y procesos de familia*, Defensor del Pueblo, 2014, (p.13). Disponible en: https://www.defensordelpueblo.es/wp-content/uploads/2015/05/2014-05-Estudio-sobre-la-escucha-y-el-interes-superior-del-menor.pdf

500 Párrafo 2 de la Observación General núm. 12 del CRC, *El derecho del niño a ser escuchado.*

afecten, teniéndose debidamente en cuenta sus opiniones, en función de su edad y madurez y, por tanto, a ser escuchado en todo procedimiento judicial o administrativo que le afecte. Será aplicable a todo tipo de procesos en los que intervenga el menor, independientemente de su posición en el mismo.

Del análisis del precepto, a través del desarrollo realizado por la Observación General núm. 12 CRC, se pueden extraer varios elementos que integran el derecho a ser oído y escuchado. En primer lugar, su dimensión individual y colectiva, pues se trata de un derecho que podrá ser ejercido por cada niño individualmente o por un grupo de niños. En ambos casos, será necesaria una evaluación inicial de edad y de la madurez y el desarrollo para determinar si el niño está en condiciones de *formarse un juicio propio*, es decir, una opinión autónoma; debe partirse de la premisa de presunción de capacidad, sin que tenga que ser el menor quien deba probar que la tiene. Por tanto, no se trata de una limitación, sino una obligación de evaluación de cada caso concreto.

Lo cierto es que el CRC no solo parte de un principio de presunción de capacidad, sino que considera que el niño o la niña es capaz de formarse sus opiniones desde una edad muy temprana, incluso aunque no las pueda expresar de forma verbal, por lo que el CRC, aboga por no establecer límites de edad para que el niño pueda ser escuchado y expresar su opinión, desaconsejando a los Estados parte que introduzcan por ley o en la práctica límites de edad que restrinjan el derecho del niño a ser escuchado en todos los asuntos que le afectan. La forma de paliar esos déficits de comunicación verbal de un niño o niña será a través de la implementación de formas no verbales de comunicación en el marco del ejercicio de este derecho. Igualmente operará esta necesidad de adaptar e implementar mecanismos para facilitar la comunicación, en el caso de aquellos menores que experimenten dificultades para hacer oír su opinión, así como se establece la necesidad de realizar un esfuerzo adicional por reconocer el derecho a la expresión de opiniones de los niños indígenas, pertenecientes a minorías, migrantes o aquellos que no hablen el idioma mayoritario. El CRC se hace eco, de esta forma, de las barreras políticas y económicas en cuanto al ejercicio de este derecho, que son más patentes en determinados grupos de niños y niñas, especialmente los más pequeños, así como los niños que pertenecen a grupos marginados y desfavorecidos[501].

Además de facilitar la comunicación y optar por formas no verbales de comunicación, en el caso de ser necesario, también habrá que delimitar el nivel de comprensión sobre el asunto que afecta al menor, por cuanto no es necesario un conocimiento exhaustivo, bastando una comprensión suficiente.

En este sentido, el segundo elemento que se pone de relieve con respecto a este derecho es que, partiendo de la premisa de plena capacidad de los menores para expresar sus opiniones en el marco del ejercicio de sus derechos, incluso desde una edad muy temprana, constituye un deber para los Estados la aplicación de los mecanismos que faciliten la efectividad del derecho a ser oído y escuchado a todo niño.

Se trata de reconocer una situación de vulnerabilidad, sin que ello suponga una limitación de capacidad, sino que dicha vulnerabilidad va a ser paliada, con la introducción de medidas que permitan la participación efectiva del menor, para alcanzar ese equilibrio entre las partes. Los Estados, por tanto, no solo son los encargados de garantizar el entorno adecuado para la escucha y la expresión de la opinión del menor, sino que, dentro de ese entorno, deberán realizar los ajustes necesarios para adaptarse a su concreta situación y también para minimizar las consecuencias de la negativa al ejercicio del derecho. Ello nos lleva a determinar un tercer elemento que configura este derecho, que se concreta en la libertad del menor para ejercerlo, pues es quien decide ejercerlo o no y, en el caso de lo decida, deben darse las condiciones para que lo haga sin manipulaciones, presiones o influencias, lo cual

---

501 Apartados 20 y 21 Observación General núm. 12 del CRC.

solo podrá conseguirse dotando al menor de toda la información necesaria sobre sus opciones y las consecuencias del ejercicio.

Con respecto a los menores extranjeros no acompañados, la Observación General núm. 6 del CRC, dedica su apartado 25 al derecho del menor a expresar su opinión libremente, en la que se incide en la necesidad de dar pleno cumplimiento, con carácter previo al derecho a la información y cómo la opinión del menor concernirá también a aspectos tales como su tutela, custodia y alojamiento o representación legal.

Por ello, corresponde analizar si en el proceso penal de menores, existen mecanismos que materialicen ese esfuerzo adicional que se exige a los Estados y, concretamente, a España para que los menores extranjeros no acompañados ejerzan este derecho y realmente se tenga en cuenta su opinión y participen debidamente en el proceso.

En primer lugar, partiremos de la regulación de este derecho a ser oído y escuchado en la Directiva 2016/800, de cuyo análisis previo parte el estudio específico de cada una de las garantías procesales tratadas, para después profundizar en la regulación nacional y la realidad del derecho en la práctica.

2.2.- El derecho del menor a ser oído y escuchado en la Directiva 2016/800 y en el ordenamiento jurídico español

Como se ha apuntado, el derecho a ser oído y escuchado se aplica a todo proceso judicial en el que el menor sea parte[502]. En el proceso penal, este derecho estará presente en todas las etapas del proceso,

---

[502] FERNÁNDEZ MOLINA, E.; RIANSARES BERMEJO CABEZAS, M., Y BAZ CORES, O., "Percepciones de los jóvenes infractores sobre la justicia de menores", *Revista Española de Investigación Criminológica* (REIC), núm. 16, 2018 (p. 4), señalan que los adolescentes son un colectivo con unas expectativas muy bajas respecto a que su opinión sea tenida en cuenta. Por ello, cuando un adolescente siente que es escuchado y percibe que

desde una fase más temprana, prejudicial, en la fase de instrucción, en la audiencia y hasta la fase de sentencia y aplicación de las medidas.

Llama la atención que la Directiva 2016/800 no establece un reconocimiento expreso del derecho del menor a ser oído y escuchado, si bien, en su art. 16, contempla el derecho del menor a estar presente y participar en el propio juicio. Tal y como se desprende del tenor literal de este precepto, solo se alude a su participación al juicio y no a las restantes fases del proceso, desde las primeras diligencias de investigación.

Trasladando las disposiciones internacionales a nuestro ordenamiento jurídico, la regulación del derecho del menor a ser oído y escuchado se ubica en el art. 9 LOPJM, cuyo ámbito de aplicación se extenderá a cualquier procedimiento en el que se vea afectado el menor. Dicho precepto fue modificado por la LO 8/2015, de 22 de julio, *de modificación del sistema de protección a la infancia y a la adolescencia*, que añade al tradicional derecho a ser oído, la expresión *y a ser escuchado*, para incluir una exigencia adicional, prestar atención a lo que se está oyendo, lo cual se ajusta más al marco de la CDN. Ello significa también que, además de atender a lo escuchado, cualquier resolución que no sea contraria o se aleje de lo manifestado por el niño, tendrá que ser motivada[503].

Así, el objeto de la reforma de la LOPJM, se centra en adaptar la legislación de protección del menor a las recomendaciones internacionales, principalmente, a lo establecido en el Convenio de Lanzarote, la Observación General núm. 12 CRC, así como al desarrollo jurisprudencial del TS y del TEDH.

En este sentido, ya en el año 2010, las Observaciones finales del CRC, formuladas con motivo del examen del último informe español, señalaban que en España, a pesar de haberse in-

---

su opinión es tenida en cuenta, el compromiso del joven con el sistema, y su imagen sobre el mismo, salen notablemente reforzados.

503 *La escucha y el interés superior del menor* (...) *op. cit.* (p.14).

corporado el derecho del menor a ser oído, no existía un nivel homogéneo y acorde de protección en todo el territorio, por lo que le instaba a proseguir e intensificar su labor para aplicar plenamente el art. 12 CDN y promover el debido respeto por las opiniones del niño a cualquier edad en los procedimientos administrativos y judiciales, haciendo referencia también a los procesos de familia y a las causas sobre inmigración. Asimismo, se le recomendaba velar porque se tuvieran debidamente en cuenta sus opiniones en todos los asuntos que le conciernen en la familia, la escuela y otros entornos, como la comunidad, la formulación de políticas nacionales, así como en la aplicación y evaluación de planes, programas y políticas[504].

Ello se traduce en el art. 9 LOPJM, fundamentalmente, en el cambio de terminología, a través de la sustitución del término juicio por madurez, para adaptarse a los convenios internacionales en la materia, del reconocimiento expreso del principio de no discriminación y el establecimiento de una serie de medidas para que el menor pueda ejercer efectivamente este derecho.

Por último, debemos traer a colación la regulación contenida en la LO 5/2024, de 11 de noviembre, *del Derecho de Defensa,* que reconoce el derecho de toda persona cuyos derechos e intereses legítimos pudieran resultar afectados por la decisión que se adopte, antes de que se dicte la resolución, a ser oída, a formular alegaciones, a aportar documentos y a utilizar los medios de defensa admitidos por el ordenamiento jurídico, de acuerdo con la normativa aplicable al procedimiento. Cuando se trate de menores, tienen derecho a ser oídos en cualquier procedimiento administrativo, judicial o de mediación, realizando este precepto una remisión expresa al art. 9 LOPJM.

---

504 Párrafo 30 de las Observaciones finales del CRC, formuladas el 3 de noviembre de 2010, con motivo del examen del último informe español (CRC/C/ESP/CO/3-4).

Lo cierto es que, a pesar de esta regulación exhaustiva, de aplicación supletoria al proceso penal de menores, en la práctica se aprecian deficiencias en nuestro ordenamiento jurídico para hacer efectivo este derecho del que es titular la persona menor de edad[505].

El derecho del menor a ser oído y escuchado está previsto, en primer lugar, en el art. 22.1. c) LORPM que señala que el menor tendrá derecho a intervenir en las diligencias que se practiquen durante la investigación preliminar y en el proceso judicial, y a proponer y solicitar, respectivamente, la práctica de diligencias; en segundo lugar, el art. 22.1.d) LORPM contempla el derecho del menor a ser oído por el Juez o Tribunal antes de adoptar cualquier medida que le concierne personalmente, como garantía de una contradicción efectiva y a fin de que quede salvaguardado el derecho del menor a intervenir en el procedimiento el menor pueda verse perjudicado por una resolución respecto de la cual no ha tenido oportunidad de defenderse[506].

Ahora bien, la LORPM adolece de una falta de concreción sobre cómo se va a articular este derecho en cada etapa o fase procesal, puesto que tal y como está configurado, se contempla desde la perspectiva del letrado del menor (derecho de defensa). Sin embargo, no se trata del mismo derecho, lo que genera un déficit claro en cuanto a la posibilidad real del menor de poder intervenir y expresar su opinión[507].

---

505 ARCE JIMÉNEZ, E., "El derecho del menor extranjero a ser escuchado y su interés superior en los procedimientos de repatriación", *Cuadernos Electrónicos de Filosofía del Derecho*, núm. 38, 2018, (pp. 1-40).

506 REVILLA GONZÁLEZ, J.A., "La víctima y el menor infractor", en PILLADO GONZÁLEZ, E. (Coord.), *Proceso penal de menores*, Tirant lo Blanch, Valencia, 2009, (p. 111).

507 JIMÉNEZ MARTÍN, J., "El derecho a la asistencia letrada del menor de edad sospechoso o acusado. Cuestiones derivadas de las directivas europeas", *Revista de estudios europeos*, núm. Extra 1, 2019, (pp. 118-143).

El TC ha señalado que el encuentro personal del menor con el instructor, no aparece ciertamente como un trámite obligatorio, siempre y en todo caso, de la instrucción del expediente. Así, por una parte, resulta obligado que el MF instructor oiga al menor cuando así se lo solicite el letrado, conforme lo dispuesto en el art. 26.2 LORPM en relación con su apartado primero. El último inciso del art. 26.2, señala, que dicha obligación de recibir declaración al menor decae si se solicita de forma extemporánea, es decir, cuando hubiese concluido la instrucción y el expediente hubiese sido elevado a la SMTI. De esta manera, el Fiscal no puede denegar la declaración salvo que se haya solicitado de forma extemporánea.

Por lo demás, la falta de previsión de un trámite obligatorio de audiencia del menor ante el Fiscal instructor tiene un fundamento consistente y razonable en la necesaria evaluación del interés individual de cada menor. La reducción de trámites procesales durante la instrucción del expediente, así como todo el proceso penal de menores, se encuentra inspirado en este principio, intentando evitar la estigmatización y los efectos desfavorables en el menor que la propia sustanciación del proceso o su excesiva duración puede ocasionarle. Dicha ponderación del interés del menor constituye también la razón que justifica que la LORPM no exija que el conocimiento por el menor del hecho imputado y de los derechos que le asisten se realice en un encuentro personal ante el Fiscal instructor. Ahora bien, dicha inicial ponderación, a realizar por el Fiscal, no obsta a que si el Letrado del menor, estimándolo necesario para la defensa de éste, solicita esta diligencia, resulte obligatorio para aquél recibir declaración al menor[508].

Concluida la instrucción y abierto el trámite de audiencia si se decide su celebración por el Juez de la SMTI, será conforme dispone el art. 35 LORPM con asistencia del MF, de las partes personadas, del letrado del menor, de un representante del Equi-

---

508 STC 146/2012, de 5 de julio.

po Técnico y del propio menor, el cual podrá estar acompañado de sus representantes legales, salvo que se acuerde lo contrario.

El menor, como infractor va a tener una intervención directa ante el órgano jurisdiccional canalizada a través de su testimonio, que prestará en la forma que, de acuerdo con su situación personal, considere el órgano jurisdiccional más beneficioso para él. En este sentido, la finalidad de la audiencia del menor es garantizar precisamente el derecho del menor a ser oído cuando se vaya a adoptar alguna medida que le pueda afectar. Por tanto, más que un carácter obligatorio, sólo se realizará cuando se estime y acredite necesaria por el Juez, las partes, el MF o el propio menor (personalmente o a través de sus representantes o defensores legales), es decir, no debe bastar con una simple petición[509].

Con respecto a la forma de la audiencia en sí, debemos tener en cuenta las singularidades del proceso penal de menores, en cuanto a la salvaguarda de los derechos de intimidad del menor, por lo que, la audiencia no será pública, debiendo valorar el Juez de la SMTI la grabación o no de la misma.

2.3.- Posibilidad de celebrar la audiencia en ausencia del menor

La Directiva 2016/800 no prohíbe expresamente la celebración de juicios en ausencia del menor en su art. 16, pues se limita a requerir a los Estados miembros que prevean las condiciones y garantías para que los acusados puedan ejercitar su derecho a estar presente en el propio juicio[510]. No obstante, este derecho no es absoluto, pudiendo el acusado renunciar al mismo, de modo

---

509 MARTÍN DIZ, F., “Una necesidad emergente en justicia: la figura del abogado del niño”, en MARTÍN RIOS, P; PÉREZ MARÍN, M.A., *La administración de justicia en España y en América: José Martín Ostos (Liber amicorum)*, Astigi, Sevilla, 2021, (p. 1181).

510 Entre estas medidas, el Considerando 60 Directiva 2016/800 hace referencia a que, si bien el menor debe ser citado a juicio en persona, ha de

que cabe que el juicio se celebre en su ausencia. En este sentido, en el apartado 2 del art. 16, se contempla como garantía para evitar el menoscabo del derecho de defensa, el reconocimiento a un nuevo juicio o a otro tipo de recurso judicial cuando los menores no hubieran estado presentes en su propio juicio.

Por su parte, la Directiva 2016/343/UE, de 9 de marzo, *por la que se refuerzan en el proceso penal determinados aspectos de la presunción de inocencia y el derecho a estar presente en el juicio* (en adelante, Directiva 2016/343/UE), cuando aborda en sus art. 8 el derecho a estar presente en el juicio, que debe ser garantizado por los Estados miembros, también contempla una serie de condiciones que pueden dar lugar a la celebración del mismo en ausencia (apartado 2). En concreto, se establece que el sospechoso o acusado haya sido oportunamente informado del juicio y de las consecuencias de la incomparecencia, o bien que, si tras haber sido informado del juicio, esté formalmente defendido. Incluso se abre la posibilidad de celebrar un juicio en ausencia, aun cuando no se cumplan estos requisitos, siempre que se demuestre que el Estado ha invertido *esfuerzos razonables* (art. 8. 4). En todo caso, se deberá garantizar el derecho a un nuevo juicio, u otras vías de recurso, que permita una nueva apreciación del fondo del asunto, incluido el examen de nuevas pruebas, y pueda desembocar en la revocación de la resolución original (art. 9).

Tanto la Directiva 2016/800 como la Directiva 2016/343, siguen la línea jurisprudencial del TEDH, que ha afirmado que la presencia en el juicio constituye una faceta esencial del derecho a un proceso equitativo sobre la base de unas garantías procesales mínimas que el acusado tiene derecho a ejercitar y que se materializan en su participación en el juicio. Sin embargo, el TEDH no entiende vulnerado el art. 6.1 CEDH por la celebración de un juicio en ausencia, sino que la denegación de justicia

---

enviarse una copia de la citación al titular de la potestad o, si fuera contrario al interés del menor, a otra persona adulta que se estime adecuada.

se produce cuando se impide al condenado, que ni ha renunciado a su derecho a comparecer ni ha tenido la intención de sustraerse a la acción de la justicia, el acceso a un nuevo juicio en el que un tribunal, tras haberlo oído, se pronuncie sobre los fundamentos tanto fácticos como jurídicos de la acusación[511]. En tal sentido, el TEDH ha venido estableciendo las condiciones esenciales que ha de reunir la renuncia para que sea válido el enjuiciamiento en ausencia; en concreto, ha de ser inequívoca, ha de estar acompañada de salvaguardas suficientes y no ha de enfrentarse a ningún interés público relevante[512].

A pesar de lo anterior, en nuestro sistema de justicia juvenil hay dos posiciones antagónicas sobre la presencia del menor en el juicio. Por un lado, la FGE admite la celebración de juicios en ausencia del menor, como una posibilidad excepcional, con base en la aplicación supletoria del régimen previsto para el proce-

---

511 *Vid.*, entre otras, las SSTEDH de 25 de septiembre de 2018 (Asunto *K. c. Albania*); de 3 de julio de 2017 (Asunto *Hokkeling c. Holanda*) y de 1 de marzo de 2011 (Asunto *Faniel c. Bélgica*). La jurisprudencia del TEDH tuvo su reflejo en el ámbito comunitario en los casos de orden de detención europea y obligación de entrega y, concretamente, en la Decisión Marco 2009/299/JAI. Sobre el derecho a participar en el juicio en los asuntos de cooperación internacional en materia penal, *vid.* RUGGIERI, S., "Personal participation in criminal proceedings, in absentia trials and inaudito reo procedures. Solution models and deficiencias in ECtHR case-law" (Participación personal en los procesos penales, juicios en ausencia y proceos inaudito reo), en QUATTROCOLO, S. y RUGGIERI, S. (Coord.), *Personal participation in criminal proceedings. A comparative study of participatory safeguards and in absentia trials in Europe* (Participación personal en los procesos penales. Un estudio comparado sobre las garantías de participación y en juicios en ausencia en Europa), Springer, Cham, 2019, (pp. 586-591).

512 SERRANO MASIP, M., "Incorporación del enjuiciamiento en ausencia de menores al sistema procesal penal español con apoyo en la jurisprudencia del TEDH y la normativa de la Unión Europea", *Revista Española de Derecho Europeo* (REDE), núm. 75, 2020, (p. 59), invocando la STEDH de 24 de abril de 2012 (Asunto *Haralampiev c. Bulgaria).*

dimiento abreviado (art. 786.1 LECrim), ya que, a su entender la LORPM ni la prohíbe ni la regula[513]. También es la postura de algunos tribunales que lo justifican en base al principio de interés superior del menor, ya que evita dilaciones indebidas en la tramitación y retrasos en el inicio del tratamiento educativo y socializador del menor infractor; así como también permitiría prescindir en algunos casos de la adopción de medidas cautelares, neutralizar la revictimización de los ofendidos generada por continuas suspensiones y eludir el posible daño a la Justicia derivado de un decaimiento de las fuentes de prueba[514].

En todo caso, para poder instar la celebración del juicio en ausencia será necesario que el menor sea advertido personalmente de la posibilidad de su enjuiciamiento si no comparece, esto es, que sea citado tanto el menor como su representante en tiempo y forma; que el Fiscal lo solicite expresamente y que existan, a criterio

---

513 Para el enjuiciamiento en ausencia del acusado cuyo ámbito de aplicación se circunscribe al procedimiento abreviado, deben concurrir las condiciones legalmente establecidas: citación conforme a las formalidades legales, solicitud de parte acusadora para la celebración del juicio, audiencia e intervención de la defensa en el juicio a través de asistencia letrada, existencia de elementos suficientes para el enjuiciamiento y solicitud máxima de dos años de pena privativa de libertad o, de seis, si es de otra naturaleza.

514 Esta posición es defendida por la FGE en su Circular FGE 1/2007 (párrafo 2°, Apartado IX.1., p. 46), por el ATC de 14 de junio de 1999, que establece que la ausencia del menor no vulnera por sí sola su derecho a la tutela judicial efectiva (FD 7°) y por la jurisprudencia de algunas AP como la AP de Ciudad Real en la Sentencia 21/2007, de 21 de diciembre (ROJ: 908/2007) (FD1°) o la AP de Madrid, que comenzó a admitir excepcionalmente el enjuiciamiento sin la presencia del menor expedientado cuando se le acusaba de una infracción penal de carácter leve, es decir, cuando se trataba de las antiguas faltas (hoy delitos leves), y siempre que el menor hubiese sido previamente advertido de forma clara sobre las consecuencias de su incomparecencia a la audiencia, SAP Madrid 185/2007, de 27 de septiembre (ROJ:14608/2007) (FD 1°).

del Juez, elementos suficientes para el enjuiciamiento, debiendo asistir, en todo caso, a la audiencia la defensa. Además, la medida solicitada no deberá sobrepasar en ningún caso los 2 años cuando sea privativa de libertad o los 6 años, cuando sea de distinta naturaleza, según la nueva redacción del art. 786.1 LECrim. Otros criterios a tener en cuenta, según la jurisprudencia es que haya tenido lugar la exploración del menor en la fase de instrucción y que la audiencia hubiera sido interesada por alguna de las partes.

Por otro lado, los tribunales que se pronuncian en sentido contrario consideran que no debe operar la supletoriedad de la LECrim, puesto que existe una disposición expresa en la LORPM que rechaza esta posibilidad e impone la presencia del menor durante la celebración de la audiencia (el art. 35.1 LORPM). De hecho, el referido precepto indica quienes tienen que acudir a la audiencia, pero guarda silencio sobre los efectos que se producirían si alguna de ellas no acude. Además, la asistencia del menor al juicio es una garantía de su derecho de defensa y del propio interés superior del menor, pues solo si el menor infractor interviene en el proceso, puede alcanzarse la finalidad educativa que lo caracteriza[515]. Igualmente, quienes defienden

---

515 La SAP Madrid 56/2019, de 21 de febrero (ROJ: 13811/2019) establece que la excepción de la celebración de juicios en ausencia no puede convertirse de hecho en regla: *Tal excepción, sin embargo, no puede avalar prácticas que conviertan objetivamente al proceso penal juvenil en una maquinaria donde el menor expedientado pierda el protagonismo procesal que las normas jurídicas antes citadas le reconocen, donde se imponga la celeridad como valor prioritario y la eficiencia del sistema entendida en términos de número de sentencias declarativas de la responsabilidad del menor. (…) es posible admitir el enjuiciamiento en ausencia en caso de delitos leves cuando hay una causa justificada como es, por ejemplo, que el menor resida en un lugar geográficamente distante de la sede del Juzgado de Menores que conoce del asunto, y desde luego cuando lo pida el menor, con el asesoramiento de su defensa letrada, por otra causa justificada; e incluso, cuando se trate de menores entre 14 y 15 años, con el consentimiento de sus legales representantes; y en general, cuando la defensa del menor no se oponga a la celebración de la audiencia sin la*

esta tesis, consideran que el tenor literal y la claridad del art. 35.1 LORPM, que debe interpretarse en el sentido de que es necesaria la presencia del menor en la audiencia y, en virtud de la cláusula de no regresión, no se podría utilizar la transposición de la Directiva 2016/800 para legislar en otro sentido[516].

---

presencia del mismo. También cabe admitir la celebración de la audiencia sin la presencia del menor cuando constando su citación y constando igualmente que ha sido informado con claridad de las consecuencias adversas que para su derecho de defensa puedan derivarse de su incomparecencia injustificada, la oposición de la defensa letrada del menor a la celebración sea meramente retórica y constituya un manifiesto abuso de derecho, es decir, dirigido solo a impedir, perjudicar o dilatar injustificadamente el enjuiciamiento, y siempre que el menor haya sido oído anteriormente en la fase de instrucción y entrevistado por el Equipo Técnico a fin de posibilitar una evaluación rigurosa de sus circunstancias personales, familiares y sociales (párrafo 4º, FD4º). En el mismo sentido, la SAP de Guipúzcoa 315/2014, de 14 de diciembre (ROJ: 853/2014); la SAP de Córdoba de 15 de mayo de 2018 (ROJ: 373/2018) y la SAP de Valencia de 11 julio de 2018 (ROJ: 2677/2018).

516 ARANGÜENA FANEGO, C., "Proceso penal del menor y cambios exigidos por la Directiva (UE) 2016/800, relativa a las garantías procesales de menores sospechosos y acusados en los procesos penales", en MARTÍN RÍOS, P. y PÉREZ MARÍN, M. A., *La administración de justicia en España y América*, Astigi, Sevilla, 2021, (p. 90) y PILLADO GONZÁLEZ, E., "Las garantías procesales de los menores infractores: ajustes necesarios desde la normativa internacional y europea", *op. cit.*, (p. 76), que plantea el juicio en ausencia como una excepción y solo para delitos de una entidad menor. En sentido contrario se pronuncia SERRANO MASIP, M., "Menores de edad juzgados en ausencia en el proceso penal: abordaje por la normativa de la Unión Europea y la legislación española", en MARTÍN RÍOS, P. y PÉREZ MARÍN, M. A., *La administración de justicia en España y América*, Astigi, Sevilla, 2021 (p. 1852) y SERRANO MASIP, M., "Incorporación del enjuiciamiento en ausencia de menores al sistema procesal penal español con apoyo en la jurisprudencia del TEDH y la normativa de la Unión Europea", *op. cit.* (p. 57), en la que aboga por la celebración de la audiencia en ausencia del menor, en especial, si es voluntaria e inequívoca, y está rodeada de las garantías procesales comúnmente aceptadas por el TEDH, el derecho de la UE y la legislación española.

Entendemos que ambas interpretaciones serían conformes con el art. 16 Directiva 2016/800, pero debería contemplarse una disposición expresa al efecto. En todo caso, en aras de salvaguardar el principio de contradicción, la ausencia del menor en el juicio debería preverse como una situación excepcional y siempre que se tratase de delitos leves, cuya medida a adoptar no conllevase, en ningún caso, privación de libertad y habiendo sido informado previamente de esta circunstancia y del derecho a un nuevo juicio. Con respecto a este último requisito, debe haber existido una citación en tiempo y forma para comparecer en el juicio con la advertencia por el MF de los efectos que tendrá su ausencia injustificada en un lenguaje que comprenda y que le permita tomar conocimiento pleno de las consecuencias y en tal sentido, su ausencia responda a su verdadera voluntad de no acudir fruto de un desinterés, falta de diligencia o simplemente al ejercicio de su derecho a decidir libremente no acudir, asumiendo la responsabilidad de tal decisión. En todo caso, para evitar indefensión, a la audiencia asistirá su letrado, que habrá preparado previamente la defensa junto con el menor.

En este sentido, debemos tener en cuenta que, para el menor extranjero no acompañado que deba someterse a un proceso penal, cuando ya ha transcurrido tiempo desde la comisión de los hechos y que ya no se encuentre en el mismo lugar donde va a ser enjuiciado, dado que es muy frecuente la movilidad por el territorio del Estado receptor por motivos laborales, puede resultar muy gravoso tener que desplazarse para la audiencia[517].

Como norma general, consideramos que la presencia del menor en la audiencia resulta el medio más idóneo para garantizar el derecho a la tutela judicial efectiva y el respeto al principio

---

517 Sobre la movilidad como característica inherente a la migración autónoma de menores extranjeros, *vid.* JIMÉNEZ ÁLVAREZ, M.G., "Desapariciones de menores extranjeros no acompañados en el Estado español. (...)", *op. cit.*, (pp. 182-184).

de contradicción. Igualmente, los juicios en ausencia del menor resultan, a priori, contrarios al modo en que el legislador ha regulado el derecho fundamental de defensa de los menores, sin embargo, cabe plantearse como excepcional la posibilidad de no acudir a la audiencia voluntariamente, cuando se cumplan los requisitos anteriormente mencionados, siempre que, además, el menor tenga pleno conocimiento y comprensión de la repercusión de no comparecer en su derecho de defensa. Máxime teniendo en cuenta que la ausencia incluso puede tener repercusiones positivas para el menor, en ciertos casos, como evitar dilaciones en el tratamiento educativo o la imposición de medidas cautelares. Ello es especialmente relevante en el caso de los menores extranjeros no acompañados, pues tal y como se analizado en el apartado 6 del capítulo II de esta segunda parte, se aprecia una sobrerrepresentación de éstos en las instituciones de control social formal y en concreto, en las medidas cautelares de privación de libertad. En estos casos excepcionales, se podría plantear también que el menor compareciera en la audiencia por medios telemáticos, lo cual no resulta contrario a la regulación supletoria de la LECrim relativa a la celebración de actos procesales mediante presencia telemática[518] y, con ello,

---

[518] El art. 258 bis LECrim, tras la reforma operada por el Real Decreto-ley 6/2023, de 19 de diciembre, *por el que se aprueban medidas urgentes para la ejecución del Plan de Recuperación, Transformación y Resiliencia en materia de servicio público de justicia, función pública, régimen local y mecenazgo*, dispone la celebración de actos procesales mediante presencia telemática y establece en su apartado 2 que *será necesaria la presencia física del acusado en la sede del órgano judicial de enjuiciamiento en los juicios por delito grave y juicios de Tribunal de Jurado, sin perjuicio de lo previsto en los tratados internacionales en los que España sea parte, las normas de la Unión Europea y demás normativa aplicable a la cooperación con autoridades extranjeras para el desempeño de la función jurisdiccional. En los juicios por delito menos grave, cuando la pena exceda de dos años de prisión o, si fuera de distinta naturaleza, cuando su duración no exceda de seis años, el acusado comparecerá físicamente ante la sede del órgano de enjuiciamiento si así lo solicita este o su letrado, o si el órgano judicial*

se garantizaría el derecho de defensa y la contradicción, estando siempre presente físicamente su letrado en la audiencia.

En todo caso, debe señalarse como *disclaimer* el necesario análisis de las circunstancias de cada situación particular, que tendrán que ser examinadas para considerar si procede o no la celebración de la audiencia sin la presencia del menor, ya que, como norma general, ante la ausencia del menor, debería imperar la suspensión de la vista o incluso, si se desconoce el paradero del menor, el sobreseimiento provisional de las actuaciones y el libramiento de requisitorias[519].

3.- EL DERECHO A LA TRADUCCIÓN E INTERPRETACIÓN

3.1.- Regulación del derecho a la traducción e interpretación a nivel comunitario y nacional

El derecho a la traducción e interpretación ha ido adquiriendo una singular relevancia en la sociedad actual, fuertemente globalizada, multilingüe y condicionada por el fenómeno migratorio. Los múltiples desplazamientos que se producen hoy en día entre

lo estima necesario. La decisión deberá adoptarse en auto motivado. En el resto de juicios, cuando el acusado comparezca, lo hará físicamente ante la sede del órgano de enjuiciamiento si así lo solicita él o su letrado, o si el órgano judicial lo estima necesario. La decisión deberá adoptarse en auto motivado. En todo caso, en los procesos y juicios, cuando el acusado resida en la misma demarcación del órgano judicial que conozca o deba conocer de la causa, su comparecencia en juicio deberá realizarse de manera física en la sede del órgano judicial o enjuiciamiento, salvo que concurran causas justificadas o de fuerza mayor. Cuando se disponga la presencia física del investigado o acusado, será también necesaria la presencia física de su defensa letrada. Cuando se permita su declaración telemática, el abogado del investigado o acusado comparecerá junto con este o en la sede del órgano judicial.

519 *Vid.* SAP de Madrid 324/2018, de 25 de junio (FD 2º) (ROJ: 10674/2018).

diferentes países, dan lugar también a un aumento de las personas involucradas en procesos penales que no hablan o no comprenden la lengua del procedimiento y se encuentran en desventaja[520].

A la vista del título de este apartado, es necesario partir de la distinción entre traductor e por intérprete. El primero, se refiere a aquella persona que expresa en una lengua lo que está escrito o se ha expresado antes en otra. Teniendo en cuenta el origen etimológico de la palabra traducir, sería trasladar un mensaje escrito en una lengua a otra distinta. El intérprete, en cambio, es la persona que explica oralmente y en tiempo real a otras personas, en lengua que entiendan, lo dicho en otra que les es desconocida; dependiendo del contexto, lo hará en una modalidad determinada y requerirá unas técnicas lingüísticas específicas. La interpretación tiene por objeto la comunicación exclusivamente oral, mientras que la traducción se realiza sobre escritos o documentos. Puede tratarse de profesionales diferentes o coincidir en la misma persona las dos labores. La característica que concurre en ambas figuras es la imposibilidad de alterar o modificar el mensaje que se está transmitiendo.

La función tanto del intérprete como del traductor judicial consiste en eliminar la barrera lingüística a fin de que las partes implicadas puedan estar lingüísticamente presentes en el proceso judicial y, de este modo, participar en igualdad de condiciones con un hablante nativo de la lengua oficial[521]. Partiendo del derecho que asiste a toda persona a participar en el procedimiento,

---

[520] STS 18/2016, de 26 de enero de 2016 (FD 3°) (ROJ: 213/2016).

[521] En España, de conformidad con el art. 231 LOPJ el castellano será la lengua que utilizarán los operadores jurídicos y demás intervinientes en el proceso, sin perjuicio de su derecho a utilizar la lengua oficial propia de la comunidad autónoma en cuyo territorio tengan lugar las actuaciones judiciales.

sin discriminación alguna por razón de idioma[522], el traductor-intérprete constituye el instrumento para hacer cumplir el derecho fundamental de defensa y a un juicio justo. Se trata, en definitiva, de un derecho fundamental de carácter instrumental, vinculado al derecho a la tutela judicial efectiva[523]. Por tanto, debe entenderse comprendido en el art. 24 CE, por cuanto resulta esencial evitar que la falta de comprensión de la lengua del procedimiento pueda causar indefensión al investigado[524].

El derecho a la interpretación para aquellas personas que no hablan o no entienden la lengua del procedimiento y las personas con discapacidad auditiva y sordociegas, se reconoce en diferentes textos internacionales, como el PIDCP, en su art. 14.3.a), en el que se establece que toda persona sometida a un proceso, tendrá derecho a *ser informada, sin demora, en un idioma que comprenda y*

---

522 En este sentido, debemos traer a colación la Ley 15/2022, de 12 de julio, *integral para la igualdad de trato y la no discriminación*, cuyo art. 19 se refiere a la igualdad de trato y no discriminación en el sistema de justicia y establece en su apartado 1 que *los poderes públicos, en el ámbito de sus respectivas competencias, velarán por la supresión de estereotipos y promoverán la ausencia de cualquier forma de discriminación en la administración de justicia por razón de las causas previstas en esta ley*. Entre dichas causas, el art. 2.1 se refiere a la no discriminación por razón de lengua, junto con el nacimiento, origen racial o étnico, sexo, religión, convicción u opinión, edad, discapacidad, orientación o identidad sexual, entre otros.

523 LÓPEZ JARA, M., "La modificación de la Ley de Enjuiciamiento Criminal en materia de derechos y garantías procesales: los derechos de traducción e interpretación en el proceso penal", *Diario La Ley*, núm. 8540, Sección Doctrina, 2015, (p. 3).

524 *Vid.* SSTC 74/1987, de 25 de mayo (FJ 3º); 71/1988, de 19 de abril y 188/1991, de 3 de octubre, entre otras. Igualmente, como señala la STC 41/2022, de 21 de marzo: *(…) El derecho a la asistencia de un intérprete se incluye en el derecho a la tutela judicial efectiva sin indefensión, aunque no se contemple expresamente en la norma constitucional (STC 181/1994, de 20 de junio, FJ 2º), se dirige a la preservación del derecho constitucional a la defensa (SSTC 5/1984, de 24 de enero, FJ 2, y 60/1988, de 8 de abril, FJ 3).*

en forma detallada, de la naturaleza y causas de la acusación formulada contra ella. Igualmente, en el apartado d) del mismo precepto, se reconoce el derecho a ser *asistido gratuitamente por un intérprete, si no comprende o no habla el idioma empleado en el tribunal.*

En el marco del Consejo de Europa, el CEDH contempla bajo la denominación de derecho a un *proceso equitativo,* en su art. 6.3.a), el derecho a ser informado en lenguaje que comprenda y de manera detallada, de la naturaleza y de la causa de la acusación formulada contra él y a ser asistido gratuitamente por un intérprete si no comprende o no habla la lengua empleada en la audiencia (art. 6.3.e).

En el ámbito de la justicia juvenil, el derecho a la traducción e interpretación tiene su reconocimiento en el art. 40.2.vi) CDN, al señalar que el niño contará con la asistencia gratuita de un intérprete si no comprende o no habla el idioma utilizado en el proceso.

En la Directiva 2016/800 no es objeto de regulación concreta este derecho, por lo que debemos acudir a la Directiva 2010/64/UE del Parlamento Europeo y del Consejo, de 20 de octubre de 2010, *relativa al derecho a la interpretación en los procesos penales* (en adelante Directiva 2010/64/UE), que constituye la norma que establece, por primera vez, unos requisitos mínimos comunes con respecto a este derecho, con vocación de establecer un marco normativo que garantice una asistencia lingüística gratuita y adecuada, que permita a los sospechosos o acusados que no hablen o no entiendan la lengua del proceso penal o en los procedimientos correspondientes a la ejecución de una orden de detención europea, el pleno ejercicio del derecho a la defensa y que salvaguarde la equidad del proceso[525].

En este sentido, los sujetos titulares de este derecho a la traducción e interpretación serán tanto los extranjeros, ya sea ciudadanos de otros Estados miembros de la UE o de terceros países, como los propios nacionales siempre que desconozcan

---

525 Considerando 17 Directiva 2010/64/UE.

el idioma del proceso, a partir del momento en que las autoridades competentes de un Estado miembro pongan en su conocimiento, que es sospechosa o está acusada de haber cometido una infracción penal y hasta la conclusión del proceso, incluida, en su caso, la sentencia y la resolución de cualquier recurso que se haya presentado (art. 1.2 Directiva 2010/64/UE).

Por tanto, el derecho a un intérprete o traductor no está vinculado a la nacionalidad o al origen geográfico de la persona, sino a la circunstancia real de no comprender el idioma utilizado en el proceso. En virtud de ello, la mera condición de extranjero no conlleva la necesidad de un intérprete o traductor, solo operará la obligación de la autoridad judicial y policial de proporcionárselo cuando no comprenda suficientemente el idioma empleado en el proceso[526], o bien, tenga una discapacidad sensorial que necesite medios de apoyo para la comunicación oral.

La transposición de la Directiva 2010/64/UE a nuestro ordenamiento jurídico se llevó a cabo a través de la LO 5/2015, de 27 de abril, *que reforma la LECrim y la LOPJ, para transponer la Directiva 2010/64/UE, de 20 de octubre de 2010, relativa al derecho a interpretación y a traducción en los procesos penales y la Directiva 2012/13/UE, de 22 de mayo de 2012, relativa al derecho a la información en los procesos penales*[527]. Esta LO 5/2015 supuso la modificación de varios preceptos de la LECrim, con la finalidad de

---

526 En este sentido, se pronuncia el TC en la STC 181/1994, de 20 de junio, afirmando que *no es el nombramiento o no de intérprete la cuestión que pueda suscitar y dar la medida de la indefensión, sino el conocimiento real por el interesado de la lengua que en el proceso se utilice, por lo que si el acusado está imposibilitado de conocer de lo que se le acusa, de comprender lo que se diga, y de expresarse él mismo en forma que pueda ser comprendido sin dudas, habrá lesión del derecho a un juicio justo, en el bien entendido que la mera condición de extranjero no conlleva la necesidad de interprete si el acusado comprende y maneja con fluidez y soltura más que suficiente nuestro idioma.*

527 En el anteproyecto inicial (anteproyecto único) esta ley iba unida al Estatuto de víctimas, materia que finalmente fue separada y que ha

garantizar el derecho del imputado o acusado a la interpretación y traducción en los procesos penales, así como el derecho a un juicio equitativo y con ello, reforzar las garantías del proceso penal. En concreto, se introdujeron dos nuevas disposiciones en la LECrim, de un lado, el art. 123 que reconoce los derechos de las personas que no hablen o no entiendan el castellano a la traducción e interpretación y, de otro, el art. 124 que regula el modo de efectuar el nombramiento de los intérpretes.

Dado que no existe ninguna previsión específica en el ámbito de la justicia juvenil, con respecto al derecho de traducción e interpretación, deberá aplicarse supletoriamente la LECrim, en los términos que se exponen seguidamente.

Si bien, entendemos que, dadas las especificidades del proceso penal de menores, sería necesaria una reforma de la LORPM, ya que el menor sospechoso o acusado que no hable ni entienda el idioma debe tener derecho a interpretación en algunos trámites procesales que son específicos de este proceso y que, por lo tanto, no están contemplados en la legislación de adultos. Es el caso, por ejemplo, de los procedimientos de mediación por conciliación y/o reparación del daño a la víctima, previstos en el art. 19 LORPM y en el art. 5 RLORPM, que implican la realización de una serie de actuaciones de carácter extrajudicial en las que se considera que el menor que no entienda ni hable la lengua del proceso debe contar con la asistencia de un intérprete, ya que, entre otras cosas, éste va a reconocer su participación en los hechos y va a dar su consentimiento para participar en los acuerdos que se estimen oportunos. De no ser así, se estaría vulnerando el derecho de los menores procesados que no conocen el idioma a beneficiarse de estas actuaciones

---

dado lugar a la Ley 4/2015, de 27 de abril, *del Estatuto de la víctima del delito*, publicada también el 28 de abril.

que, amparadas en el interés del menor, posibilitan resolver el expediente sin tener que llegar a juicio[528].

3.2.- Contenido del derecho a la traducción e interpretación y momento procesal en que debe hacerse efectivo

La asistencia lingüística se garantiza, principalmente, a través de la interpretación tanto desde la lengua del procedimiento a la lengua materna del acusado como a la inversa y tiene por evidente objeto el de permitirle comunicarse con las partes y con el órgano jurisdiccional, pero también, muy esencialmente, que el acusado pueda tener un amplio conocimiento del desarrollo de las actuaciones y, de manera muy especial, de lo acontecido en el acto del juicio oral[529]. Tanto la Directiva 2010/64/UE como la LECrim reconocen la aplicación de este derecho en el transcurso de todo el proceso penal[530]. Así, la actuación del intérprete y, por tanto, la eficacia del derecho, no sólo se refiere a las actuaciones directas del imputado o acusado para con los elementos de la investigación, o en el desarrollo del juicio oral, sino que abarca desde el interrogatorio policial a todas las vistas judiciales y audiencias intermedias que sean necesarias.

Con respecto al juicio oral o la audiencia, la interpretación no puede quedar circunscrita a las intervenciones del acusado, ya que supone privarle del entendimiento de las manifestaciones de los demás intervinientes en el proceso por lo que debe abarcar también las declaraciones testificales, intervenciones de los letrados de las

---

528 *Derechos Procesales de los Menores Sospechosos o Acusados en la Unión Europea, op. cit.*, (p. 17).

529 STS 589/2022, de 15 de junio de 2022 (ROJ: 2326/2022) (FD 3°), que a su vez cita la doctrina asentada en la materia en SSTS anteriores: 584/2018, de 23 de noviembre (ROJ: 3970/2018); 70/2019, de 7 de febrero (ROJ: 471/2019), y 276/2021, de 25 de marzo (ROJ: 1308/2021).

530 Art. 2.1 y 2 Directiva 2010/64/UE y Art. 123 LECrim.

partes, contenido de los informes finales etc.[531]; en caso contrario, se estaría mermando el derecho de defensa del acusado, en cuanto a que no está teniendo conocimiento suficiente de lo que sucede en el proceso y lo situaría en una verdadera situación de desventaja. Si bien, en la práctica, no se lleva a cabo la interpretación del juicio oral o de la audiencia en su integridad[532].

---

531 HERNÁNDEZ CEBRIÁN, N., "La barrera del idioma en el proceso penal", en ÁLVAREZ DE NEYRA KAPPLER, S. I. (Coord.), *Los llamados colectivos vulnerables en el proceso penal. De la teoría a la práctica*, Editorial Reus, Madrid, 2020, (p. 251).

532 Resultan ilustrativas a este respecto las conclusiones del P*royecto TIPp (Traducción e Interpretación en los Procesos Penales)*, financiado por el Ministerio de Economía y Competitividad para el período 2015-2017 e integrado por investigadores de cuatro universidades públicas (la Universitat Autònoma de Barcelona, la Universitat Pomepu Fabra, la Universitat Jaume I y la Universidad Pablo de Olavide). El proyecto es el primero en España en realizar un análisis de grabaciones reales de procedimientos penales en los Juzgados de lo Penal de la ciudad de Barcelona, en el primer semestre del año 2015, con interpretación al inglés, rumano, y francés. Los resultados de la investigación demuestran que muchos minutos de la vista oral no se interpretan, existiendo un alto porcentaje de tiempo durante el juicio en el que el acusado no disponía de interpretación (en algunos casos llegaba al 50%). Además, la práctica totalidad de los minutos bilingües se correspondían con el interrogatorio del acusado y el derecho a la última palabra. También se constataron múltiples interrupciones por los operadores jurídicos fruto del desconocimiento sobre cómo colaborar con el intérprete, así como intervenciones directas del intérprete, que excedían de sus funciones u omisiones graves de contenido que afectaban directamente al transcurso de la vista. Disponible en: https://ddd.uab.cat/pub/presentacions/2017/220062/TIPp_Orozco_Jutoran_UPO.pdf. Para un análisis pormenorizado del proyecto, *vid.* BESTUÉ, C., "Aproximación empírica a la labor del intérprete en lso tribunales de justicia", en ARIZA COLMENAREJO, M.J., T*raducción, interpretación e información para la tutela judicial efectiva en el proceso penal*, Tirant Lo Blanch, Valencia, 2018, (pp. 139-175).

Igualmente, el derecho a la interpretación se aplica a la relación entre abogado y acusado y debe abarcar todas las comunicaciones entre ambos directamente relacionadas con su interrogatorio o declaraciones, pero también debe hacerse efectivo en el marco de la interposición de recursos y otros actos procesales. El reconocimiento del derecho a la interpretación entre abogado y acusado, que ya había sido enunciado por el TEDH[533], debe garantizarse, por tanto, de forma coetánea al derecho a la asistencia letrada en todas las actuaciones que afectan al derecho de defensa[534].

La interpretación deberá ser completa, en el sentido de que el acusado pueda estar en condiciones de comprender la totalidad del acto procesal. El intérprete, a lo largo del proceso, en sus intervenciones podrá hacer uso de las diferentes modalidades de interpretación: simultánea, consecutiva, susurrada, traducción a vista, dependiendo de lo que la situación comunicativa requiera[535]. La más utilizada en los órganos judiciales y policiales

---

533 STEDH de 14 de enero de 2003 (Asunto *Lagerblom c. Suecia*).

534 PILLADO GONZÁLEZ, E. y RECIO JUÁREZ, M. "Los derechos del investigado a ser asistido de intérprete y a la traducción de documentos tras la LO 5/2015, de 27 de abril", en JIMENO BULNES, M.; PÉREZ GIL, J. y PEDRAZ PENALVA, E. (Coord.), *Nuevos horizontes del derecho procesal libro-homenaje al Prof. Ernesto Pedraz Penalva*, J.M. Bosch, 2016, (p. 872).

535 La interpretación consecutiva consiste en que el orador hable y el intérprete reproduce en el otro idioma su mensaje una vez que el orador haya finalizado la expresión de su mensaje. La simultánea se refiere a aquella interpretación en la que se reproduce al mismo momento el mensaje en el otro idioma y requiere un equipo técnico. Es la modalidad más utilizada en los tribunales internacionales como el TJUE, el TEDH o la CPI. La susurrada es la modalidad de interpretación simultánea que se realiza sin equipo técnico. En la traducción a la vista, el orador lee un texto en el idioma que le ha proporcionado previamente al intérprete y éste lo reproduce en otro idioma. En cuanto al estilo discursivo, los profesionales recomiendan el uso de la primera persona, para enfatizar la independencia del intérprete y su papel de transmisor del mensaje y no participante en el proceso. Para más información sobre

es la consecutiva en su variante bilateral o de enlace, en la que el intérprete interviene en dos direcciones, con las dos personas interlocutoras, por ser la más adecuada para situaciones de diálogo de pregunta-respuesta con frases cortas. Si bien, para el juicio oral, el art. 124.3 LECrim establece como preferente la simultánea, aunque, en la práctica, su uso es totalmente excepcional, debido, por un lado, a la ausencia de medios técnicos necesarios para escuchar a todos los participantes y efectuar la interpretación automáticamente (micrófonos, auriculares, cabinas insonorizadas, etc.) y, por otro, a que requiere un entrenamiento específico del intérprete. Los especialistas coinciden en que la combinación de ambas (simultánea y consecutiva) es la única capaz de permitir que el acusado tenga pleno conocimiento de todo lo manifestado por los intervinientes y por tanto, de garantizar su plena participación durante el juicio oral[536]. Por tanto, sería necesario dotar al sistema de justicia de medios técnicos para hacer efectiva la interpretación simultánea, especialmente en la audiencia del menor, de manera que no se entorpezca el ritmo de la práctica probatoria. Asimismo, supondría un gran avance la implementación de herramientas digitales de traducción simultánea como auxilio a la intervención personal del intérprete.

En cuanto al régimen de disponibilidad del derecho, si bien la LECrim establece determinadas intervenciones sobre las que no cabe renuncia, como son, las declaraciones en el curso de actua-

---

las modalidades de interpretación, vid. ARUMÍ RIBAS, M., "Interpretar para la justicia en España hoy", en ARIZA COLMENAREJO, M.J., *Traducción, interpretación e información para la tutela judicial efectiva en el proceso penal*, Tirant Lo Blanch, Valencia, 2018, (pp. 46-48).

536 CAMPANER MUÑOZ, J. y HERNÁNDEZ CEBRIÁN, N., "Guía de buenas prácticas relativas al derecho a la traducción y la interpretación de investigados y acusados", en ARANGÜENA FANEGO, C. y DE HOYOS SANCHO, M. (Dir.), *Garantías procesales de investigados y acusados en procesos penales en la Unión Europea. Buenas prácticas en España*, Thomson Reuters Aranzadi, Navarra, 2020, (p. 25).

ciones policiales, ante el MF o diligencias judiciales y juicio oral, sí se permite renunciar a la interpretación del resto de actuaciones procesales. En concreto, a las comunicaciones con su abogado y a las traducciones escritas de documentos esenciales. La renuncia, en estos casos, deberá ser expresa y libre, y solamente será válida si se produce después de que el imputado o acusado haya recibido un asesoramiento jurídico suficiente y accesible que le permita tener conocimiento de las consecuencias de su renuncia (art. 126 LECrim). Entendemos que por asesoramiento jurídico suficiente la ley se refiere al asesoramiento de su abogado, en el marco de sus facultades de asistencia letrada al detenido, imputado o acusado.

La asistencia lingüística en el proceso no se aplica únicamente a las comunicaciones o declaraciones orales, sino también a la traducción del material documental y a las fases procedimentales. Sin embargo, el reconocimiento de este derecho no conlleva exigir una traducción escrita de todos los documentos y de todas las pruebas existentes en el procedimiento, sino que debe implementarse de tal forma que se permita al acusado tener conocimiento de la causa seguida contra él y, en consecuencia, defenderse[537]. En este sentido, la Directiva 2010/64/UE reconoce el derecho del sospechoso o acusado a recibir de forma gratuita la traducción escrita de todos los *documentos esenciales* del proceso (art. 3.2), se trata de las resoluciones por las que se priva a una persona de su libertad, los escritos de acusación o las sentencias y así se ha transpuesto a nuestro ordenamiento jurídico en la letra d) del apartado 1 del nuevo art. 123 LECrim. Con respecto a los restantes documentos, corresponderá al órgano judicial seleccionar cuáles van a ser objeto de traducción. El mismo precepto, contempla en su apartado e) la posibilidad de realizar una petición motivada para que un documento se considere esencial. Constituye, por tanto, una facultad del investigado o acusado solicitar la traducción de aquellas actuaciones que, sin

---

537 STEDH de 19 de diciembre de 1989, (Asunto *Kamasinski c. Austria*).

haber sido catalogadas por el Juez o tribunal como esenciales, la defensa considere imprescindibles para el adecuado ejercicio de sus pretensiones. Si bien, debemos subrayar que el reconocimiento de dicha facultad no conlleva, sin embargo, la concesión automática de un hipotético derecho a la traducción de todas las actuaciones existentes en el procedimiento, sino solamente de aquellas que afecten materialmente al derecho de defensa.

Además, no se reconoce, en todos los casos, el derecho a que se traduzca el documento de forma íntegra. Si hay información que no se considera pertinente, como excepción, podrá facilitarse un resumen escrito u oral (art. 3.1.7 Directiva 2010/64/UE). En este sentido, la LECrim prevé la posibilidad de prescindir de la traducción de los pasajes de los documentos esenciales que, a criterio del Juez, Tribunal o funcionario competente, no resulten necesarios para que el imputado o acusado conozca los hechos que se le imputan, y además, con carácter excepcional, dicha traducción escrita podrá ser sustituida por un resumen oral de su contenido en una lengua que comprenda, siempre que quede garantizada suficientemente la defensa del imputado o acusado.

Para que la omisión de la traducción de los elementos esenciales de las actuaciones pueda suponer una vulneración del derecho a un proceso con todas las garantías (art. 24.2 CE) es necesario que se haya producido una situación de indefensión material que, a su vez, se haya traducido en un menoscabo real del derecho de defensa y un detrimento en la posibilidad de ejercitar adecuadamente sus pretensiones, con el consiguiente perjuicio real y efectivo para los intereses del afectado.

Tal y como se adelantó, las particularidades del proceso penal de menores, hacen necesario una regulación expresa del derecho a la traducción e interpretación y, concretamente, en cuanto a la consideración de documentos esenciales del proceso que deben ser traducidos, deberían incluirse como tal al acuerdo final de conciliación con la víctima y/o reparación del daño ex art. 19 LORPM, ya que es preceptivo que el menor lo firme. Lo mismo ocurre con el informe del Equipo Técnico, previsto en el art. 27 LORPM y con el programa individualizado de ejecución de las medidas de internamiento y libertad vigilada, en donde se detalla cuál es el proyecto educativo que va a tener que desarrollar el menor debería ser considerado expresamente como documento esencial.

Con respecto al plazo en el que deberá proveerse la traducción de los documentos, el art. 123.4 LECrim se limita a establecer que se realizará en un *plazo razonable*, lo que supone que las actuaciones y plazos procesales se suspendan hasta que se cuente con la debida traducción. En tal sentido, debería procederse a fijar plazos concretos para la realización de la traducción y que ésta no quedara al arbitrio de la interpretación de la expresión *plazo razonable*.

3.3.- Formación y requisitos del intérprete-traductor judicial

El sistema judicial plantea desafíos técnicos para el traductor e intérprete profesional debido a que se trata de un ámbito con un lenguaje muy especializado y técnico, altamente protocolizado y jerarquizado, donde se utilizan diferentes técnicas discursivas y donde las relaciones entre las partes suelen ser asimétricas. Ello supone un nivel alto de exigencia para estos profesionales, máxime cuando su actuación suele estar regida por la inmediatez y efectividad. En este sentido, es importante destacar las habilidades de los intérpretes judiciales que deben ser desarrolladas a diferentes niveles; en concreto, deben manejar una gran cantidad de información, como la terminología general del contexto judicial y del procedimiento específico, las funciones del órgano enjuiciador, los usos y la fraseología característicos del entorno o las diferencias culturales y lingüísticas entre los sujetos (entre las que se encuentran las diferencias entre las culturas jurídicas), entre otros[538].

---

538 LOZANO DE LEMUS, P. "La interpretación en los procesos penales ¿Qué opinan los jueces de guardia sobre el papel de los intérpretes?", *Hikma estudios de traducción = translation studies*, Vol. 21, núm.1, 2022 (p. 168).

En el ámbito penal, su presencia en el proceso se convierte en la garantía del ejercicio efectivo de derechos fundamentales. Pese a ello, el derecho a la traducción e interpretación no se materializa en la exigencia de una competencia lingüística cualificada en el profesional que vaya a proveer de este servicio.

Ningún precepto de la LECrim (ni antes ni después de la reforma operada por la LO 5/2015) exige una capacitación o titulación específica para poder trabajar en sede judicial o policial como intérprete o traductor, aunque exista una titulación universitaria en Traducción e Interpretación y un título específico de Intérprete Jurado[539]; por el contrario, solamente se hace referencia a la necesidad de tener un conocimiento del idioma, sin especificar el nivel de conocimiento requerido. Si bien, entendemos que debe exigirse como aptitud específica que debe reunir esta figura el dominio de los dos idiomas (el del procedimiento y el de la persona que requiere su actuación), así como de las técnicas de traducción e interpretación. Además, será necesario disponer de

539 Título que se otorga mediante el reconocimiento de cualificaciones profesionales por la Oficina de Interpretación de Lenguas (departamento del Ministerio de Asuntos Exteriores) (cf. RD 724/2020 de 4 de agosto, por el que se aprueba el Reglamento de la Oficina de Interpretación de Lenguas del Ministerio de Asuntos Exteriores, Unión Europea y Cooperación. Los Traductores e Intérpretes Jurados se definen en el art. 9 RD 724/2020 como aquellos profesionales a los que el Ministerio de Asuntos Exteriores, UE y Cooperación ha otorgado sus respectivos títulos tras la superación de los exámenes o, en su caso, la acreditación del cumplimiento de los requisitos que disponga al respecto la normativa vigente en cada momento para la obtención del título mediante el reconocimiento de cualificaciones profesionales, incluidas las disposiciones del Derecho de la Unión Europea. Las traducciones e interpretaciones de una lengua extranjera al castellano y viceversa tendrán carácter oficial si han sido realizadas por quien se encuentre en posesión del título de Traductor/a-Intérprete Jurado/a.

un conocimiento amplio de las dos culturas en cuestión y una base de conocimientos jurídicos del proceso del que se trate[540].

La LECrim da preferencia al intérprete con formación, aunque no lo establece como un requisito indispensable, al disponer en su art. 441 que *el intérprete será elegido entre los que tengan título de tales, si los hubiere en el pueblo. En su defecto será nombrado un maestro del correspondiente idioma, y si tampoco lo hubiere, cualquier persona que lo sepa.* Igualmente, en lo que respecta al procedimiento abreviado, el art. 762 LECrim, establece que el intérprete será designado conforme a lo dispuesto en los art. 398, 440 y 441 LECrim, *sin que sea preciso que el intérprete tenga una titulación oficial.*

En nuestro país, no hay único sistema para constituirse en traductor-intérprete judicial, debido a que su formación y requisitos varían en función de quien realice el servicio de traducción e interpretación, ya que, en España éste se desarrolla a través de dos formas. La primera es a través de un servicio externo provisto por empresas privadas que obtienen la adjudicación del contrato público, que normalmente se valen de traductores e intérpretes autónomos entre los que hay personas cualificadas con formación superior y personal sin cualificación suficiente. En segundo lugar, el servicio puede prestarse a través de traductores e intérpretes pertenecientes a la Administración de Justicia, entendiéndose por tal la que abarca las dependencias en las que tienen su sede los juzgados y tribunales de España, repartidos por toda la geografía nacional; además, no existe un régimen homogéneo y uniforme aplicable a todos ellos[541].

---

540 Guía de Buenas Prácticas sobre Interpretación Judicial y Policial Asociación Profesional de Traductores e Intérpretes Judiciales y Jurados (APTIJ). Disponible en: Guía de buenas prácticas sobre interpretación judicial y policial – APTIJ.

541 Dentro de este grupo, conviene diferenciar entre dos subgrupos: un primero formado por aquellos profesionales que trabajan en CCAA en las que los medios personales de la Administración de Justicia

A pesar de que se debe acudir, en primer lugar, a los traductores e intérpretes en plantilla de la Administración y, de forma subsidiaria, a las empresas externas, el método más habitual es éste último, dado que el número de traductores e intérpretes públicos es muy reducido y no pueden cubrir todas las necesidades judiciales[542].

En el caso de traductores e intérpretes en plantilla de las Administraciones Públicas competentes, la formación y cualificación requerida es diferente en cada una de ellas y varían desde la exigencia del título de Bachillerato hasta el de Licenciatura/ Grado. Además, si se trata de personal funcionario habrá superado un concurso-oposición y, en el caso de los interinos, habrán accedido por medio de una bolsa de trabajo creada al efecto, para responder a las diferentes necesidades temporales del servicio, en cuyo caso, se les habrá exigido que acrediten la correspondiente capacidad según las normas de la convocatoria de que se trate.

Para el caso de las empresas externas, sometidas a los pliegos técnicos, muchos de los criterios que se exigen para la selección no están basados en requisitos relacionados con la calidad de la traducción e interpretación, con la exigencia de una cualificación profesional, una formación adecuada o el cumplimiento de un código deontológico, lo que deja un amplio margen de discrecio-

---

dependen del Ministerio de Justicia (La Rioja, Castilla y León, Extremadura, Castilla-La Mancha, Murcia e Islas Baleares), los que desarrollan su labor en las ciudades autónomas de Ceuta y Melilla y los que ejercen sus funciones en los órganos centrales (Audiencia Nacional y Tribunal Supremo). Por otro lado, un segundo subgrupo, lo forman aquellos profesionales que trabajan en las CCAA que han asumido las competencias en materia de medios personales y materiales de la Administración de Justicia. Estas Comunidades son, a día de hoy, el Principado de Asturias, Aragón, Canarias, Cantabria, Cataluña, Galicia, Madrid, Navarra, País Vasco, Comunidad Valenciana.

542 Solo la provincia de las Palmas de Gran Canaria tiene un modelo de gestión pública integral de servicios de traducción e interpretación.

nalidad a dichas empresas para seleccionar a los traductores[543]. Incluso, en muchas ocasiones la plantilla que se presenta en el momento de la presentación de la solicitud no se corresponde con la que finalmente desempeñará el servicio[544]. Además, la contratación de estas empresas debe ser sometida a un control posterior que, en muchas ocasiones es inexistente.

El hecho de que se utilice como modelo predominante la subcontratación del servicio de traducción e interpretación a empresas privadas y la falta de control sobre las condiciones laborales de los prestadores del servicio, redunda en la reducción de la calidad de

---

543 Como ejemplo de la disparidad de criterios en cuanto a la cualificación, señalamos el Pliego de Prescripciones Técnicas de la Junta de Andalucía, de 30 de mayo de 2024, *para el contrato de servicio de interpretación y traducción en procedimientos instruidos por los órganos judiciales en el ámbito territorial de Cádiz y provincia* (CONTR 2024/551524), en el que se exigía que la entidad adjudicataria contara para la ejecución de los servicios motivo del contrato, con intérpretes/traductores en número suficiente, que tengan un dominio suficiente de la lengua castellana y que acrediten el conocimiento del idioma correspondiente. El dominio suficiente del idioma, se podía acreditar a través de cualquier titulación oficial, ya sea universitaria como de Escuela de idiomas, centro de lenguas, etc., sin exigir un nivel mínimo. En el caso del gobierno de Aragón, en el Pliego de Prescripciones Técnicas *para la contratación del servicio de traducción e interpretación en los órganos judiciales de la CA de Aragón*, de 24 de junio de 2020, con respecto a la cualificación profesional de los intérpretes simplemente se señala que el adjudicatario se compromete a garantizar la cualificación del personal que destine a la prestación de todos los servicios de traducción, transcripción e interpretación que se soliciten, conforme a lo que en cada momento establezcan la legislación que sea de aplicación, sin acreditar ningún tipo de cualificación.

544 LOZANO DE LEMUS, P., "Sistemas de provisión de servicios de traducción e interpretación de calidad en las fases del proceso penal. La pieza clave para la salvaguarda de derechos humanos en sede judicial", en SUÁREZ VILLEGAS, J.C. y MARÍN CONEJO, S., *Debates en torno a la comunicación, la igualdad de género y los derechos humanos*, Dykinson, Madrid, 2023, (p. 327).

la traducción e interpretación, lo que ha conllevado numerosas críticas y quejas por parte de intérpretes, traductores, asociaciones profesionales e incluso jueces y magistrados[545]. Contar con un servicio de traducción e interpretación, compuesto por personal cualificado, gratuito y accesible en la Administración de Justicia, resulta esencial para salvaguardar las garantías procesales y los derechos fundamentales de las personas sujetas a un proceso penal.

Por ello, uno de los medios para garantizar la efectividad del derecho a la traducción e interpretación consiste en la organización de los servicios de traducción e interpretación judiciales, donde deberían reforzarse las plantillas propias de las Administraciones de Justicia, para que constituyan la primera opción y no acudir a la contratación de empresas externas, como fórmula prioritaria. En este punto, debemos destacar que en otros ámbitos de la Administración Pública del Estado se ha optado por tener una plantilla propia de servicios de traducción e interpretación, que podría hacerse extensible al ámbito de la Justicia. Aunque dicha plantilla no sea suficiente para abarcar todo el servicio, la contratación de empresas externas debe ser debidamente supervisada, unificar criterios de selección y exigir una cualificación y formación específicas.

En paralelo a la exigencia de una cualificación y especialización de los intérpretes y/o traductores, entendemos que sería necesaria una formación específica para los restantes operadores jurídicos sobre cómo trabajar con intérpretes y traductores y cómo adaptar su lenguaje y su forma de intervenir y dirigirse al intérprete, debiendo reformular su mensaje, si es necesario. Este extremo es fundamental para lograr que el servicio de traducción e interpretación sea efectivo y evitar una actuación sesgada, parcial, por la falta de coordinación y por las propias circunstancias de desarrollo del

---

545 *Libro Blanco de la traducción e interpretación institucional,* Ministerio de Asuntos Exteriores y Cooperación, 2011. Disponible en: https://cpage.mpr.gob.es/producto/libro-blanco-de-la-traduccion-y-la-interpretacion-institucional-2/ (pp. 85-86).

proceso, en las que, muchas veces, los operadores jurídicos no son conscientes del trabajo que debe realizar el traductor o intérprete y utilizan un lenguaje demasiado técnico, con múltiples referencias jurisprudenciales o realizan intervenciones orales a gran velocidad.

A este respecto, Australia, constituye un ejemplo a seguir en cuanto a interpretación judicial, ya que ha elaborado unos Estándares para trabajar con intérpretes en los tribunales, cuya primera edición data de 2017[546]. La novedad de este instrumento es que no se trata de un protocolo de actuación para los intérpretes, sino que está dirigido a todos los operadores jurídicos para facilitar su actuación con el intérprete. A partir de este documento, se creó una acreditación profesional para ser traductor e intérprete y se estableció formación tanto para intérpretes judiciales, como para el resto de agentes que intervienen en el proceso.

Otro ejemplo de buenas prácticas es Suecia, que contiene una Guía detallada para trabajar con intérpretes en la que se regulan cuestiones como la cualificación, las tarifas a aplicar en función de la formación del intérprete, la posibilidad de realizar las interpretaciones por videoconferencia o la necesidad de facilitar al intérprete información previa sobre el caso. Además, establece un

---

546 *Recommended National Standards for Working with Interpreters in Courts and Tribunals, Judicial Council in Cultural Diversity*, Australia, 2017. La traducción al español de estos estándares fue realizada por el Intercultural Studies Group, de la Universitat Rovira i Virgili, de Tarragona, a través del documento denominado: Normas recomendadas para trabajar con intérpretes judiciales, de junio de 2019 (aunque no se trata de una traducción completa ya que omite determinados apartados y fragmentos que describen específicamente el funcionamiento y las características del sistema judicial australiano relacionados con el multilingüismo). Disponible en: https://www.intercultural.urv.cat/media/upload/domain_317/arxius/Normas%20recomendadas_ES_Agosto2019_AP.pdf

control de la calidad de la interpretación, a través del tribunal que puede valorar al intérprete, y presentar quejas sobre su labor[547].

A nivel nacional, destaca la iniciativa llevada a cabo por el TSJ de Madrid que, en el año 2012, elaboró las *Recomendaciones para mejorar la traducción e interpretación en los procedimientos judiciales*, que, aunque es un texto anterior a la LO 5/2015 y tiene un ámbito de aplicación limitado a los juzgados y tribunales de la comunidad de Madrid, muestra la importancia que se le ha dado a la necesidad de una actuación coordinada por parte de los operadores jurídicos con los traductores e intérpretes. Se trata de una compilación de 9 recomendaciones, entre las que destaca especialmente la parte dedicada a cómo deben expresarse las personas que interactúen con el intérprete, en cuanto a que deberán esforzarse por hablar de forma inteligible, haciendo pausas o la facilitación previa de información al traductor-intérprete, así como el refuerzo expreso del principio de confidencialidad[548].

3.4.- Ejercicio profesional

Con respecto a las normas éticas y deontológicas que deben regir la profesión del intérprete-traductor judicial, lo primero que debemos señalar es la ausencia de un código deontológico aplicable a la traducción e interpretación en sede judicial y policial, dado que no existe un Colegio profesional de Traductores e Intérpretes judiciales.

La regulación desde el punto de vista ético y deontológico contenida en nuestra legislación se limita a la exigencia de confidencia-

---

547 *Guidelines for the use of interpreters in courts of law, Domstolsverket (Swedish National Courts Administration)*, 2017. Disponible en: https://www.rattstolkarna.se/files/Tolkpolicy/guidelinesfortheuseofinterpretersincourtsoflaw.pdf.

548 *Recomendaciones para mejorar la traducción e interpretación en los procedimientos judiciales*, TSJ Madrid, 2012. Disponibles en: https://www.poderjudicial.es/cgpj/es/Poder-Judicial/En-Portada/El-TSJ-de-Madrid-dicta-varias-recomendaciones-para-mejorar-la-traduccion-en-el-proceso-penal.

lidad exigida en el art. 124.2 LECrim, introducido con la reforma operada por la LO 5/2015, de acuerdo con lo dispuesto en el art. 5.3 Directiva 2010/64/UE, que atribuye a los Estados Miembros de forma expresa la obligación de garantizar que los intérpretes y traductores respeten el carácter confidencial de sus actuaciones.

Esta obligación de mantener la confidencialidad de las actuaciones también se desprende del RD Legislativo 5/2015, de 30 de octubre, por el que se aprueba el Texto Refundido de la Ley del *Estatuto Básico del Empleado Público,* aplicable al personal funcionario y al personal laboral dependiente del Ministerio de Justicia y del Ministerio del Interior que ejerza la profesión de traductor e intérprete[549]. Si bien, para la contratación de las empresas externas que realicen este servicio, habrá que estar a lo dispuesto en los pliegos correspondientes a los diferentes procesos de licitación, que contienen condiciones técnicas distintas, donde en algunos

549 Art. 52 del Estatuto del Empleado Público: *Deberes de los empleados públicos. Código de Conducta. Los empleados públicos deberán desempeñar con diligencia las tareas que tengan asignadas y velar por los intereses generales con sujeción y observancia de la Constitución y del resto del ordenamiento jurídico, y deberán actuar con arreglo a los siguientes principios: objetividad, integridad, neutralidad, responsabilidad, imparcialidad, confidencialidad, dedicación al servicio público, transparencia, ejemplaridad, austeridad, accesibilidad, eficacia, honradez, promoción del entorno cultural y medioambiental, y respeto a la igualdad entre mujeres y hombres, que inspiran el Código de Conducta de los empleados públicos configurado por los principios éticos y de conducta regulados en los artículos siguientes. Los principios y reglas establecidos en este capítulo informarán la interpretación y aplicación del régimen disciplinario de los empleados públicos.* Igualmente, el art. 53.12, relativo a los principios éticos establece: *Guardarán secreto de las materias clasificadas u otras cuya difusión esté prohibida legalmente, y mantendrán la debida discreción sobre aquellos asuntos que conozcan por razón de su cargo, sin que puedan hacer uso de la información obtenida para beneficio propio o de terceros, o en perjuicio del interés público.*

casos se incluyen cláusulas relativas a aspectos deontológicos y, en otras, se prescinde de este tipo de disposiciones[550].

El secreto profesional del intérprete comprende las confidencias y conversaciones entre las partes procesales, los clientes y sus abogados, las de los compañeros, y todos los hechos y documentos de que haya tenido noticia o haya recibido por razón de cualquiera de las modalidades de su actuación profesional. En ningún caso, revelará el contenido de conversaciones, transcripciones o datos reservados sujetos al secreto profesional de otros profesionales sin la autorización o el consentimiento de la persona afectada.

Más allá de esta previsión de confidencialidad, la actuación del intérprete/traductor no está sujeta a ninguna otra exigencia ética, por lo que resulta necesario acudir a las propias normas deontológicas elaboradas por diferentes asociaciones profesionales de traductores e intérpretes, en las que sí hay un consenso sobre cuáles son los principios de actuación y, con motivo de ello, han desarrollado un marco más amplio de normas de obligado cumplimiento para todos sus miembros en el ejercicio de su profesión, lo que contribuye a mejorar su actuación. A los efectos de la presente obra, nos guiaremos por el Código Deontológico de la Asociación Profesional de Traductores e Intérpretes Judiciales y Jurados (APTIJ), elaborado en el año 2010, sobre la base de que la actuación de los intérpretes y traductores en los tribunales y comisarías debe responder a unos determinados criterios de actuación éticos y profesionales en aras de poder desempeñar una labor

550 ALONSO ARAGUÁS, I.; HERNÁNDEZ CEBRIÁN, N. e IZQUIERDO VALVERDE, L., "Responsabilidad penal y Código Deontológico de los traductores e intérpretes judiciales" en ARIZA COLMENAREJO, M.J., *Traducción, interpretación e información para la tutela judicial efectiva en el proceso penal,* Tirant Lo Blanch, Valencia, 2018, (p. 19).

que salvaguarde también las garantías procesales y los derechos profesionales de todos los implicados en un procedimiento[551].

Entre ellos, destacan el principio de fidelidad e integridad de la traducción o interpretación, que deberá ser leal y completa, sin alterar el contenido o la finalidad del mensaje, omitir o añadir nada a lo que se declare o escriba en la medida de lo posible; ello conllevará a que la traducción e interpretación sea veraz y fidedigna. Este principio se encuentra vinculado al carácter de prueba que reviste el objeto de la traducción e interpretación (declaraciones, interrogatorios, prueba documental), que deberá ser valorado por el Juez o tribunal en los mismos términos que la fuente de prueba original[552].

Ello no significa que la traducción o interpretación deba ser siempre literal, sino precisa e íntegra, ya que la literalidad aplicada de forma arbitraria puede dar lugar a errores de contenido[553].

Por otro lado, la actuación profesional del intérprete/traductor debe regirse por el principio de imparcialidad y ausencia de conflicto de intereses, que supone que adoptar una posición neutral, imparcial e independiente y preservar dicha independencia, frente a toda clase de injerencias e intereses[554].

Este principio de imparcialidad y ausencia de conflicto de intereses entraría en contradicción con la posibilidad de acudir

---

551 La APTIJ reúne a profesionales de la traducción e interpretación que actúan en todo el territorio español ante los órganos judiciales y los cuerpos y fuerzas de seguridad del Estado y CCAA, a traductores-intérpretes jurados nombrados por el Ministerio de Asuntos Exteriores o por las CCAA con competencias en la materia y a docentes o investigadores del ámbito de la traducción e interpretación jurídica o jurada.

552 Principio núm. 1 del Código Deontológico de la APTIJ. Disponible en: https://www.aptij.es/wp-content/uploads/CD-APTIJ.pdf.

553 ALONSO ARAGUÁS, I.; HERNÁNDEZ CEBRIÁN, N. e IZQUIERDO VALVERDE, L., "Responsabilidad penal y Código Deontológico de los traductores e intérpretes judiciales", *op. cit.* (p. 29).

554 Principio núm. 2 del Código Deontológico de la APTIJ.

a familiares o allegados de la persona que requiere la traducción o interpretación para desempeñar esta labor. No obstante, en la LECrim no existe una prohibición expresa al respecto, ya que se permite, en casos excepcionales y de urgencia, prescindir de los listados elaborados por la Administración por no ser posible la intervención de los mismos y habilitar como intérprete o traductor judicial eventual a *otra persona conocedora del idioma empleado que se estime capacitado para el desempeño de dicha tarea* (art. 124.1 LECrim), sin ningún tipo de exigencia adicional que el conocimiento del idioma del proceso.

Esta posibilidad, por motivos de urgencia, de que *otra persona conocedora del idioma* pueda ser habilitada eventualmente para hacer la función de intérprete, supone una posible vulneración del principio de neutralidad e imparcialidad que debe regir la actuación del intérprete; porque estos principios implican para éste desproveerse de la relación que se tenga con la persona que precisa la interpretación, así como de todo tipo de prejuicios acerca del proceso penal en sí y de las cuestiones culturales, para no influir en el proceso de interpretación ni distorsionar las respuestas. Además, supone una incertidumbre no concretar aquellas situaciones que han de entenderse por *urgentes* y que legitimarán la intervención del intérprete sustituto, ni tampoco se regula cómo se va a evaluar la capacitación de esa persona para ejercer como intérprete.

El Código Deontológico de la APTIJ establece finalmente otros principios más generales relacionados con el marco de su actuación ante los tribunales, donde se les exigirá buena fe, discreción, lealtad y respeto, y comportamiento coherente con la dignidad del tribunal u órgano en el que desempeñen su actividad, con sus estándares y protocolo.

Ante la falta de un Código Ético y Deontológico específico para el ámbito de la traducción e interpretación judiciales, deberán adoptarse los mecanismos para incorporar las normas de conducta profesionales propias de las Asociaciones profesionales de traducción e interpretación que han desarrollado sus propios códigos, que deberán ser exigibles a la hora de designar los servicios lingüísticos y deberán ser valorados por los tribunales de justicia cuando lleven a cabo su actuación, incurriendo en responsabilidad para el caso de incumplimiento[555].

3.5.- Calidad de la interpretación

El art. 5.1 Directiva 2010/64/UE impone a los Estados miembros la obligación de tomar medidas para garantizar que la interpretación y la traducción facilitadas al encausado se ajusten a la calidad exigida, aludiendo a los arts. 2.8 y 3.9, que establecen que tanto la interpretación como la traducción facilitadas tendrá un estándar mínimo de calidad para salvaguardar la equidad del proceso, garantizando en particular que el sospechoso o acusado

---

555 El CP tipifica como delitos algunas conductas relacionadas con el ejercicio profesional de la traducción e interpretación, por mala praxis. Los principales delitos serían falso testimonio (art. 458-460 CP): intérpretes que faltan a la verdad maliciosamente en su dictamen o traducción; delito de descubrimiento y revelación de secretos (art. 197-201 CP): aunque el CP no mencione expresamente a los traductores e intérpretes, se refiere a todos aquellos que divulguen información confidencial a la que hayan accedido por razón de su oficio o relaciones laborales; y el delito de cohecho (art. 419-427 bis CP), dado que, en virtud del art. 423 CP, el delito de cohecho se aplicaría no solo a las autoridades y funcionarios públicos, sino también a los jurados, árbitros, peritos, administradores o interventores designados judicialmente, administradores concursales o a cualesquiera personas que participen en el ejercicio de la función pública, donde estarían incluidos los profesionales autónomos y trabajadores adscritos a empresas adjudicatarias de servicios lingüísticos. Para un análisis más exhaustivo sobre la responsabilidad penal de los traductores e intérpretes judiciales, *vid.* ALONSO ARAGUÁS, I.; HERNÁNDEZ CEBRIÁN, N. e IZQUIERDO VALVERDE, L., "Responsabilidad penal y Código Deontológico de los traductores e intérpretes judiciales" *op. cit.,* (pp. 12-40).

en un proceso penal tenga conocimiento de los cargos que se le imputan y esté en condiciones de ejercer el derecho a la defensa.

A este respecto, la jurisprudencia del TEDH ha declarado que la obligación de los Estados no se limita al nombramiento de un intérprete, sino que se extiende a un cierto grado de control sobre la adecuación o la calidad de la interpretación, es decir, a procurar que los intérpretes o traductores estén suficientemente cualificados[556].

Corresponde, por tanto, a las autoridades estatales competentes establecer un sistema que garantice la calidad suficiente de los servicios lingüísticos. Existen diferentes aspectos que van a incidir en la calidad de la traducción y de la interpretación judiciales y que están relacionados, en primer lugar, con la formación y cualificación exigidas para poder prestar este servicio, ya que se vincula calidad del servicio con capacitación y competencia profesional. Se trata, en definitiva, de un mecanismo de control previo a la provisión del servicio, como garantía de calidad.

Como medida de control de la calidad de la traducción, la Directiva 2010/64/UE propone en su art. 5.2 la creación de registros de traductores e intérpretes profesionales debidamente cualificados. La pertenencia a dicho registro sería el medio para

---

556 En la STEDH de 19 de diciembre de 1989 (caso *Kamasinski c. Austria*), el TEDH destaca la responsabilidad de las autoridades que va más allá del nombramiento del intérprete y abarca la verificación de la calidad del servicio. Además, el TEDH estableció que el derecho a interpretación no se limita al juicio oral, sino que se extiende a toda la fase del procedimiento que sea relevante para la defensa. Igualmente, las STEDH de 24 de septiembre de 2002 (caso *Cuscani c. Reino Unido*), en la que el TEDH afirma que el juez es el guardián último de la equidad del proceso y STEDH de 18 de octubre de 2006, (asunto *Hermi c. Italia*), entre otras, reafirman la obligación del Estado de llevar a cabo un cierto grado de control sobre la adecuación o la calidad de la interpretación, es decir a procurar que los intérpretes o traductores sean suficientemente cualificados.

demostrar la competencia, mediante un sistema de evaluación y acreditación específicos. Igualmente, la importancia del registro radica en el conocimiento previo por parte de los operadores jurídicos y de las partes de que la persona que va a realizar las funciones de traducción e interpretación es apta para ello y se le puede exigir un servicio de calidad.

La LO 5/2015 que transpone la Directiva 2010/64/UE establece en su Disposición Final primera la creación de un Registro Oficial de Traductores e Intérpretes Judiciales, donde se inscribirán los profesionales que cuenten con la debida habilitación y cualificación, aunque lo cierto es que, transcurrido el plazo para la creación de dicho registro, a día de hoy no se ha implementado; salvo en Cataluña, donde existe un Registro desde el año 2014, por tanto, anterior a la LO 5/2015, que sin embargo, no ha sido objeto de un desarrollo reglamentario, a la espera probablemente de la futura normativa estatal[557].

No obstante, la existencia de un registro no es en sí misma una garantía de la calidad de la traducción si no se exigen, entre las condiciones de acceso una especialización o cualificación profesional. Ejemplo de ello es el registro autonómico catalán, en el que se establecen unas condiciones de acceso bastante laxas con respecto a la cualificación profesional, ya que permite la inscripción en el registro no solo a aquellos que estén en posesión del título de traductor-intérprete jurado, el título de licenciado o de graduado en traducción e interpretación, sino también a aquellos que dispongan de un nivel Certificado C1 del Marco Europeo Común de Referencia para las Lenguas e incluso a quienes tengan un nivel más bajo, justificando el haber cursado estudios en el idioma de que se trate o acreditar la na-

---

557 Decreto Ley 8/2014, de 24 de diciembre, *por el que se crea el Registro de traductores e intérpretes judiciales para su actuación ante los órganos judiciales con sede en Cataluña.*

cionalidad, entre otros aspectos[558]. En conclusión, se permite a cualquier persona que acredite un nivel de idioma (aunque sea bajo) o tenga la nacionalidad de un país en el que se hable la lengua en cuestión, sin necesidad de acreditar que la habla, que pueda ser intérprete inscribiéndose en el referido registro. No se requiere tampoco ningún tipo de conocimiento específico de traducción o interpretación ni de derecho procesal, aunque se podrá establecer *como requisito o información adicional, en función del idioma de que se trate* (art. 8.5).

Por ello, entendemos que es necesario poner en marcha el Registro Oficial de traductores e intérpretes judiciales, exigiendo una prueba de acceso previa, a través de una formación específica. Se propone que sea mediante la creación de una acreditación oficial o titulación reglada, sin perjuicio de poder acceder también a través del Grado Universitario en Traducción e Interpretación. La

---

558 Art. 8. Decreto-ley 8/2014, de 23 de diciembre, por el que se crea el Registro de traductores e intérpretes judiciales para su actuación ante los órganos judiciales con sede en Cataluña: *8.1 En el Registro de traductores e intérpretes judiciales se pueden inscribir: A) Los traductores e intérpretes titulados que estén en posesión de alguna de las siguientes titulaciones o habilitaciones: a) Título de traductor-intérprete jurado. b) Título de licenciado o, si procede, de grado en traducción e interpretación. c) Certificado, título o diploma que acredite conocimiento de la lengua equivalente al nivel C1 del Marco Europeo Común de Referencia para las Lenguas. Si se trata de un título obtenido en el extranjero, es preciso acreditar que se está en posesión de la correspondiente convalidación o de la credencial que acredite, si procede, la homologación. B) Los traductores e intérpretes que, sin estar en posesión de ninguna de las titulaciones previstas en el apartado anterior, acrediten el conocimiento del idioma mediante la presentación de alguna de la siguiente documentación: a) Certificado, título o diploma que acredite el nivel de conocimiento de la lengua inferior a C1 del Marco Europeo Común de Referencia para las Lenguas. b) Titulación oficial referida a estudios cursados en el idioma objeto de registro. c) Acreditación de la nacionalidad correspondiente al idioma objeto de registro. d) Certificado expedido por un organismo oficial donde conste el conocimiento del idioma objeto de registro. e) Acreditación de la experiencia profesional en la tarea de interpretación o traducción.*

traducción e interpretación judicial es una actividad muy específica y exigente, que requiere una cualificación profesional determinada, especialmente en el ámbito procesal penal de menores.

Esta formación podría incluso servir como medio para obtener un arraigo para la formación en aquellos casos en los que el intérprete superara el curso y la prueba de evaluación correspondiente, ya que, en muchas ocasiones se recurre a personas extranjeras que no tienen su situación administrativa regularizada a fin de que actúen como traductores-intérpretes, especialmente en aquellos casos de acusados procedentes de países de África sub-sahariana[559].

Por tanto, proponemos que el intérprete, además de tener un dominio de la lengua materna del menor y de la lengua del procedimiento, deberá ser un profesional acreditado como tal mediante la correspondiente formación y prueba de acceso, que determinarán su inscripción en el Registro correspondiente. Debemos incidir en la importancia, no solo de contar con conocimientos de la lengua, como exige la regulación actual, sino que tiene que ser una persona experta en las técnicas de interpretación.

---

559 En el Nuevo RLOEX, aprobado mediante el RD 1155/2024, de 19 de noviembre, el arraigo para la formación pasa a denominarse arraigo socioformativo y requerirá conforme al art. 127, como requisito específico el estar matriculado o estar cursando alguna de las formaciones referidas en los artículos 52.1.b) (estudios de educación secundaria postobligatoria en un centro de enseñanza autorizado en España, en el marco de un programa a tiempo completo, que conduzcan a la obtención de un título reconocido) y 52.1.e) 5.º (formación completa, ni modular ni parcial, en un centro de enseñanza autorizado en España, conducente a la obtención de certificados profesionales de las ofertas del sistema de formación profesional de grado C, en sus niveles 2 y 3, con los requisitos y condiciones establecidos en la LO 3/2022, de 31 de marzo, *de ordenación e integración de la Formación Profesional y su normativa de desarrollo*, así como la oferta presencial correspondiente a las enseñanzas obligatorias dentro de la educación de personas adultas.

La Directiva 2010/64/UE prevé, además, como mecanismo de control de la calidad de traducción, la implantación de un sistema de supervisión y de verificación de la misma, evaluando si la actuación del profesional se ha adecuado a sus obligaciones técnicas y deontológicas.

No obstante, la transposición de esta concreta exigencia se ha realizado de forma incompleta e indeterminada, ya que la única regulación que se ha introducido ha sido a través de una modificación del art. 124.3 LECrim para establecer que, si el Tribunal, el Juez o el MF, de oficio o a instancia de parte, aprecian que la traducción o interpretación no ofrece garantías suficientes de exactitud, podrán ordenar la realización de comprobaciones necesarias y, en su caso, designar a un nuevo traductor o intérprete. Sin embargo, no se especifica cómo se va a realizar ese control de garantías ni tampoco en qué consistirán las comprobaciones necesarias. Lo cierto que es el tenor literal del precepto 124.3 LECrim sugiere que deben ser los operadores jurídicos quienes se encarguen del cotejo de la veracidad y adecuación técnica de la actuación del intérprete-traductor. Si bien, salvo que el Juez o el Fiscal, tengan conocimientos de la lengua objeto de traducción o interpretación, difícilmente podrá realizar esas comprobaciones unilateralmente. Serán las partes, en todo caso, las que insten esa comprobación, que se podrían basar, a modo de ejemplo, en la verificación de la capacitación del intérprete o traductor, en la práctica de alguna prueba concreta como la revisión de la intervención del intérprete o traductor y, en el caso de que lo estimen necesario, la designación de un nuevo profesional.

En este punto, podría resultar eficaz la inclusión de la figura de un segundo intérprete-traductor revisor, para aquellos casos en los que las partes o los operadores jurídicos detecten que la actuación no se ajusta a los principios de fidelidad, integridad, o se detecta, por ejemplo, que el intérprete está sintetizando el mensaje o no está realizando una interpretación completa.

A mayor abundamiento, debemos tener en cuenta también que los mecanismos de recusación y abstención son aplicables a los traductores e intérpretes judiciales y el órgano judicial o policial tendrá la obligación de adoptar las medidas necesarias para ponerlos en práctica, así como deberá apercibir a los profesionales de la responsabilidad en la que incurren en el ejercicio de su labor y de las consecuencias del incumplimiento de los anteriores deberes deontológicos.

Finalmente, para que el órgano judicial pueda verificar el cumplimiento de la actuación técnica y deontológica de los traductores e intérpretes, sería necesario establecer unas pautas comunes que, además, sean conocidas por la autoridad judicial o policial, de tal forma que puedan tener las herramientas necesarias para evaluar la calidad[560]. Igualmente, para la supervisión efectiva de la interpretación, sería necesario que las actuaciones orales se registren en formato audiovisual, ya que siempre que intervenga un intérprete resulta imprescindible la grabación del acto procesal y no solo para los casos de traducción oral o en lengua de signos del contenido de un documento (art. 123.6 LECrim), para que pueda, en su caso, comprobarse si las manifestaciones se han traducido fielmente y la calidad de la interpretación ha sido suficiente para salvaguardar la equidad en el proceso.

En último término, el control de calidad se relaciona con la posibilidad de impugnación por las partes o los restantes operadores jurídicos de la traducción o interpretación realizada, cuando se considere que, o bien el intérprete carece de las

---

560 Se podría acudir a la norma ISO 20228: 2019, relativa a los servicios de interpretación, interpretación jurídica y sus requisitos, que aporta parámetros sobre lo que se entiende por interpretación de calidad. Asimismo, destaca también el proyecto Aequitas- Access to Justice across Language and Culture in the EU (Aequitas- Acceso a la justicia a través del lenguaje y cultura en la UE), 2001. Contiene pautas para seleccionar y capacitar a intérpretes, herramientas de evaluación, herramientas para coordinación de trabajo práctico, pautas de buenas prácticas y conducta ética, y una bibliografía que enfatiza la capacitación. Disponible en inglés: http://www.agisproject.com/Documents/Aequitas.pdf

competencias necesarias, o bien, su actuación no ha sido la correcta y ello ha supuesto una merma o vulneración del derecho de defensa o su derecho a un juicio justo.

En este sentido, la redacción actual del art. 125.2 LECrim prevé que la decisión del Juez o Tribunal por la que se deniegue el derecho a la interpretación o a la traducción de algún documento o pasaje del mismo que la defensa considere esencial, o por la que se rechacen las quejas de la defensa con relación a la falta de calidad de la interpretación o de la traducción, sea documentada por escrito. En el caso de que la decisión hubiera sido adoptada durante el juicio oral, la defensa del imputado o acusado podrá hacer constar en el acta su protesta. Contra estas decisiones judiciales podrá interponerse recurso de conformidad

Debe garantizarse, en todo caso, la posibilidad de impugnación de la calidad de la traducción e interpretación, sin que ello suponga una dilación indebida del proceso, dado que existen mecanismos para evitar o minimizar estrategias dilatorias *ex* art. 11.1 o 552 LOPJ[561].

En definitiva, con respecto a la calidad de la traducción, sería necesario determinar criterios para evaluar la calidad de la traducción e interpretación, establecer un control de la misma y la posible remoción del intérprete o traductor, si debido a esa deficiente calidad del servicio, se merma el derecho de defensa[562]. Sobre ello, el TS ha establecido que, para apreciar una vulneración del derecho a un proceso con todas las garantías derivada de un supuesto defecto de traducción que dé lugar a una traducción o interpretación que no sea fidedigna o de calidad, lo determinante no es que se haya producido alguna imprecisión o error genérico en el proceso de traducción, sino que se ponga

---

561 CAMPANER MUÑOZ, J. y HERNÁNDEZ CEBRIÁN, N., "Guía de buenas prácticas relativas al derecho a la traducción y la interpretación de investigados y acusados", *op. cit.*, (p. 21).

562 JIMÉNEZ MARTÍN, J., *El menor infractor ante el proceso penal.* (...), *op. cit.* (pp. 149 y 261).

de relieve que este supuesto error pudo ser relevante para el fallo porque menoscabó la defensa del recurrente al inducir a error al Tribunal o bien porque le impidió exponer debidamente su versión de los hechos o desarrollar correctamente su defensa[563].

3.6.- Implementación del derecho a la traducción e interpretación en el contexto del proceso penal con menores extranjeros no acompañados. Deficiencias detectadas y propuestas de mejora

Tal y como hemos venido apuntando, una de las principales barreras de un menor extranjero no acompañado que se enfrenta a un proceso penal es el desconocimiento del idioma del procedimiento, por ello, la primera actuación tras el contacto con la justicia juvenil debe consistir en la evaluación del grado de comprensión del lenguaje y la necesidad de que el menor sea asistido por un intérprete, o incluso sea necesario implementar otras garantías adicionales o ajustes en aras a que alcance a comprender el proceso.

A día de hoy, no existe un procedimiento unificado para valorar si el menor investigado o encausado entiende la lengua del proceso y, en muchos casos, se basa en un criterio subjetivo del órgano instructor, Juez o policía, en el transcurso del primer interrogatorio, llegando incluso a prescindir del intérprete en aquellos casos en los que el menor se comunicaba mínimamente en español[564]. Se convierte, por tanto, en necesario establecer unos criterios claros para poder determinar si el menor comprende o no la lengua del procedimiento, además de

563 *Vid.* entre otras, las SSTS 114/2023, de 22 de febrero (ROJ: 571/2023) y 18/2016, de 26 de enero (ROJ: 213/2016) (FD 4º in fine).

564 FERNÁNDEZ MOLINA, E.; VICENTE MÁRQUEZ, L. y TARANCÓN GÓMEZ, P., "Derechos procesales de los menores extranjeros: un estudio de su aplicación práctica en la justicia penal", *op. cit.* (pp. 10 y 16).

indicarse expresamente quien llevará a cabo esta valoración y en qué momento del proceso, para evitar que se prescinda de la asistencia lingüística en las fases previas, en casos en los que resulta necesaria. Entendemos que la detección de las deficiencias lingüísticas del menor debe formar parte de la evaluación individual, que debe ser realizada por el Equipo Técnico, para detectar las necesidades especiales del menor en el proceso[565].

Una vez que se determina que el menor extranjero no acompañado no comprende el idioma del proceso, resulta necesario identificar cuál es su lengua materna y qué idiomas conoce, comprende y tiene un cierto grado de dominio. Lo cierto es que el tenor literal del art.123 LECrim, referente al derecho a ser asistido por un intérprete que utilice una *lengua que comprenda* el investigado o acusado, abre la vía a que la interpretación no se realice ni en su lengua materna, ni siquiera en una lengua que domine, simplemente que comprenda.

Ello da lugar a que, en muchas ocasiones, se nombren intérpretes de la lengua oficial de una región, pero no se tienen en cuenta las variedades dialectales que distan de la variante normativa o los diferentes idiomas hablados en un país. Un ejemplo muy habitual, teniendo en cuenta la procedencia de un amplio porcentaje de los menores no acompañados en España es el caso de Marruecos, donde coexisten el árabe clásico, utilizado en la Administración, en la escuela o en los medios de comunicación, con la variedad dialectal marroquí, denominado *dariya,* junto con el también idioma oficial *tamazigh* (dialectos bereberes) y con el *hassanía,* dialecto beduino hablado por las tribus de Beni Hassan, en el Sahara Occidental, y que deriva a su vez del árabe, que aunque no tenga el carácter de lengua oficial, sí tiene una mención expresa en la Constitución marroquí. Es preciso tener en cuenta, a la hora de nombrar el intérprete, qué lengua

---

565 El derecho a una evaluación individual será analizado en el capítulo siguiente.

o dialecto habla y comprende el menor, ya que probablemente, el intérprete no podrá interpretar todos los dialectos y será necesario elegir el que domine la lengua del menor.

En el caso de aquellos países de la África francófona, en los que el francés sea lengua oficial o cooficial[566], pero también se hablen otras lenguas, puede ocurrir que el menor acusado alegue conocer el francés, si bien no alcanza a tener un grado de conocimiento del idioma que le permita comprender el proceso[567].

566 El francés es la única lengua oficial en Benín, República Democrática del Congo, Costa de Marfil, Gabón, Guinea, Níger, Senegal y Togo. Además, es lengua cooficial en Burundi, Camerún, Chad, República Centroafricana, Guinea Ecuatorial, Madagascar, Comoras, Ruanda, Seychelles y República de Djibouti.

567 A este respecto, la SAP de Las Palmas de Gran Canaria 304/2024, de 23 de julio de 2024, (ROJ: 2321/2024), pone de manifiesto esta problemática. En este caso, en el marco de un proceso instado por un posible delito contra los derechos de los ciudadanos extranjeros del art. 318 bis CP por conducir una patera que arribó a las costas de Canarias, contra dos acusados, naturales de Gambia y cuya lengua materna era el wolof, el idioma utilizado por los testigos protegidos en su declaración en sede de instrucción que fue ratificada en el acto de juicio, fue el francés, sin que constara que se tradujera al wolof ni al serehule a los acusados, aunque sí al español al resto de personas presentes; tampoco se permitió intervenir a los acusados a continuación. Dichas declaraciones se realizaron distorsionando las voces y sin poder visionar las caras ni apreciar sus gestos, al tratarse de testigos protegidos. Constando en el atestado que el idioma elegido para declarar por ser su lengua materna era en ambos casos el wolof, la AP considera que la realización de esta prueba preconstituida en otro idioma, oyéndolo desde otra estancia del juzgado distinta a la de los testigos protegidos, y sin traducción, permite albergar dudas razonables sobre si los acusados pudieron comprender las testificales preconstituidas, así como el contenido y trascendencia de la prueba que estaban presenciando y, por tanto, ejercitar el derecho de defensa y la garantía de contradicción. sobre la comprensión, ya que nadie se dirigió a ellos en su idioma (párrafos 20, 22 y 23 FD 2º). El Tribunal concluye que, al mismo tiempo que se reconocen las limitaciones de

Asimismo, será necesario también que pueda acceder al expediente del menor, así como proporcionarle su contexto, para que le resulte más fácil realizar sus funciones. El perfil de este traductor-intérprete tiene que ser el de una persona con experiencia trabajando con menores, que sepa adaptar el lenguaje, crear un entorno de escucha empática y de confianza[568]. Igualmente, siempre que trabaje en el marco del proceso penal de menores con menores extranjeros alófonos, deberá contar con una formación específica en migraciones e interpretación en contextos humanitarios, que le permita tener un contexto global de la situación del menor[569].

Asimismo, resulta completamente necesario los intérpretes sean previamente informados, por escrito, del contenido de los actos procesales en los que se va a necesitar su intervención y

---

los testigos, así como sus circunstancias de especial vulnerabilidad en orden a valorar sus declaraciones, lo mismo e incluso con mayor intensidad cabe apreciar respecto de los acusados, con al menos las mismas dificultades y condicionantes respecto de su actuación procesal, que ha de estar revestida de todas las garantías previstas en el art 24 de la CE y 6 del CEDH (párrafo 28, FD 2º).

568 En este sentido, proponemos como modelo a seguir las recomendaciones de Barbero Valderrama para la interpretación con mujeres víctimas de trata. BARBERO VALDERRAMA E., "El derecho a intérprete y el acceso a los servicios públicos de las mujeres alófonas víctimas de trata. Recomendaciones formativas desde un estudio empírico", en SUÁREZ VILLEGAS, J.C. y MARÍN CONEJO, S., (Coord.), *Debates en torno a la comunicación, la igualdad de género y los derechos humanos*, Dykinson, 2023, (pp. 59-60).

569 Con respecto a la formación específica, en el estudio realizado por BARBERO VALDERRAMA con respecto a las mujeres víctimas de trata y su derecho a la interpretación, los resultados ponen de manifiesto como aquellas intérpretes que contaban con una formación específica y multidisciplinar en materia de trata y con una perspectiva de género, la interpretación resultaba ser más eficaz. BARBERO VALDERRAMA, E., "El derecho a intérprete y el acceso a los servicios públicos de las mujeres alófonas víctimas de trata. Recomendaciones formativas desde un estudio empírico", *op. cit.* (pp. 57-58).

de la información precisa sobre posibles menciones a preceptos legales, resoluciones judiciales dictadas en el procedimiento u otras actuaciones que puedan ser citadas durante su actuación como intérprete. De ese modo, aparte de evitarse interpretaciones parciales o imprecisiones o errores en la traducción, se posibilitará el ejercicio efectivo del derecho a la información al inculpado o acusado. Para poder examinar esta información y documentación previa, será preciso facilitar al intérprete un espacio físico adecuado en las dependencias judiciales o policiales, donde pueda realizar esta tarea.

El acceso a esta información previa del menor y del proceso se realizará bajo la salvaguarda del principio de confidencialidad, que se manifestará verbalmente al prestar juramento o promesa el intérprete, y donde se le advertirá de su obligación de mantener la confidencialidad de toda información que adquiera durante el desempeño de su trabajo como intérprete y de la prohibición de utilizar esa información para beneficio propio o de terceros, incurriendo en caso de vulneración de este precepto en responsabilidad, que incluso podrá ser penal, tal y como se ha analizado a lo largo del presente capítulo.

Por último, abogamos por la necesidad de extender este derecho a la traducción e interpretación también al adulto adecuado que esté presente en el proceso junto al menor extranjero no acompañado.

4.- DERECHO A LA ASISTENCIA LETRADA Y ASISTENCIA JURÍDICA GRATUITA

4.1. Introducción

La CE, en su art. 24, consagra el derecho a la tutela judicial efectiva, garantizando la defensa y asistencia del abogado, así como derechos esenciales, como estar informado de la acusación, a un proceso justo y sin dilaciones y la presunción de inocencia. Este derecho constitucional aparece indisolublemente vinculado al también fundamental derecho a la no indefensión o, en términos positivos, al derecho de defensa, de tal manera que, sin tutela judicial efectiva no es posible una defensa real, y sin una defensa efectiva es inviable el ejercicio de una real tutela judicial efectiva[570].

El derecho de defensa cobra mayor relevancia especial en el ámbito penal, máxime cuando la persona sospechosa o investigada se encuentra privada de libertad. Constituyen manifestaciones del derecho fundamental de defensa el derecho a estar informado de la acusación, a un proceso público sin dilaciones indebidas y con todas las garantías, a utilizar los medios de prueba pertinentes para la defensa, a no declarar contra uno mismo, a no confesarse culpable y a la presunción de inocencia.

La defensa letrada, realizada por un profesional, se considera el medio más adecuado y seguro para proteger este derecho, pues a

---

570 Párrafo 3º del Preámbulo de la LO 5/2024, de 11 de noviembre, *del Derecho de Defensa,* que establece un marco normativo que refuerza y garantiza el derecho de defensa de todas las personas, como un pilar fundamental del sistema democrático y judicial. Destaca la importancia de asegurar un acceso efectivo y equitativo a la justicia, especialmente para los colectivos más vulnerables, y subraya el papel esencial de los abogados en la protección de los derechos y libertades de los ciudadanos. Asimismo, se pone énfasis en la necesidad de adaptar la legislación a los principios de transparencia, independencia y deontología profesional, con el fin de consolidar un sistema legal justo, accesible y respetuoso con los derechos fundamentales de todos los individuos. La ley se estructura en cuatro capítulos. El Capítulo I define el objeto y alcance de la norma, mientras que el Capítulo II se centra en los derechos de defensa de las personas, incluyendo la asistencia jurídica, la calidad en el servicio legal, y el derecho a ser escuchado en los tribunales. El Capítulo III establece las garantías y deberes de los profesionales de la abogacía en el ejercicio del derecho de defensa, regulando aspectos como la confidencialidad, la libertad de expresión, y las garantías para abogados con discapacidad. El Capítulo IV aborda las garantías institucionales para la abogacía, con regulaciones para los colegios profesionales que protegen tanto a los abogados como a sus clientes.

pesar de que tanto la jurisprudencia del TEDH como la reciente LO 5/2024, de 11 de noviembre, *del Derecho de Defensa,* reconocen la posibilidad de que la persona se defienda por sí misma en ciertos casos excepcionales, la defensa técnica debe ser el medio preferente en la mayoría de las situaciones por ser un mecanismo más garantista[571].

En lo que respecta al sistema de justicia juvenil, el derecho de defensa se reconoce a nivel internacional y de forma expresa en el art. 40.2.b.ii) CDN, que garantiza a todo niño del que se alegue que ha infringido las leyes penales o a quien se acuse de haber infringido esas leyes, la asistencia jurídica u otra asistencia apropiada en la preparación y presentación de su defensa; por su parte, el art. 37 CDN que dispone que los Estados velarán porque el niño privado de libertad reciba pronto acceso a la asistencia jurídica. En consonancia con este precepto, la Observación General núm. 24 (2019) del CRC, proclama el deber de los Estados de asegurar que se garantice al menor asistencia jurídica *desde el inicio del procedimiento, en la preparación y presentación de la defensa, y hasta que se agoten todas las apelaciones y/o recursos*[572].

Igualmente, la regla núm. 15 de las Reglas de Beijing señala que el menor tendrá derecho a hacerse representar por un asesor jurídico durante todo el proceso o a solicitar justicia gratuita conforme a las

---

571 En virtud del art. 4.3 de la LO 5/2024, de 11 de noviembre, *del Derecho de defensa,* la defensa privada o personal se configura como un mecanismo excepcional y se establece que las personas pueden defenderse por sí mismas en aquellos casos en los que no sea preceptiva la asistencia de profesional, cuando legalmente se prevea su renuncia o cuando exista una habilitación legal expresa.

572 Párrafo 49, Apdo. D, Observación General núm. 24. La asistencia letrada en los casos de privación de libertad del menor se reconoce en el párrafo 89: *Todo niño privado de su libertad tendrá derecho a acceder rápidamente a asistencia jurídica y a asistencia de otro tipo adecuada, así como derecho a impugnar la legalidad de la privación de su libertad ante un tribunal u otra autoridad competente, independiente e imparcial y a que se adopte sin demora una decisión sobre dicha acción.*

normas de su país y serán los padres o tutores los garantes de este derecho, salvo que su exclusión sea necesaria en defensa del menor.

Por otra parte, en las ya citadas Recomendaciones del Consejo de Europa, especialmente la Recomendación núm. 87 (20), de 17 de septiembre de 1987, se encomienda a los Estados el deber del reconocimiento al menor de su derecho a ser asistido por un defensor, que podrá ser designado de oficio.

En el plano comunitario, la Carta Europea de Derechos del Niño reconoce este derecho a los niños presuntos autores de delitos[573]. A su vez, la Directiva 2016/800 establece en su art. 6 el derecho a la asistencia de un letrado en los mismos términos que la Directiva 2013/48/UE, para las situaciones que prevé dicho art. 6 y partiendo de la consideración de que los menores son vulnerables y no siempre son capaces de comprender y seguir plenamente un proceso penal. En esas situaciones, los Estados miembros deben organizar la asistencia del menor por un letrado, cuando ni el menor ni el titular de la patria potestad hayan organizado dicha asistencia. Igualmente, los Estados miembros deben proporcionar asistencia jurídica gratuita cuando resulte necesaria para que el menor sea asistido efectivamente por un letrado[574].

De conformidad con la Directiva 2013/48/UE, se entiende por *letrado,* cualquier persona que, con arreglo al derecho nacional, esté cualificada y facultada, también mediante su acreditación por parte de un órgano autorizado, para prestar asesoramiento y asistencia jurídicos a sospechosos o acusados[575].

---

[573] Apartado 17 de la Carta Europea de Derechos del Niño: *Los niños presuntos autores de un delito tiene derecho a beneficiarse de todas las garantías de un procedimiento regular, incluyendo el derecho a gozar de una asistencia jurídica especial y adecuada para la presentación de su defensa.*

[574] Considerando 25 Directiva 2016/800/UE.

[575] Considerando 15 Directiva 2013/48/UE.

En lo que respecta a nuestro ordenamiento jurídico, se reconoce el derecho a la asistencia letrada de forma expresa, principalmente en el art. 22.1.b) LORPM, en el que se garantiza el derecho del menor a designar abogado que le defienda, o a que le sea designado de oficio y a entrevistarse reservadamente con él, incluso antes de prestar declaración, desde el mismo momento de la incoación del expediente. En su apartado 2, este mismo precepto establece que *el Fiscal requerirá al menor y a sus representantes legales para que designen letrado en el plazo de tres días, advirtiéndoles que, de no hacerlo, se le nombrará de oficio de entre los integrantes del turno de especialistas del correspondiente Colegio de Abogados*[576]. Esto se complementa con lo dispuesto en el art. 17.2 LORPM para la detención, que prevé la asistencia letrada antes de la primera declaración del menor.

---

576 El derecho a asistencia letrada se introdujo por primera vez con la promulgación de la LO 4/1992, de 5 de junio, *sobre reforma de la Ley reguladora de la Competencia y el Procedimiento de los Juzgados de Menores,* en el que se reconoce al menor que detenido los derechos que se establecen en la LECrim (nuevo art. 15.3 de la LTT) y asimismo, en el apartado 6 del mismo art. 15, se establece que el Juez de Menores señalará fecha y hora para una comparecencia, que se celebrará dentro de los siete días siguientes. A ella serán convocados el Fiscal, el Equipo Técnico, el menor, que podrá asistir acompañado de Abogado de su elección o del que, si lo hubiera solicitado, se le hubiese designado de oficio, su representante legal y aquellas otras personas que, a la vista del informe del equipo técnico, el Juez considere oportuno convocar. En dicha comparecencia el Juez informará al menor en lenguaje claro y sencillo, adecuado a su edad, de los hechos objeto de la diligencia, así como de su derecho a no prestar declaración y a no reconocerse autor de los hechos. También le informará de su derecho a ser asistido por un Abogado. Debemos tener en cuenta que, la anterior redacción del art. 15 la LTT, antes de ser declarada inconstitucional por la STC 36/1991, de 14 de febrero, no preveía el reconocimiento del derecho a un abogado defensor, partiendo de la idea de que el menor no necesitaba defensa, pues el propio juez asumía la defensa de sus intereses, actuando en el marco de sus funciones tutelares y educativas, por lo que no se seguían las reglas procesales vigentes en las demás jurisdicciones.

La importancia de la función del letrado del menor en lo que respecta a los objetivos educativos y de reinserción se manifiesta en todo el articulado de la LORPM, a través del reconocimiento de la participación del letrado del menor en todas las fases del proceso, conociendo en todo momento el contenido del expediente, pudiendo proponer pruebas, e interviniendo en todos los actos que se refieren a la valoración del interés del menor y a la ejecución de la medida, de la que puede solicitar su modificación[577].

4.2.- Momento en el que se garantizará este derecho

De conformidad con lo establecido en el art. 6.4 Directiva 2016/800, la asistencia letrada comprende el derecho a entrevistarse de forma privada con el letrado y comunicarse con él, incluso antes de los interrogatorios policiales y judiciales; a contar con la presencia del abogado en los interrogatorios para asistir al menor e intervenir cuando sea necesario y en los actos de investigación que se relacionan en el precepto siempre que estén previstos en la legislación nacional (ruedas de reconocimiento, careos, reconstrucciones de hechos).

Debido a las características propias del proceso penal que implican la adopción de medidas que restringen derechos del investigado y posterior encausado, cuya finalidad es asegurar el cauce natural del proceso y también conllevan la práctica de actos de investigación y pruebas anticipadas que con posterioridad se plasmarán en la sentencia, el ejercicio efectivo del derecho de defensa se convierte en una necesidad desde un momento previo a la formulación de la acusación[578].

---

577 Apartado 9.2, Exposición de motivos de la LORPM.

578 YÁÑEZ GARCÍA-BERNALT, I., "Reflexiones sobre el derecho de defensa en el proceso penal de menores la especialización del letrado del menor en conflicto con la ley", *Diario Laley*, núm. 10598, 2024 (p. 2).

Al igual que ocurre con el derecho a la información, sobre el momento de hacer efectivo el derecho de defensa, la Directiva 2016/800 utiliza el término amplio *sin demora indebida*, esto significa lo antes posible e incluso antes de que se produzca el contacto con el proceso penal propiamente dicho, en cuanto se ponga en conocimiento de dichos menores su condición de sospechosos o acusados. Para poder determinar el alcance del derecho de un menor a ser asistido por un letrado, es preciso tener en cuenta el alcance del derecho de que dispone cualquier sospechoso o acusado con arreglo al art. 3 Directiva 2013/48/UE[579].

El art. 6.3 Directiva 2016/800 establece la asistencia letrada preceptiva en los siguientes momentos del proceso: antes de que sean interrogados por la policía u otras autoridades policiales o judiciales; en el momento en que las autoridades de investigación u otras autoridades competentes realicen una actuación de investigación o de obtención de pruebas; sin demora indebida tras la privación de libertad; cuando sean citados ante un órgano jurisdiccional competente en materia penal, con la suficiente antelación antes de que se presenten ante dicho órgano jurisdiccional.

Como ya se adelantó, el derecho a una entrevista reservada con el abogado con anterioridad a la práctica de la diligencia de toma de declaración, también se contempla en el art. 17.2 LORPM, en los casos del menor detenido y en el art. 22.1b) LORPM, desde el mismo momento en que se incoe el expediente, sin hacer referencia a los actos preprocesales llevados a cabo por la policía o MF.

En este sentido, la FGE adoptó una interpretación amplia del término incoación del expediente, en la Consulta FGE 2/2005, reiterada en la Consulta FGE 4/2005, que deberá incluir también

579 Así se desprende de los Considerandos 18 y 26 de la Directiva 2016/800, que establece que, al interpretar sus disposiciones, se tenga en cuenta la Directiva 2013/48/UE, sin perjuicio de que la primera establece garantías complementarias para tener en cuenta las necesidades específicas y vulnerabilidades específicas de los menores.

en ella las primeras actuaciones que se puedan llevar a cabo en sede policial y las diligencias preliminares ante la Fiscalía[580]. Esta postura se mantuvo nuevamente en la Circular FGE 1/2007, siendo la única excepción que los hechos fuesen constitutivos de faltas (hoy delitos leves), en cuyo caso, en las diligencias preliminares la designación de abogado es facultativa, debiendo informar al menor sobre este extremo, así como las características de la designación de letrado por turno de oficio y los beneficios de la justicia gratuita. Una vez incoado el expediente, la asistencia de letrado será imperativa, en todos los casos[581].

Sobre el momento en que debe operar la asistencia letrada en el proceso penal de menores y concretamente sobre las consecuencias que se pueden derivar para el menor el hecho de no tener asistencia letrada en esa fase preprocesal, se ha pronunciado el TJUE, en su reciente sentencia de 5 de septiembre de 2024 (asunto C-603/2022), en la que resuelve que la asistencia letrada debe regir desde el interrogatorio policial. La cuestión prejudicial se plantea por el Tribunal de Distrito de Słupsk, de Polonia que estaba conociendo de un proceso penal seguido contra tres menores por el allanamiento de un antiguo centro vacacional en desuso. Los menores fueron interrogados por la policía sin que se les hubiese informado que podían designar un letrado, ni tampoco de su derecho a tomar conocimiento del expediente del procedimiento antes de que se presentara el escrito de acusación ante el tribunal. Los padres tampoco fueron informados previamente de dicho interrogatorio y a pesar de haberlo solicitado, no pudieron asistir al

---

580 Apartado VI, Consulta 2/2005, de 12 de julio, *sobre el discutido derecho del menor detenido a entrevistarse reservadamente con su letrado antes de prestar declaración en fases previas a la incoación del expediente* y Apartado II.2 de la en la Consulta 4/2005, de 7 de diciembre, *sobre determinadas cuestiones en torno al derecho de asistencia letrada en el proceso penal de menores.*

581 Apartado IX.2 de la Circular FGE 1/2007, de 23 de noviembre, *sobre criterios interpretativos tras la reforma de la Legislación Penal de Menores de 2006*, (p. 47).

interrogatorio de sus hijos debido a que, según los policías, éstos respondían como adultos de los hechos controvertidos, a pesar de que les constaba que tenían menos de 18 años en el momento de la comisión del delito. Además, se denegó a los padres cualquier información relativa al desarrollo de la fase de investigación.

En el referido interrogatorio policial, uno de los menores reconoció los hechos que se le imputaban y realizó declaraciones que podían incriminarlo; a raíz de las mismas, se modificaron los cargos formulados contra él, ya que, en lugar de ser acusado de haber entrado una sola vez en el centro de vacaciones de que se trataba, fue acusado de haberlo hecho en varias ocasiones. Una vez formulada la acusación, se les designó un abogado de oficio para cada uno de ellos, dado que los menores sospechosos no tenían letrado designado. Los abogados de los menores sospechosos solicitaron para cada uno de ellos que no se tuvieran en cuenta las declaraciones prestadas en la fase prejudicial, ya que dichas pruebas se habían obtenido vulnerando sus derechos procesales; a saber, en el curso de los interrogatorios llevados a cabo por la policía sin asistencia letrada, a su juicio siendo preceptiva su participación.

Además, otro de los elementos de discusión era que uno de los menores ya había cumplido los 18 años y, por tanto, si era preceptiva o no la asistencia letrada en la fase de interrogatorio policial. Si bien, su letrado manifestó que, en el momento de incoación del proceso, todavía era menor de edad y que, de las circunstancias del asunto que su grado de madurez requería que le asistiera un letrado de oficio[582].

---

582 Sobre este extremo, el TJUE resuelve invocando el art. 2.3 de la Directiva 2016/800/UE, que precisa que, a excepción de los artículos mencionados en esta disposición, que hacen referencia al titular de la responsabilidad parental, la Directiva se aplicará a aquellas personas que eran menores en el momento en que se incoó un proceso penal contra ellas pero que, posteriormente, alcanzaron la edad de 18 años, en caso de que su aplicación resulte adecuada habida cuenta de todas

El TJUE concluye, con respecto a la asistencia letrada, que tiene carácter imperativo y que debe ser garantizada antes del primer interrogatorio por la policía o por cualquier otra autoridad policial o judicial encargada de ese interrogatorio, por lo que, no se podrá llevar a cabo el mismo cuando el menor no reciba efectivamente tal asistencia[583].

De la referida STJUE de 5 de septiembre de 2024, se infieren los perjuicios que le supondrían al menor, acudir a ese primer interrogatorio policial sin abogado y que puede ser extensible a otras declaraciones previas o diligencias de investigación en las que participe el menor, ya que sin la posibilidad de esa entrevista reservada con el abogado previa a la declaración se pueden producir falsas confesiones o declaraciones que le incriminen motivadas por la presión o el miedo a enfrentarse al proceso. Además, puede darse el caso de que no haya tomado verdadero conocimiento de los hechos que se le imputan y de las consecuencias del proceso, porque no haya sido efectivo el derecho a la información y necesite de su letrado para comprender el verdadero alcance del proceso. Igualmente, es necesaria esa entrevista previa como acto preparatorio de la posterior defensa de calidad y efectiva.

Trasladado a nuestra LORPM, la respuesta debe ser la misma, es imperativa la asistencia letrada en la LORPM, sin que

---

las circunstancias del caso, incluidas la madurez y vulnerabilidad de dichas personas. De ello se deduce que las personas que eran menores cuando se incoó un proceso penal contra ellas siguen disfrutando de los derechos establecidos en la Directiva 2016/800/UE y, en particular, del derecho a asistencia letrada, de conformidad con el art. 6 de dicha Directiva, cuando esas personas hayan cumplido 18 años durante el proceso y se haya considerado que la aplicación de esta Directiva es adecuada a la luz de todas las circunstancias del caso, incluidas la madurez y vulnerabilidad de dichas personas (Apartados 127-128 de la STJUE, de 5 de septiembre de 2024 (asunto C-603/2022)).

583 Apartados 108-110 de la STJUE, de 5 de septiembre de 2024 (asunto C-603/2022).

opere ninguna excepción, desde el momento de la detención, por aplicación supletoria del art. 767 LECrim, que establece la preceptiva intervención letrada desde que de las actuaciones resulte la imputación de un delito.

4.3.- Carácter irrenunciable de la asistencia letrada tras la incoación del expediente

Contrariamente a lo establecido en el art. 9 de la Directiva 2013/48/UE, la Directiva 2016/800 no establece la posibilidad de que el menor renuncie a su derecho a ser asistido por letrado, a pesar de que contempla, en sus apartados 6 y 8, determinadas excepciones al derecho a asistencia letrada, que deben ser decididas por las autoridades competentes, caso por caso, habida cuenta de la gravedad de la presunta infracción penal, la complejidad del caso o las medidas que podrían tomarse respecto de dicha infracción, así como teniendo en cuenta el interés superior del menor. También se podría prescindir de la asistencia letrada debido a razones de necesidad urgente de evitar graves consecuencias adversas para la vida, la libertad o la integridad física de una persona o por una necesidad urgente de una actuación inmediata de las autoridades de investigación para evitar comprometer seriamente el proceso penal en relación con una infracción penal grave.

En nuestro derecho interno, la FGE en la Circular 9/2011, ha entendido que no cabe aplicar supletoriamente la LECrim en este punto, ya que existe regulación suficiente en la LORPM; así, el art. 17.2 LORPM, que dispone que toda declaración del menor detenido se llevará a cabo en presencia de su letrado. Además, las previsiones concretas de la LECrim sobre la renuncia, son en este caso incompatibles con los principios informadores de la justicia juvenil, por lo que no es posible la aplicación supletoria de la LECrim[584]. Por otro lado, el motivo de no permitir la renuncia a la defensa letrada reside en la condición de vulnerabilidad inherente al menor por razón de su edad.

La transposición de la Directiva 2016/800, podría ser una buena ocasión para determinar en la LORPM, de forma expresa y clara el momento procesal desde el que la asistencia letrada deviene preceptiva e irrenunciable, esto es, en las actuaciones desarrolladas en sede policial y a las diligencias preliminares ante la Fiscalía, salvo que tales actuaciones se sigan por un delito leve y el menor no se halle detenido, en cuyo caso, si bien el menor tiene derecho a la asistencia letrada de libre designación o de oficio, ésta es renunciable[585].

4.4.- Grabación de los interrogatorios como garantía del derecho a la asistencia letrada

El art. 9 Directiva 2016/800 establece que los Estados miembros velarán por que el interrogatorio a que se someta a un menor por parte de las autoridades policiales durante el proceso penal sea grabado por medios audiovisuales, cuando ello sea proporcionado a la vista de las circunstancias del caso, habida cuenta, entre otras, de si está presente o no un letrado y de si el menor está privado de libertad o no, a condición de que el

---

584 Concretamente el art. 520.8 LECrim: *No obstante, el detenido o preso podrá renunciar a la preceptiva asistencia de abogado si su detención lo fuere por hechos susceptibles de ser tipificados exclusivamente como delitos contra la seguridad del tráfico, siempre que se le haya facilitado información clara y suficiente en un lenguaje sencillo y comprensible sobre el contenido de dicho derecho y las consecuencias de la renuncia. El detenido podrá revocar su renuncia en cualquier momento.*

585 GRANDE SEARA, P. "Algunas cuestiones controvertidas sobre el derecho a la asistencia letrada en el proceso penal de menores", en BUJOSA VADELL, L. M. y MARTÍN DIZ, F. (Dir.), *Menores y justicia juvenil,* Thomson Reuters Aranzadi, Cizur Menor (Navarra), 2021, (p. 488).

interés superior del menor siempre constituya la consideración primordial. Cuando no sea posible la grabación por medios audiovisuales, se dejará constancia del interrogatorio por otros medios adecuados, como el acta debidamente verificada.

La grabación atenderá, por tanto, al principio de proporcionalidad y adecuación a las circunstancias del caso. En este punto, debemos distinguir entre interrogatorio policial y judicial; con respecto al primero, la Directiva 2016/800 establece el deber de que sean grabados los interrogatorios efectuados por la policía u otras autoridades policiales cuando ello resulte proporcionado, con el fin de garantizar una protección suficiente al menor. En la ponderación de la idoneidad de la grabación se tendrán en cuenta extremos como la presencia del letrado en el interrogatorio y si el menor está privado o no de libertad, partiendo de la base de que el interés superior del menor siempre debe constituir una consideración primordial. En cuanto a los interrogatorios judiciales, la grabación no se configura como una exigencia para los Estados Miembros y la Directiva 2016/800 opta por una aplicación restringida[586].

La Directiva 2016/800 adolece de una regulación acerca del modo en que se llevarán a cabo los interrogatorios, a pesar de que el Considerando 44 se pronuncie al respecto, abogando porque el mismo se realice teniendo en cuenta la madurez y edad del menor, independientemente de que se grabe o no.

En la grabación deberá limitarse la incorporación de datos del menor; a tal efecto, se prevé en el apartado 3 del art. 9 Directiva 2016/800 que no se grabarán aquellas preguntas cuya única finalidad sea identificar al menor.

La grabación de los interrogatorios policiales es una novedad en nuestro ordenamiento jurídico que deberá introducir las previsiones necesarias en el momento de transposición de la Directiva 2016/800. Para ello, no debemos perder de vista que

---

586 Considerando 42 de la Directiva 2016/800.

la finalidad perseguida por la grabación será dejar constancia de que, durante los interrogatorios practicados por la policía, se han respetado todas las garantías y derechos que asisten al menor de acuerdo con nuestra legislación vigente. Si esto se pone en relación con el derecho de asistencia letrada que, como se ha expuesto anteriormente, es un derecho irrenunciable, a salvo de la presunta comisión de un delito leve y siempre que el menor no esté detenido, esa función de *control* de las garantías del menor se cumple con la presencia del abogado, ya sea el designado por el mismo o por sus representantes legales o el que se nombre de oficio. No olvidemos que el derecho a que se graben los interrogatorios debe ser *proporcionado* a la vista de las circunstancias del caso, de acuerdo con el art. 9.1 Directiva 2016/800 que expresamente alude a la asistencia del letrado y a que el menor esté detenido o no. Por tanto, la auténtica garantía para el menor es el carácter irrenunciable de la asistencia de abogado y no tanto el derecho a la grabación de los interrogatorios policiales[587].

De acuerdo con lo expuesto, y a la vista de la configuración del derecho de asistencia letrada, no parece que sea necesaria la grabación de los interrogatorios policiales en todo caso en cuanto el abogado estará presente normalmente en ese interrogatorio, salvo, en los supuestos de presunta comisión de delitos leves por el menor que no esté privado de libertad. Este es precisamente el aspecto que deberá ser regulado en nuestra LORPM, establecien-

---

587 JIMÉNEZ MARTÍN, J., "Garantías procesales de los menores sospechosos o acusados en el proceso penal: cuestiones derivadas de la Directiva 2016/800/UE, de 11 de mayo", en ARANGÜENA FANEGO, C. y DE HOYOS SANCHO, M. (Dir.), *Garantías procesales de investigados y acusados. Situación actual en el ámbito de la Unión Europea,* Tirant Lo Blanch, Valencia, 2018 (p. 196) y PILLADO GONZÁLEZ, E., "Implicaciones de la Directiva (UE) 2016/800, relativa a las garantías procesales de los menores sospechosos o acusados en los procesos penales, en la Ley de responsabilidad penal del menor", *Revista General de Derecho Europeo,* núm. 48, 2019, (pp. 84-85).

do el carácter preceptivo de la grabación de los interrogatorios policiales en los casos en que no intervenga el abogado.

4.5.- Especialización del letrado del menor extranjero no acompañado

La prestación de la asistencia jurídica para el ejercicio del derecho de defensa corresponde al profesional de la abogacía, de conformidad con lo dispuesto en las leyes y en los estatutos profesionales correspondientes y conforme al concepto de letrado previsto en la Directiva 2013/48/UE , comentado anteriormente[588].

Para poder ejercer en la jurisdicción de menores, al profesional de la abogacía, entendido como aquel debidamente colegiado y en posesión del título correspondiente, que se dedica de forma profesional a ofrecer asesoramiento jurídico, resolver conflictos y defender derechos e intereses de terceros en diversas instancias, tanto judiciales como extrajudiciales, se le exigen los requisitos ordinarios exigidos para cualquier letrado[589]. Además, conforme a lo dispuesto en la Disposición Final Cuarta LORPM, se establece una obligación de especialización para todos aquellos operadores que intervienen en el proceso: Jueces, Fiscales, abogados. Igualmente, el apartado 3 impone una obligación al Consejo General

---

588 Art. 3.1 y 4.1 y 2 LO 5/2024, de 11 de noviembre, *del Derecho de defensa.*

589 Conforme lo establecido en la Ley 34/2006, de 30 de octubre, *sobre el acceso a las profesiones de la Abogacía y la Procura,* dichos requisitos consisten en haber superado la prueba de evaluación de aptitud profesional para el ejercicio de la profesión de la abogacía convocada por el Ministerio de Educación y el Ministerio de Justicia; tener la nacionalidad española o de otro país miembro de la Unión Europea, o ser extranjero con residencia legal en España; poseer un título universitario oficial en Derecho o estar en el último curso de la carrera; haber completado un curso de formación especializada de un año de duración (Máster de Acceso a la Abogacía) en una universidad española acreditada; estar inscrito en el Colegio de Abogados correspondiente al lugar donde se quiera ejercer la profesión y no haber sido condenado por delito doloso.

de la Abogacía a fin de que adopte las disposiciones oportunas para que en los Colegios en los que resulte necesario se impartan cursos homologados para la formación de aquellos letrados que deseen adquirir la especialización en materia de menores a fin de intervenir ante los órganos de esta jurisdicción.

Esta exigencia de especialización de los letrados que intervienen con menores fue puesta de relieve por el CRC en su Observación General núm. 24, como medio para alcanzar un proceso justo e imparcial, incidiendo en la necesidad de formación continua y sistemática de los profesionales del sistema de justicia juvenil como pilar fundamental para respetar esas garantías. Dichos profesionales deben poder trabajar en equipos interdisciplinares y estar bien informados sobre el desarrollo físico, psicológico, mental y social de los niños y los adolescentes, así como sobre las necesidades especiales de los niños más marginados[590].

Las Reglas de Brasilia reconocen también la relevancia del asesoramiento técnico-jurídico para la efectividad de los derechos de las personas en condición de vulnerabilidad, en dos ámbitos; por un lado, la asistencia legal, entendida como la consulta jurídica sobre toda cuestión susceptible de afectar a los derechos o intereses legítimos de la persona en condición de vulnerabilidad, incluso cuando aún no se ha iniciado un proceso judicial; y, por otro lado, en el ámbito de la defensa, para defender derechos en el proceso ante todas las jurisdicciones y en todas las instancias judiciales y en materia de asistencia letrada al detenido[591].

En base a lo anterior, la defensa letrada en el ámbito de la justicia juvenil, tanto por la vulnerabilidad de los menores como por las propias finalidades educativas y de reinserción del proceso, debe ir más allá de defender los intereses legales de su patrocinado y abarcar funciones que permitan al menor ejercer su derecho a estar

---

590 Párrafo 39, Apdo. D, de la Observación General núm. 24.

591 Regla 1ª, Sección 2ª del Capítulo II de las Reglas de Brasilia.

informado y a ser oído y escuchado en el proceso; así como, formar parte también de la búsqueda de la mejor solución en aplicación del interés superior del menor, que va a tener su reflejo en la medida que finalmente se vaya a adoptar, sirviendo de coadyuvante en la defensa de ese interés, pero siempre evitando que no resulten desdibujadas las funciones propias del abogado defensor ante la situación algo confusa que se pude crear en un proceso como el de menores, donde tanto el Juez como el Fiscal tienen un claro papel tuitivo[592].

En este sentido, la formación específica del letrado de menores no puede limitarse única y exclusivamente a las particularidades procesales y de fondo de la jurisdicción de menores, sino que debe abarcar un conocimiento completo del menor. Esta exigencia, en el caso de los menores extranjeros no acompañados, se vuelve de especial importancia, puesto que será necesario conocer las circunstancias concretas que envuelven a ese menor, cómo ha sido el proceso migratorio, la acogida, contar con conocimientos sobre el sistema de protección si se da el caso de que el menor está tutelado e incluso contar con conocimientos en materia de extranjería que pueden ser relevantes o tener incidencia en el proceso penal (si por ejemplo, ha solicitado asilo y por tanto, se le permite trabajar o si cuenta con los requisitos necesarios para obtener un arraigo social por el hecho de encontrarse integrado en la ciudad en la que vive y contar un entorno social, lo que podría contribuir a la finalidad reeducativa y de reinserción del proceso penal), o incluso si dichas circunstancias relativas a su situación administrativa han motivado la comisión del delito que se le imputa[593].

---

592 PELÁEZ PÉREZ, V., "La intervención del abogado en la justicia de menores en España", en CAMPOY CERVERA, I., *Los derechos de los niños. Perspectivas sociales, políticas, jurídicas y filosóficas,* Dykinson, Madrid, 2007, (pp. 113-135).

593 Piénsese por ejemplo en un delito de falsedad documental incoado sobre la base de una discrepancia en la fecha de nacimiento que consta en el pasaporte del menor y los datos de los que disponen los FCSE por

Sin embargo, no existe ningún mecanismo que controle el requisito de especialidad del letrado cuando el menor interviene en el proceso con un abogado libremente designado por él mismo, al que no se le va a requerir que acredite una formación específica cuando interviene en la jurisdicción de menores, quedando relegado este requisito de especialización a los abogados designados del turno de oficio cuando el menor se ha acogido a su derecho a una asistencia jurídica gratuita. Por tanto, la exigencia de especialización que se impone a los abogados estará, en todo caso, subordinada al derecho a la libre elección del letrado[594].

Con respecto a la especialización del abogado del turno de oficio en materia de menores, debemos tener en cuenta que el derecho constitucional a la asistencia jurídica gratuita (art. 119 CE) implica el deber de garantizar a la ciudadanía la prestación de un servicio público especializado y de calidad; este deber está reconocido, asimismo, para determinados colectivos, con independencia de sus recursos económicos, como son las víctimas de violencia de género, las víctimas del terrorismo y de trata de seres humanos, víctimas menores de edad y víctimas con discapacidad necesitadas de especial protección.

La especialización se configura como una exigencia en la Ley 1/1996, de 10 de enero, *de asistencia jurídica gratuita,* cuyo art. 25, dispone: *el Ministerio de Justicia, de manera coordinada con las Comunidades Autónomas competentes, previo informe de los Consejos Generales de la Abogacía y de los Procuradores de los Tribunales de España, establecerá los requisitos generales mínimos de formación y especialización necesarios para prestar los servicios obligatorios de asistencia jurídica gratuita, con objeto de asegurar un nivel de calidad y de competencia profesional que*

---

la reseña policial que se levantó a su llegada y que no siempre coincide ni con las manifestaciones del menor ni con su documentación.

594 Consulta FGE 4/2005, de 7 de diciembre, *sobre determinadas cuestiones en torno al derecho de asistencia letrada,* Apartado III.2, (pp. 6 y 7).

garantice el derecho constitucional a la defensa. Dichos requisitos serán de obligado cumplimiento para todos los colegios profesionales.

No obstante, la FGE ha entendido que el requisito de especialización cuando el abogado haya sido designado de oficio, es un criterio de preferencia, pero no una condición *sine qua non*, realizando, una vez más, una interpretación flexible del art. 22.2 LORPM. Ello supone que una vez incoado el expediente y siempre que el menor no haya realizado una designación voluntaria de letrado, se optará, en primer lugar, por un letrado de oficio especialista en menores. Sin embargo, con anterioridad a la incoación del expediente, no será preceptiva la intervención de letrado del turno de oficio de especialistas y será competencia del correspondiente Colegio de Abogados designar el concreto letrado que ha de prestar la asistencia de acuerdo con sus normas de organización.

En cuanto a la designación de los turnos especializados, corresponde a los diferentes colegios profesionales establecer los sistemas de distribución objetiva y equitativa de los distintos turnos y medios para la designación de los profesionales de oficio. En el caso del turno específico de menores, la Ley1/1996, de 10 de enero, *de asistencia jurídica gratuita* permite prescindir de él, en los casos de reducida dimensión de la actividad[595]. Esto significa que no todos los colegios de abogados en España disponen de un turno especializado en menores, incluso aunque el partido judicial tenga un SMTI, como es el caso de Pontevedra.

Con respecto a aquellos que sí disponen de un turno especializado en menores, dado que los requisitos de incorporación son establecidos por cada colegio profesional, existen diferencias en cuanto al modo de acceso, a la formación exigida y al contenido de la formación específica en materia de menores. Así, en la mayoría de los colegios de abogados, se exige, además de los requisitos mínimos exigibles a los abogados para

---

[595] Art. 24 Ley 1/1996, de 10 de enero, *de asistencia jurídica gratuita.*

ingresar en el turno de oficio, un curso de especialización. Sin embargo, a diferencia de otros turnos específicos como el de extranjería o de vigilancia penitenciaria para los que se exige una antigüedad mayor en el ejercicio de la profesión, para el de menores, normalmente, será suficiente con los tres años de ejercicio profesional que se requieren para ingresar al turno[596].

En este punto, debemos destacar al Colegio de Abogados de Barcelona que cuenta con un turno especializado en menores extranjeros no acompañados, además de un turno específico de menores y otro de extranjería. Con respecto al de menores extranjeros, el colegio diseñó unas directrices u orientaciones para los abogados en su intervención con el menor extranjero, centrados especialmente en el ámbito administrativo, es decir, en la actuación letrada en los casos de determinación de la minoría

---

596 *Vid.* por ejemplo los requisitos generales mínimos exigibles a los abogados/as del Colegio de Abogados de Madrid: Estar colegiado como ejerciente. Tener radicado su despacho, único o principal, en el ámbito del Colegio de la Abogacía de Madrid y estar inscrito en el mismo. Acreditar más de tres años en el ejercicio efectivo de la profesión. Estar en posesión del Diploma del Curso de Escuela de Práctica Jurídica, del Máster de Acceso a la Profesión o de cursos equivalentes homologados por el Colegio de Abogados o haber superado los cursos y/o pruebas de acceso a los servicios de Turno de Oficio y Asistencia Letrada al Detenido establecidos por la Junta de Gobierno. Tener disponibilidad de tiempo suficiente para atender a los clientes con prontitud y acudir a los señalamientos. Fuente: art. 1 de las Normas del Turno de Oficio del Colegio de Abogados de Madrid. Disponible en: https://web.icam.es/wp-content/uploads/2020/12/NORMAS-APROBADAS-POR-LA-JUNTA-DE-GOBIERNO-14.12.2020-1.pdf. Con respecto al curso de especialización, vid., por ejemplo, las materias que se imparten en el curso de especialización del Colegio de Abogados de Málaga: https://abogaciademalaga.es/curso_evento/curso-acceso-al-turno-especial-de-menores-sede-malaga-y-delegaciones/ o en el Colegio de Abogados de Barcelona: https://www.icab.cat/es/formacion/cursos/Curso-de-Especializacion-Letrada-en-la-Jurisdiccion-de-Menores-2024/; cuyo programa didáctico se basa exclusivamente en el estudio de la LORPM.

de edad y asunción de la tutela por la entidad de protección cuando hubiese incumplimientos por ésta última, intervención en los procesos de repatriación o en los procedimientos de determinación de la edad con resultado de mayoría de edad.

4.6.- El abogado del menor extranjero no acompañado. Propuesta de un turno de oficio especializado y eficiente.

En la práctica forense de los abogados que intervienen como defensa del menor en el proceso penal de menores y más concretamente, con menores extranjeros no acompañados, no hay prácticamente información por parte de la Abogacía Española, que no incluye en sus memorias anuales ninguna mención a los turnos de menores. Tampoco se recogen datos concretos sobre las asistencias letradas a estos menores.

A pesar de la falta de datos concretos sobre las asistencias letradas a menores extranjeros no acompañados dentro del proceso penal, existen algunas situaciones que dan cuenta del déficit que, en la actualidad, existe con respecto a la defensa letrada de menores extranjeros no acompañados, motivado por diversos factores.

En primer lugar, en lo que respecta al momento en que se hace efectiva la asistencia letrada, ya que ésta no siempre se proporciona sin demora, sino que, invocando la necesidad de que esté presente el representante legal del menor o por las dificultades de los letrados para compaginar el turno de menores con otros turnos, se retrasa. En el caso de los menores extranjeros no acompañados resulta de especial trascendencia la presencia del letrado desde el mismo momento de la detención, por cuanto su papel va más allá de la asistencia letrada, debiendo actuar como garante de que la práctica de cualquier diligencia policial como puede ser la determinación de la edad e identidad del sujeto se realiza debidamente. Sin embargo, en algunas ocasiones, se ha constatado que no hay un contacto previo entre abogado y menor hasta la audiencia, lo que dificulta una buena defensa[597]; esto es más habitual en el caso de los menores extranjeros, debido a que el intérprete solo está presente en las audiencias a las que se convoque, pero no en todas las reuniones o comunicaciones entre abogado y menor, lo que supone que, en un gran número de casos, el menor no pueda interactuar con el abogado porque no hablan el mismo idioma y no tienen posibilidad de entenderse[598].

En segundo término, con respecto al profesional que asiste al menor, ya que, en muchas ocasiones el que le asiste en dependencias policiales no es el mismo que le va a defender en las restantes fases del proceso, ya que depende de la organización del turno de oficio por el Colegio de Abogados. Así, en algunos casos, el abogado que asiste en la comisaría de policía es el mismo hasta el final del proceso y en otros, asisten al menor letrados diferentes durante el proceso.

Un tercer problema que se da en la práctica es el limitado papel que ejerce el letrado, que se circunscribe únicamente a la comparecencia inicial y a una actuación concreta pero no realiza un seguimiento de todo el proceso ni participa activamente en la fase de ejecución de la medida. Esto supone que muchas veces se reproduzca el sistema de defensa de la jurisdicción de adultos, que busca evitar el castigo y se materializa en acogerse

---

597 FERNÁNDEZ MOLINA, E.; RIANSARES BERMEJO CABEZAS, M., y BAZ CORES, O., "Percepciones de los jóvenes infractores sobre la justicia de menores", *Revista Española de Investigación Criminológica (REIC)*, núm. 16, 2018 (p. 15). El resultado del estudio mostraba que un 42,7% de los menores infractores conocía a sus abogados en la sala de espera antes del juicio.

598 JIMÉNEZ MARTÍN, J., "Garantías procesales de los menores sospechosos o acusados en el proceso penal: cuestiones derivadas de la Directiva 2016/800/UE, de 11 de mayo", en ARANGÜENA FANEGO, C. y DE HOYOS SANCHO, M. (Dir.), *Garantías procesales de investigados y acusados en procesos penales en la Unión Europea. Buenas prácticas en España*, Thomson Reuters Aranzadi, Cizur Menor (Navarra), 2020, (pp. 177-200).

a la institución de la conformidad, sin que el menor llegue a una comprensión global sobre lo que significa[599].

Uno de los motivos que, probablemente, agudicen esta limitada intervención es precisamente es el hecho de que, habitualmente, la defensa es ejercida por abogados del turno de oficio y no de forma privada. El abogado designado solo percibe una remuneración por determinadas funciones dentro del proceso, pero no por la totalidad.

Esta situación supone una clara discriminación con respecto a aquellos menores que cuentan con abogado privado, vulnerándose el derecho a la igualdad reconocido en el art. 14 CE relacionado directamente con el derecho de defensa. No debemos olvidar que la defensa letrada gratuita debe constituir un mecanismo de protección igualitario, con la obligación de los Estados de proporcionarla[600]. La asistencia y defensa de quienes tienen reconocido el derecho a la asistencia jurídica gratuita constituye también una obligación de los profesionales que ejercen la abogacía, tal y como se deriva del art. 31 del Estatuto General del Abogacía Española[601].

Finalmente, debemos hacer mención a la necesidad de una especialización real y efectiva en línea con el principio general de especialización que rige la jurisdicción de menores y específicamente, para aquellos letrados designados por el turno de oficio, que no solo debe consistir en la exigencia de una formación *ad hoc* en materia de infancia y adolescencia, sino que también deben establecerse mecanismos de control y supervisión de la asistencia

---

599 FERNÁNDEZ MOLINA, E., "Una aproximación a la figura del abogado en la justicia de menores", *Cuadernos de política criminal,* núm. 109, 2013, (p. 235).

600 Interpretando el art. 6.3.c) CEDH, el TEDH en sentencias como la de 13 de mayo de 1980 (Asunto *Artico c. Italia*), declara que *el apartado c (…) consagra el derecho a una defensa adecuada, sea personalmente o a través de un abogado, derecho reforzado por la obligación, que incumbe al Estado, de suministrar en ciertos casos una asistencia letrada gratuita.*

601 Aprobado por RD 135/2021, de 2 de marzo.

letrada. En este sentido, Jiménez Martín, aboga por establecer aquellos que permitan valorar la calidad de la defensa, dado que en nuestro ordenamiento jurídico adolece de sistemas de control de la calidad de la asistencia jurídica gratuita. Para ello, propone como medida para garantizar la asistencia letrada, gratuita, de calidad y especializada, la creación de una defensa pública, a la que denomina *defensoría especial para menores,* compuesta por un cuerpo de defensores de menores público y permanente, con funciones que van más allá de las actuales del letrado del menor, como intervenir más activamente en la fase de ejecución de las medidas y en la función de reinserción del menor, informando y recomendando a los padres o tutores acciones concretas y que abarcan otras de índole psicológico, social o asistencial[602].

A este respecto, también destaca la propuesta de Martín Diz, de crear una asistencia técnico-jurídica de la persona en condición de vulnerabilidad, de carácter público, para la defensa de sus derechos en todos los órdenes jurisdiccionales a través, o bien, de la Defensoría Pública, o de la creación de consultorías jurídicas con la participación de las universidades, casas de justicia, intervención de colegios de abogados, todo ello sin perjuicio de la revisión de los procedimientos y los requisitos[603].

Sobre la conveniencia de promover una política pública destinada a garantizar la asistencia técnico-jurídica de la persona

---

602 JIMÉNEZ MARTÍN, J., "El abogado del menor infractor: el derecho a una defensa efectiva y de calidad. Una aproximación desde la normativa europea", *Revista de Estudios Europeos,* núm. 85, 2025 y "El derecho de defensa del menor de edad de infractor: cuestiones derivadas de las directivas europeas" *La Ley Derecho de Familia: Revista jurídica sobre familia y menores,* núm. 34, 2022 (Ejemplar dedicado a: La dignificación de la justicia penal de la familia), (pp. 101-125).

603 MARTÍN DIZ, F., "Una necesidad emergente en justicia: la figura del abogado del niño", en MARTÍN RIOS, P; PÉREZ MARÍN, M.A., *La administración de justicia en España y en América: José Martín Ostos (Liber amicorum),* Astigi, Sevilla, 2021, (p. 1174).

vulnerable para la defensa de sus derechos en todos los órdenes jurisdiccionales, se pronuncian también las Reglas de Brasilia mediante la propuesta de diferentes medidas, como la ampliación de funciones de la Defensoría Pública, no solamente en el orden penal, sino también en otros órdenes jurisdiccionales; ya sea a través de la creación de mecanismos de asistencia letrada como consultorías jurídicas con la participación de las universidades, casas de justicia, intervención de colegios o barras de abogados.

A este respecto, puede tomarse como referencia en el ámbito iberoamericano, la figura del *Abogado del Niño*, que se ha consolidado, especialmente en Argentina, como el letrado especializado en la defensa jurídica del menor en sede tanto extrajudicial como procesal[604].

Sobre las anteriores propuestas y la posibilidad de introducirlas en nuestro ordenamiento jurídico para la defensa de los menores extranjeros no acompañados, entendemos que las funciones de la defensoría pública de menores pueden ser ejercidas por los abogados y abogadas del turno de oficio, que pertenezcan a un turno especializado en menores, con las mejoras que se proponen a continuación con respecto a la asistencia jurídica gratuita actual.

La figura de una defensoría pública de menores sería difícil de implementar en nuestro actual sistema por dos motivos concretos; en primer lugar, porque resultaría complicada su organización y dependencia jerárquica, debiendo decidirse si dependería del Ministerio de Justicia o de otra Administración; así como su independencia con respecto al MF. En segundo lu-

---

604 La ley Nacional 26.061 de Argentina establece la figura del abogado del niño en su artículo 27, inciso c) según el cual el niño tiene derecho a ser asistido por un letrado preferentemente especializado en niñez y adolescencia desde el inicio del procedimiento judicial o administrativo que lo incluya (...)". *Vid. Acceso a la Justicia de Niñas, Niños y Adolescentes. Estrategias y Buenas Prácticas de la Defensa Pública*, Ed. UNICEF y Defensoría General de la Nación. Ciudad de Buenos Aires, 2011. Disponible en http://www.mpd.gov.ar/uploads/ Libro_Ninos_UNICEF.pdf

gar, por las particularidades de nuestro sistema de justicia y la existencia de CCAA con competencias delegadas en esta materia.

Con los mecanismos legales existentes, ya cabe la posibilidad de articular esta figura del *abogado del menor*, a través de un turno de oficio especializado y de calidad, sin necesidad de la creación de una defensoría pública, porque el derecho de defensa, debe recaer en la figura del letrado; además, podrían darse situaciones de conflictos competenciales o incompatibilidades, en función de su dependencia jerárquica y administrativa, es decir, de su subordinación al Ministerio de Justicia u otra Administración.

Para implementar esa figura del abogado del menor, entendemos, por un lado, que debe establecerse una asistencia integral y homogénea para todos los menores y que esta asistencia sea llevada a cabo por un turno de oficio más especializado y exclusivo en materia de menores, a través de la exigencia de unos requisitos de acceso que conlleven una formación específica y completa, unificada para todos los Colegios de Abogados. Igualmente, se brindará una formación continua y actualizada organizada por los colegios profesionales, los consejos de la abogacía autonómicos y el Consejo General de la Abogacía Española, que abarcará, entre otros: psicología, perspectiva de género o migración.

En aquellas provincias con mayor presencia de menores extranjeros no acompañados (Barcelona, Valencia, Almería, Las Palmas de Gran Canaria, Tenerife, o ciudades autónomas de Ceuta y Melilla, entre otras), se impulsará la creación de turnos de oficio especializados en menores extranjeros no acompañados, con una formación de carácter multidisciplinar y no solo jurídica, sino también cultural y social, desde un punto de vista de las Ciencias Sociales, Psicología y Trabajo Social, en la que pueden tener un papel importante las ONG o entidades que trabajan con la infancia migrante[605]. Este turno especializado en menores extranjeros no acompañados se encargará de la asistencia letrada en los procedimientos de determinación de la edad (tanto en el caso de la configuración actual como proceso administrativo como en la que se prevé en el Proyecto de ley por la que se modifica la Ley 1/2000, como proceso judicial civil especial), intervendrá en los procesos de acogida: verificará la ubicación del menor en un recurso adecuado, alternativas a los recursos residenciales, existencia de familia o allegados en otros territorios de España o de la UE y participará en los procedimientos de asunción de tutela de la Entidad Pública de Protección (impugnación de las resoluciones que proceda), y en los procedimientos de asilo o protección subsidiaria si es necesario.

Igualmente, mientras el menor se encuentre tutelado, ya sea en acogimiento residencial o familiar, velará porque se proceda a regularizar su situación administrativa en los términos y plazos legalmente establecidos.

Estos abogados del turno especializado de menores extranjeros no acompañados convivirán con los abogados del turno especializado en menores, pudiendo pertenecer a ambos y, en caso de la comisión de un delito y aplicación de la LORPM, el menor será asistido por el letrado del turno especializado de menores, con la colaboración del de menores extranjeros no acompañados en los extremos que sean necesarios, pudiendo incluso recaer en la misma persona la defensa penal que los anteriores trámites mencionados.

Deberá implementarse el turno de menores en los colegios profesionales de los partidos judiciales que todavía no lo hayan creado y, especialmente, en aquellos donde haya SMTI.

Por otro lado, debe fijarse una remuneración mayor que la actualmente establecida para los abogados de menores del turno de oficio

---

605 ACCEM, CEAR, Fundación Raíces, SAVE THE CHILDREN, Fundación ACRESCERE, Red Acoge, entre otras.

y que abarque todas las fases del proceso, no solo las preceptivas. Se hace completamente necesario establecer una remuneración adecuada para los abogados del turno de oficio, estableciendo como mínimo los mismos honorarios que se establecen en los baremos orientativos de honorarios de los colegios profesionales, a fin de que no se produzca el desequilibrio existente con respecto a la remuneración de los profesionales privados. Una motivación económica también es necesaria para reducir la sobrecarga de trabajo que existe actualmente en los abogados del turno de oficio, a fin de dotar a estos profesionales de más tiempo para preparar su defensa.

Finalmente, en la relación entre abogado y menor, deberían evitarse todo tipo de prejuicios y sentimientos paternalistas y de tutela y desarrollarse en el mismo nivel en el que se desarrolla la relación entre abogado y cliente en la jurisdicción ordinaria, aunque siempre bajo el paraguas del interés superior del menor por el que deberá velar al igual que el resto de los operadores jurídicos[606]. Esto se convierte en especialmente relevante si tenemos en cuenta la concepción del menor como sujeto dotado de autonomía en el proceso penal y capaz de responsabilizarse de sus acciones, como es la postura mantenida a lo largo de la presente obra. Para ello, deberá mejorarse también imagen de los abogados del turno de oficio[607].

En la línea con el reconocimiento de esa autonomía y participación del menor, sería necesario establecer un clima de confianza, en el que el menor sienta que puede expresarle sus inquietudes, necesidades e intereses. Para ello, resulta necesario también garantizar espacios físicos para el encuentro entre el abogado de oficio y el menor (labor de los colegios profesionales

---

606 FERNÁNDEZ MOLINA, E., "Una aproximación a la figura del abogado en la justicia de menores", *op. cit.*, (p. 223), califica esta doble función del abogado de ejercer la defensa del menor y velar por su interés superior como una *situación esquizofrénica.*

607 FERNÁNDEZ MOLINA, E., "Una aproximación a la figura del abogado en la justicia de menores", *op. cit.* (p. 235).

de abogados también) y que no tengan que relacionarse única y exclusivamente en los pasillos de los juzgados.

Con respecto a la supervisión de la calidad de la asistencia letrada de los abogados del turno de oficio especializado en menores y en menores extranjeros no acompañados, proponemos que se realice en los propios colegios de abogados, en base a sus funciones inherentes y a través de los cauces legales ya existentes. Entre ellos, destacamos el sistema previsto de quejas y denuncias del art. 41 de la *Ley de Justicia Gratuita*, mediante el cual las Comisiones de Asistencia Jurídica Gratuita darán traslado a los colegios profesionales correspondientes a su ámbito territorial de las quejas o denuncias formuladas como consecuencia de las actuaciones de los profesionales encargados de los servicios colegiales de asistencia jurídica gratuita, sin perjuicio de aquellas actuaciones judiciales que resultaren procedentes.

Los colegios estarán obligados a comunicar a las citadas Comisiones las resoluciones y medidas adoptadas como consecuencia de los expedientes disciplinarios que, en su caso, fueran incoados. Dichas resoluciones podrán ser recurridas por las Comisiones. Igualmente, en los Colegios de Abogados existe la figura de los Servicios de Orientación Jurídica, que cumplen una importante función prestar a las personas toda la información relativa a la prestación de la asistencia jurídica, y en particular a los requisitos para el acceso al sistema de asistencia jurídica gratuita, de manera accesible universalmente y teniendo en cuenta a las personas más desfavorecidas de la sociedad. Además, deberán promoverse por los colegios de la abogacía, estos servicios para la atención a los colectivos en situación de vulnerabilidad, entre otros, mujeres víctimas de violencia de género, menores de edad, personas con discapacidad, personas de la tercera edad, extranjeros, o personas sin recursos económicos o privadas de libertad[608].

---

608 La Disposición adicional segunda de la nueva Ley del Derecho de Defensa regula los Servicio de orientación jurídica.

Finalmente, nos adherimos a la propuesta de la Abogacía Española de crear en los centros de reforma de menores, un Servicio de Orientación y Asistencia Jurídica específico, que podría integrarse en el marco de la justicia gratuita[609].

---

609 Conclusiones de las I Jornadas de Infancia y Adolescencia, Consejo General de la Abogacía Española, 2024.

Capítulo VI: Otras garantías procesales del menor extranjero no acompañado

1.- DERECHO A UNA EVALUACIÓN INDIVIDUAL

1.1. El derecho a una evaluación individual en la Directiva 2016/800/UE y en la LORPM

Como ya se ha apuntado, el interés superior del menor como piedra angular del proceso penal de menores requerirá tener en cuenta todas las necesidades específicas y el contexto social, educativo y familiar del menor. Las Reglas de Beijing establecieron como imperativo legal para facilitar la adopción de una decisión justa por parte de la autoridad competente, y a menos que se trate de delitos leves, que, con carácter previo, se efectuase *una investigación completa sobre el medio social y las condiciones en que se desarrolla la vida del menor y sobre las circunstancias en las que se hubiere cometido el delito* (Regla 16.1).

Esa fotografía del menor se obtendrá a través de lo que la Directiva 2016/800 denomina evaluación individual y que es reconocida en el art. 7 para los menores sospechosos o acusados en procesos penales como una garantía que evalúe sus necesidades específicas en cuanto a protección, educación, formación profesional e inserción social, para determinar si necesitan medidas especiales durante el proceso penal y en qué grado, así como para graduar su responsabilidad penal y la idoneidad de una sanción o medida educativa concreta (Considerando 35 Directiva 2016/800).

La referida evaluación individual se basará en criterios como la personalidad, la madurez, el contexto económico, social y familiar, incluidas sus condiciones de vida, así como cualquier vulnerabilidad específica del menor, como discapacidades intelectuales y dificultades de comunicación (art. 7.2 Directiva 2016/200). El grado de detalle y la extensión de esta intervención dependerá de las circunstancias concretas del caso, la gravedad de la presunta infracción penal y el estudio de las posibles medidas que se podrían adoptar para ese menor, por tanto, se ajustará al caso concreto (Considerando 37 Directiva 2016/800).

La evaluación individual se configura, en el art. 7 Directiva 2016/800 como un auténtico derecho exigible al mismo nivel que el derecho a la información o a la asistencia letrada. Su importancia radica en ser uno de los principales instrumentos de los que dispondrá la autoridad judicial para poder decidir sobre tres aspectos clave dentro del proceso. En primer lugar, determinar si procede alguna medida específica en favor del menor. Dentro de esta categoría, se integrarían aquellos ajustes en el procedimiento como consecuencia de la detección de situaciones de vulnerabilidad o necesidades concretas que van a afectar al ejercicio de sus derechos procesales y que deben ser apreciadas lo antes posible. En segundo término, de la evaluación individual se obtendrá la información idónea para valorar la adopción de medidas cautelares y, en tercer y último lugar, el resultado de dicha evaluación influirá significativamente en la adopción de decisiones o medidas definitivas, incluida la imposición de la condena por sentencia.

La evaluación individual, en su vertiente más criminológico-procesal, puede acarrear decisiones jurisdiccionales sobre medidas específicas en el contexto del proceso penal sobre el menor, ya sean medidas cautelares restrictivas de derechos (internamientos) o la propia medida definitiva que se pudiera imponer, que deberá ser sometida a una valoración por parte del abogado defensor sobre la adecuación, efectividad y ejecución de las mismas[610].

---

610 MARTÍN DIZ, F., "Una necesidad emergente en justicia: la figura del abogado del niño", *op. cit.* (p. 1175).

Así, la Directiva 2016/800 pone de relieve la necesidad de que la evaluación individual se realice en la fase más temprana posible del proceso y con antelación suficiente para que el Fiscal, el Juez u otra autoridad competente puedan tener en cuenta la información que se derive de ella antes de formular una acusación destinada al juicio, siempre que no suponga una demora indebida y perjudicial para el propio menor. En tal sentido, podrán preverse excepciones a la realización de la evaluación individual a la vista del interés superior del menor y atendiendo a las circunstancias concretas del caso (Considerandos 39-40 y art. 7.5 Directiva 2016/800). La evaluación individual se irá actualizando, igualmente, al cambio sustantivo de circunstancias del menor durante el proceso.

Con respecto a las personas encargadas de realizar la evaluación individual, la Directiva 2016/800 solo exige que se trate de personas cualificadas que apliquen, en la medida de lo posible, un enfoque multidisciplinario y que podrán auxiliarse de profesionales especializados, dejando a los Estados miembros el desarrollo de esta cuestión. Además, para que la evaluación individual sea efectiva, será necesario contar con la estrecha participación del menor y, en su caso, del titular de la patria potestad o de otro adulto adecuado.

En la LORPM no se reconoce expresamente el derecho a una evaluación individual, pero sí se contempla como preceptiva la realización de un informe elaborado por el Equipo Técnico, o una actualización de los anteriormente emitidos, sobre la situación psicológica, educativa y familiar del menor, así como sobre su entorno social, y, en general, sobre cualquier otra circunstancia relevante a los efectos de la adopción de las medidas previstas legalmente, conforme a lo dispuesto en los arts. 7.3, 22.1.f), 27 y 37 LORPM y 4 RLORPM.

La incidencia del informe del Equipo Técnico en la adopción de la medida más idónea que se impondrá al menor se establece en el art. 7.3 LORPM, sobre la base de las finalidades educativas y de inserción de la norma, hasta el punto de que el Juez de la SMTI basará la motivación de su sentencia no solo en la valoración de la prueba y de los hechos, sino especialmente en la edad, las circunstancias familiares y sociales, la personalidad y el interés del menor, puestos de manifiesto los dos últimos en los informes de los Equipos Técnicos y de las Entidades Públicas de Protección y reforma de menores, si fuese el caso. Constituye, por tanto, una importante fuente de información para el MF y para el Juez, si bien, no es vinculante para éstos, aunque condicionará las decisiones que tomen[611].

La intervención del Equipo Técnico deviene fundamental en el proceso penal de menores, por cuanto determina en buena medida el desarrollo del proceso judicial y también porque desvela las circunstancias familiares, escolares y sociales del menor imputado[612].

---

611 A pesar de la importancia que la LORPM otorga al informe del Equipo Técnico, se ha cuestionado en muchas ocasiones, especialmente por los Fiscales de Menores, su papel de instrumento para determinar el interés superior del menor al tratarse de un expertise no jurídico e incurrir en cierto proteccionismo. A este respecto, son ilustrativas de estas críticas (con las que no estamos de acuerdo), las palabras de Fierro Gómez: *(...) los equipos y la ejecución, las piezas de la maquinaria que son una pervivencia de un sistema tutelar, de protección, de bienestar, de "batas blancas"... Llámese como quiera, pero está claro que no encajan en el modelo de responsabilidad adoptado por el legislador. Y, desde luego, no compartimos la referencia que hace la Exposición de Motivos de la Ley, al interés del menor que "ha de ser valorado con criterios técnicos y no formalistas por equipos de profesionales especializados en el ámbito de las ciencias no jurídicas", porque lo natural es que yerren cuando, llevados por un excesivo proteccionismo, proponen medidas que no fomentan el sentido de la dignidad en los menores, ni el respeto a los derechos de otros ni la reintegración o asunción de una función constructiva en la sociedad, conforme previene el Art.40 de la Convención de Naciones Unidas de 1989 y que nos parece una buena guía para integrar ese difuso concepto de "interés del menor".* FIERRO GÓMEZ, A., "El principio de celeridad en la justicia de menores", *Estudios Jurídicos,* núm. 2008, 2008, (p. 12).

612 Auto del TS 20944/2024, de 29 de julio (ROJ: 11022/2024) (Apartado 3º, FD 1º).

La FGE incidió en la importancia del informe del Equipo Técnico y en su carácter ilustrativo con respecto a las circunstancias psicosociales y educativas del menor que requieran una intervención, o si no concurren tales factores. Además, resalta la necesidad de que la evaluación del Equipo Técnico sea lo más completa posible, en aquellos casos de hechos con relevancia penal, dado que serán las concretas circunstancias psico-socio-familiares del menor las que fundamenten la respuesta para cada supuesto y las terapias que mejor puedan adaptarse a las necesidades específicas del menor[613].

Otra de las finalidades del informe del Equipo Técnico es la posibilidad de proponer una intervención socio-educativa sobre el menor, y, si resultase conveniente y en su interés, sobre la posibilidad de que éste efectúe una actividad reparadora o de conciliación con la víctima, de acuerdo con lo dispuesto en el art. 19 LORPM. Incluso el informe podrá determinar la conveniencia de no continuar la tramitación del expediente en interés del menor, por haber sido expresado suficientemente el reproche al mismo a través de los trámites ya practicados, o por considerar inadecuada para el interés del menor cualquier intervención, dado el tiempo transcurrido desde la comisión de los hechos. En estos casos, si se reunieran los requisitos previstos en el art. 19.1 LORPM, el MF podrá remitir el expediente al Juez con propuesta de sobreseimiento, enviando, además, en su caso, testimonio de lo actuado a la Entidad Pública de Protección de menores que corresponda, a los efectos de que actúe en protección del menor.

Del tenor literal del art. 27.1 LORPM, que utiliza el imperativo *requerirá* cuando se refiere a la petición de emisión del informe al Equipo Técnico por parte del Fiscal, se deriva que el mismo tiene carácter preceptivo; en coherencia con ello, la FGE, en su Circular 9/2011, señala que el citado informe es un *requisito*

---

613 Párrafos 13° y 23°, Apartado III.2 de la Circular FGE 9/2011, de 16 de noviembre, *sobre criterios para la unidad de actuación especializada del Ministerio Fiscal en materia de reforma de menores,* (pp. 12-13).

ineludible para la conclusión del expediente de reforma[614]. El carácter preceptivo del informe del Equipo Técnico llevará a declarar la nulidad de actuaciones por vulneración de una norma esencial del procedimiento que causa indefensión (art. 238.3 LOPJ) en aquellos casos en que se prescinde de su emisión, debiendo retrotraerse las actuaciones al momento en que el debe intervenir, que es la fase de instrucción[615]. En este sentido se pronuncia la SAP de Sevilla, de 26 de abril de 2002[616], aunque esa nulidad debe entenderse con la excepción de que ya conste en los autos otro informe elaborado por el propio Equipo Técnico o por otras entidades públicas o privadas que trabajen en el ámbito de la educación de menores y conozcan la situación del menor y siempre que las circunstancias concurrentes no hayan variado (art. 27.1 LORPM). En estos casos, tal como señala la AP de Ciudad Real en sentencia de 30 de septiembre de 2022, la actualización se podrá hacer en el curso del propio procedimiento, tras conocimiento del hecho que se le imputa al menor y una vez entrevistado, siendo esta forma de proceder *expresión de la más elemental economía de trámites, pues ningún sentido tendría repetir palabra por palabra el anterior informe, bastando una remisión al mismo*[617].

Además, tendrá un carácter no exclusivo puesto que, cono se acaba de apuntar, podrá ser elaborado o complementado por otras entidades públicas o privadas que tengan conocimiento de la situación del menor; será confidencial, pues solo podrá ser conocido por el MF, el Juez de la SMTI y el letrado del menor,

---

614 Apartado IV.6 Circular 9/2011.

615 PILLADO GONZÁLEZ, E., "El informe del Equipo Técnico de menores: ajustes necesarios para su adecuación a las exigencias europeas", *Estudios Penales y Criminológicos*, núm. 46, 2025, (p. 20).

616 SAP de Sevilla 115/2002, de 26 de abril, (ROJ: SAP SE 1772/2002).

617 SAP de Ciudad Real 11/2002, de 30 de septiembre de 2002 (ROJ: SAP CR 1192/2002).

quienes únicamente podrán tener acceso al resultado, pero no al contenido concreto de las diferentes entrevistas o sesiones.

La LORPM no establece que el informe del equipo técnico deba realizarse en la fase más temprana del proceso o lo antes posible, sino que se hace referencia a que será durante la instrucción cuando el MF requerirá del Equipo Técnico la elaboración del informe o actualización de los anteriormente emitidos, que deberá serle entregado en el plazo máximo de 10 días, prorrogable por un período no superior a un mes en casos de gran complejidad (art. 27.1 LORPM). Con el fin de no demorar de modo innecesario su intervención y dotar de una aconsejable inmediatez a su participación en el proceso, se ha implementado que sea en el mismo decreto de incoación del expediente de reforma donde se ordene al Equipo Técnico la elaboración del informe en el plazo legal o la actualización de los anteriores[618].

Las Secciones de Menores constatan que, con motivo de la elaboración de dichos informes, se generan a veces retrasos incompatibles con el principio de celeridad, esencial en la justicia juvenil. En ocasiones las demoras se deben a carencias en las plantillas de los Equipos, que resultan insuficientes en muchos lugares para cubrir las exigencias de trabajo[619].

A fin de evitar los retrasos en el proceso debido a la realización del informe del Equipo Técnico, además de dotas más medios y recursos humanos a los Equipos Técnicos, se plantea la

---

618 Párrafo 3º, Apartado VI.3.E) Circular 1/2000, de 18 de diciembre, (p. 28).

619 En la Memoria Anual FGE de 2024, se pone de manifiesto, por ejemplo, como en los Equipos Técnicos de Gran Canaria, Lanzarote y Fuerteventura, se producen graves dilaciones en la emisión de los informes, hasta de cuatro meses, provocando la prescripción de los expedientes por delito leve, lo que ha motivado la remisión de notas de servicios en materia de preferencia de los expedientes de menores, con el fin de agilizar su tramitación (Apartado 6.2.3.4: Equipos Técnicos, Memoria Anual FGE 2024).

posibilidad de establecer un Registro Nacional de Informes del Equipo Técnico, dada la movilidad que presentan algunos menores y que acudir al Registro de sentencias para determinar la existencia de informes previos resulta hoy en día poco operativo pues el tiempo que transcurre desde que se emite el informe y se dicta sentencia firme suele desaconsejar su utilización o actualización[620]. Igualmente, debería habilitar el sistema LEXNET para la remisión de los informes, lo que agilizaría las entregas.

1.2. Composición y naturaleza del Equipo Técnico

Con respecto al Equipo Técnico, procede analizar la composición y naturaleza del mismo a fin de determinar si se ajusta al concepto de profesionales especializados que apliquen un enfoque multidisciplinar al que hace referencia la Directiva 2016/800 para llevar a cabo la evaluación individual. El antecedente de estos profesionales lo encontramos en la figura de los *técnicos* regulada en la LTT, cuyo art. 73 señala que *el Presidente podrá disponer, si lo estima conveniente, que se proceda al examen y reconocimiento del menor por los técnicos especializados que el mismo designe, que emitirán informe acerca de su constitución psicofisiológica y de la posible influencia de esta en el desarrollo del entendimiento y grado de voluntariedad consciente de sus actos en directa relación con la naturaleza del hecho que se atribuya al menor. Este informe se consignará en el expediente.* Dichos equipos fueron creados en el año 1988 y tenían funciones de apoyo a los entonces Tribunales Tutelares de Menores[621], estando integrados por educadores, psicólogos y

---

620 GARCÍA HERNÁNDEZ, G., *Equipo técnico y medidas judiciales,* Ponencia CEJ Estudios Jurídicos, (p.14). Disponible en: EQUIPO TÉCNICO Y MEDIDAS JUDICIALES.

621 Posteriormente, la LORPM de 1992 consagró esta figura en su art. 2: Desde el momento en que pueda resultar la imputación al menor de un hecho incluido en el número 1. del art. 9 el Fiscal requerirá del equipo técnico la elaboración de un informe, que deberá serle

trabajadores sociales. Su creación e incorporación, no obstante, no fue acompañada de una regulación legal de sus funciones[622].

En la configuración del proceso de reforma actual, el Equipo Técnico es el órgano auxiliar de la Justicia de Menores integrado por expertos fuera del ámbito jurídico y procedentes de las ciencias sociales, que realiza principalmente una función de asesoramiento, mediante la elaboración de informes que aportan sus conocimientos relativos a las circunstancias psicológicas, sociales, educativas y familiares del menor para que el sistema de justicia dé una respuesta adecuada al principio de interés superior del menor.

Aunque esta función de asesoramiento sea la más visible, emitiendo los informes necesarios y preceptivos del art. 27. 1 LORPM o proponiendo las soluciones extrajudiciales del art. 19 y 27.4 LORPM (en donde también desempeña una función de mediación entre víctima e infractor)[623], pronunciándose sobre el contenido de las medidas de internamiento (art.7.2 LORPM) e informando sobre medidas cautelares (art. 28 LORPM).

---

entregado en un plazo máximo de diez días, prorrogable por un período no superior a un mes, en casos de gran complejidad, sobre la situación psicológica, educativa y familiar del menor, así como sobre su entorno social y en general sobre cualquier otra circunstancia que pueda haber influido en el hecho que se le atribuye.

622 GARCÍA INGELMO, F.M., "La prueba pericial en el proceso penal de menores especial consideración al informe del equipo técnico", *Estudios Jurídicos*, núm. 2011, 2011, (p. 18).

623 Aunque esta función de mediación en el sobreseimiento por conciliación o reparación entre menor y víctima (art. 19 LORPM) no es objeto de análisis en la presente obra, debemos apuntar que no deberían coincidir en los mismos profesionales del Equipo Técnico encargados de dirigir los encuentros de mediación entre las partes y los que realicen el informe en la instrucción ex art. 27.1 LORPM, a fin de reforzar su posición de mediador imparcial y evitar lo máximo posible las injerencias que se pudieran producir en el acto de mediación, debido a los conocimientos previos de la situación del menor y reforzar su posición imparcial.

Además, su intervención también es relevante en otras fases del proceso. Concretamente, en la fase de audiencia intervendrá informando en la vista (arts. 35 y 37.2 LORPM) y en apelación, el Tribunal facultativamente podrá también disponer su presencia para informar (art. 41.1 LORPM). En lo que respecta a la fase de ejecución, tiene una función informadora que va a incidir directamente en las facultades de modificación de la medida (suspensión, reducción, sustitución). Igualmente trascendente es la función de asistencia personal (afectiva y psicológica), que le atribuye la ley desde la detención preventiva (art. 17.3 LORPM) o desde la incoación del Expediente (art. 22.1.e y f) LORPM), esencial para entrar en contacto con el menor, tomar conocimiento de su situación y favorecer el desempeño de las otras atribuciones que tiene encomendadas[624].

Con respecto a la composición del Equipo Técnico y ante la indefinición de la LORPM, hay que acudir al art. 4.1 RLORPM, que establece que formarán parte del mismo psicólogos, educadores y trabajadores sociales, lo que dota a este órgano de un carácter multidisciplinar y colegiado[625]. Además, se contempla

---

624 DOLZ LAGO, M. J., *Labores y funciones del Equipo Técnico*, CEJ. Estudios Jurídicos del Ministerio Fiscal, Tomo I, 2001, (p.131) y MINGO BASAÍL, M.L., "Psicólogos, educadores sociales y trabajadores sociales en los juzgados de menores. La actuación del equipo técnico", *Indivisa. Boletín de estudios e investigación*, núm. 6, 2005, (p.137).

625 La LO 9/2000, de 22 de diciembre, sobre medidas urgentes para la agilización de la Administración de Justicia, por la que se modifica la Ley Orgánica 6/1985, de 1 de julio, *del Poder Judicial* suprimió la disposición final tercera de la LORPM, que en su apartado 5 contenía la previsión de que el Gobierno, a través del Ministerio de Justicia, sin perjuicio de las competencias asumidas por las CCAA, y en el plazo de seis meses, adoptaría las disposiciones oportunas para la creación de Cuerpos de Psicólogos y Educadores y Trabajadores Sociales Forenses. En la actualidad la disposición final tercera de la LORPM, en su apartado 3 dispone: el Gobierno, a través del Ministerio de Justicia, y las Comunidades Autónomas con competencia en la materia, a través

la posibilidad de que se incorporen de forma temporal o permanente a los Equipos Técnicos otros profesionales relacionados con las funciones que tienen atribuidas cuando las necesidades planteadas lo requieran y así lo acuerde el órgano competente[626]. Esta posibilidad unida a lo dispuesto en el art. 27.6 LORPM, que permite que el informe pueda ser elaborado o complementado por aquellas entidades públicas o privadas que trabajen en el ámbito de la educación de menores y conozcan la situación del menor, reflejan la actuación no exclusiva del Equipo Técnico.

Dentro del Equipo Técnico, corresponde al trabajador social la función principal de evaluación del ámbito social del menor, analizando sus circunstancias familiares, económicas, habitacionales o de vivienda, escolares; sanitarias, su situación penal o judicial y todas aquellas circunstancias relacionadas con los servicios sociales. Por su parte, la función del psicólogo consiste en analizar la situación psicológica del menor y, concretamente, las características de su personalidad, capacidad intelectual y social, desarrollo madurativo y su grado de ajuste a la norma, a fin de identificar posibles psicopatologías o trastornos, así como evaluará si presenta algún tipo de adicción o abuso de sustancias. Finalmente, el educador social, como experto en intervención socioeducativa, será la persona encargada de evaluar las nece-

---

de las correspondientes Consejerías (...) determinarán el número y plantilla de los Equipos Técnicos compuestos por personal funcionario o laboral al servicio de las Administraciones Públicas, que actuarán bajo los principios de independencia, imparcialidad y profesionalidad.

626 En este sentido, Yañez García-Bernalt plantea el auxilio de expertos como psiquiatras, en aquellos casos en los que el menor sufre un trastorno psiquiátrico o enfermedad mental o profesionales de la Criminología, para aportar sus conocimientos relativos al estudio del perfil del infractor y factores de comisión del delito. A ellos, podemos añadir otros profesionales como pedagogos (a fin de identificar necesidades lingüísticas) o sociólogos. *Vid.* YÁÑEZ GARCÍA-BERNALT, I., *Fundamentos del sistema de justicia penal del menor*, Aranzadi, Madrid, 2025 (p. 211).

sidades sociales y educativas del menor, su situación escolar, formativa o profesional y su posible reeducación[627].

En cuanto al nivel de intervención de cada uno de estos profesionales (psicólogo, educador y trabajador social)[628], la Circular FGE 9/2011, concluye que, en principio y por su carácter multidisciplinar, el informe debe ser emitido por los tres profesionales, cada uno de los cuales abordará un área específica[629]. Si bien, la intervención de los tres profesionales no fue la práctica seguida en todos los Juzgados de Menores, constatándose en algunos casos informes realizados por uno solo de los profesionales, a fin de evitar dilaciones en los procedimientos, salvo que la gravedad de los hechos o la complejidad de las circunstancias familiares o sociales del menor requieran una actuación y valoración conjunta de sus tres componentes[630]. Se ha planteado por parte de la jurisprudencia la procedencia de la nulidad de actuaciones cuando el informe remitido está firmado únicamente por uno de los técnicos que forman parte del Equipo; a este respecto, debe tenerse en cuenta que el art. 4.5 RLORPM señala que *los informes serán firmados por los profesionales del equipo técnico que intervengan en cada caso. La representación del equipo la ostentará aquel que sea designado por el Ministerio fiscal o el juez de menores en la actuación concreta de que se trate.* Pues bien, se mantiene por nuestros tri-

---

627 POZO MARTÍNEZ, A., MUÑOZ GALVÁN, E. y ARNEDO DEL VALLE, A.A., "El proceso de trabajo coordinado entre el equipo educativo y el equipo técnico en la ejecución de medidas judiciales de internamiento", *Revista de Educación Social (RES)*, núm. 26, 2018, (p. 205).

628 La legislación vigente no impide que sean más de tres los profesionales de estos ámbitos que realicen el informe.

629 Párrafo 3°, Apartado IV.6., Circular FGE 2011, de 16 de noviembre, *sobre criterios para la unidad de actuación especializada del Ministerio Fiscal en materia de reforma de menores*, (p. 24).

630 *Vid.* Memoria de la FGE de 2010, en la que se expone que las Fiscalías de Valencia, Almería o Sevilla los informes son elaborados por un solo miembro del Equipo Técnico.

bunales una posición clara en el sentido de que lo relevante no es tanto quién firma el informe, sino su contenido de manera que, si pese a estar firmado por uno solo de los miembros del equipo, ya sea el psicólogo, el educador o el trabajador social, de la metodología empleada y de su contenido, se deriva que se trata de un estudio multidisciplinar del menor que abarca los aspectos exigidos por el art. 27.1 LORPM, será improcedente la nulidad de actuaciones. Tal como apunta la AP de Las Palmas en sentencia de 21 de julio de 2009 se mantiene *el carácter necesario e insalvable de que en el informe del Equipo Técnico intervenga, al menos, un educador, un psicólogo y un trabajador social, los cuales habrán de efectuar una valoración del menor en sus respectivos campos (como así se deriva del art. 4 del Reglamento, en cuanto asisten técnicamente en las materias propias de sus disciplinas profesionales)*[631].

El Equipo Técnico depende orgánicamente del Ministerio de Justicia o de las CCAA que tengan atribuidas las competencias[632],

---

631 SAP de Las Palmas 203/2009, de 21 de julio de 2009 (ROJ: SAP GC 2474/2009). En sentido contrario, ante el informe firmado por uno solo de sus miembros, señala la SAP de Las Palmas 104/2008, de 19 de marzo de 2008 (ROJ: SAP GC 923/2008) que *si resulta imposible determinar si el informe ha sido elaborado por la persona que lo firma, o si en él han participado todos los profesionales cuya intervención es preceptiva, según lo dispuesto en el RD 1774/2004.... ha de acordarse la nulidad del informe elaborado por el Equipo Técnico, (...) así como de todas las actuaciones procesales practicadas posteriormente, retrotrayendo las actuaciones a ese momento procesal, a efectos de que se elabore el informe sobre la situación psicológica, educativa y familiar del menor, y su entorno social, con intervención de los profesionales y con observancia de todos los requisitos exigidos en los arts. 27 de la L.O. 5/2000 y 4 del RD 1774/2004*. Igualmente, la SAP de Las Palmas 328/2010, 10 de junio (ROJ: AAP GC 437/2010).

632 La LO 7/2015, de 21 de julio, *por la que se modifica la LO 6/1985, de 1 de julio, del Poder Judicial*, que realizó una singular reforma de la Administración de Justicia con el propósito de incrementar el grado de eficiencia y agilidad en el Sistema Judicial, modifica el art. 479 LOPJ, abriendo la posibilidad de que los Equipos Psicosociales, tanto aquellos

pero funcionalmente del MF, a la hora de elaborar el informe que establece el art. 27.1 LORPM. Los miembros del Equipo Técnico serán, por tanto, funcionarios o contratados al servicio de las Administraciones Públicas y en su condición de profesionales expertos, actuarán con independencia e imparcialidad[633]. La dependencia funcional del MF se manifiesta en la posibilidad de este último de dirigirles indicaciones generales oportunas en cuanto a la extensión y profundidad de los informes[634]. Además, entendemos que es necesaria una adecuada interacción de la FGE con los integrantes de los Equipos Técnicos, cuya labor es imprescindible para adecuar la idoneidad de las medidas a

---

de familia como de reforma de menores, se integren a los Institutos de Medicina Legal y Ciencias Forenses, cuyo personal tendrá formación especializada en familia, menores, personas con discapacidad y violencia de género y doméstica. Se trata de una adscripción funcional al mencionado Instituto, lo que significaba que los Equipos habrían de seguir realizando las mismas funciones encomendadas, pero ahora bajo la dirección de los Institutos de Medicina Legal y Ciencias Forenses. Las secciones de Menores de las Fiscalías de León, Murcia y Ávila expresaron una opinión crítica respecto de la decisión del Ministerio de Justicia de la integración del personal de los Equipos Técnicos de menores de los territorios no transferidos, a estarlo los Institutos de Medicina Legal y Ciencias Forenses, pues ha generado disfunciones y dilaciones indebidas en la emisión de los informes (Apartado 6.2.3.4 (Equipos Técnicos), Memoria Anual FGE 2024).

633 Art. 4.2 RLORPM: *Los profesionales integrantes de los equipos técnicos dependerán orgánicamente del Ministerio de Justicia o de las comunidades autónomas con competencias asumidas y estarán adscritos a los juzgados de menores. Durante la instrucción del expediente, desempeñarán las funciones establecidas en la Ley Orgánica 5/2000, de 12 de enero, bajo la dependencia funcional del Ministerio Fiscal y del juez de menores cuando lo ordene. No obstante lo anterior, en el ejercicio de su actividad técnica actuarán con independencia y con sujeción a criterios estrictamente profesionales.*

634 Párrafo 5°, Apartado IV.6., Circular FGE 9/2011, de 16 de noviembre, *sobre criterios para la unidad de actuación especializada del Ministerio Fiscal en materia de reforma de menores*, (p. 23).

adoptar respecto de los menores infractores, así como para la proposición y materialización de las soluciones extrajudiciales[635].

Por otro lado, existen diferentes pautas de actuación entre los diferentes Equipos Técnicos, pues en algunos casos, tienen una mayor flexibilidad de actuación por cuanto llegan a hacer propuestas sobre las medidas a imponer o incluso valoraciones sobre la duración de la medida, mientras que otros se ciñen a los aspectos sociales, educativos, familiares y psicológicos del menor o bien, ni siquiera llegan a abordar los cuatro ámbitos.

Asimismo, es necesario establecer un control tanto del cumplimiento de los plazos como de la calidad del informe a fin de verificar si recoge todas las circunstancias relativas al menor y sus necesidades específicas. Dicho control será administrativo y se atribuiría al Ministerio de Justicia y Educación de los que dependa formalmente el Equipo Técnico. Todo ello, en aras a conseguir una organización del trabajo rigurosa, responsable y coherente en un aspecto de tanta relevancia para el proceso penal de menores[636].

1.3.-Naturaleza procesal del informe del Equipo Técnico

Una cuestión que no es baladí acerca de la evaluación individual y que no ha sido regulada en la Directiva 2016/800 ni en la LORPM es el tratamiento que se le va a dar a la misma con respecto a la valoración de los resultados y la posible afectación del principio de presunción de inocencia.

---

635 Apartado 6.2.3.4 (Equipos Técnicos), Memoria Anual FGE 2024.

636 En la Memoria Anual FGE de 2024 se pone de manifiesto como la Fiscalía de Menores de Sevilla muestra su preocupación por la deficitaria calidad en ocasiones de los informes, debido a la inestabilidad e inexperiencia de los profesionales, (Apartado 6.2.3.4 (Equipos Técnicos), Memoria Anual FGE 2024).

A este respecto Serrano Masip propone incluir expresamente en la ley que las evidencias obtenidas de la evaluación individual concernientes a la participación del menor en los hechos delictivos no podrán ser consideradas como resultados de medios de prueba ni como fuentes de prueba en sí mismas[637]. En este sentido y estando de acuerdo con esta valoración, consideramos que, en ningún caso el informe debería incluir declaraciones del menor sobre su participación en los hechos que se le imputan, ya que esa no es la finalidad del informe, sin perjuicio de que pueda reflejar manifestaciones de arrepentimiento, que sí son relevantes y se enmarcan en los objetivos del informe en cuanto a que pueden ser útiles para valorar soluciones extrajudiciales o medidas concretas que se puedan aplicar al menor.

Ello nos lleva a analizar la naturaleza probatoria del informe del Equipo Técnico, máxime teniendo en cuenta que no se trata de un medio de prueba tradicional acordado de oficio o propuesto por las partes, sino que se configura en la LORPM como un requisito procesal *sine qua non* de la instrucción[638]. Sobre esta cuestión, se pronunció la FGE en su Instrucción 1/1993, de 16 de marzo, *sobre líneas generales de actuación del Ministerio Fiscal en el Procedimiento de la Ley Orgánica 4/1992, de 5 de junio*, con respec-

---

637 SERRANO MASIP, M., "Garantías procesales penales específicas reconocidas a menores sospechosos o acusados", en JIMENO BULNES, M. (Dir.), *Aproximación legislativa versus reconocimiento mutuo en el desarrollo del espacio judicial europeo una perspectiva multidisciplinar*, J.M. Bosch, Madrid, 2016, (pp. 233-234).

638 El hecho de configurarse como un trámite obligatorio del procedimiento llevó a calificar al informe del Equipo Técnico por alguna jurisprudencia de las AP como una pseudo prueba pericial y no como una prueba *estricto sensu,* que ha de ser apreciada por el Juez *a quo* con todas las pruebas practicadas en la audiencia. *Vid.* SAP de Sevilla 115/02, de 26 de abril, (Sección 3ª) (ROJ: SAP SE 1772/2002) que, declaró la nulidad de actuaciones en un supuesto de asesinato en el que se omitió el informe del Equipo Técnico.

to a los informes de los técnicos regulados en la LTT, a los que les otorgaba una naturaleza de pericial cualificada, por cuanto intervenían e incidían en el proceso de modo relevante[639]. La misma línea es seguida por la Circular FGE 1/2000, al señalar que dicho informe participa de la naturaleza del dictamen de peritos, en cuanto emanado de un órgano imparcial al servicio de la Administración de Justicia y presenta una eficacia legal reforzada por su carácter preceptivo[640].

La consideración del informe del Equipo Técnico como un dictamen pericial, permitiría enmarcar su regulación en los términos del art. 456 LECrim y por tanto, operarían las figuras relativas a la recusación y abstención de peritos[641]. Si bien, aunque estemos de acuerdo en que podría tratarse de un dictamen pericial en cuanto a su contenido, lo cierto es que el informe del Equipo Técnico reviste algunas características que lo diferencian de una pericial ordinaria. En primer lugar, con respecto al propio contenido del informe que, al tratar cuestiones sociales, educativas y psicológicas, que pertenecen a la esfera de las ciencias del conocimiento humano y social, se diferencian de otras periciales de tipo científico (ADN, huellas dactilares, análisis de laboratorio, etc.) que contendrán datos irrefutables. Esta particularidad de los informes del Equipo Técnico no puede ser óbice al cumplimiento de la exigencia de proporcionar una información sobre el menor pormenorizada y contrastada con otros agentes (ámbito escolar, familia, Entidad Pública de Protección), que además podrá ser completada con otros informes aportados de parte relativos a los extremos del menor que la defensa estime oportunos. Dc lo

---

639 Apartado e) Instrucción 1/1993, de 16 de marzo, sobre líneas generales de actuación del Ministerio Fiscal en el Procedimiento de la Ley Orgánica 4/1992, de 5 de junio (p.13).

640 Párrafo 2º, Apartado VI.3.E) Circular 1/2000, de 18 de diciembre, (p. 28).

641 DE URBANO CASTRILLO, E. y DE LA ROSA CORTINA, J.M., *La responsabilidad penal de los menores. Adaptada a la LO 8/2006, de 4 de diciembre,* Aranzadi, Cizur Menor (Navarra), 2007, (p. 154).

expuesto se deriva que el informe del Equipo Técnico se aparta del objetivo general perseguido por la prueba pericial que se concreta en la aportación a la autoridad judicial de los conocimientos técnicos necesarios para poder acreditar los hechos típicos; por el contrario, su finalidad es aportar información al Juez y al Fiscal para que la respuesta penal y procesal sea lo más ajustada posible para lograr la normalización e integración socioeducativa del menor. Este objetivo aleja al informe de la prueba pericial[642].

En segundo lugar, el informe del Equipo Técnico es preceptivo, lo que contrasta con la norma que rige en materia de prueba, ya que los medios de prueba serán practicados únicamente cuando sean considerados útiles, pertinentes y necesarios para el esclarecimiento de los hechos objeto del proceso en curso[643].

En tercer lugar, debemos destacar la particular posición procesal de Equipo Técnico con respecto al informe, pues, si bien en el acto de la audiencia, el perito acude para ratificarse en su informe y aclarar cuestiones relativas al mismo, en el caso del Equipo Técnico, ya está constituido desde el primer momento en la audiencia, al igual que el MF y las partes, aunque su intervención, evacuando el informe, se realice tras la práctica de las otras pruebas. Esta posición procesal deviene de su condición de órgano auxiliar o de asistente técnico que presta auxilio a la Administración de Justicia y no profesional ajeno[644]. En consecuencia, no se aplican las normas que rigen la prueba pericial

---

642 HERNÁNDEZ GALILEA, J.M., "Análisis procesal del informe del equipo técnico", *Congreso Justicia Juvenil. Nuevos retos, nuevas propuestas,* Generalitat de Catalunya. Departament de Justícia, Barcelona, 2002, (p.4).

643 PILLADO GONZÁLEZ, E., "El informe del Equipo Técnico de menores: ajustes necesarios para su adecuación a las exigencias europeas", *op. cit.,* (p. 21).

644 GARCÍA INGELMO, F.M., "La prueba pericial en el proceso penal de menores especial consideración al informe del equipo técnico", *op. cit.,* (p. 23).

de manera que el miembro del Equipo que acude a la audiencia debe estar presente en el acto de juicio (art. 35.1 LORPM), para ser escuchado sobre las circunstancias del menor y sobre la procedencia de la medida propuesta (art. 36.2 LORPM), sin estar obligado a jurar o prometer antes de informar.

Finalmente, en el informe del Equipo Técnico no hay ninguna intervención de las partes, ni durante el reconocimiento del objeto de la pericia, ni en ningún momento posterior cuando el informe se emite; sólo cuando el informe ya ha sido redactado y está firmado, será remitido al Fiscal, al Juez de la SMTI y a las partes personadas (art. 27.5 LORPM)[645].

De todo lo expuesto, se deriva que el informe del Equipo Técnico no puede ser calificado en sentido estricto como una prueba pericial, sino como un trámite obligatorio que garantiza la aportación al proceso de una información esencial para que el sistema de justicia juvenil pueda dar una adecuada respuesta a las necesidades educativas del menor, pero sin olvidar su carácter sancionador.

---

645 Tampoco se trata de una declaración de investigado y, por tanto, durante la entrevista del menor, no se requiere la presencia de abogado, puesto que el objeto que se persigue con el informe no es clarificar los hechos presuntamente cometidos por el menor, sino, como ya se ha apuntado, aportar a jueces y fiscales un estudio sobre sus circunstancias psicológicas, educativas, familiares y sociales que les permita adoptar la decisión más ajustada a sus necesidades educativas. *Vid.* PILLADO GONZÁLEZ, E., "El informe del Equipo Técnico de menores: ajustes necesarios para su adecuación a las exigencias europeas", *op. cit.,* (pp. 24-25).

1.4.- Ajustes necesarios en el Informe del Equipo Técnico en nuestra LORPM para adaptarse a las exigencias de la Directiva 2016/800 y para su efectiva implementación con menores extranjeros no acompañados

La evaluación individual debe reconocerse como un derecho y enumerarse como tal junto con las garantías procesales del art. 22 LORPM, puesto que, en su redacción actual simplemente se establece que el menor tendrá derecho, desde el mismo momento de la incoación del expediente, a la asistencia de los servicios del Equipo Técnico adscrito a la SMTI (art. 22.1.e y f LORPM).

Es preciso, por tanto, incorporar la evaluación individual a nuestra legislación y debería incluirse expresamente que se realizará tras el primer contacto con el sistema de justicia juvenil y que el informe será el resultado de dicha evaluación individualizada del menor, en el que, además, de contener un marco global sobre la situación del menor que será determinante para la propuesta sancionadora-educativa, también debe tener como finalidad detectar su posible situación de especial vulnerabilidad o necesidades específicas que determinarán la adopción de medidas de asistencia *ad hoc* o ajustes en el procedimiento, presupuestos necesarios para garantizar su ejercicio efectivo del derecho de defensa. Igualmente, será necesario contemplar la participación del menor en el proceso de elaboración del informe, así como del titular de la patria potestad o adulto adecuado[646].

Si bien consideramos que el informe del Equipo Técnico, regulado en el art. 27.1 LORPM constituye una verdadera evaluación individual en los términos de la Directiva 2016/800, son necesarios ajustes en nuestro ordenamiento jurídico para que dicha evaluación sea completa y realmente efectiva y cumpla las

---

646 PILLADO GONZÁLEZ, E., "Las garantías procesales de los menores infractores: ajustes necesarios desde la normativa internacional y europea", cit., (p. 90).

funciones antes descritas de constituir no solo un retrato global de la realidad del menor, sino también un mecanismo para detectar situaciones de especial vulnerabilidad, por razón de idioma, nivel formativo, discapacidad o proceso migratorio, entre otros; y proponer medidas o ajustes concretos referentes al derecho a la información, a la participación del menor o a la traducción e interpretación. Solo a través de la incorporación expresa de estos extremos al informe del Equipo Técnico se pueden alcanzar las finalidades de la evaluación individual. Cuando el investigado es un menor extranjero no acompañado, el informe debe contar con un *expertise* adicional, no solo basado en los aspectos psicológicos, sociales, educativos y familiares del menor, sino que se debe profundizar en su contexto de origen y trayecto migratorio, así como la situación social o de desarraigo que pueda tener, para profundizar en alguna medida de intervención educativa o resocializadora que no sea desde un ámbito familiar o escolar, como puede ser algún programa formativo de una ONG.

Finalmente, debe incidir en las posibilidades reales de integración en España (o reunificación familiar en un tercer país donde tenga referentes) y, en definitiva, de reinserción social. Ello conlleva una necesaria formación específica del Equipo Técnico; además, también debe generalizarse el auxilio a otros profesionales, conforme prevé la LORPM.

2.- DERECHO DEL MENOR A ESTAR ACOMPAÑADO POR EL TITULAR DE LA PATRIA POTESTAD O POR UN ADULTO ADECUADO DURANTE EL PROCESO PENAL DE MENORES

2.1.- Regulación del derecho del menor a estar acompañado durante el proceso

El derecho a estar acompañado durante la audiencia por sus progenitores o representantes legales se reconoce en el art.

40.2.iii) CDN a todo menor investigado, acusado o declarado culpable, junto con el derecho a que esté presente un asesor jurídico u otro tipo de asesor adecuado, en los términos de la CDN. La Observación General núm. 24 CRC profundiza y amplía el alcance de este derecho, al disponer que deben estar presentes durante todo el proceso los progenitores o tutores legales y tener la máxima participación posible, salvo que ello sea contrario al interés superior del menor, o bien, así lo solicite el menor o su asesor jurídico[647]. El CRC considera de especial relevancia la asistencia psicológica y emocional que pueden prestar al menor y contribuir a un resultado eficaz del proceso[648]. Esta participación activa se reitera en la regulación del derecho a no declararse culpable, al reconocer el apoyo que podrán prestar los progenitores o tutores legales durante el interrogatorio, donde también se prevé la posible presencia de otro *adulto apropiado*, al que se define como aquella persona nombrada por el menor o por la autoridad competente que actuará en situaciones en las que el progenitor o el tutor legal no está disponible para ayudar al niño o a la niña[649]. Debemos llamar la atención en este sentido al concepto extensible de adulto apropiado para el CRC, que abarca a aquellos parientes con los que viven, de manera informal, muchos niños y niñas que no son ni progenitores ni tutores legales, instando a la adaptación de las leyes para permitir que los auténticos cuidadores ayuden a los niños en los procedimientos, si los progenitores no están

---

647 La importancia de la presencia de los progenitores o tutores legales en el proceso penal de menores es puesta de manifiesto por la ONU en el sentido de considerar como uno de los indicadores cuantitativos para valorar los sistemas de justicia juvenil de los diferentes países, la visitas que realicen los progenitores o tutores a sus hijos mientras se encuentren privados de libertad y el contacto periódico entre éstos y los menores. *Vid. Manual para cuantificar los indicadores de justicia de menores*, Oficina contra la droga y el delito, Naciones Unidas, 2008, (p. 20).

648 Apartados 56 y 57 de la Observación General núm. 24 (p. 11).

649 Apartado 60 de la Observación General núm. 24 (p. 12).

disponibles; si bien lo restringe a personas de su familia y a no a otro tipo de guardadores informales[650].

Igualmente, la Regla núm. 15.2 de las Reglas de Beijing reconoce este derecho a que los progenitores o tutores estén presentes en el proceso, salvo que existan motivos para presumir que la exclusión es necesaria en defensa del menor; si bien no se contempla la presencia de otro adulto adecuado. En el ámbito regional, el apartado III.8 Recomendación núm. 87 (20), del Comité de Ministros del Consejo de Europa, de 17 de septiembre de 1987, *sobre reacciones sociales ante la delincuencia juvenil*, dispone el derecho a la presencia de los padres o de otro representante legal, que deben ser informados desde el inicio del procedimiento, como medida para reforzar la posición legal de los menores durante todo el proceso.

Reflejo de la anterior normativa, el art. 15 Directiva 2016/800 incorpora el derecho de los titulares de la patria potestad a estar presente en las vistas relacionadas con el menor[651], salvo que su presencia, debido a las circunstancias del caso concreto, no sea lo más conveniente para su superior interés; no sea posible porque, tras haberse realizado esfuerzos razonables, no se pueda localizar a ningún titular de la patria potestad o se desconozca su identidad; o, habida cuenta de circunstancias objetivas y fácticas, comprometa seriamente el proceso penal. En estos casos, se prevé que el derecho sea ejercido por otro adulto adecuado, designado por el propio menor; si no realizara esta elección o si el adulto designado no resulta aceptable para la autoridad competente, corresponderá a ésta la designación de la persona que habrá de acompañarle, teniendo en cuenta el interés superior del menor.

---

650 Apartado 57 de la Observación General núm. 24 (p. 11).

651 El Considerando 57 de la Directiva 2016/800/UE señala que, si son varias personas las titulares de la patria potestad, el menor tendrá derecho a estar acompañado por todas ellas y la autoridad competente deberá realizar los esfuerzos necesarios porque así sea, a no ser que resulte imposible en la práctica.

Sobre la designación realizada por la autoridad competente a falta de designación del menor o por reputarse no válida, la Directiva 2016/800 establece la posibilidad de que sea una persona dependiente de una autoridad o de alguna institución responsable de la protección o del bienestar de los menores.

El art. 15.4 Directiva 2016/800 permite la posibilidad de que el menor esté acompañado del titular de la patria potestad o de otro adulto adecuado durante otras fases del proceso que no sean las vistas, cuando la autoridad competente considere que redunda en su interés superior y la presencia de dicha persona no perjudica al curso normal del proceso penal.

La Directiva 2016/800 no determina qué personas podrán tener la condición de adulto adecuado, ni cómo se va a proceder por parte de la autoridad competente a realizar la evaluación de la idoneidad de ese acompañamiento, ni tampoco en qué momento del proceso.

Este derecho no es objeto de una regulación con carácter general en la LORPM, salvo limitadas menciones que se realizan a lo largo de su articulado; así, en el art. 17.2 LORPM, referido a la detención del menor, se establece la obligatoriedad de que las declaraciones se lleven a cabo en presencia del letrado del menor y de aquellos que ejerzan su patria potestad, tutela o guarda, de hecho o de derecho, salvo que, en este último caso, las *circunstancias aconsejen lo contrario*[652]. Se trata, por tanto, de un requisito

---

[652] La Circular FGE 9/2011, de 16 de noviembre, *sobre criterios para la unidad de actuación especializada del Ministerio Fiscal en materia de reforma de menores* identifica a los adultos a los que se refiere este precepto, que serían los padres biológicos o adoptivos, titulares de la patria potestad conforme el art. 154 CC; los tutores, bien sea a través de tutela civil o administrativa (arts. 215 y 172 CC, respectivamente); los acogedores (en sus diversas modalidades de acogimiento simple, permanente o preadoptivo ex art. 173 bis CC-) y los guardadores de derecho, regulados en el art. 172 CC, o de hecho (art. 303 CC), (Párrafo 2º, Apdo. IV.1.4, p. 16).

legal inexcusable limitado únicamente a la declaración del menor detenido, tanto en dependencias policiales como en Fiscalía.

Cuando el precepto se refiere a circunstancias que aconsejen que la presencia de dichos adultos perjudique al menor, viene a contemplar aquellos supuestos en los que no es conveniente que los progenitores o familiares del menor detenido, asistan a aquél en su declaración, en calidad de representantes legales, ya sea por incompatibilidad con el propio menor, principalmente por ser las víctimas o perjudicados del hecho, siendo el caso más frecuente el de violencia intrafamiliar; pero también debido a otras circunstancias como, por ejemplo, ser coautores del delito, pueda haber indicios de que las pruebas puedan ser destruidas o alteradas, o que se aprecie que estas personas puedan presionar, influenciar o condicionar la declaración del menor. No se contemplan en el precepto, sin embargo, el supuesto de la Directiva 2016/800 de ausencia de titulares de la patria potestad o tutores legales por imposibilidad de localizar su paradero o de conocer su identidad.

En los casos en los que no sea posible que comparezcan estas personas por ser su presencia contraria al interés del menor, el art. 17.2 LORPM dispone que se procederá al nombramiento subsidiario de un miembro del MF para que comparezca en la declaración. En este supuesto se plantea, por tanto, la posibilidad de sustituir la presencia del titular de la patria potestad, tutela o guarda del menor por el MF, debiendo tratarse, en todo caso de un Fiscal distinto al que dirige la instrucción. Esta posibilidad de que intervengan dos miembros del MF en un mismo acto, ha sido muy criticada debido a esa doble función de instrucción y protección de los derechos del menor detenido[653]. La propia

---

[653] GARCÍA-ROSTÁN CALVÍN, G., *El proceso penal de menores (Funciones del MF y del Juez en la instrucción, el periodo intermedio y las medidas cautelares),* Thomson Reuters Aranzadi, Pamplona, 2007, (p. 100); GARRIDO CARRILLO, F.J., *Principios y garantías del proceso penal de menores,* op. cit. (p. 165); NOYA FERREIRO, M.L., "Medidas cautelares en el

FGE en su Circular 1/2000 manifiesta la difícil posición en la que se le sitúa en estos casos, al tener que compatibilizar el ejercicio de la acción penal con la defensa de los derechos del menor, además de la observancia de las garantías del procedimiento[654].

El nombramiento de un Fiscal distinto al instructor no constituye una garantía reforzada para el menor, ni tampoco es más acorde a su superior interés como lo sería la designación de otro adulto adecuado. Además, es contradictoria con el principio de unidad de actuación y de jerarquía del MF[655].

Otro de los supuestos en los que se reconoce el acompañamiento del menor, es en el art. 22.1 LORPM, en el marco del reconocimiento de derechos desde la incoación del expediente, que establece la posibilidad de que el menor esté acompañado cuando se le vaya a prestar asistencia afectiva y psicológica en cualquier estado y grado del procedimiento, tanto por sus progenitores como por *otra persona que indique el menor, si el Juez autoriza su presencia*, lo que abre la vía a la designación por el menor de otro adulto adecuado[656].

---

proceso penal del menor", *Estudios penales y criminológicos*, núm. 26, 2006, (p. 182) o GONZÁLEZ PILLADO, E., "Medidas cautelares", en GONZÁLEZ PILLADO, E. (Coord.), *El proceso penal de menores*, Tirant Lo Blanch, Valencia, 2009, (pp. 172-173).

654 Apartado VI.3 A Circular FGE 1/2000.

655 La Circular FGE 9/2011, de 16 de noviembre, *sobre criterios para la unidad de actuación especializada del Ministerio Fiscal en materia de reforma de menores*, califica esta representación subsidiaria del MF como una auténtica aberración jurídica, que vulnera los principios constitucionales de unidad de actuación y dependencia jerárquica bajo los que actúan ambos Fiscales, a cuyo efecto debería ordenarse la conducción del detenido a las dependencias de Fiscalía (Párrafo 2º, apdo. IV.2.2., p. 18).

656 La FGE ha interpretado este art. 22.1 LORPM de forma amplia, entendiendo que entra en juego para el resto de situaciones o diligencias, privado o no de libertad.

Con respecto a la audiencia, la LORPM contempla la posibilidad de que el menor esté acompañado de sus representantes legales, salvo que el Juez, tras oír al MF, al letrado del menor y al representante del Equipo Técnico, acuerde lo contrario. También se permite la asistencia del representante de la Entidad Pública de Protección (art. 35.1 LORPM).

De lo anterior, se puede concluir, en primer lugar, que el derecho del menor a estar acompañado durante el proceso se encuentra regulado en la LORPM de una forma desigual en lo que respecta a la presencia de otro adulto adecuado, cuando no sea posible que lo acompañe el titular de la patria potestad o tutor, en función de la fase procesal de que se trate. Así, si el menor está detenido, se establece que acudirá al interrogatorio el MF en sustitución de sus progenitores o tutores; pero, para el resto de situaciones, con carácter general, se permite la posibilidad de que esté acompañado por una persona designada por el propio menor y, finalmente, para la audiencia no se prevé que acuda en sustitución de los titulares de la patria potestad o tutor una tercera persona y se prevé que acuda un miembro de la Entidad Pública de Protección.

En virtud de lo anterior, entendemos que, para despejar toda duda interpretativa, debería reconocerse este derecho a estar acompañado por el titular de la patria potestad o tutor legal, tanto para el interrogatorio de la persona detenida como para la audiencia y, con carácter general, durante fases del proceso en las que intervenga el menor, cuando redunde en su interés superior estar acompañado por dicha persona, y su presencia no perjudique el curso normal del proceso penal, siempre que el MF o el Juez de la SMTI lo estimen conveniente. Todo ello a fin de adaptarse a lo dispuesto en la Directiva 2016/800 e incluso ampliar algunos aspectos que no son objeto de previsión en la misma y que se exponen a lo largo de este apartado[657].

---

657 En el mismo sentido, ARANGÜENA FANEGO, C., "Proceso penal del menor y cambios exigidos por la Directiva (UE) 2016/800, relativa

Además, se debe contemplar expresamente para las anteriores actuaciones procesales que, en caso de conflictos de interés con los titulares de la patria potestad o ausencia de los mismos por imposibilidad de localización o de desconocimiento de su identidad, operará la designación del adulto adecuado, en los términos que se expondrán en el apartado siguiente.

La presencia, participación y colaboración de los progenitores, tutores o del adulto designado por el menor o la autoridad competente durante el proceso se concibe como un apoyo de carácter psicológico, emocional y protector, ya que estas personas representan una fuente de confianza y seguridad para el menor en un entorno que puede resultarle hostil. Su presencia puede ayudarle a sentirse más cómodo para expresarse libremente y declarar con mayor tranquilidad; por otro lado, estas figuras también desempeñan un papel clave en ayudar al menor a comprender el proceso, facilitando así su participación de manera más informada y consciente.

Se presume, por tanto, que esta asistencia contribuye tanto al bienestar del menor como al acceso a la tutela judicial efectiva, conduciendo a un resultado más positivo del procedimiento. Si bien, en algunos casos, su presencia podría generar el efecto contrario, haciéndolo sentir presionado, influenciado o incómodo para expresarse con total libertad.

Por ello, su presencia en el procedimiento debe estar supeditada también a la voluntad del menor, ya que debe ser él quien decida si desea que lo acompañen durante los interrogatorios o vistas.

---

a las garantías procesales de menores sospechosos o acusados en los procesos penales", *cit.*, (p. 47); JIMÉNEZ MARTÍN, J., *El menor infractor ante el proceso penal. Especial consideración de su derecho de defensa, cit.*, (p. 130) y PILLADO GONZÁLEZ, E., "Las garantías procesales de los menores infractores: ajustes necesarios desde la normativa internacional y europea", *op. cit.*, (p. 81).

2.2.- Sustitución del titular de la patria potestad o representante legal por un adulto adecuado cuando se trata de un menor extranjero no acompañado.

Para el caso de que se decida que la presencia de los titulares de la patria potestad o tutores legales perjudica el interés del menor en el proceso, ya sea porque así se ha valorado por la autoridad competente o porque el menor hubiera manifestado la existencia de un conflicto de interés, o bien porque estén ausentes o se desconozca su identidad, operará la designación del adulto adecuado; para ello, primará la elección por parte del menor de la persona que considere que puede cumplir esta función, debiendo valorarse su idoneidad. En caso de que el adulto elegido por el menor no resulte idóneo o el menor no hubiera designado a nadie, procederá la designación de este adulto adecuado por parte de la autoridad competente (MF, Juez de la SMTI o incluso la autoridad policial).

En este sentido, sería necesario establecer expresamente en la LORPM un trámite procesal para evaluar la idoneidad de ese adulto adecuado, que incorpore también un trámite para impugnar la posible declaración de inidoneidad. Igualmente será necesario articular el papel de los titulares de la patria potestad en el proceso de impugnación u oposición a la designación del adulto adecuado.

Partiendo de la necesidad de evaluar la idoneidad del adulto, entendemos que debemos ser cautelosos en cuanto a quien se va a atribuir esta evaluación de la idoneidad y, especialmente, el proceso de evaluación debe regirse por un principio de celeridad. Igualmente, entendemos que el proceso de evaluación tiene que dotar de un gran protagonismo al menor y, en consecuencia, ser oído y escuchado, para conocer su opinión acerca de la designación de ese adulto adecuado. Sin embargo, en muchas ocasiones, el propio menor ni siquiera es consciente de que le asiste esta posibilidad, de ahí la importancia de darle toda la información de sus derechos.

En esta evaluación habrá que interpretar ampliamente el concepto de adulto adecuado para incluir a aquellas personas que pueden ser importantes para el menor extranjero no acompañado, aunque no sean de su familia, como, por ejemplo, un educador del centro de protección o de reforma donde se encuentre de forma cautelar, que no tiene por qué coincidir con la persona representante de la Entidad Pública de Protección que ejerce su tutela. Para aquellos menores extranjeros no acompañados que no se encuentren tutelados, por estar en situación de calle o haber abandonado los recursos de protección, será todavía más decisiva la evaluación de la idoneidad del adulto que designen y que ostente la condición de adulto adecuado durante el proceso.

Con respecto al adulto adecuado, debemos destacar figuras existentes en nuestro derecho comparado, como es el caso del tutor voluntario de Italia, entendida como aquella persona física, independiente de la Entidad Pública de Protección, previamente formada y especializada para asumir funciones de representación y asistencia al menor extranjero no acompañado, designada desde el momento en el que se le somete al procedimiento de identificación, tras su llegada al territorio del Estado italiano[658].

En la misma línea, el legislador europeo ha reforzado esta figura en materia del derecho al asilo y protección subsidiaria, el reciente Reglamento (UE) 2024/1351 del Parlamento Europeo y del Consejo, de 14 de mayo de 2024, *sobre la gestión del asilo y la*

658 Contemplado en la Ley italiana núm. 47 de 2017, *Disposizioni in materia di misure di protezione dei Minori Stranieri Non Accompagnati* (sobre disposiciones en materia de medidas de protección de menores extranjeros no acompañados). Para un análisis sobre esta figura, *vid.* TASSIRANI, F. "La identificación de los MENAs y el tutor voluntario en Italia: ¿un modelo a asumir por la UE?", *Cuadernos de Derecho Transnacional,* Vol. 11, núm. 1, 2019, (pp. 545-570) y DURÁN RUIZ, F.J., "El tutor voluntario del menor extranjero no acompañado. Un modelo a seguir para los Estados Miembros", *Revista internacional CONSINTER de direito,* Vol. 10, núm. 19, 2024, (pp. 327-347).

migración, por el que se modifican los Reglamentos (UE) 2021/1147 y (UE) 2021/1060 y se deroga el Reglamento (UE) nº 604/2013, que dispone como garantía específica para los menores extranjeros no acompañados solicitantes de asilo, la asignación de un representante, en cualquier momento durante el procedimiento de asilo, que le prestará asistencia y lo guiará con el fin de salvaguardar su interés superior y, en particular, le prestará asistencia en la formalización de la solicitud y en la entrevista personal. Igualmente, se establece que se designará una persona que asista al menor de forma provisional, con la experiencia y las capacidades necesarias, hasta que se le nombre un representante[659]. Con el fin de proporcionar un respaldo eficaz a los menores no acompañados, debe ponerse a cargo de los representantes o una persona apta para actuar provisionalmente como representante un número proporcionado y limitado de menores no acompañados, y, en circunstancias normales, no más de treinta menores no acompañados, al mismo tiempo. Los Estados miembros deben designar autoridades administrativas o judiciales u otras entidades responsables de la supervisión periódica de dichos representantes en el desempeño de sus funciones.

Para aquellos casos en los que el menor no designe a un adulto adecuado por falta de referentes familiares o sociales, por encontrarse aislado o en situación de calle o bien, para aquellos casos de conflicto con la Entidad Pública de Protección, surge la figura del defensor judicial, entendida como el último recurso y de carácter temporal y con una función específica de acompañamiento concreto en el proceso penal, debiendo analizar en qué situaciones procederá la designación de este defensor judicial de un menor extranjero no acompañado, sobre todo cuando estos menores estén tutelados por la Entidad Pública de Protección.

---

659 Se procederá del mismo modo en relación con los procedimientos de determinación de la edad y los procedimientos establecidos en el Reglamento (UE) 2024/1351 y el Reglamento (UE) 2024/1358.

Existen supuestos claros en los que existe un conflicto de interés entre el menor infractor y sus tutores legales o titulares de la patria potestad; en concreto, cuando los titulares de la patria potestad o tutores legales son las víctimas o perjudicados del delito. En estos casos, deben entenderse incluida aquella situación en que el menor infractor está tutelado por la Entidad Pública de Protección y la víctima también es un menor tutelado. También puede ocurrir que el conflicto de intereses surja con motivo de la determinación de la edad del menor investigado y la posición de la Entidad Pública de Protección en dicho proceso.

En este punto, debemos llamar la atención del papel del letrado del menor en detectar los posibles conflictos de interés que surjan entre el menor y el titular de la patria potestad o tutor[660].

La figura del defensor judicial del menor se relaciona con la representación de los intereses del menor de carácter temporal y limitado en sustitución de quienes ejercen la patria potestad o tutela cuando, debido a una circunstancia específica, existe un conflicto de intereses entre ambos o bien, éstos se encuentran ausentes. Es precisamente la temporalidad lo que diferencia esta figura de otras de carácter tuitivo y protector como la tutela o curatela[661].

En el ámbito de los procesos civiles y de familia, se regula en el art. 4 de del *Convenio Europeo sobre el ejercicio de los Derechos de los Niños* que incluye, entre los derechos procesales de éste, la posi-

---

660 En este sentido, el art. 4.8 de LO 5/2024, de 11 de noviembre, *del Derecho de Defensa,* establece que, en el caso de menores de edad, la asistencia jurídica deberá velar por el posible conflicto de intereses con los representantes legales, solicitando la designación de un defensor judicial en su caso.

661 BOADO OLABARRIETA, M. "El defensor judicial en el proceso penal. reflexiones sobre el artículo 26.2 del estatuto de la víctima del delito. La defensa de las menores víctimas del delito. Especial consideración a los supuestos de violencia de género y doméstica", *Revista Jurídica de Castilla y León,* núm. 49, 2019, (p. 51).

bilidad de solicitar, personalmente o a través de otras personas u organismos, la designación de un representante especial en los procedimientos que le afecten ante una autoridad judicial, cuando el derecho interno prive a los titulares de las responsabilidades parentales de la facultad de representar al niño como consecuencia de un conflicto de intereses con éste. Igualmente, está ampliamente reconocida en diversos preceptos del CC[662] y en la Ley 15/2015, de 2 de julio, *de la Jurisdicción Voluntaria* (arts. 27 a 32).

Asimismo, el TS lo ha definido como la persona que asume temporalmente la representación y defensa de los intereses de los menores de edad o de las personas con discapacidad, cuando la persona que legalmente debe hacerlo, no lo hace. Se trata de un cargo judicial porque es necesaria una resolución judicial que acuerde su nombramiento; además, cuando actúa, debe obrar dentro de las facultades precisas y concretas que se le han atribuido[663].

En el ámbito de protección de la infancia, la reforma operada de la LOPJM operada por LO 8/2021, de 22 de julio, de *modificación del sistema de protección a la infancia y la adolescencia,*

---

662 Art. 163 CC: *Siempre que en algún asunto el padre y la madre tengan un interés opuesto al de sus hijos no emancipados, se nombrará a éstos un defensor que los represente en juicio y fuera de él. Se procederá también a este nombramiento cuando los padres tengan un interés opuesto al del hijo menor emancipado cuya capacidad deban completar. Si el conflicto de intereses existiera sólo con uno de los progenitores, corresponde al otro por Ley y sin necesidad de especial nombramiento representar al menor o completar su capacidad. A petición del padre o de la madre, del menor, del Ministerio Fiscal o de cualquier persona capaz de comparecer en juicio, el Juez nombrará defensor, con las facultades que señale, al pariente del menor a quien en su caso correspondería la tutela legítima, y a falta de éste o cuando tuviere intereses contrapuestos, a otro pariente o a un extraño.* Además, los art. 235 y 236 CC disponen los casos en los que procede la designación de defensor judicial y la remisión a las normas del defensor judicial de las personas con discapacidad. El procedimiento para su designación se regula en los arts. 27 a 30 de la Ley 15/2015, de Jurisdicción voluntaria.

663 STS 212/2003, de 4 de marzo (ROJ: 1472/2003).

de aplicación también al menor infractor en el proceso penal, introduce en su art. 2.5.c) la posible participación en el proceso de un defensor judicial si hubiere conflicto o discrepancia con los titulares de la patria potestad, tutores o progenitores. Además, en el art. 10.2, letra e) LOPJM, introducido también por la LO 8/2021 señala que *Para la defensa y garantía de sus derechos los menores podrán: (…) e) Solicitar asistencia legal y el nombramiento de un defensor judicial, en su caso, para emprender las acciones judiciales y administrativas necesarias encaminadas a la protección y defensa de sus derechos e intereses. En todo caso, el Ministerio Fiscal podrá actuar en defensa de los derechos de los menores.*

En lo que respecta al proceso penal, la Directiva 2012/29/UE del Parlamento Europeo y del Consejo de 25 de octubre de 2012, *por la que se establecen normas mínimas sobre los derechos, el apoyo y la protección de las víctimas de delitos*, se refiere el defensor judicial de la víctima menor de edad como un representante designado por la autoridad competente, en caso de que se imposibilite a los titulares de responsabilidad parental para representar a dicha víctima con motivo de un conflicto de intereses entre ellos o cuando se trate de una víctima no acompañada o que esté separada de la familia (art. 24). En los mismos términos, se prevé en el art. 26.2 del Estatuto de la Víctima del Delito[664].

---

[664] Art. 26.2 Estatuto de la Víctima del Delito: *El Fiscal recabará del Juez o Tribunal la designación de un defensor judicial de la víctima, para que la represente en la investigación y en el proceso penal, en los siguientes casos: a) Cuando valore que los representantes legales de la víctima menor de edad o con capacidad judicialmente modificada tienen con ella un conflicto de intereses, derivado o no del hecho investigado, que no permite confiar en una gestión adecuada de sus intereses en la investigación o en el proceso penal. b) Cuando el conflicto de intereses a que se refiere la letra a) de este apartado exista con uno de los progenitores y el otro no se encuentre en condiciones de ejercer adecuadamente sus funciones de representación y asistencia de la víctima menor o con capacidad judicialmente modificada. c) Cuando la víctima menor de edad o con capacidad judicialmente modificada no esté acompañada o se encuentre separada de quienes ejerzan la patria potestad o cargos tutelares.*

Si bien, como se ha adelantado, con respecto al menor acusado o investigado, la única referencia en el LORPM a un representante del menor cuando exista ese conflicto de interés con los titulares de la patria potestad se regula en el ya comentado art. 17.2 estableciendo esa polémica representación subsidiaria del MF en persona distinta al Fiscal instructor.

La LECrim, por el contrario, sí prevé expresamente el nombramiento de un defensor judicial al menor detenido cuando exista un conflicto de intereses con quienes ejerzan la patria potestad, la tutela o la guarda de hecho; nombrado del defensor judicial se le pondrá en conocimiento del hecho y del lugar de detención (art. 520.4 LECrim). Este precepto ha sido objeto de crítica por la Fiscalía de Menores, que considera esta previsión innecesaria y que induce a confusión, debiendo interpretarse la expresión *defensor judicial* en un sentido amplio, referida a cualquier persona que pueda asistirle sin conflicto de intereses, teniendo en cuenta, además, que colisiona con el contenido del art. 17.2 LORPM que prevalece como precepto especial[665].

Por todo ello, entendemos que la figura del defensor judicial tendría encaje en la LORPM con respecto a aquellos menores que no hubieran designado a un adulto adecuado o éste se reputase inidóneo y, en todo caso, procederá su nombramiento cuando haya conflictos de interés con la Entidad Pública de Protección. Tendrá, por tanto, un carácter subsidiario, temporal y sus funciones estarán limitadas a la concreta designación por

---

665 En la Memoria Anual FGE de 2016, se recogen las Conclusiones de las Jornadas de Fiscales Delegados de Menores de 2015 y, concretamente, la núm. 11.3 hacía referencia a la circunstancia en la que el menor permaneciese detenido en dependencias policiales donde no es posible nombrarle un defensor judicial, al no existir todavía proceso abierto ni Juez de quien instar su nombramiento, más aún si se tiene en cuenta lo reducido de los plazos de detención (24 horas policiales conforme al art. 17.4 LORPM).

la autoridad judicial, de acompañamiento del menor durante las actuaciones del proceso que sean necesarias.

3.- DERECHO A LA COMUNICACIÓN DE LA DETENCIÓN A LAS AUTORIDADES CONSULARES

La comunicación de la detención a las personas allegadas o familiares de la persona detenida se concibe como un derecho de carácter humanitario que permite, por un lado, informar a esa persona de la situación concreta del infractor, y, por otro, recabar su colaboración si es necesario y activar los procedimientos de control de la detención, como el *habeas corpus* o la designación de abogado[666]. Cuando se trata de una persona extranjera y con motivo de la situación de desamparo que en ella concurre por encontrarse en un país distinto al suyo, sin contar probablemente con familiares o allegados y, desconociendo seguramente el idioma y el sistema policial y judicial de dicho lugar, así como las consecuencias del presunto hecho delictivo por el que se le ha privado de libertad, se establece una asistencia consular de su país, independientemente de que le asistan otros derechos específicos como el derecho a un intérprete y traductor o la asistencia letrada de oficio. Cuando el país de origen de la persona detenida no tenga representación diplomática o consular, se debe permitir a la comunicación con las personas del cuerpo diplomático alternativo que les representen.

Además de la finalidad de darle amparo a la persona detenida extranjera, la comunicación también responde a la finalidad de protección debida en el exterior por parte de su país de origen, basada en las obligaciones internacionales contraídas por España, de carácter diplomático, al permitir que el Estado de la nacionalidad del extranjero detenido pueda prestar a sus

666 PILLADO GONZÁLEZ, E. y TEIXEIRA RODRÍGUEZ, J., *La detención*, Boletín Oficial del Estado, Madrid, 2004, (p. 78).

ciudadanos servicios como asistencia letrada, facilitación de la comunicación con sus familiares, información a las autoridades judiciales y policiales del estado de la causa penal, prestaciones económicas, e incluso que los funcionarios consulares puedan visitar al detenido, conforme a los arts. 5 y 36 c) de la Convención de Viena sobre relaciones consulares, de 24 de abril de 1963[667].

Si bien, en la práctica, el alcance de las responsabilidades del funcionariado consular dependerá de las necesidades de la persona detenida y del contexto particular del país, así como de la existencia de un tratado bilateral suscrito con el mismo.

Con respecto a los menores, el apartado h del mencionado art. 5 de la Convención de Viena establece que los agentes consulares están facultados para velar por los intereses de los menores, dentro de los límites que impongan las leyes y reglamentos del Estado receptor. Algunas funciones importantes que pueden corresponder al personal del consulado son explicar al menor el sistema y proceso judicial, asistir y observar los procesos judiciales para garantizar que se respeten los derechos de sus nacionales y vigilar cualquier discriminación a la que se puedan enfrentar como personas extranjeras, o facilitar la interpretación y traducción de los documentos clave, por ejemplo. Pueden, además, ayudarles a la conseguir documentación oficial de su país de origen. En algunos casos, también pueden proporcionar directamente asistencia humanitaria básica con alimentos y artículos sanitarios, cuando la prestación de estos por las autoridades sea considerada inadecuada. El personal del consulado también puede vincular a sus nacionales con comunidades de personas expatriadas que vivan en el país de detención; estas comunidades pueden proporcionar apoyo y asistencia humanitaria.

---

667 RECIO JUÁREZ, M., *Posición del extranjero como sujeto pasivo del proceso penal español*, Tesis Doctoral, Universidad de Vigo, 2016, (p. 274).

La Directiva 2013/48/UE del Parlamento Europeo y del Consejo, de 22 de octubre de 2013, *sobre el derecho a la asistencia de letrado en los procesos penales y en los procedimientos relativos a la orden de detención europea, y sobre el derecho a que se informe a un tercero en el momento de la privación de libertad y a comunicarse con terceros y con autoridades consulares durante la privación de libertad,* prevé que todo sospechoso o acusado no nacional de un Estado miembro, cuando esté privado de libertad, gozará del derecho a que su detención sea comunicada a las autoridades consulares y a ser visitado, a conversar y a mantener correspondencia con éstas, así como a recibir representación legal (art. 7).

Esta previsión se contempla también en el art. 520.3 LECrim, debiendo comunicarse al cónsul del país del detenido el hecho de su detención y el lugar de custodia y permitiéndole la comunicación con la autoridad consular. En el ámbito de la justicia juvenil, este derecho se reconoce en el art. 17.1 LORPM, que dispone que el menor tendrá derecho a la notificación inmediata del hecho de la detención y el lugar de la custodia a los representantes legales del menor y al MF; para el caso del menor extranjero que tuviera su residencia habitual fuera de España o cuando así lo solicitaran el propio menor o sus representantes legales, el hecho de la detención se notificará a las correspondientes autoridades consulares.

En este sentido, la LORPM se aleja de lo dispuesto en el art. 520.3 LECrim, que alude genéricamente a la comunicación al cónsul del país de origen de la persona detenida extranjera de forma automática, sin hacer mención al requisito de residencia habitual fuera de España y sin que sea necesario solicitarlo expresamente. Lo que sí regula el art. 520.3 LECrim es la posibilidad de elegir entre las autoridades consulares de los países sobre los que tenga nacionalidad el extranjero detenido, para los casos de dos o más nacionalidades.

A pesar de estas previsiones y de los posibles beneficios que podría acarrear la comunicación con las autoridades consulares, lo cierto es que los menores extranjeros no acompañados no ejercitan este derecho de comunicación con la autoridad consular de su país de origen, sin perjuicio de la imperativa comunicación a ésta por parte del Juez de la SMTI. Ello es debido, principalmente a su situación irregular en el Estado receptor, aun cuando la regularización implique gestiones previas imprescindibles con el consulado o embajada. Por otro lado, estos menores se enfrentan a menudo con la incapacidad de sus misiones en el extranjero para ayudarlas. Las embajadas carecen con frecuencia de mecanismos efectivos de comunicación, no ofrecen apoyo suficiente para asegurar asistencia legal gratuita y no suelen implicarse en casos de detención. Más aun, usualmente no son informadas de la detención de sus nacionales, por lo que actúan con retraso y las personas migrantes recurren a la ayuda de organizaciones no gubernamentales. Aunque algunas misiones ofrecen asesoría legal en litigios, la práctica no es habitual ni lo suficientemente efectiva y completa[668].

Finalmente, aquellos menores solicitantes de asilo, que precisamente huyen de persecución en su país de origen, rechazan el contacto con la autoridad consular. En este caso, debe facilitarse el contacto con el representante diplomático del Estado que asuma la responsabilidad de sus intereses o la autoridad nacional o internacional pertinente, por ejemplo, ACNUR. Igualmente, debe ponerse a su disposición el contacto con una organización humanitaria internacional reconocida, como puede ser CEAR en el ámbito del derecho de asilo y refugio.

4.- DERECHO A UN RECONOCIMIENTO MÉDICO.

La actuación médico forense ante la persona detenida ha de dar oportuno cumplimiento a la prestación de una debida

---

[668] Informe del Relator de la ONU para los derechos humanos de los migrantes, 2018, (p. 7).

asistencia pericial y velar por sus derechos a la protección de la salud y a recibir un trato digno. La actuación médico-forense durante la detención se centra, por tanto, en aspectos periciales, entre los cuales el más característico es la determinación de la edad. En ocasiones, el servicio médico-forense puede ser requerido también con fines asistenciales.

Mientras dure la detención, el menor tiene derecho a un reconocimiento médico, que la Directiva 2016/800 prevé en su art. 8, que deberá ser realizado por un facultativo o profesional cualificado, sin la dilación indebida, con objeto de evaluar, en particular, su estado físico y mental general, que se lo menos invasivo posible.

Este reconocimiento médico será realizado por iniciativa de las autoridades competentes, en particular cuando esté motivado por condiciones específicas de salud, o a petición del menor; del titular de la patria potestad o el adulto adecuado, o del letrado del menor. En todo caso, se someterá al menor detenido a reconocimiento médico cuando sus circunstancias personales o las inherentes a la forma en que se ha practicado la detención lo aconsejen, correspondiendo al responsable policial valorar su pertinencia como en el caso de detenidos mayores de edad.

Los exámenes médicos deben realizarse en un entorno amigable por médicos con experiencia en evaluar y documentar lesiones. A la persona menor de edad se le debe proporcionar con anticipación información completa, comprensible y adaptada a sus etapas de desarrollo, sobre cualquier evaluación o procedimiento, y hay que darle la oportunidad de otorgar su consentimiento a cualquier evaluación o procedimiento. Este proceso también implicará normalmente solicitar el consentimiento de sus progenitores o tutores legales, o a falta de éstos, del adulto adecuado.

Los resultados del reconocimiento médico se tendrán en cuenta al determinar la capacidad del menor para someterlo a un interrogatorio, a otras medidas de investigación o de obtención de pruebas, o a cualquier medida adoptada o prevista contra él.

El corolario de este precepto de la Directiva 2016/800 se encuentra en el art. 17.3 LORPM, que regula de forma escueta el derecho del menor que se encuentre detenido a recibir asistencia social, psicológica, médica y física que requiera, habida cuenta de su edad, sexo y características individuales. De forma supletoria, se aplica lo dispuesto en el art. 520.2.i) LECrim que reconoce el derecho del detenido a un reconocimiento por el médico forense o sustituto legal y, en su defecto, por el de la institución en la que se encuentre, o por cualquier otro dependiente del Estado o de otras Administraciones Públicas. Igualmente, para el detenido que tenga restringido el derecho a comunicarse con todas o alguna de las personas con quienes tenga derecho a hacerlo, se le realizarán, con una frecuencia de al menos dos reconocimientos cada 24 horas, a criterio del facultativo (art. 527.3 LECrim). A mayores de lo dispuesto en estos preceptos, debería extenderse a los sospechosos no detenidos y concretarse el momento oportuno (en cuanto lo solicite el menor o en cuanto se aprecie la necesidad).

A fin de adaptar la normativa forense española a los estándares internacionales, a la jurisprudencia del TEDH, y de las recomendaciones del Comité Europeo para la Prevención de la Tortura y de las Penas o Tratos Inhumanos o Degradantes y del Mecanismo Nacional de Prevención de la Tortura, así como al uso de nuevas tecnologías y a las especiales circunstancias y necesidades de las personas detenidas, especialmente las más vulnerables, así como asegurar la eficacia, la calidad del servicio público y la excelencia de la actuación de la medicina forense en los servicios de clínica forense de los institutos de medicina legal y ciencias forenses, se aprobó el Real Decreto 650/2023, de 18 de julio, *por el que se aprueba el Protocolo de reconocimiento médico forense a la persona detenida,* cuyo ámbito de aplicación se extiende a toda persona detenida que se hallare bajo la jurisdicción de juzgados y tribunales y a disposición de las fiscalías, por los servicios de clínica forense de los institutos de medicina legal y ciencias forenses (art. 2).

El RD obliga a los Institutos de medicina legal y ciencias forenses a registrar un conjunto mínimo básico de datos de actividad con personas detenidas (art. 3). Entre ellos, se establece la necesidad de incluir los factores de vulnerabilidad que concurran en la persona detenida, debiendo, por tanto, realizar un análisis o evaluación previa sobre los mismos[669].

El objeto de esta evaluación realizada por el médico forense es analizar no solo el estado de salud de los menores detenidos, sino también recabar datos ilustrativos de indicios de vulnerabilidad, como el abandono escolar, la ausencia de domicilio fijo, un seguimiento médico irregular o ausente, o incluso la falta de documentación clínica, sanitaria y psicológica del menor, habitual en el caso de los menores extranjeros no acompañados. El resultado de esta evaluación previa por el médico forense, podrá complementar y ser de utilidad para la posterior evaluación individual que deba realizar el Equipo Técnico, debiendo actuar en coordinación.

En cuanto a las garantías que asisten al menor en el reconocimiento médico, debemos destacar el derecho de las personas detenidas que no hablen o entiendan el castellano o la lengua oficial en la que se desarrolle la actuación y aquellas que tengan una discapacidad sensorial o una discapacidad cognitiva, tendrán derecho a ser asistidas en toda interacción con el médico forense por un intérprete que utilice una lengua que comprendan durante todas las actuaciones en que sea necesaria su presencia, así como por un facilitador que adapte los contenidos de la información[670]. Si bien, debería preverse expresamente en nuestra LORPM la asistencia del intérprete y/o del facilitador.

---

669 Sobre la evaluación realizada a través del reconocimiento médico, debemos destacar el caso de Francia, donde es obligatorio un examen médico de los menores de 16 años durante las primeras 24 horas de la detención.

670 *Guía de buenas prácticas para la aplicación del protocolo de reconocimiento médico-forense a la persona detenida,* Ministerio de la Presidencia, Justicia y Relaciones con las Cortes, 2023, (pp. 23-24).

5.- LA FIGURA DEL FACILITADOR PROCESAL Y SU POSIBLE ENCAJE EN EL PROCESO PENAL DE MENORES SEGUIDO CONTRA UN MENOR EXTRANJERO NO ACOMPAÑADO

Tal y como se ha expuesto en los apartados anteriores, las exigencias, por un lado de facilitar información al menor en un lenguaje comprensible y, por otro lado, permitir su participación en el proceso de forma adecuada a través del ejercicio efectivo del derecho a ser oído y escuchado, que suponen un esfuerzo adicional en el caso de los menores extranjeros no acompañados como consecuencia de los factores externos e internos que condicionan su vulnerabilidad agravada y que también han sido objeto de análisis en el capítulo II, entrañan una serie de desafíos para la Administración de Justicia a fin de desplegar estos mecanismos de ajuste y adaptación del proceso, que se basan principalmente en la asistencia de personal experto o especializado.

El CRC ha desarrollado en su Observación General núm. 12, algunas medidas que deben implementar los Estados parte, tales como establecer instituciones independientes de derechos humanos como defensores del niño o comisionados, con un amplio mandato en materia de derechos del niño; capacitar sobre el ejercicio de este derecho a los profesionales que intervienen en el proceso con menores; garantizar las condiciones y el entorno adecuados para que el menor ejerza este derecho e incluso tenga la plena convicción de que sus opiniones están siendo tenidos en cuenta; y, finalmente, combatir las actitudes negativas, que obstaculizan la plena realización del derecho del niño a ser escuchado, mediante campañas públicas que abarquen a los líderes de opinión y los medios de difusión, a fin de cambiar concepciones tradicionales muy extendidas en relación con el niño[671].

---

671 Apartado 3, punto 49 de la Observación General núm. 12 (2009), del CRC, *El derecho del niño a ser escuchado* (p.15).

No obstante, estos mecanismos no se encuentran implementados en nuestro ordenamiento jurídico para el caso de los menores o colectivos vulnerables, cuando ocupan la posición de sujetos activos del delito. Por ello, será necesario analizar en primer lugar los mecanismos existentes en el ámbito procesal civil en lo que respecta a los menores y, por otro lado, extender el análisis a las adaptaciones del proceso realizadas en favor de las personas con discapacidad, en donde se ha avanzado en cuanto a su regulación.

La introducción de la figura de una persona externa facilitadora del ejercicio efectivo del derecho a estar informado y a ser oído y escuchado en condiciones de igualdad en el proceso, se prevé con carácter general, a través de lo dispuesto en el art. 9 LOPJM que permite el auxilio o apoyo de profesionales cualificados o expertos al establecer la exigencia de que las distintas actuaciones o comparecencias que tengan lugar en los procedimientos judiciales en que intervengan menores, *se realicen de forma adecuada a su situación y desarrollo evolutivo, con la asistencia, si es necesario, de profesionales cualificados o expertos, preservando su intimidad y utilizando un lenguaje que le sea comprensible.*

Por su parte, en relación a la víctima menor de edad, Ley 4/2015, de 27 de abril, del *Estatuto de la víctima del delito* también reconoce su derecho a estar acompañada por la persona que elija, sin que tenga que ostentar ésta la condición de familiar, representante legal o procesal, lo cual permitiría la asistencia de un tercero especializado que actúe como facilitador. La FGE ha realizado una interpretación amplia de figura del facilitador en todas las instancias también para las personas detenidas, investigadas, y acusadas, pero, más aún en el acto del juicio oral como punto culminante del proceso penal[672]

---

[672] *Miradas para una justicia sin barreras*, FGE, 2023, (p. 164). Disponible en: https://www.fiscal.es/documents/d/fiscal/miradas-para-una-justicia-sin-barreras y FERNÁNDEZ MARTÍNEZ, J.M. y DE RADA

En el marco de los procedimientos civiles matrimoniales y de menores, se puede destacar el art. 707 LEC, en el que se contempla la posibilidad de recabar el auxilio de especialistas cuando sea necesario, en las audiencias con menores, en base a la obligación del tribunal de garantizar que las mismas *sean realizadas en condiciones idóneas para la salvaguarda de sus intereses, sin interferencias de otras personas.*

También en el proceso civil, para el caso de las personas con discapacidad el legislador ha instaurado de forma expresa la figura del facilitador, en el art. 7 Bis LEC apartado 2 c), aunque sea necesario todavía un desarrollo reglamentario. Aunque este apartado no se refiera expresamente a las personas mayores de edad, el art. 7 Bis LEC donde está incluido se refiere también a los ajustes necesarios para las personas mayores que lo soliciten o, en todo caso, aquellas con una edad de ochenta años o más; por lo que debemos interpretar que el facilitador procesal también está pensado para ellas.

Sobre la base de consecución de los objetivos últimos de equidad e igualdad entre las partes en el proceso, así como paliar los desequilibrios existentes por la vulnerabilidad de una de ellas (o de ambas), en este caso la de un menor extranjero no acompañado que se enfrenta a barreras de índole social, idiomáticas y también de carácter físico y psicológico, surge la necesidad de realizar ajustes y adaptaciones en el proceso, al igual que ocurre en el caso de las personas con discapacidad, aunque se enfrentan a otro tipo de barreras y su vulnerabilidad es distinta. Por este paralelismo, se ha decidido acudir a las normas que regulan los derechos de las personas con discapacidad y que han motivado reformas en el ámbito civil y procesal, como forma de inspiración para diseñar desde esa misma perspectiva de igualdad y equidad, aquellos ajustes procesales que devienen necesarios y

---

GALLEGO, I. (Dir.), *Guía de buenas prácticas sobre el acceso a la justicia de las personas con discapacidad, Foro Justicia y Discapacidad,* 2021, (p.115).

que todavía no están recogidos en la legislación procesal penal de menores con respecto a aquellos más vulnerables.

Los problemas de accesibilidad o comunicación con los operadores jurídicos, derivados de, entre otras cosas, lo complejo que puede resultar el lenguaje jurídico o la estructura del proceso, existen también para un menor de edad y de forma más acusada cuando se trata de un menor extranjero no acompañado, de modo que en este apartado se analizará la posibilidad de hacer extensible la figura del facilitador a aquellos supuestos de intervención de niños y niñas extranjeros no acompañados en el proceso[673].

La extensión de la figura del facilitador a los procesos penales de menores seguidos contra un menor extranjero no acompañado se basa en dos razones principalmente. En primer lugar, el propio fundamento de la incorporación de la figura del facilitador en los procesos en los que interviene una persona con discapacidad que no es otro que el de garantizar su participación en condiciones de igualdad y, por otro lado, los objetivos de la intervención del facilitador que se dirige a asegurar la participación eficaz de la persona con discapacidad en cualquier tipo de procedimiento, en cualquier ámbito jurisdiccional y en cualquier etapa del proceso (incluida las fases de investigación o preliminares), independientemente de su rol dentro del mismo (persona demandante, demandada, encausada, investigada, víctima o testigo).

En este sentido, el art. 13 de la *Convención sobre los derechos de las personas con discapacidad*, hecha en Nueva York, el 13 de diciembre de 2006[674], recoge el derecho a la realización de ajustes de procedimiento *con la finalidad de equilibrar y respetar los derechos*

---

673 DURÁN ALONSO, S., "Accesibilidad al proceso y menores de edad: desde la figura del facilitador hasta las resoluciones de lectura fácil", en MARTÍNEZ CALVO, J. (Dir.). *La protección jurídica del menor en el derecho comparado*, Servicio de Publicaciones Universidad de Zaragoza, 2023, (p. 194).

674 De la que España es signataria tras su ratificación el 21 de abril de 2008, BOE núm. 96, de 21 de abril de 2008.

de las partes. Estos ajustes comprenden todas las modificaciones y adaptaciones necesarias y adecuadas para cada caso particular, que pueden incluir la utilización de intermediarios o facilitadores.

Entre estos ajustes, se erige la figura del facilitador, como una de las herramientas clave, cuya función consistirá en el apoyo especializado que acompaña a las personas con discapacidad en su interacción con el sistema de justicia reduciendo las barreras que dificultan su participación en el proceso, que ha sido introducida mediante la incorporación del art. 7 Bis LEC, a través de la reforma operada por la Ley 8/2021, de 2 de junio, *por la que se reforma la legislación civil y procesal para el apoyo a las personas con discapacidad en el ejercicio de su capacidad jurídica,* para el supuesto de discapacidad de alguna de las partes, en el entendimiento de que se trata de personas especialmente vulnerables que pueden presentar problemas de accesibilidad al proceso judicial. En el referido precepto se prevé que, en todas las fases y actuaciones de los procesos en los que participen personas con discapacidad, incluidos los actos de comunicación, se realizarán a petición de parte, del MF o de oficio por el Juez, las adaptaciones y los ajustes que sean necesarios para garantizar su participación en condiciones de igualdad[675].

---

675 En el referido art. 7 Bis LEC, se introduce una previsión genérica a la posibilidad de realización de adaptaciones en su apartado primero: *1. En los procesos en los que participen personas con discapacidad, se realizarán las adaptaciones y los ajustes que sean necesarios para garantizar su participación en condiciones de igualdad. Dichas adaptaciones y ajustes se realizarán, tanto a petición de cualquiera de las partes o del Ministerio Fiscal, como de oficio por el propio Tribunal, y en todas las fases y actuaciones procesales en las que resulte necesario, incluyendo los actos de comunicación. Las adaptaciones podrán venir referidas a la comunicación, la comprensión y la interacción con el entorno. Por su parte, en el apartado segundo, se establece el derecho a entender y ser entendido mediante las siguientes previsiones: a) Todas las comunicaciones con las personas con discapacidad, orales o escritas, se harán en un lenguaje claro, sencillo y accesible, de un modo que tenga en cuenta sus características personales y sus necesidades, haciendo uso de medios como la lectura fácil. Si fuera necesario, la comunicación también se hará a*

Esta nueva figura del facilitador se identifica en el referido art. 7 Bis apartado 2, letra c) LEC, como aquel profesional experto que realice las tareas de adaptación y ajuste necesarias para que la persona con discapacidad pueda entender y ser entendida.

Sin embargo, esta escueta regulación de la figura del facilitador deja al margen cuestiones como los requisitos que estos profesionales deben reunir para ejercer como personal experto facilitador, la forma de designación, la formación requerida o si actuarán por cuenta de la Administración de Justicia o a costa de la parte o interviniente procesal que requiera su intervención; es decir, si tendrán una naturaleza pública o privada y en su caso, cuál será la contraprestación por sus servicios. Igualmente resulta necesario delimitar su objeto y ámbito de aplicación y los principios que rigen su actuación.

Esta ausencia denota la generalidad con la que se han introducido la posibilidad de realizar adaptaciones en el proceso, así como la indefinición de la extensión y los límites de dichas adaptaciones procesales; tampoco se ha regulado el procedimiento mediante el que la persona con discapacidad pueda exigir el acceso a ese derecho, salvo lo dispuesto en el art. 758.2 LEC[676], ni las consecuencias

---

la persona que preste apoyo a la persona con discapacidad para el ejercicio de su capacidad jurídica. b) Se facilitará a la persona con discapacidad la asistencia o apoyos necesarios para que pueda hacerse entender, lo que incluirá la interpretación en las lenguas de signos reconocidas legalmente y los medios de apoyo a la comunicación oral de personas sordas, con discapacidad auditiva y sordociegas. c) Se permitirá la participación de un profesional experto que a modo de facilitador realice tareas de adaptación y ajuste necesarias para que la persona con discapacidad pueda entender y ser entendida. d) La persona con discapacidad podrá estar acompañada de una persona de su elección desde el primer contacto con las autoridades y funcionarios. En los mismos términos, se ha añadido a la Ley 15/2015, de 2 de julio, *de la Jurisdicción Voluntaria,* un nuevo art. 7 bis de contenido idéntico al de la LEC.

676 El art. 758.2 LEC dispone en el marco de los procesos sobre la adopción de medidas judiciales de apoyo a personas con discapacidad, que el letrado de la Administración de Justicia llevará a cabo las actuacio-

del incumplimiento, lo que refleja la necesidad de una regulación más precisa que permita un desarrollo eficiente en la práctica[677].

Más allá de lo dispuesto en la norma procesal, no existe en la actualidad una regulación unificada sobre esta figura, ni un catálogo de profesionales que puedan actuar como facilitadores, debiendo acudir al desarrollo de las CCAA en este sentido[678]. Por ello, vamos a remitirnos a los desarrollos reglamentarios autonómicos que más han profundizado en la regulación de esta figura, así como la jurisprudencia del TS en la materia a la hora de intentar definir la naturaleza de este experto (pública o privada), sus funciones y su grado de intervención en el proceso, trasladable a aquellos supuestos menores extranjeros no acompañados en conflicto con la ley penal.

En primer lugar, con respecto a la naturaleza pública o privada de esta figura, el art. 7 Bis LEC nada recoge expresamente al respecto de quien asumirá el coste de la intervención del

---

nes necesarias para que la persona con discapacidad comprenda el objeto, la finalidad y los trámites del procedimiento, de conformidad con lo previsto en el art. 7 bis LEC.

677 SUÁREZ XAVIER, P. R., "Algunas reflexiones sobre la inclusión de las personas con discapacidad desde la óptica procesal. El facilitador y otras lecciones pendientes", en CALAZA LÓPEZ, S., LUACES GUITÉRREZ, A. y LLORENTE SÁNCHEZ-ARJONA, M., *Justicia y discapacidad en un entorno virtual*, Dykinson, Madrid, 2023, (p. 99).

678 En el momento actual, la única CA que ha desarrollado reglamentariamente esta figura es Madrid, a través de Decreto 52/2024, de 8 de mayo, del Consejo de Gobierno, *por el que se establece el servicio y se regula la figura del personal experto facilitador para prestar apoyo a las personas con discapacidad en las sedes judiciales de la Comunidad de Madrid.* Por su parte, en Canarias, la Consejería de Presidencia, Administraciones Públicas, Justicia y Seguridad abrió en septiembre de 2024 el periodo de consulta pública previa a la aprobación de una norma que regule la figura de los facilitadores. El Comité Español de Representantes de Personas con Discapacidad (CERMI) ha instado al Ministerio de Justicia a acelerar la tramitación del RD que regule esta figura a nivel estatal, lo que podría impulsar su adopción en otras regiones.

facilitador, aunque del propio Preámbulo de la Ley 8/2021, se infiere que será a costa de la persona con discapacidad[679]. Ello lleva a cuestionarse qué ocurre con aquellas personas con discapacidad que tienen derecho a justicia gratuita y si también estaría incluida la asistencia de facilitador en estos casos.

Dado que en la Ley 1/1996, de 10 de enero, *de Asistencia Jurídica Gratuita*, no ha introducido esta posibilidad, debemos interpretar que se trata de un servicio privado, que deberá ser soportado por la persona que necesite la intervención del facilitador, lo cual entraña, sin duda, una clara vulneración de la Convención de Nueva York, así como una quiebra del principio de igualdad y una manifiesta discriminación hacia la persona con discapacidad, puesto que se condiciona el acceso a la justicia a los recursos económicos de los que disponga[680].

No obstante, en el caso de la CA de Madrid, que ha promulgado el Decreto 52/2024, de 8 de mayo, del Consejo de Gobierno, *por el que se establece el servicio y se regula la figura del personal experto facilitador para prestar apoyo a las personas con discapacidad en las sedes judiciales de la Comunidad de Madrid*[681], ha previsto que será

679 Apartado V, párrafo 3º del Preámbulo de la Ley 8/2021, de 2 de junio, por la que se reforma la legislación civil y procesal *para el apoyo a las personas con discapacidad en el ejercicio de su capacidad jurídica.*

680 SUÁREZ XAVIER, P. R., "Algunas reflexiones sobre la inclusión de las personas con discapacidad desde la óptica procesal. El facilitador (...)", *op. cit.*, (p. 104).

681 La CA de Madrid asumió las competencias en materia de Justicia de conformidad con lo dispuesto en el art. 49 de su Estatuto de Autonomía, y en la LOPJ, en virtud del RD 600/2002, de 1 de julio y RD 1429/2002, de 27 de diciembre, *sobre traspaso de funciones y servicios de la Administración del Estado a la CA de Madrid en materia de provisión de medios materiales y económicos para el funcionamiento de la Administración de Justicia.* Además, Madrid en el marco de sus competencias y de conformidad con lo dispuesto en la Ley 4/2015, de 27 de abril, *del Estatuto de la víctima del delito* y del RD 1109/2015, de 1 de diciembre, *por el que se desarrolla la Ley 4/2015, de 27 de abril, del Estatuto de la vícti-*

un servicio de la Administración de la CA de Madrid, que deberá abonar la contraprestación que corresponda al facilitador (art. 10).

Las funciones del facilitador son múltiples y abarcan desde la comunicación con abogados, jueces y otros operadores jurídicos, la orientación e información sobre los procedimientos legales y derechos que asisten a la persona en cuestión, apoyo psicológico y adaptación de documentos o información[682]. En definitiva, son las garantías procesales relativas al derecho a estar informado y al derecho a ser oído y escuchado y, en definitiva, a participar en el proceso las que se identifican con esta figura.

Con respecto a los requisitos de formación para optar a la condición de profesional experto no facilitador, el Reglamento de la CA de Madrid, requiere la licenciatura, diplomatura o grado en psicología, derecho, logopedia, criminología, trabajo social, educación social o terapia ocupacional, con formación específica para apoyar a personas con discapacidad en procesos judiciales en los que participen, así como la exigencia de una formación especializada adicional cuando se trata de menores de edad[683].

---

ma del delito y se regulan las Oficinas de Asistencia a las Víctimas del Delito, aprobó el Decreto 28/2020, de 6 de mayo, *por el que se establece la organización y funcionamiento de la Red de Oficinas de Asistencia a las Víctimas del Delito de la Comunidad de Madrid.* Por último, la CA de Madrid tiene competencia exclusiva en materia de promoción y ayuda a la tercera edad, emigrantes, personas con discapacidad y demás grupos sociales necesitados de especial atención, de conformidad con lo dispuesto en el art. 26.1.23 de su Estatuto de Autonomía, anteriormente citado.

682 Art. 3 Decreto 52/2024, de 8 de mayo, del Consejo de Gobierno, *por el que se establece el servicio y se regula la figura del personal experto facilitador para prestar apoyo a las personas con discapacidad en las sedes judiciales de la Comunidad de Madrid.*

683 *Vid.* el art. 4 Decreto 52/2024, de 8 de mayo, del Consejo de Gobierno, *por el que se establece el servicio y se regula la figura del personal experto facilitador para prestar apoyo a las personas con discapacidad en las sedes judiciales de la Comunidad de Madrid.*

Ello nos lleva también a trasladar estas exigencias formativas al facilitador que podría intervenir en el marco de un proceso penal de menores, puesto que es perfectamente adaptable, sin perjuicio de requerir una formación específica en materia de migración, incluso ampliarlo a mediación cultural[684]. Sobre ello, una figura que puede servir de inspiración es el facilitador intercultural de la legislación chilena, previsto para intervenir en procesos judiciales en los que se vean involucrados personas indígenas, contratado por la Defensoría Penal Pública y/o por el Ministerio Público, que estará revestido de competencias lingüísticas como hablante de la lengua indígena y, que actuará no solo como intérprete, sino también como mediador en la comunicación entre la persona indígena y el sistema judicial[685].

En conclusión, la figura del facilitador procesal aplicada a los procesos penales con un menor extranjero no acompañado debe entenderse como un recurso más de los disponibles para adaptar el proceso a la especial vulnerabilidad de los menores en aras a alcanzar el equilibrio debido y la igualdad de partes y de trato hacia este menor. Ello no significa implementarlo como garantía

---

684 El mediador cultural realiza una labor de intermediación cuando existe una dificultad de comunicación para poner de acuerdo o conciliar posturas entre personas o partes o como catalizador de un proceso de cambio que habilita a las partes implicadas para que progresivamente puedan gestionar de forma autónoma y efectiva el intercambio entre sí. COHEN-EMERIQUE, M., "La négotiation interculturelle, phase essentielle de l´intégration des migrants" (La mediación intercultural, fase esencial de la integración de los migrantes", *Hommes&migrations* (Hombres&migraciones), núm. 1208, 2002, (pp. 9-23). Se diferencia del intérprete porque éste último actúa como vehículo de la comunicación, para que los interlocutores se comuniquen de forma autónoma e independiente ARUMÍ RIBAS, M., "Interpretar para la justicia en España hoy", *cit.* (p. 45).

685 Sobre esta figura, *vid.* AGÜERO SAN JUAN, C. y VILLAVICENCIO MIRANDA, L., "Derechos lingüísticos y proceso penal", *Revista Chilena de Derecho y Ciencia Política,* Vol. 3, núm. 2, 2012, (pp. 37-60).

preceptiva para todos los casos, sino que, cuando las circunstancias del menor lo aconsejen, debido especialmente a su discapacidad, a su bajo nivel formativo, a sus incapacidades para comprender el proceso, a no saber leer o escribir, o debido a sus circunstancias psicológicas derivadas del trauma del trayecto migratorio o de haber sido víctima de abusos o de trata, por ejemplo, le impidan tomar conciencia real del procedimiento que se siga contra él y, además de ser necesaria la figura del intérprete y/o traductor, se requiera la actuación coordinada de esta figura.

Ello obliga a analizar caso por caso, en la fase más temprana del proceso, para conseguir un diagnóstico adecuado sobre cuáles son las concretas necesidades de ese menor en el ámbito judicial, a través de la evaluación individual realizada por el Equipo Técnico, pues su omisión privaría a los menores extranjeros no acompañados del acceso a sistemas de apoyo e intervenciones específicas, derivando en una situación de mayor discriminación y vulnerabilidad.

Bibliografía

ABADÍAS SELMA, A., *Menores en conflicto con la ley: fundamentos penales y criminológicos,* Atelier Libros Jurídicos, Barcelona, 2023.

ABADÍAS SELMA, A.; CÁMARA ARROYO, S.; SIMÓN CASTELLANO, P. (Coord.), *Tratado sobre delincuencia juvenil y responsabilidad penal del menor. A los 20 años de la Ley Orgánica 5/2000, de 12 de enero, reguladora de la responsabilidad penal de los menores,* Wolters Kluwer, Madrid, 2021.

AGUILAR CÁRCELES, M.M. (Coord.), *Justicia de Menores,* Astigi, Sevilla, 2019.

AGÜERO SAN JUAN, C. y VILLAVICENCIO MIRANDA, L., "Derechos lingüísticos y proceso penal", *Revista Chilena de Derecho y Ciencia Política,* Vol. 3, núm. 2, 2012, (pp. 37-60).

ALDECOA LUZÁRRAGA, F. y FORNER I DELAYGUA, J.J. (Dir.), *La protección de los niños en el derecho internacional y en las relaciones internacionales. Jornadas en conmemoración del 50 aniversario de la Declaración Universal de los Derechos del Niño y del 20 aniversario del Convenio de Nueva York sobre los Derechos del Niño,* Marcial Pons, Madrid, 2010.

ALONSO SANZ, L., *El estatuto constitucional del menor inmigrante,* Centro de Estudios Políticos y Constitucionales, Madrid, 2016.

ÁLVAREZ DE NEYRA KAPPLER, S. I. (Coord.), *Los llamados colectivos vulnerables en el proceso penal. De la teoría a la práctica,* Editorial Reus, Madrid, 2020.

ÁLVAREZ FERNÁNDEZ, A.; MONTES PRIETO, A. y SABÍN FERNÁNDEZ, C., "Sentencias judiciales en lectura fácil. Una solución para el acceso a la justicia de las personas con dificultades de comprensión", *Revista Semestral. Consejería de Servicios y Derechos Sociales. Dirección General de Planificación, Ordenación e Innovación Social,* núm. 20, primer semestre 2019, (pp. 3-7).

ANDRÉS LASO, A., "Menores extranjeros no acompañados", *Revista Jurídica de Castilla y León,* núm.50, enero de 2020, (pp. 7-48).

ARANGÜENA FANEGO, C., "La armonización de las garantías procesales de los sospechosos e imputados en los procesos penales en la Unión Europea: un fallido intento en la construcción del espacio de libertad, seguridad y justicia", en VÁZQUEZ SOTELO, J.L., *Rigor doctrinal y práctica forense,* Atelier, Barcelona, 2009, (pp. 109-136).

ARANGÜENA FANEGO, C., "Proceso penal del menor y cambios exigidos por la Directiva (UE) 2016/800, relativa a las garantías procesales de menores sospechosos o acusados en los procesos penales", *Anuario de Justicia de Menores,* núm.19, 2019, (pp.35-50).

ARANGÜENA FANEGO, C. y DE HOYOS SANCHO, M. (Dir.), *Garantías procesales de investigados y acusados en procesos penales en la Unión Europea. Buenas prácticas en España,* Thomson Reuters Aranzadi, Navarra, 2020.

ARANGÜENA FANEGO, C., "Entrega de menores reclamados en virtud de una orden europea de detención y entrega. Garantías procesales", RUDA GONZÁLEZ, A. y JEREZ DELGADO, C. (Dir.), *Estudios sobre Jurisprudencia Europea. Materiales del III Encuentro anual del Centro español del European Law Institute,* SEPÍN, Madrid, 2020, (pp. 87-100).

ARANGÜENA FANEGO, C., "Proceso penal del menor y cambios exigidos por la Directiva (UE) 2016/800, relativa a las garantías procesales de menores sospechosos y acusados en los procesos penales", en MARTÍN RÍOS, P. y PÉREZ MARÍN, M. A., *La administración de justicia en España y en América: José Martín Ostos (Liber amicorum),* Astigi, Sevilla, 2021, (pp. 77-92).

ARANGÜENA FANEGO, C. (Dir.) y DE HOYOS SANCHO, M. (Dir.), *Hacia un derecho procesal europeo,* Atelier, Barcelona, 2024.

ARCE JIMÉNEZ, E., *Menor y extranjero: dos lógicas enfrentadas,* Tesis Doctoral, Universidad de Málaga, 2016.

ARCE JIMÉNEZ, E., "El derecho del menor extranjero a ser escuchado y su interés superior en los procedimientos de repatriación", *Cuadernos electrónicos de filosofía del derecho,* núm. 38, 2018, (pp. 1-40).

ARIZA COLMENAREJO, M.J., *Traducción, interpretación e información para la tutela judicial efectiva en el proceso penal,* Tirant Lo Blanch, Valencia, 2018.

ARIZA COLMENAREJO, M.J., "La figura del facilitador y su rol en el proceso", en CALAZA LÓPEZ, S., LLORENTE SÁNCHEZ-ARJONA, M. y GUZMAN FLUJA, V.C. (Dir.), *La discapacidad en la jurisdicción civil,* Dykinson, Madrid, 2023, (pp. 13-31).

ARMENTA DEU, T., *Lecciones de derecho procesal penal,* Marcial Pons, Madrid, 2012.

ARMENTEROS LEÓN, M., *Tratamiento jurídico de los menores extranjeros en España: actualizado con el contenido del protocolo marco de 22 de julio de 2014,* Tirant lo Blanch, Valencia, 2015.

ASENSIO VELASCO, M., "Comentario a las Sentencias del Tribunal Supremo de los últimos cinco años sobre menores extranjeros no acompañados", *Revista Parlamentaria de la Asamblea de Madrid,* núm. 38, 2018, (pp. 163-172).

BARTOLOMÉ GUTIÉRREZ, R. y FERNÁNDEZ MOLINA, E., "Juvenile crime drop: What is happening with youth in Spain and why?", *European Journal of Criminology,* núm.17, 2020, (pp. 306–331).

BARTOLOMÉ GUTIÉRREZ, R. y FERNÁNDEZ MOLINA, E., "La justicia juvenil", en MEDINA ARIZA, J. (Coord.), *Instituciones de control del delito,* Dykinson, Madrid, 2022, (pp. 195-209).

BAZ CORES, O. y FERNÁNDEZ-MOLINA, E. (2022) "An empirical approach to the study of legal socialization in adolescence", *European Journal of Criminology,* núm. 19, 2022, (pp. 237–258).

BERMEJO, F., *Menores extranjeros infractores en la Unión Europea: teorías, perfiles y propuestas de intervención,* Servicio Editorial de la Universidad del País Vasco, 2006.

BERROCAL LANZAROT, A. I., "El interés superior del menor y la atribución de la guarda y custodia", *Revista Crítica de Derecho Inmobiliario,* núm. 746, 2014, (pp. 3284-3314).

BOADO OLABARRIETA, M. "El defensor judicial en el proceso penal. reflexiones sobre el artículo 26.2 del estatuto de la víctima del delito. La defensa de las menores víctimas del delito. Especial consideración a los supuestos de violencia de género y doméstica", *Revista Jurídica de Castilla y León,* núm. 49, 2019, (pp. 43-83).

BUJOSA VADELL, L. M. (Dir.), *Derecho procesal. Retos y transformaciones,* Atelier Libros Jurídicos y Fundación Manuel Serra Domínguez, Barcelona, 2021.

BUJOSA VADELL, L. M. y MARTÍN DIZ, F. (Dir.), *Menores y justicia juvenil,* Thomson Reuters Aranzadi, Cizur Menor (Navarra), 2021.

BUJOSA VADELL, L. M. y MARTÍN DIZ, F., *Menores infractores: predicción, gestión del riesgo e intervención,* Thomson Reuters Aranzadi, Cizur Menor (Navarra), 2022.

CABEDO MALLOL, V., (Coord.), *Menores no acompañados: los otros inmigrantes: cuestiones jurídicas, actividades investigadoras y docentes,* Tirant Lo Blanch, Valencia, 2015.

CANO FERNÁNDEZ, S., "Los fraudes a la predeterminación legal de los órganos jurisdiccionales", *Anales de Derecho,* núm. 40, 2023, (pp. 1-39).

CAPDEVILA, M. y FERRER, M., "Estudio sobre los menores extranjeros que llegan solos a Cataluña", *Migraciones,* Universidad Pontificia de Comillas, núm.16, 2004, (pp. 121-156).

CARDONA LLORÉNS, J., "La Convención sobre los derechos del niño significado, alcance y nuevos retos", *Educatio siglo XXI, Revista de la Facultad de Educación,* Vol. 30, núm. 2, 2012, (pp.47-68).

CARDONA LLORÉNS, J., "La Convención de Derechos del Niño y la legislación española de protección a la infancia", *Presupuesto y Gasto público*, Instituto de Estudios Fiscales, núm. 98 (Ejemplar dedicado a Medidas de protección a la infancia en España), 2020 (pp. 35-48).

CARMONA LUQUE, M.R., "Las obligaciones derivadas de la Convención sobre los Derechos del Niño hacia los Estados Partes: el enfoque en derechos en las políticas de infancia en España", *Educatio siglo XXI, Revista de la Facultad de Educación,* Vol. 30, núm. 2, 2012, (pp. 69-88).

CARMONA LUQUE, M.R., "Directrices derivadas de la Convención sobre los Derechos del Niño en situación de privación de libertad", *Anuario de Justicia de Menores,* núm. 13, 2013, (pp. 79-102).

CARRERA, S., INELI-CIGER, M., VOSYLIUTE, L. y BRUMAT, L., "The EU grants temporary protection for people fleeing war in Ukraine. Time to rethink unequal solidarity in EU asylum policy", *CEPS Policy Insights,* 2022, (pp. 1-40).

CARVALHO DA SILVA, J, "Adolescentes marroquíes en calle desprotección, delincuencia y victimización", *Revista Española de Investigación Criminológica,* Vol. 19, núm. 1, 2021, (pp. 1-41).

CARVALHO DA SILVA, J, "Imágenes de la inmigración. Medios de comunicación, representaciones sociales y control de las personas migrantes", en DUFRAIX TAPIA, R. A., RAMOS RODRÍGUEZ, R. y QUINTEROS, D. (Coord.), *Securitización de las fronteras y criminalización de las migraciones,* Ediciones Jurídicas de Santiago, Santiago de Chile, 2021, (pp. 109-132).

CARVALHO DA SILVA, J., "Human smugglers or smuggled person? An approach to the situation of youths accused of human smuggling in southern Spain", *Archives of Criminology,* 2024 (pp. 1-32).

CERIANI CERNADAS, P., *Los derechos de los niños y niñas migrantes no acompañados en la frontera sur española,* UNICEF Comité Español, Madrid, 2019.

CHACÓN MARTÍNEZ, A., *El interés superior del menor. Historia de un reconocimiento jurídico en los derechos humanos para la infancia (siglos XVIII-XXI),* Ediciones de la Universidad de Murcia, Murcia, 2019.

CHEDDADI, Z., "Discurso político de Vox sobre los Menores Extranjeros No Acompañados", *Inguruak* (Revista vasca de Sociología y Ciencia Política), núm. 69, 2020, (pp. 57-77).

COLOMER HERNÁNDEZ, I., "La sentencia en el proceso penal de menores", *Anuario de Derecho Penal y Ciencias Penales,* Tomo 56, 2003, (pp. 175-210).

CRAWLEY, H. y SKLEPARIS, D., "Refugees, migrants, neither, both: categorical fetishism and the politics of bounding in Europe's migration crisis", *Journal of Ethnic and Migration Studies,* Vol. 44, 2018, (pp. 48-64).

CUADRADO SALINAS, C., "Personas vulnerables y ajustes del procedimiento", *Revista General de Derecho Procesal*, núm. 62, 2024, (pp. 1-33).

CUARTERO RUBIO, M. V. (Dir.), VELASCO RETAMOSA, J.M. (Coord.), *Inmigración: Retos para el derecho en el siglo XXI,* Thomson Reuters Aranzadi, Cizur Menor, 2019.

CUETO SANTA EUGENIA, E., *El desistimiento en la justicia juvenil y su fundamento educativo,* Tirant lo Blanch, Valencia, 2023.

DE CARRERAS SERRA, F., "Función y alcance del artículo 10.2 de la Constitución", *Revista de derecho constitucional*, núm. 60, 2000 (pp. 321-342).

DE CASTRO SÁNCHEZ, C., "¿Y los derechos de los MENA? Un análisis en perspectiva europea", *Laicidad y libertades*, núm. 21, 2021, (pp. 71-100).

DE LA FUENTE ROBLES, Y. M. y SOTOMAYOR MORALES, E. M., "Vulnerabilidad y exclusión social de los menores inmigrantes", *Migraciones & Exilios. Cuadernos de la Asociación para el estudio de los exilios y migraciones ibéricos contemporáneos,* núm. 10, 2009, (pp. 41-54).

DE LA MATA BARRANCO, N.J. y PÉREZ MACHÍO, A. I. (Dir.), *Personas vulnerables y tutela penal*, Aranzadi, Cizur Menor (Navarra), 2023.

DE LEMUS VARA, F. J., "La detención: breves apuntes sobre las garantías exigibles. Notas en determinados supuestos", *Revista de Derecho V-Lex*, núm. 176, 2019.

DE LEO, G., *Giustizia dei minori. Español, La justicia de menores: la delincuencia juvenil y sus instituciones,* Ediciones Olejnik, Chile, 2019.

DE PALMA DEL TESO, A., "La condición legal de "menor no acompañado" en nuestro derecho de extranjería definición común de la Unión Europea. La Kafala del Derecho islámico", *Revista Vasca de Administración Pública (RVAP). Administrazio Publikoaren Euskal Aldizkaria,* núm. 90, 2011, (pp. 101-138).

DE URBANO CASTRILLO, E. y DE LA ROSA CORTINA, J.M., *La responsabilidad penal de los menores. Adaptada a la LO 8/2006, de 4 de diciembre,* Aranzadi, Cizur Menor (Navarra), 2007.

DEL VALLE GÁLVEZ, J.A., "Inmigración, derechos humanos y modelo europeo de fronteras. Propuestas conceptuales sobre *extraterritorialidad, desterritorialidad* y *externalización* de controles y flujos migratorios", *Revista de Estudios Jurídicos y Criminológicos,* núm. 2, 2020, (pp. 145-210).

DÍAZ-MAROTO Y VILLAREJO, J., *Comentarios a la Ley reguladora de la responsabilidad penal de los menores,* Civitas Thomson Reuters, Cizur Menor (Navarra), 2019.

DÍAZ-MAROTO Y VILLAREJO, J., "La Ley sobre responsabilidad penal de los menores en España", *Nuevo Foro Penal,* núm. 101, 2023, (pp. 12-55).

DÍAZ MARTÍNEZ, M., "Los procesos especiales. el proceso penal de menores", en GIMENO SENDRA, V., CALAZA LÓPEZ, S. Y DÍAZ MARTÍNEZ, M., *Manual de Derecho Procesal Penal, 2ª ed.*, Ediciones Jurídicas Castillo de Luna, Madrid, 2018, (pp. 577-591).

DÍAZ SACRISTÁN, N., *La protección internacional de los menores extranjeros no acompañados. Problemática jurídica y análisis de la situación en España de los menores procedentes de Marruecos víctimas de trata,* Tesis doctoral, Universidad Rey Juan Carlos, Madrid, 2017.

DÍEZ MORRÁS, F.J., "La indefinición del interés superior del menor extranjero no acompañado en perjuicio de su protección", *Revista Electrónica del Departamento de Derecho de la Universidad de La Rioja (REDUR),* núm. 10, 2012, (pp. 95-104).

DOLZ LAGO, M. J., *Labores y funciones del Equipo Técnico,* CEJ. Estudios Jurídicos del Ministerio Fiscal, Tomo I, 2001.

DONADO VARA, A., "Adopción internacional y *kafala* islámica en España", en MATOS CALABRÚS, M.A. y BASTANTE GRANELL, V. (Coord.), *En torno a la filiación y a las relaciones paterno filiales,* Comares, Granada, 2018, (pp. 103-118).

DÜNKEL, F., "Edad de imputabilidad penal y jurisdicción de los tribunales juveniles en Europa", *Revista De Estudios De La Justicia,* núm. 22, 2015, (pp. 31–49).

DURÁN RUIZ, F., *Los menores extranjeros no acompañados desde una perspectiva jurídica, social y de futuro,* Cizur Menor (Navarra): Thomson Reuters Aranzadi, 2021.

DURÁN RUIZ, F.J. (Coord.), *Menores, migrantes en tiempos de pandemia,* Comares, Granada, 2021.

DURÁN RUIZ, F.J. (Dir.), *Retos de las migraciones de menores jóvenes y otras personas vulnerables en la UE y España: respuestas jurídicas desde la perspectiva de género,* Cizur Menor (Navarra), Thomson Reuters-Aranzadi, 2021.

DURÁN RUIZ, F.J., "El tutor voluntario del menor extranjero no acompañado. Un modelo a seguir para los Estados Miembros", *Revista internacional CONSINTER de direito, Vol. 10, núm. 19, 2024,* (pp. 327-347).

ESCRIBANO GUTIÉRREZ, J. "El Tribunal de Justicia de la UE y la nueva política migratoria", en GORELLI HERNÁNDEZ, J. (Coord.), *Libre circulación de trabajadores en la Unión Europea. Treinta años en la Unión: XXXV Jornadas Universitarias Andaluzas de Derecho del Trabajo y Relaciones Laborales,* Consejo Andaluz de Relaciones Laborales, 2017, (pp. 349-360).

FAJARDO DEL CASTILLO, T., "La directiva sobre el retorno de los inmigrantes en situación irregular", *Revista de Derecho Comunitario Europeo,* núm. 33, 2009, (pp. 453-499).

FERNÁNDEZ ALLÉS, J.J. y HERNÁNDEZ AGUILAR, O. (Dir.), *Tutela multinivel de los MENA y cooperación al desarrollo,* Tirant Lo Blanch, Valencia, 2023.

FERNÁNDEZ CABRERA, M. y FERNÁNDEZ DÍAZ, R. (Dir.), *Retos del Estado de Derecho en materia de inmigración y terrorismo,* Iustel, Madrid, 2022.

FERNÁNDEZ MARTÍNEZ, J.M. y DE RADA GALLEGO, I. (Dir.), *Guía de buenas prácticas sobre el acceso a la justicia de las personas con discapacidad,* Foro Justicia y Discapacidad, 2021.

FERNÁNDEZ MOLINA, E., "Una aproximación a la figura del abogado en la justicia de menores", *Cuadernos de Política Criminal,* núm. 109, 2013, (pp. 217-242).

FERNÁNDEZ-MOLINA, E., "Repensando la justicia de menores", en MIRÓ LINARES, F. (*ed. lit.*); AGUSTINA, J.R. (*ed. lit.*); MEDINA SARMIENTO, E. (*ed. lit.*), SUMMERS, L. (ed. lit.), *Crimen, oportunidad y vida diaria. Libro homenaje al Profesor Dr. Marcus Felson,* Dykinson, Madrid, 2014, (pp. 613-647).

FERNÁNDEZ MOLINA, E., *Justicia de menores,* Madrid, Editorial Síntesis S.A., 2018.

FERNÁNDEZ-MOLINA, E. y BLANCO MARTOS, B., "Avanzando hacia una *child-friendly justice.* Un estudio sobre la accesibilidad de la justicia juvenil española", *Boletín Criminológico,* núm.157, 2015, (pp. 1-6).

FERNÁNDEZ MOLINA, E.; VICENTE MÁRQUEZ, L. y TARANCÓN GÓMEZ, P., "Derechos procesales de los menores extranjeros: un estudio de su aplicación práctica en la justicia penal", *Revista para el Análisis del Derecho (InDret),* núm. 2, 2017, (pp. 1-34).

FERNÁNDEZ MOLINA, E.; RIANSARES BERMEJO CABEZAS, M., Y BAZ CORES, O., "Percepciones de los jóvenes infractores sobre la justicia de menores", *Revista Española de Investigación Criminológica (REIC),* núm. 16, 2018 (pp. 1-25).

FERNÁNDEZ MOLINA, E., "Detectar situaciones de vulnerabilidad en sede policial, ¿una misión imposible?", *Boletín Criminológico,* Vol. 30, núm. Extra 232, 2024, (pp. 1-27).

FERNÁNDEZ-PACHECO ALISES, G. *Entendiendo la relación entre menores de origen migrante y delincuencia: una aportación criminológica,* Thomson Reuters Aranzadi, Cizur Menor (Navarra), 2021.

FERNÁNDEZ SUÁREZ, A., PÉREZ SÁNCHEZ, B. y otros, "Perfil de los menores infractores extranjeros acompañados y no acompañados en Asturias", *Revista de Psicología,* vol. 24, núm. 1, 2015, Universidad de Chile, Santiago, Chile, (pp. 1-18).

FIERRO GÓMEZ, A., "El principio de celeridad en la justicia de menores", *Estudios Jurídicos*, núm. 2008, 2008.

FLORES GONZÁLEZ, B., "La protección jurídica de los menores inmigrantes no acompañados en España", *Revista de Derecho Civil*, Vol. 5, núm. 2, 2018, (pp. 321-362).

GARCÍA ESPAÑA, E., "De menores inmigrantes en protección a jóvenes extranjeros en prisión", *Indret Revista para el Análisis del Derecho,* núm. 3. 2016, (pp. 1-27).

GARCÍA ESPAÑA, E., *Enfoque criminológico de las migraciones*, Editorial Síntesis, Madrid, 2018.

GARCÍA INGELMO, F.M., "La prueba pericial en el proceso penal de menores especial consideración al informe del equipo técnico", *Estudios Jurídicos,* núm. 2011, 2011, (pp. 1-33).

GARCÍA INGELMO, F.M., "El principio de oportunidad y sus manifestaciones en la LORPM (Arts. 18, 19 y 27.4). Problemas prácticos. Doctrina de la Fiscalía General del Estado", *La Ley Derecho de Familia. Revista jurídica sobre familia y menores,* núm. 27, 2020, (pp. 1-21).

GARCÍA LÓPEZ, J.C., "El método de lectura fácil de las sentencias para las personas vulnerables", *Diario La Ley,* núm. 9042, 2017, (pp.1-8).

GARCÍA PÉREZ, O., *Las medidas y su ejecución en el sistema de justicia penal juvenil*, Tirant Lo Blanch, Valencia, 2019.

GARCÍA-ROSTÁN CALVÍN, G., *El proceso penal de menores (Funciones del MF y del Juez en la instrucción, el periodo intermedio y las medidas cautelares),* Thomson Reuters Aranzadi, Pamplona, 2007.

GARCÍA VALDÉS, C., "Tratado sobre delincuencia juvenil y responsabilidad penal del menor", *La Ley Penal: Revista de derecho penal, procesal y penitenciario,* núm. 152, 2021,

GARRIDO CARRILLO, F.J., *El proceso penal de menores. La justicia de menores en la España del Siglo XXI,* Ed. Técnica Avicam, 2021.

GARRIDO CARRILLO, F.J., "Consideraciones sobre las garantías procesales de los menores sospechosos y acusados veinte años después. La necesidad de una puesta a punto", *Anuario de Justicia de Menores,* núm. 21, 2021, (pp. 117-136).

GARRIDO CARRILLO, F.J. "Propuestas para una necesaria reforma y adaptación del proceso penal de menores a la luz de la Directiva 2016/800/UE Relativa a las Garantías Procesales de los Menores Sospechosos y Acusados", en OLMEDO CARDENETE, M.D. (Coord.) y OTROS, *Estudios en homenaje al prof. dr. d. Jesús Martínez Ruiz,* Dykinson, Madrid, 2022, (pp. 627-640).

GARRIDO CARRILLO, F.J., *Principios y garantías del proceso penal de menores,* Thomson Reuters Aranzadi, Cizur Menor (Navarra), 2023.

GEORGIOS MILIOS, "La activación de la Directiva sobre protección temporal para las personas desplazadas de Ucrania como consecuencia de la guerra", *Revista Electrónica de Estudios Internacionales (REEI),* núm. 44, 2022, (pp. 1-15).

GIL RAMÍREZ, M. y GÓMEZ DE TRAVESEDO ROJAS, R., "Estrategia discursiva sobre los MENA en YouTube. Construcción de un discurso de odio", *Revista Latina de Comunicación Social,* núm. 81, 2022, (pp. 259-285).

GIMÉNEZ SALINAS I COLOMER, *Justicia de menores: una justicia mayor. Comentarios a la Ley Reguladora de la Responsabilidad Penal de los Menores,* Consejo General del Poder Judicial (ed.), Madrid, 2001.

GIMENO SENDRA, V. y DÍAZ MARTÍNEZ, M., *Manual de Derecho Procesal Penal, 2ª ed.*, Ediciones Jurídicas Castillo de Luna, Madrid, 2018.

GOIG MARTÍNEZ, J. M., *Multiculturalidad, integración y derechos de los inmigrantes en España,* Dykinson, Madrid, 2015.

GOIG MARTÍNEZ, J.M., "La política común de inmigración en la Unión Europea en el sesenta aniversarios de los Tratados de Roma (o la historia de un fracaso)", *Revista de derecho de la UE,* núm. 32, 2017, (pp.71-111).

GOIG MARTÍNEZ, J. M., "La fallida política común de inmigración en la Unión Europea", *Vergentis, Revista de investigación de la Cátedra internacional conjunta Inocencio III,* núm. 8, 2019, (pp. 125-158).

GÓMEZ APARICIO, A.C., "La protección a los niños, niñas y adolescentes no acompañados como responsabilidad de las Administraciones Públicas", *El Notario del Siglo XXI,* núm. 98, 2021, (pp. 46-51).

GÓMEZ CASADO, M.T., "El juez de menores. Reflexiones a la luz de una posible quiebra del principio de imparcialidad", *Anuario de Justicia de Menores,* núm. 23, 2023 (pp. 73-120).

GÓMEZ-COLOMER, J.L. y BARONA VILAR, S. (Coords.), *Proceso Penal. Derecho Jurisdiccional III,* 4ª edición, Tirant lo Blanch, Valencia, 2024.

GÓMEZ FERNÁNDEZ, I. "El derecho a la tutela judicial efectiva para los extranjeros: ¿un (i)limitado derecho a la justicia?", en AJA FERNÁNDEZ, E. (Coord.), *Los derechos de los inmigrantes en España,* Tirant Lo Blanch, Valencia, 2009 (pp. 279-318).

GÓMEZ FERNÁNDEZ, I., "Tutela judicial para menores extranjeros en conflicto con la Administración", *Revista Aranzadi Doctrinal,* núm. 2, 2017.

GÓMEZ FERNÁNDEZ, I y PÉREZ GONZÁLEZ, C. "La protección de los menores de edad víctimas de trata de seres humanos: Derecho Internacional, europeo y español", en ÁLCACER GUIRAO, R.; MARTÍN LORENZO, M. y MARISCAL DE GANTE, M.V. (Coord.), *La Trata de seres humanos: persecución penal y protección de las víctimas,* Edisofer, Madrid, 2015, (pp. 223-274).

GÓMEZ QUINTERO, J.D., AGUERRI, J. y GIMENO-MONTERDE, X., "Representaciones mediáticas de los menores que migran solos. Los MENA en la prensa española", *Comunicar. Revista Científica de Comunicación y Educación,* núm. 66, 2021, (pp. 95-105).

GÓMEZ RIVERO, M.C. (Coord.), *Comentarios a la Ley penal del menor: (conforme a las reformas introducidas por la LO 8/2006)* Iustel, Madrid, 2007.

GONZÁLEZ PILLADO, E., "Procedimiento de oposición a las resoluciones administrativas de protección de menores tras la reforma de la Ley 54/2007" *InDret Revista para el análisis del Derecho,* núm. 2, 2008, (p. 1-40).

GRANDE SEARA, P., "El principio de oportunidad reglada en el proceso penal de menores portugués (processo tutelar educativo)", *InDret Revista para el análisis del Derecho,* núm. 3, 2011, (pp. 1-41).

GRANDE SEARA, P., "La actuación policial con menores infractores detenidos en España", *Revista Iberoamericana de Justicia Terapéutica,* núm. 3, 2021.

GRANDE SEARA, P., "La audiencia del menor en los procesos de familia: práctica y documentación de la audiencia", en CALAZA LÓPEZ, S. Y PILLADO GONZÁLEZ, E. (Dir.), *Retos de la justicia civil indisponible: infancia, adolescencia y vulnerabilidad,* Thomson Reuters Aranzadi, Cizur Menor (Navarra), 2022, (pp. 658-668).

GUTIÉRREZ ALBENTOSA, J.M., *Proporcionalidad y reeducación en la jurisdicción de menores,* JM BOSCH Editor, Barcelona, 2021.

GUTIÉRREZ ALVIZ CONRADI, F. y LÓPEZ LÓPEZ, E. (Coords.), *Derechos procesales fundamentales,* CGPJ, Centro de Documentación Judicial, 2005.

HERNÁNDEZ DE LA PEÑA, I., "Los ajustes procedimentales en el proceso penal. Discapacidad intelectual y la figura del facilitador", *Lex Criminalis,* núm. 4, 2023, (pp. 54-64).

HERNÁNDEZ GALILEA, J.M., "Análisis procesal del informe del equipo técnico", *Congreso Justicia Juvenil. Nuevos retos, nuevas propuestas,* Generalitat de Catalunya. Departament de Justícia, Barcelona, 2002.

HERRERO PEREZAGUA, J.F. y LÓPEZ SÁNCHEZ, J. (Dir.), *Los vulnerables ante el proceso civil,* Atelier, 2022.

JIMÉNEZ ÁLVAREZ, M. G. y TRUJILLO VEGA, M. A., "Infancia, adolescencia y juventud extranjeras que migran de forma autónoma. Entre la agencia, las movilidades y las fronteras", *Arxiu d'etnografia de Catalunya. Revista d'antropologia social,* núm.20, 2019 (pp. 183-204).

JIMÉNEZ ÁLVAREZ, M.G., "Desapariciones de menores extranjeros no acompañados en el Estado español. Una primera aproximación a sus significados", *Anuario CIDOB de la inmigración*, núm. 1, 2019, (pp. 168-188).

JIMÉNEZ DÍAZ, M. J., "Menores y responsabilidad penal: el debate se reabre", *Anales de la Cátedra Francisco Suárez*, núm. 49, 2015, (pp. 155-179).

JIMÉNEZ MARTÍN, J., "El derecho a la asistencia letrada del menor de edad sospechoso o acusado. Cuestiones derivadas de las directivas europeas", *Revista de Estudios europeos*, núm. Extra 1, 2019, (pp. 118-143).

JIMÉNEZ MARTÍN, J., "El derecho de defensa del menor de edad infractor. Cuestiones derivadas de las directivas europeas", *La Ley Derecho de Familia: Revista jurídica sobre familia y menores*, núm. 34, 2022, (pp. 101-125).

JIMÉNEZ MARTÍN, J., *El menor infractor ante el proceso penal. Especial consideración de su derecho de defensa*, Tesis doctoral, Universidad de Valladolid, 2023.

JIMENO BULNES, M., "Derecho a la traducción e interpretación gratuitas", *Diario la Ley*, núm. 6671, Sección Doctrina, 2007.

JIMENO BULNES, M. y PÉREZ GIL, J. (Coord.), *Nuevos horizontes del derecho procesal libro-homenaje al Prof. Ernesto Pedraz Penalva*, J.M. Bosch, Barcelona, 2016.

JUÁREZ PÉREZ, P., "La *kafala* islámica como institución de protección interpretación y prácticas españolas", en CEBRIÁN SALVAT, M. A. y LORENTE MARTÍNEZ, I. (Dir.), *Protección de menores y derecho internacional privado*, Editorial Comares, Granada, 2019, (pp. 143-169).

JUÁREZ PÉREZ, P., "La tutela de los menores extranjeros no acompañados por los tribunales de justicia", en CALVO CARAVACA, A.L. y CARRASCOSA GONZÁLEZ, J., *El derecho de familia internacional del siglo XXI en la práctica judicial*, Thomson Reuters Aranzadi, Madrid, 2022.

JULLIEN DE ASÍS, J., *La participación de la víctima menor de edad en el sistema de justicia. Una aproximación restaurativa*, Tesis doctoral, Universidad Carlos III, Madrid, 2020.

KURIC KARDELIS, S.; SANMARTÍN ORTÍ, A.; MORAÑO FERRER, X.; & GUITERAS VILA, X., "Menas y polarización en medios sociales digitales: la retroalimentación del odio", *Icono 14. revista científica de comunicación y tecnologías emergentes*, Vol. 22, núm. 1, 2024, (pp. 1-20).

LARA AGUADO, A. (Coord.), *Guía de buenas prácticas para la efectividad de los derechos de la niñez, adolescencia y juventud en situaciones de movilidad transfronteriza desde la perspectiva del género y de la infancia*, Tirant lo Blanch, Valencia, 2022.

LARA AGUADO, A. (Dir.), *Protección de menores en situaciones transfronterizas análisis multidisciplinar desde las perspectivas de género, de los derechos humanos y de la infancia,* Tirant lo Blanch, Valencia, 2023.

LARA AGUADO, A.; MELGAREJO CORDÓN, P. y VÍLCHEZ VIVANCO, M.E. (ed. lit.), *La protección de la infancia migrante frente a las diferentes caras de la violencia de género, la discriminación y la trata,* SEPÍN, Madrid, 2022.

LARO GONZÁLEZ, M.E., "Derechos y garantías del menor en el proceso penal. Armonización legislativa y necesidades procesales", *Diario La Ley Unión Europea,* núm.79, 2019.

LAURENZO COPELLO, P., "¿Vulnerables o vulnerados? Las paradojas de la tutela penal de los inmigrantes", en DE HOYOS SANCHO, M., *Garantías y derechos de las víctimas especialmente vulnerables en el marco jurídico de la Unión Europea,* Tirant Lo Blanch, Valencia, 2013 (pp. 75-88).

LÁZARO GONZÁLEZ. I., "Ciudadanía e integración: menores no acompañados, trata de seres humanos y víctimas de violencia de género", en BENLLOCH SANZ, P. y PALOMAR OJEDA, A., (Coords.), *Tratado de Extranjería, aspectos civiles, penales, administrativos y sociales,* Thomson Reuters Aranzadi, Cizur Menor (Navarra), 2020, (pp. 881-948).

LÁZARO GONZÁLEZ, I.E. Y MOROY ARAMBARRI, B. (Coord.), *Los menores extranjeros no acompañados,* Tecnos, Madrid, 2010.

LÓPEZ AZCONA, M. A., "El tratamiento de los menores extranjeros no acompañados en derecho español", *Revista de Derecho migratorio y extranjería,* núm. 17, 2008, (pp. 103-134).

LÓPEZ JARA, M., "La modificación de la Ley de Enjuiciamiento Criminal en materia de derechos y garantías procesales: los derechos de traducción e interpretación en el proceso penal", *Diario La Ley,* núm. 8540, Sección Doctrina, 2015, (pp. 1-28).

LÓPEZ ULLA, J. M., "Alcance del artículo 3 del Convenio Europeo de Derechos Humanos en relación con la detención de un menor extranjero no acompañado. La obligación positiva de no dejarle en desamparo", *Teoría y realidad constitucional,* Núm. 32, 2013 (pp. 481-497).

LÓPEZ ULLA, J. M., "La necesidad de contar con un protocolo común en Europa sobre la detención de menores extranjeros no acompañados", *Revista de Derecho Comunitario Europeo,* núm. 46, 2013 (pp. 1061-1090).

LÓPEZ ULLA, J.M., "Detención de los menores extranjeros no acompañados en Europa: la necesidad de garantizar efectivamente los derechos ya reconocidos", *REMHU-Revista Interdisciplinar de Mobilidade Humana,* Brasilia, Ano XXII, núm. 42, 2014 (pp.63-80).

LÓPEZ ULLA, J. M., "Razones para una Directiva europea sobre menores extranjeros no acompañados y juventud migrante", *Revista de Derecho Comunitario Europeo,* núm.73, 2022 (pp. 873-914).

LÓPEZ ULLA, J.M., *Menores extranjeros no acompañados. Evaluación del sistema andaluz de protección,* Aranzadi, Madrid, 2024.

LOZANO DE LEMUS, P. "La interpretación en los procesos penales ¿Qué opinan los jueces de guardia sobre el papel de los intérpretes?", *Hikma estudios de traducción translation studies,* Vol. 21, núm.1, 2022 (pp. 163-190).

MANZANEDO NEGUERUELA, C. "Menores extranjeros acompañados. La problemática invisible de los niños y niñas migrantes acompañados que llegan a la frontera sur española". *Crítica penal y poder: una publicación del Observatorio del Sistema Penal y los Derechos Humanos,* núm. 18, 2019, (pp. 260-266).

MARÍN CONSARNAU, D. (Coord.), *Retos en inmigración, asilo y ciudadanía,* Marcial Pons y Colección Colegio Notarial de Cataluña, Madrid, 2021.

MARTÍN DIZ, F., "Una necesidad emergente en justicia: la figura del abogado del niño", en MARTÍN RIOS, P; PÉREZ MARÍN, M.A. (Dir.), *La administración de justicia en España y en América: José Martín Ostos (Liber amicorum),* Astigi, Sevilla, 2021, (pp. 1171-1194).

MARTÍN OSTOS, J., "Los futuros juzgados de menores", *Anuario de la Facultad de Derecho, Universidad de Extremadura,* núm. 4, 1986, (pp. 227-256).

MARTÍN OSTOS, J., "Los primeros pasos hacia la jurisdicción de menores en España", *Anuario de Justicia de Menores,* núm. 20, 2020, (pp. 13-41).

MARTÍNEZ CALVO, J. (Dir.), *La protección jurídica del menor en el derecho comparado,* Servicio de Publicaciones Universidad de Zaragoza, Zaragoza, 2023.

MARTÍNEZ GARCÍA, C. (Coord.), *Tratado del menor. La protección jurídica a la infancia y adolescencia,* Thomson Reuters Aranzadi, Cizur Menor (Navarra), 2016.

MARTÍNEZ MATEO, C.J., "La tutela garantista de los MENA en la UE", *Revista de Derecho Migratorio y Extranjería,* núm. 50, 2019, (pp. 83-106).

MARTÍNEZ PARDO, V.J., "La detención de los extranjeros menores de edad", *La Ley: Revista jurídica española de doctrina, jurisprudencia y bibliografía,* núm. 2, 2006, (pp. 1587-1593).

MINGO BASAÍL, M.L., "Psicólogos, educadores sociales y trabajadores sociales en los juzgados de menores. La actuación del equipo técnico", *Indivisa. Boletín de estudios e investigación,* núm. 6, 2005, (pp.117-148).

MONTERO HERNANZ, T., *La justicia juvenil en España: comentarios y reflexiones,* Wolters Kluwer, Madrid, 2009.

MONTERO HERNANZ, T., *La privación de libertad de menores y los estándares internacionales*, La Ley Wolters Kluwer, Madrid, 2018.

MONTERO HERNANZ, T. y DE VICENTE MARTÍNEZ, R. (Dir.), *Vademécum de justicia juvenil*, Tirant lo Blanch, Valencia, 2016.

MONTERO MOLERA, A., "La conformidad en la jurisdicción de menores", *Revista para el análisis del derecho (Indret)*, núm. 1, 2023, (pp. 1-29).

MORENO CATENA, V. y CORTÉS DOMÍNGUEZ, V. y, *Derecho procesal civil: parte especial*, 13ª edición, Tirant Lo Blanch, Valencia, 2024.

MORENO CATENA, V. y CORTÉS DOMÍNGUEZ, V., *Derecho Procesal Penal*, 11ª edición, Tirant lo Blanch, Valencia, 2023.

MOYA GUILLÉN, C. (Dir.), y BONSIGNORE FOUQUET, D., (Coord.), *La protección de las víctimas especialmente vulnerables. Aspectos penales, procesales y político-criminales,* Tirant Lo Blanch, Valencia, 2023.

MOYA MALAPEIRA, D., "La nueva directiva de retorno y la armonización comunitaria de las medidas de alejamiento de extranjeros", *Revista de derecho constitucional europeo*, núm. 10, 2008, (pp.101-164).

NOYA FERREIRO, M.L., "Medidas cautelares en el proceso penal del menor" *Estudios penales y criminológicos*, núm. 26, 2006, (pp. 165-212).

ORTEGA NAVARRO, R., *El régimen jurídico del menor privado de libertad en los centros de internamiento de menores infractores*, Thomson Reuters Aranzadi, Cizur Menor (Navarra), 2018.

ORTIZ VIDAL, M.D., "Los menores extranjeros no acompañados en la Unión Europea. Soluciones previstas y principio del interés superior del menor", en GARCÍA GARNICA, M.C. y MARCHAL ESCALONA, N. (Dir.), *Aproximación interdisciplinar a los retos actuales de protección de la infancia dentro y fuera de la familia*, Thomson Reuters Aranzadi, Cizur Menor (Navarra), 2019, (pp. 397-417).

ORTIZ VIDAL, M.D., "Los retos que debe asumir España tras las recomendaciones del Comité de los Derechos del Niño en el marco de los menores extranjeros no acompañados: hacia un nuevo sistema de protección de la adolescencia", en *Revista Electrónica de estudios internacionales*, núm. 41, Madrid, 2021, (pp. 1-27).

PACHO BLANCO, X.M., "Menores Extranjeros No Acompañados. Del marco legal a los Derechos Fundamentales", *Nuevas normatividades, inteligencia artificial, derecho y género*, BONORINO RAMÍREZ, P. R., VALCÁRCEL FERNÁNDEZ, P. y FERNÁNDEZ ACEVEDO, R., Thomson Reuters Aranzadi, Cizur Menor (Navarra), 2021, (pp. 269-304).

PARRA LUCÁN, M. A., "El menor de edad y su capacidad en el Derecho español", en BLANCO-RODRÍGUEZ, L. (Coord.), *Estudios de derecho privado,* Tirant lo Blanch, 2021, (pp. 553-574).

PELÁEZ FERNÁNDEZ, P., "Estado de la cuestión sobre los derechos de los MENAS en España entre la protección y el abandono", *RES: Revista de Educación Social,* núm. 27, 2018, (pp. 48-70).

PELÁEZ PÉREZ, V., "La intervención del abogado en la justicia de menores en España", en CAMPOY CERVERA, I., *Los derechos de los niños. Perspectivas sociales, políticas, jurídicas y filosóficas,* Dykinson, Madrid, 2007, (pp. 113-135).

PEÑA MIRANDA, S., BUENO DORAL, T. y GARCÍA-CASTILLO, N., "Representación mediática de menores extranjeros no acompañados: Una propuesta para el uso de las nuevas narrativas", *Index Comunicación,* núm. 13, 2023, (201-223).

PÉREZ GONZÁLEZ, C., "La compatibilidad de las medidas adoptadas por la Unión Europea con las obligaciones que impone el derecho internacional de los derechos humanos en el ámbito de la migración de menores extranjeros no acompañados", *Revista de derecho migratorio y extranjería,* núm. 31, 2012, (pp. 247-272).

PÉREZ-MINGUEZ, M., "Inmigración, diversidad, integración exclusión: conceptos clave para el trabajo con la población inmigrante", *Revista de estudios de juventud,* núm. 66, (pp. 11-21).

PÉREZ VAQUERO, C., "La justicia juvenil en el derecho europeo", *Derecho y Cambio Social,* núm. 37, 2014, (pp. 1-27).

PILLADO GONZÁLEZ, E. y TEIXEIRA RODRÍGUEZ, J., *La detención,* Boletín Oficial del Estado, Madrid, 2004.

PILLADO GONZÁLEZ, E. (Coord.), *Proceso penal de menores,* Tirant lo Blanch, Valencia, 2009.

PILLADO GONZÁLEZ, E., "Implicaciones de la Directiva (UE) 2016/800, relativa a las garantías procesales de los menores sospechosos o acusados en los procesos penales, en la Ley de responsabilidad penal del menor", *Revista General de Derecho Europeo,* núm. 48, 2019.

PILLADO GONZÁLEZ, E., *La víctima en el proceso penal de menores: tratamiento procesal e intervención socioeducativa,* Dykinson, Madrid, 2021.

PILLADO GONZÁLEZ, E., "El derecho del menor a ser oído en los procesos de familia naturaleza jurídica, carácter preceptivo y relevancia probatoria", En CALAZA LÓPEZ, S. Y PILLADO GONZÁLEZ, E. (Dir.) *Retos de la justicia civil indisponible: infancia, adolescencia y vulnerabilidad,* Thomson Reuters Aranzadi, Cizur Menor (Navarra), 2022, (pp. 625-653).

PILLADO GONZÁLEZ, E., "El informe del Equipo Técnico de menores: ajustes necesarios para su adecuación a las exigencias europeas", *Estudios Penales y Criminológicos*, núm. 46, 2025.

PIZARRO MORENO, E., *El interés superior del menor: claves jurisprudenciales*, Editorial REUS, Madrid, 2020.

POZO MARTÍNEZ, A., MUÑOZ GALVÁN, E. y ARNEDO DEL VALLE, A.A., "El proceso de trabajo coordinado entre el equipo educativo y el equipo técnico en la ejecución de medidas judiciales de internamiento", *Revista de Educación Social (RES)*, núm. 26, 2018, (pp. 204-212).

PRADO MARIQUE, B.V., "La coordinación de políticas públicas: Clave para la protección de menores extranjeros en calle", *Indret Revista para el Análisis del Derecho*, núm. 4, 2022, (pp. 1-18).

PRIETO CASADO, J.M., "La política migratoria y de asilo en la UE. Un nuevo comienzo", en ALDECOA LUZÁRRAGA, F., *La Unión Europea y la pandemia mundial: un actor imprescindible en la nueva y necesaria gobernanza global*, Los libros de la catarata, Madrid, 2020, (PP. 267-274).

QUIROGA, V. y CHAGAS LEMOS, E. (Coord.), *Empuje y audacia: Migración transfronteriza de adolescentes y jóvenes no acompañados*, Siglo XXI de España, Madrid, 2021.

RECIO JUÁREZ, M., *Posición del extranjero como sujeto pasivo del proceso penal español*, Tesis Doctoral, Universidad de Vigo, 2016.

RECIO JUÁREZ, M., *La expulsión de extranjeros en el proceso penal*, Dykinson, Madrid, 2016.

REGI RODRÍGUEZ, J., "Las políticas de migración y asilo en la Unión Europea y sus problemas de aplicación en los Estados miembros", *Revista de Estudios en Seguridad Internacional (RESI)*, Vol. 6, núm. 1, 2020, (pp. 57-77).

RINALDI, P., "Unaccompanied Migrant Minors at the Frontier of Human Rights. The Spanish Case", *International Journal of Children's Rights*, núm. 27, 2019. (pp. 798-799).

RINALDI, P., *Menores migrantes no acompañados en España e Italia la aplicación del principio del interés superior del niño*, Tesis Doctoral, Universidad de Granada, 2021.

RIVERO FERNÁNDEZ, F., *El interés del menor*, Dykinson, Madrid, 2000.

RODRÍGUEZ ÁLVAREZ, A. "Primera sentencia penal en lectura fácil: el caso de la SAP Madrid (sección 16ª) 517/2018, de 9 de julio", *Revista Aranzadi Doctrinal*, núm. 8, 2019.

RUGGIERI, S., "La justicia penal juvenil y la mediación con menores infractores en Italia", en PILLADO GONZÁLEZ, E., *Mediación con menores infractores en España y los países de su entorno,* Tirant lo Blanch, Valencia, 2012, (pp. 287-344).

RUGGIERI, S., "Inaudito reo proceedings, defence rigths and harmonisation goals in the EU. Responses of the European Courts and new perspectives of EU law", *Eucrim,* núm. 1, 2016, (pp. 42-51).

RUGGIERI, S., "Personal participation in criminal proceedings, in absentia trials and inaudito reo procedures. Solution models and deficiencias in ECtHR case-law", en QUATTROCOLO, S. y RUGGIERI, S. (Eds.), *Personal participation in criminal proceedings. A comparative study of participatory safeguards and in absentia trials in Europe,* Springer, Cham, 2019, (pp. 586-591).

RUGGIERI, S., "La reforma de la ejecución penal juvenil en Italia. Avances y límites de una intervención legislativa tardía", *La Ley de Derecho de Familia: Revista Jurídica sobre Familia y Menores,* núm. 34, 2022, (pp. 244-264).

RUIZ, U. y LÓPEZ-RIBA, J.M., "La sobrerrepresentación de menores extranjeros en los centros de internamiento", *Revista Española de Investigación Criminológica,* Artículo 7, núm. 18, 2020, (pp. 1-34).

SABÍN FERNÁNDEZ, C. y GARCÍA LÓPEZ, J.C., "Sentencias judiciales en Lectura Fácil: una realidad en el acceso a la justicia y la igualdad de oportunidades", *Puntoycoma, Boletín de los traductores españoles de las instituciones de la Unión Europea, Bruselas y Luxemburgo,* núm. 167, 2020, (pp. 6-10).

SAFJAN, M., "Antes de dictar una decisión de retorno respecto de un menor no acompañado, un Estado miembro debe comprobar que en el Estado de retorno se encuentra disponible una acogida adecuada para el menor. TJ, Sala Primera, S 14 Ene. 2021. Asunto C-441/19: Staatssecretaris van Justitie en Veiligheid (Retour d'un mineur non accompagné)", *La Ley Unión Europea,* núm. 90, 2021.

SALVADOR CONCEPCIÓN, R., "El menor inmigrante como infractor penal", *Revista Internacional de Estudios Migratorios,* CEMyRI. UAL (España), Vol. 3, núm. 1, 2013, (pp. 1-24).

SÁNCHEZ JIMÉNEZ, M., *Comentario al artículo 35 de la Ley de Extranjeria,* Estudios y Comentarios Legislativos (Civitas), Editorial Aranzadi, SA, 2011.

SÁNCHEZ PÉREZ, J., "Derechos humanos y Estatuto jurídico del menor extranjero no acompañado", en GORELLI HERNÁNDEZ, J. (Coord.), *Libre circulación de trabajadores en la Unión Europea. Treinta años en la Unión: XXXV Jornadas Universitarias Andaluzas de Derecho del Trabajo y Relaciones Laborales,* Consejo Andaluz de Relaciones Laborales, 2017, (pp. 361-373).

SÁNCHEZ-RODAS NAVARRO, C. (Dir.), *Inmigración, mujeres y menores,* Ediciones Laborum, Murcia, 2010.

SANJURJO RIVO, V., "La protección del desamparo de una menor inmigrante no acompañada y su familia por el Tribunal Europeo de Derechos Humanos: el caso Mubilanzila Mayeka y Kaniki Mitunga contra BélgicA", *Estudios Penales y Criminológicos*, Vol. XXIX 2009, (pp. 491-507).

SANTAMARÍA, M.L., *El concepto del interés superior del niño y su dimensión constitucional*, Editorial Universitat Politécnica de Valencia (edUPV), Valencia, 2018.

SANZ CABALLERO, S.; MOLINA NAVARRO, M. (Dir.), *El interés superior del niño en la jurisprudencia internacional, comparada y española*, Thomson Reuters Aranzadi, Cizur Menor (Navarra) y Fundación San Pablo CEU, Andalucía, 2017.

SANZ HERMIDA, A.M., *El nuevo proceso penal del menor*, Ediciones de la Universidad de Castilla-La Mancha, Cuenca, 2002.

SÁNZ HERMIDA, A. M., "La declaración de las menores víctimas y/o testigos de delitos: Derecho de defensa, protección del interés del menor y eficacia de la justicia penal", en ARMENTA DEU, T; OROMÍ VALLLLOVERA, S. (Coords.), *La víctima menor de edad. Un estudio comparado Europa-América*, Colex, Madrid, 2010, (pp. 111-133).

SANZ HERMIDA, A. M., "El derecho del niño a ser oído. A propósito de las recientes reformas en el sistema", *Anuario de justicia de menores*, 2016, (pp. 13-39).

SANZ HERMIDA, A.M., "El sistema de determinación de la responsabilidad penal del menor. La denominada *justicia de menores*", en DEMETRIO CRESPO, E. y RODRÍGUEZ YAGÜE, C. (Coord.), *Curso de Derecho Penal: parte general (3ª edición, adaptada a la reforma de 2015 del Código Penal)*, Ediciones Experiencia, Barcelona, 2016, (pp. 659-698).

SANZ HERMIDA, A. M., "Reflexiones sobre los derechos procesales del menor encausado en el contexto jurídico actual (La incidencia de la Directiva (UE) 2016/800 en el modelo español de justicia de menores)", *Anuario de Justicia de Menores*, núm. 19, 2019 (pp. 75-93)

SANZ HERMIDA, A.M., "Reflexiones sobre los derechos procesales del menor encausado en el contexto jurídico actual (la incidencia de la Directiva (UE) 2016/800 en el modelo español de justicia de menores)", en MARTÍN RÍOS, P. y PÉREZ MARÍN, M. A., *La administración de justicia en España y en América: José Martín Ostos (Liber amicorum)*, Astigi, Sevilla, 2021.

SENOVILLA HERNÁNDEZ, D., "Comentario sobre la Sentencia del Tribunal Europeo de Derechos Humanos de Estrasburgo de 12 de octubre de 2006, *caso Mubilanzila Mayekay Kanini Mitunga contra Bélgica*", *Revista de Derecho Migratorio y Extranjería*, núm.13, 2006, (pp. 187-199).

SENOVILLA HERNÁNDEZ, D., "Modelos de acogida, protección e integración de los menores no acompañados y separados en Europa", en LÁZARO GONZÁLEZ, I. y MOROY ARAMBARRI, B. (Coord.), *Los menores extranjeros no acompañados,* Tecnos, Madrid, 2010, (pp. 77-96).

SENOVILLA HERNÁNDEZ, D., "Normas y migraciones, entre gestión de la vulnerabilidad y control de la credibilidad", *Anduli: Revista andaluza de ciencias sociales,* Nº. 16, 2017 (Ejemplar dedicado a: "Movimientos migratorios en contextos de riesgo"), (pp. 1-17).

SERRANO CABALLERO, E. y JAEL SALAMANCA, D., "Menores migrantes no acompañados en la Unión Europea", *Foreign Affairs Latinoamérica,* 2017.

SERRANO CABALLERO, E., "Protección de los menores no acompañados en la Unión Europea", *Revista de El Colegio de San Luis,* Vol. 8, núm. 15, 2018.

SERRANO MASIP, M., "Garantías procesales penales específicas reconocidas a menores sospechosos o acusados", en JIMENO BULNES, M. (Dir.), *Aproximación legislativa versus reconocimiento mutuo en el desarrollo del espacio judicial europeo una perspectiva multidisciplinar,* J.M. Bosch, Madrid, 2016, (pp. 209-264).

SERRANO MASIP, M., "Incorporación del enjuiciamiento en ausencia de menores al sistema procesal penal español con apoyo en la jurisprudencia del TEDH y la normativa de la Unión Europea", *Revista Española de Derecho Europeo* (REDE), núm. 75, 2020, (pp. 55-100).

SERRANO MASIP, M., "Menores de edad juzgados en ausencia en el proceso penal: abordaje por la normativa de la Unión Europea y la legislación española", en MARTÍN RÍOS, P. y PÉREZ MARÍN, M. A., *La administración de justicia en España y en América: José Martín Ostos (Liber amicorum),* Astigi, Sevilla, 2021, (pp. 1843-1852).

SERRANO SÁNCHEZ, L., "La subordiscriminación y la vulnerabilidad de las y los menores extranjeros no acompañados", *Anuario de Filosofía del Derecho,* núm. 374, 2021, (pp. 463-485).

SERRANO SÁNCHEZ, L., *Vulneración y acceso a los sistemas de protección de los derechos de la niñez y adolescencia inmigrante no acompañada en España y en El Salvador,* Universidad Pública de Navarra, 2021.

SERRANO TÁRRAGA, M.D., "La capacidad del menor infractor para intervenir en el proceso penal y en la ejecución de las medidas", en POUS DE LA FLOR, M.P.; LEONSEGUI GUILLOT, R.A.; YÁÑEZ VIVERO, F. (Coord.), *La capacidad de obrar del menor. Nuevas perspectivas jurídicas,* Exlibris Ediciones, 2009, (pp. 147-157).

SIMÓN NAVARRO, F., *La protección de los menores no acompañados en España: Implicaciones constitucionales,* Tesis doctoral, Universidad de Santiago de Compostela, 2015.

SUÁREZ VILLEGAS, J.C. y MARÍN CONEJO, S., (Coord.), *Debates en torno a la comunicación, la igualdad de género y los derechos humanos,* Dykinson, 2023.

SUÁREZ XAVIER, P. R., "Algunas reflexiones sobre la inclusión de las personas con discapacidad desde la óptica procesal. El facilitador y otras lecciones pendientes", en CALAZA LÓPEZ, S., LUACES GUITÉRREZ, A. y LLORENTE SÁNCHEZ-ARJONA, M. (Dir.), *Justicia y discapacidad en un entorno virtual,* Dykinson, Madrid, 2023, (pp. 93-105).

STALFORD, H. y HOLLINGSWORTH, K., "This is about you and your future: Towards Judgements for Children", *Modern Law Review,* Vol. 83, Issue 5, 2020 (pp. 929-1131).

TASSIRANI, F. "La identificación de los MENAs y el tutor voluntario en Italia: ¿un modelo a asumir por la UE?", *Cuadernos de Derecho Transnacional,* Vol. 11, núm. 1, 2019, (pp. 545-570).

TRINIDAD NÚÑEZ, P., "¿Qué es un niño? Una visión desde el Derecho Internacional Público", *Revista española de educación comparada,* núm. 9, 2003, (pp. 13-48).

TRINIDAD NÚÑEZ, P., "El ordenamiento jurídico internacional como marco esencial de protección de los menores de edad extranjeros no acompañados", *Revista del Ministerio de Empleo y Seguridad Social* (Ed. impresa) núm.100 (2012), (pp. 53-86).

TRINIDAD NÚÑEZ, P., "La protección jurídico internacional de los menores refugiados separados o no acompañados. Especial consideración del derecho europeo". *Revista de derecho migratorio y extranjería,* núm. 43, 2016, (pp.83-108).

VÁZQUEZ GONZÁLEZ, C., "Minoría de edad, inimputabilidad y responsabilidad penal", en PILLADO GONZÁLEZ, E. (Dir.), *Violencia de género en el ámbito de la justicia penal juvenil. Una visión iberoamericana,* Dykinson, Madrid, 2024 (pp. 51-94).

VÁZQUEZ RODRÍGUEZ, B. (Coord.), *30 Aniversario de la Convención sobre los derechos del niño: logros y retos desde una perspectiva multidisciplinar,* Dykinson, Madrid, 2020.

VELASCO RETAMOSA, J. M. (Dir.), *Menores extranjeros: problemas actuales y retos jurídicos,* Tirant lo Blanch, Valencia, 2018.

VICENTE IGLESIAS, G.; RODRÍGUEZ MARTÍNEZ, G. y GONZÁLEZ GÓMEZ, A., "Auge electoral de la extrema derecha española. Análisis de la irrupción y evolución del voto de Vox (2018-2019)", *MARCO, Revista de Márketing y Comunicación Política,* Universidad de Santiago de Compostela, núm. 7, 2021.

VICENTE LORCA, A., "Revisión jurídica de los menores extranjeros no acompañados en el espacio europeo. Análisis de la situación en España". *Eunomía. Revista en Cultura de la Legalidad,* núm.22, 2022, (pp. 101-130).

YÁÑEZ GARCÍA-BERNALT, I., "Reflexiones sobre el derecho de defensa en el proceso penal de menores. La especialización del letrado del menor en conflicto con la ley", *Diario Laley,* núm. 10598, 2024.

YÁÑEZ GARCÍA-BERNALT, I., *Fundamentos del sistema de justicia penal del menor,* Aranzadi, Madrid, 2025.

ZEBDA, S., "Menores extranjeros no acompañados situación actual, instrumentos jurídicos, necesidades y soluciones", en VALENCIA SÁIZ, A. (Dir.), *Desafíos actuales del Derecho. Aportaciones presentadas al II Congreso Nacional de Jóvenes Investigadores en Ciencias Jurídicas,* Biblioteca virtual de Derecho, Economía, Ciencias Sociales y Tesis Doctorales, 2020.

OTRAS FUENTES DOCUMENTALES

ACNUR

- *Los niños refugiados: directrices sobre protección y cuidados,* Ginebra, 1994
- *Trends in unaccompanied and separated children seeking asylum in industrialized countries, 2001-2003,* 2004.
- *Observations on the European Commission's Proposal for a Directive on common standards and procedures in Member States for returning illegally staying third-country nationals,* 2005.
- *Posición de ACNUR sobre la Propuesta de la Directiva sobre procedimientos y normas comunes en los Estados miembros para el retorno de nacionales de terceros países que se encuentren irregularmente en su territorio*
- *Inscripción de los nacimientos y derecho de todo ser humano al reconocimiento en todas partes de su personalidad jurídica,* Informe Anual, 17 de junio de 2014.
- *Tendencias globales desplazamiento forzado en 2021.*

AGENCIA DE LOS DERECHOS FUNDAMENTALES DE LA UNIÓN EUROPEA

- *Current migration situation in EU: separated children, 2016.*

ARARTEKO

- *Las situaciones de riesgo de la infancia y adolescencia: análisis de instituciones garantistas desde un enfoque de Derechos del Niño, Aportaciones del ARARTEKO al taller preparatorio de las XXXVI jornadas de coordinación de defensorías del pueblo,* 2023.
- *Servicios de protección para niños, niñas y adolescentes extranjeros no acompañados en Europa, Informe del ARARTEKO para el Instituto Internacional del Ombudsman (IOI),* 2021.

ASAMBLEA GENERAL DE LA ONU

- *Estudio mundial sobre los niños privados de libertad,* Informe del Experto independiente de la Asamblea General de la ONU, 2019.

ASOCIACIÓN CAMINANDO FRONTERAS

- *Monitoreo del Derecho a la vida, datos de 2024,* 2024.

ASOCIACIÓN HARRAGA Y ONG PRODEIN

- *De niños en peligro a niños peligrosos, una visión sobre la situación actual de los Menores Extranjeros No Acompañados,* 2016.

ASOCIACIÓN PRO DERECHOS HUMANOS DE ANDALUCÍA (APDHA)

- *Derechos Humanos en la Frontera Sur 2024.*

CEAR

- *Propuestas de la sociedad civil al Nuevo Pacto sobre Migración y Asilo,*
- *Nuevo Pacto Europeo de Migración y Asilo: Retos y oportunidades*, 2022.

CGPJ

- *Recomendaciones para mejorar la traducción e interpretación en los procedimientos judiciales*, 2012.

COMISIÓN MUNDIAL SOBRE LAS MIGRACIONES

- *Las Migraciones en un Mundo Interdependiente: Nuevas Orientaciones para Actuar*, octubre 2005.

CONSEJO DE EUROPA

- *Children in migration, fundamental rights at European borders*, 2023.
- *Listen – Act – Change–Council of Europe Handbook on children's participation*, 2020.

CHILD FRIENDLY JUSTICE IN ACTION

- *Informe Final España: La justicia amigable en los procedimientos administrativos aplicada al tratamiento de niños, niñas y adolescentes en contextos de migración. El caso particular de los niños, niñas y adolescentes migrantes no acompañados*, marzo 2020.

DEFENSOR DEL PUEBLO

- *La escucha y el interés superior del menor. Revisión judicial de medidas de protección y procesos de familia*, 2014,
- *V y VI informe sobre la aplicación de la convención sobre los derechos del niño y sus protocolos facultativos*, 2017.
- *Estudio sobre la migración en Canarias, 2021.*
- *Informes anuales*

EASO

- *Manual para Jueces de Tribunales de Menores: un Enfoque basado en el Trauma para la Toma de Decisiones Judiciales en Procedimientos de Justicia Juvenil para Jóvenes Inmigrantes Recién Llegados.*

EUROPOL

- *4º Informe Anual de 2019*, Centro Europeo contra el Tráfico Ilícito de Migrantes, 2020.

FUNDACIÓN ABOGACÍA ESPAÑOLA

- *La protección en Europa de los menores separados de su acompañante adulto en los movimientos migratorios.*

FUNDACIÓN RAÍCES

- *Solo por estar solo. Informe sobre la determinación de la edad en menores migrantes no acompañados*, Madrid, 2014.
- *Violencia institucional en el sistema de protección de la infancia*, Madrid, 2020.
- *VII Ciclo del procedimiento de informes periódicos de España ante el Comité de Derechos del Niño. Informe alternativo al Informe de Estado*, Fundación Raíces, 2024.

GOBIERNO DE ARAGÓN

- *Guía para profesionales que intervienen con niños, niñas y adolescentes que migran solos*, 2023.

JUDICIAL COUNCIL IN CULTURAL DIVERSITY (AUSTRALIA)

- *Guidelines for the use of interpreters in courts of law, Domstolsverket (Swedish National Courts Administration)*, 2017.

MINISTERIO DE ASUNTOS EXTERIORES Y COOPERACIÓN

- *Libro Blanco de la traducción e interpretación institucional.*

MINISTERIO DE JUVENTUD E INFANCIA

- *Boletín núm. 26 de datos estadísticos de medidas de protección a la infancia y la adolescencia,* 2023.

MINISTERIO DE INCLUSIÓN, SEGURIDAD SOCIAL Y MIGRACIONES

- *Menores no acompañados y jóvenes extutelados con autorización de residencia Stock mensual desde el 30 de junio de 2021 al 31 de diciembre de 2023 (personas de 16 a 23 años),* 2023.

MINISTERIO DEL INTERIOR

- *Inmigración irregular 2024. Datos acumulados del 1 de enero al 31 de diciembre,* 2024.

MINISTERIO DE LA PRESIDENCIA, JUSTICIA Y RELACIONES CON LAS CORTES

- *Guía de buenas prácticas para la aplicación del protocolo de reconocimiento médico-forense a la persona detenida,* 2023.

OFICINA DEL ALTO COMISIONADO DE LAS NACIONES UNIDAS PARA LOS DERECHOS HUMANOS

- P*roblemas y las mejores prácticas en relación con la aplicación del marco internacional para la protección de los derechos del niño en el contexto de la migración,* Informe Anual de 2010.
- *Situación de los migrantes en tránsito,* 2015

OIM

- *Glossary on Migration* (Glosario sobre migración), 2019.
- MCAULIFFE, M. y OUCHO, L.A. (Eds.), *Informe sobre las Migraciones en el Mundo,* Ginebra, 2024.

PLATAFORMA DE LA INFANCIA

- *La infancia más vulnerable: Propuestas para garantizar los derechos de las niñas y niños migrantes,* diciembre de 2023.

PLENA INCLUSIÓN ESPAÑA

- *La persona facilitadora en procesos judiciales,* Madrid, 2020.
- *Protocolo de actuación del facilitador procesal,* Madrid, 2022.

RED EUROPEA DE JUSTICIA ADAPTADA A NIÑOS

- *Justicia Adaptada a Niños, Niñas y Adolescentes–En Acción. Caja de herramientas para la aplicación de los principios de la justicia adaptada a niños para el trabajo con personas menores de edad, implicadas en procedimientos administrativos y judiciales.*

RED EUROPEA DE MIGRACIÓN

- *Estudio sobre el régimen de los menores extranjeros no acompañados tras la determinación de su estatus,* Estudio Monográfico de la Red Europea de Migración, 2017.

RELATOR ESPECIAL SOBRE LOS DERECHOS HUMANOS DE LOS MIGRANTES

- *Los niños son ante todo niños: la protección de los derechos de la infancia en contextos migratorios*, (A/79/213), 2024.

RIGHTS INTERNATIONAL SPAIN

- *Informe Derechos Procesales de los Menores Sospechosos o Acusados en la Unión Europea, informe nacional España,* 2016.

SAVE THE CHILDREN

- *La Declaración de Ginebra, pequeña historia de la primera carta de los derechos de la infancia,* 1999.
- *La protección jurídica y social de los menores extranjeros no acompañados en Andalucía.*
- *Infancias invisibles. (Menores extranjeros no acompañados, víctimas de trata y refugiados en España),* 2016.
- *MENAS es un estigma. Son niños y niñas solos,* 2019.

UNICEF

- *Ni legales, ni invisibles. Realidad jurídica y social de los Menores Extranjeros en España,* UNICEF, 2009.
- *Situación migratoria: novedades en los movimientos migratorios de la infancia española,* 2016.
- *Una travesía mortal para los niños. La ruta de la migración del Mediterráneo central,* 2017.
- *Los derechos de los niños y niñas migrantes no acompañados en la frontera sur española,* 2019.
- *Más allá de la supervivencia. Cómo mejorar la intervención en Europa con niños y niñas migrantes no acompañados y separados que quedan fuera del sistema de protección*, UNICEF España, Madrid, 2020.
- *Cada niño y niña está protegido de la violencia y la explotación,* Informe anual de 2021, dentro del Grupo de Objetivos 3, 2021.
- *Informes Anuales de UNICEF 2022,* 2023, 2024.
- *CANARIAS: NIÑOS Y NIÑAS MIGRANTES EN UNA DE LAS RUTAS MÁS PELIGROSAS DEL MUNDO Hacia una política de contingencia con enfoque de derechos de la infancia. Guía de pautas para el cuidado transitorio de niñas, niños, adolescentes y familias en contextos de movilidad humana,* 2024.